王保树商法学优秀博士论文奖

内幕交易规制研究

吕成龙　著

法律出版社
LAW PRESS·CHINA
北京

图书在版编目（CIP）数据

内幕交易规制研究 / 吕成龙著 . -- 北京：法律出版社，2023
（王保树商法学优秀博士论文奖）
ISBN 978-7-5197-7655-8

Ⅰ.①内… Ⅱ.①吕… Ⅲ.①证券交易 - 金融法 - 研究 Ⅳ.①D912.280.4

中国国家版本馆CIP数据核字（2023）第056540号

内幕交易规制研究
NEIMU JIAOYI GUIZHI YANJIU

作　　者：	吕成龙
责任编辑：	王　珊
装帧设计：	贾丹丹
出版发行：	法律出版社
编辑统筹：	学术·对外出版分社
责任校对：	王　丰
责任印制：	陶　松
经　　销：	新华书店
开　　本：	710毫米×1000毫米　1/16
印　　张：	21.25
字　　数：	288千
版　　本：	2023年7月第1版
印　　次：	2023年7月第1次印刷
印　　刷：	三河市兴达印务有限公司
书　　号：	ISBN 978-7-5197-7655-8
定　　价：	98.00元

版权所有·侵权必究

销售电话：010-83938349　客服电话：010-83938350　咨询电话：010-63939796
地　　址：北京市丰台区莲花池西里7号(100073)
网　　址：www.lawpress.com.cn
投稿邮箱：info@lawpress.com.cn
举报盗版邮箱：jbwq@lawpress.com.cn
凡购买本社图书，如有印装错误，我社负责退换。电话：010-83938349

推 荐 语

当今中国,证券市场日新月异的发展为证券法治带来了不少新挑战,有些问题更是"举世罕见",如何构建自主的证券法律理论体系具有重要的理论与实践价值,这也是时代所赋予学人的新任务。理论研究不能空谈,本书以我国1994年至2021年期间的内幕交易处罚案例为样本,仔细勾勒出行政执法视域下内幕交易规制的全貌,并借助关键变量与治理优势的优化配置来建构嵌合我国实际情况的治理理论,可以说,这是我们内幕交易规制理论走向真实世界的一项有益的尝试。

吴志攀　北京大学教授

近些年来,我国证券内幕交易之监管水平与处罚精准程度都不断提升,其间的经验与教训也亟待全面、适时地解剖。本书在全景式实证基础上娓娓道来,不仅方法论上更为完整和连贯,而且体系化地展示了内幕交易规制的理论构建和实务观察,是作者对内幕交易规制研究的"再上层楼"。循此轨迹,未来将有更多的制度细节可以被不断地添加到该框架之内并予以深度解构,如内幕交易的抗辩事由与违法所得计算等,从而不断完善我国内幕交易规制体系。从这个意义上来看,本书为我国的内幕交易规制理论探索与监管实践,提供了一张极具参考性的研究地图。正因为如此,我愿向读者推荐此书。

朱慈蕴　深圳大学特聘教授　清华大学教授

内幕交易是困扰证券市场的普遍难题,本书大胆尝试,一手拿"显微镜"深挖与细抠问题背后的机制与规范原因,另一手则拿"手术刀"来建构理论与修补具体的规则漏洞,细针密缕,相信会为我国内幕交易规制提供精致而可行的"一揽子"解决方案。更加难能可贵的是,本书在精细化比较中始终遵循了平等且深入的交流原则,尤其是其提出的到底是什么在塑造我国证券市场的根本之问,体现了青年学者问题意识的进一步觉醒。总体来看,本书是观察、总结、反思与重构我们内幕交易规制框架与制度的难得佳作。

梁上上　清华大学教授

内幕交易是证券市场的痼疾，行政处罚是打击内幕交易的关键着力点。本书从我国既有的行政处罚决定书出发，探究内幕交易规制中的问题与掣肘之处，目光在理论与现实实践间往返流转，为我们揭开了内幕交易行政处罚的层层面纱。当然，本书所尝试构建的多元治理理论也是值得关注的证券法理论推进。

彭　冰　北京大学教授

　　如何防止内幕交易是证券法中最重要也是最复杂的问题之一。吕成龙副教授的力作《内幕交易规制研究》不仅对1994年至2021年之间417个具体的案件进行了详实的研究，提供了大量的宝贵素材，同时还从比较法的视角对美国法与中国法的理论进行了深入的研究，具有极强的理论价值，更是从历史到今天对我国内幕交易的制度演变进行了梳理，为理解中国问题的特殊性开启了新的视角。理论联系实践、历史还原问题、比较提出方法，《内幕交易规制研究》值得推荐。

朱大明　东京大学教授

　　内幕交易并非一种"自然犯"，而是经由法律规则划定违法性的"行政犯"。在理论上，内幕交易存在诸多似是而非的疑难。在实践中，其已经日渐成为一种追责易、责任重的行为。中国证监会在内幕交易执法上的立场已经深刻影响了相关立法和民刑司法。本书通过中国证监会的权力主体视角考察了内幕交易法制的演进，格局立体，不仅有助于我们理解内幕交易的法理，也提供了一个关于金融监管者乃至经济规制者的完整场景分析。

缪因知　南京大学教授

目 录

引 言   1

第一章 市场经济与中国证监会的际遇   7
第一节 我国证券市场的来时之路   7
一、近代证券市场的兴衰起伏   7
二、1949年以后证券市场的发展   11
三、证券行政监管体制的早期探索   13
第二节 证监会的创立与监管职能   15
一、证监会的成立   15
二、证监会稽查执法的基本框架   17
三、证监会地方派出机构的设置与职权   20

第二章 内幕交易行政处罚的全景样貌   22
第一节 我国内幕交易监管的语境与制度   22
一、证券市场内幕交易的经验观察   22
二、内幕交易法律监管的制度体系   24
第二节 内幕交易行政处罚的实证检视：1994~2021年   33
一、研究样本的来源构成与说明   33
二、内幕交易处罚的时间及数量特征   35
三、内幕交易主体的地域分布特征   38
四、内幕交易违法类型及信息传导特征   40
五、内幕交易责任主体的身份特征   48
六、内幕交易处罚裁量范围的特征   54

七、派出机构内幕交易执法的特征　　　　　　　　　　　60
　　　八、内幕交易处罚周期的分布特征　　　　　　　　　　64

第三章　内幕交易监管难题的成因解构　　　　　　　　　　　66
　　第一节　"分身乏术"的证券监管机制　　　　　　　　　　66
　　　一、证监会中央机关人力资源结构　　　　　　　　　　66
　　　二、地方派出机构的执法难点　　　　　　　　　　　　69
　　第二节　内幕交易的侦测与源头规制难题　　　　　　　　71
　　　一、内幕交易侦测难度及其挑战　　　　　　　　　　　71
　　　二、"源头规制"的规则与实施局限　　　　　　　　　　75
　　第三节　发展中的内幕交易处罚理论　　　　　　　　　　77
　　　一、内幕交易监管理论的比较法背景　　　　　　　　　78
　　　二、内幕交易处罚理论的选择　　　　　　　　　　　　83
　　第四节　行政处罚裁量的内控与监督机制　　　　　　　　84
　　　一、多层级的内部行政控制程序　　　　　　　　　　　84
　　　二、尚不外显的行政处罚委员会机制　　　　　　　　　86
　　　三、有待观察的处罚听证程序矫正功能　　　　　　　　87
　　　四、亟须重视的司法审查与处罚执行　　　　　　　　　89
　　第五节　上市公司治理与规范运作难题　　　　　　　　　94

第四章　他山之石，可否攻玉？　　　　　　　　　　　　　　98
　　第一节　美国证券市场的发展历程与特征　　　　　　　100
　　　一、美国证券市场的形成与思想支撑　　　　　　　　100
　　　二、美国证券市场法治的基本样貌　　　　　　　　　102
　　第二节　美国合作型内幕交易治理的基本架构　　　　　106
　　　一、SEC内幕交易监管的组织机制　　　　　　　　　106
　　　二、作为诉讼原告的SEC　　　　　　　　　　　　　109
　　　三、市场机构的自律管理　　　　　　　　　　　　　114
　　　四、"吹哨人"及投资者对证券法治的推动　　　　　118

第三节　我国内幕交易治理的结构框架　　　122
　　　　一、作为监管机构之一的证监会　　　122
　　　　二、方兴未艾的证券案件司法裁判　　　128
　　　　三、市场自律机制的构成与发展　　　131
　　　第四节　以我为主，为我所用　　　134

第五章　证券市场的多元治理：关键变量与治理优势的重组　　　138
　　　第一节　证券法治中到底什么在起作用？　　　138
　　　　一、证券市场多元治理的法律之维　　　138
　　　　二、证券市场治理的关键变量　　　141
　　　第二节　核心治理变量的内涵透析　　　146
　　　　一、规则制定能力　　　146
　　　　二、信息监察能力　　　147
　　　　三、调查能力　　　150
　　　　四、惩罚能力　　　151
　　　　五、信息技术能力　　　153
　　　　六、证券专业能力　　　154
　　　第三节　证券市场的博弈格局与治理优势分布　　　155
　　　　一、多元治理下的证券市场博弈格局　　　155
　　　　二、治理优势的理论内涵及其适用　　　160
　　　　三、证券市场主要参与者的治理优势分布　　　163

第六章　内幕交易规则制定权的优化　　　170
　　　第一节　规则制定的困难与价值导向　　　170
　　　　一、实体性控制的行政立法模式　　　170
　　　　二、现实选择下的内幕交易监管规则　　　176
　　　　三、规则制定权行使中的辩证关系　　　184
　　　第二节　规则制定权行使的形式性要求　　　187
　　　　一、证监会主导型的内幕交易规则制定　　　187
　　　　二、内幕交易监管规则制定的正当程序　　　189

三、内幕交易监管规则的事后修正　　198
　第三节　内幕交易实体监管规则的修正　　200
　　一、平等获得理论的法理证成　　200
　　二、重构内幕交易违法行为类型　　206
　　三、内幕交易的区别法律责任　　210
　　四、法定抗辩理由的细化　　212

第七章　内幕交易调查权的优化配置　　216
　第一节　行政调查的制度架构与规范　　217
　　一、行政调查的主要步骤　　217
　　二、行政调查的内在局限　　219
　第二节　行政调查程序的机制优化　　224
　　一、立案线索的多元化及其保障　　224
　　二、非正式调查的界定与方式选择　　225
　　三、正式调查程序的机制完善　　227
　　四、调查机关内控制度的实施要点　　230
　第三节　内幕交易调查的"分身有术"　　233
　　一、SEC央地分工的经验和不足　　233
　　二、证监会地方执法的体系重构　　236
　　三、自律组织在调查中的支持作用　　239

第八章　内幕交易处罚权的优化配置　　242
　第一节　内幕交易处罚及裁量的经验观察　　242
　　一、SEC内幕交易的惩罚历程与裁量空间　　242
　　二、美国内幕交易罚款的裁量实践及特征　　244
　　三、SEC审裁机制的有益经验　　247
　第二节　内幕交易行政处罚的内部机制优化　　251
　　一、改善行政处罚委员会的组织机制　　252
　　二、优化内幕交易的行政处罚程序　　254
　　三、合理使用行政罚款的裁量空间　　255

第三节　"源头规制"下执法策略的重构 258
一、"源头规制"的关键要素 258
二、SEC 对执法概率的主动牵引 261
三、"源头规制"的策略重构 264

第四节　内幕交易处罚的外部责任衔接 267
一、内幕交易民事诉讼的法政策选择 267
二、司法审查下的内幕交易行政处罚 271
三、内幕交易的行刑衔接机制优化 273

第九章　多元治理下证监会的协同之治 282

第一节　信息监察能力的协同发挥 282
一、意图改变的信息监察分工 282
二、自律组织内在驱动下的信息挖掘 284
三、内幕交易举报制度的完善 287

第二节　信息技术能力的协同发挥 290
一、信息技术与金融市场嵌合的挑战 290
二、信息技术监管的难点所在 293
三、证券市场信息技术监管的改革路径 299

第三节　证券专业能力的协同发挥 303
一、作为智囊的自律组织与市场机构 303
二、投资者保护机构参与代表人诉讼 306

结论　期待一个更加收放自如的证监会 312

主要案例索引 319

图表目录

图目录

图 2.1	内幕交易处罚数量的时间分布	35
图 2.2	内幕交易处罚数量与上市公司数量的时间分布	37
图 2.3	内幕交易处罚对象与上市公司数量的地域分布	38
图 2.4	内幕交易处罚对象与深市投资者数量的地区分布	40
图 2.5	内幕交易违法行为类型分布	43
图 2.6	内幕信息的来源分布	47
图 2.7	内幕交易处罚对象的身份构成	50
图 2.8	内幕交易数值数距式处罚和倍率数距式处罚的数量分布	56
图 2.9	内幕交易数值数距式罚款的金额分布	57
图 2.10	违法所得金额不足 3 万元的处罚分布	59
图 2.11	有违法所得且金额不足 3 万元的处罚分布	59
图 2.12	地方监管局执法总量及内幕交易处罚数量分布	61
图 2.13	地方监管局内幕交易倍率数距式罚款分布	64
图 2.14	内幕交易案件处罚周期分布	65
图 3.1	证监会的内设机构和部门	68
图 4.1	美国 2010~2020 年证券集团诉讼数量统计	120
图 5.1	证券市场的三层次关键治理变量	145

表目录

表1.1	近代中国证券监管的立法及体制变迁	10
表3.1	司法审查下的内幕交易行政处罚	90
表4.1	SEC 2020财政年度主要执法内容摘要	112
表4.2	美国著名案件公、私诉讼和解金额对比	120
表4.3	美国2016~2020年证券集团诉讼核心类型统计	121
表8.1	内幕交易刑事责任追究与行刑衔接	274
表9.1	政府—非营利组织关系模式分类	308

引　言

　　自1602年第一只现代股票在阿姆斯特丹发行以来,证券市场走过了四百多年的风雨历程。① 证券之于我国,是"舶来品"。清末光绪年间,李鸿章等人创办轮船局、电报局并仿照西方开始发行股票以筹集资金后,"证券"一词方从日语中移译而来。② 此后,经历了民国初期的短暂发展、股票市场三次泡沫的破裂、日本侵略战争时的全面凋敝,我国证券市场不断跨越各种沟沟坎坎。中华人民共和国成立初期,证券市场曾短暂恢复。改革开放以后,随着四川成都工业展销信托股份公司、抚顺红砖厂和上海飞乐音响股份有限公司等企业开始股份制改革,我国股票市场才重新拉开了时代大幕。③ 步入20世纪90年代之后,上海证券交易所、深圳证券交易所的成立使证券的集中交易成为可能,且随着证券监管机构的成立,我国证券市场进入了加速与规范发展的阶段。时至今日,我国证券市场的市值已经位居全球前列,成为世界上最为重要的资本市场之一,彰显了我国社会经济制度的优越性和强大号召力。

　　然而,在我国证券市场迅速发展的同时,"消息市"的帽子长期萦绕在投资者与监管者心头,甚至在一定程度上成为衡量监管能力的重要标志。正因如此,中国证券监督管理委员会(以下简称证监会)自

---

　　① See Lodewijk Petram, *The World's First Stock Exchange*, Columbia University Press, 2014, p. 1 – 34.

　　② 参见俞寰澄:《民元来我国之证券交易》,载朱斯煌主编:《民国经济史》,银行学会银行周报社1948年版。

　　③ 与此同时,1981年《国库券条例》[国发(81)15号,已失效]的颁布,标志着债券发行得以恢复。参见马庆泉、吴清主编:《中国证券史·第一卷(1978～1998年)》,中国金融出版社2009年版,第34页。

2013年以来加大了对内幕交易等违法行为的执法力度并取得了积极成效。譬如,2018年,《证监会上半年稽查执法工作情况通报》指出,上半年新增立案案件中"内幕交易、操纵市场、利用未公开信息交易案件30件、11件、3件,同比分别下降21%、31%、50%",这被认为是内幕交易"蔓延势头得到一定程度遏制"的证明。① 但是,困惑随之而来:我国内幕交易执法是否已经覆盖了所有的内幕交易？内幕交易的"暗数"是否已被全面查处？② 证监会在公开的政策表述中,表达了对内幕交易的"无死角"执法以肃清利用内幕信息进行违法交易的决心。不过,值得深思的是,监管执法是否应当对任何一个可能的内幕交易案件乃至线索皆刨根问底呢？进一步而言,执法数量的增加是否真有助于提高规制(regulation)效果与增进社会福利呢？③ 从理论上来看,越是严厉、程序越是复杂的执法手段,其执法成本越高,④且不说现实中可否实现真正无死角的全面执法,在执法资源永远有限和边际报酬递减规律的作用之下,百分之百执法所耗费的监管成本将变得无穷大,可能超过违法本身所带来的损害。⑤ 那么,证监会目前的执法目标、策略与机制到底应该何去何从？

面对我国证券市场法律治理的种种挑战,我国学者有时候诉诸比较法的借鉴,甚至直接将美国证券内幕交易监管的法律制度奉为圭臬。

---

① 《证监会上半年稽查执法工作情况通报》,载证监会2018年7月20日,http://www.csrc.gov.cn/csrc/c100200/c100364/content.shtml。

② 早先时候,白建军教授研究发现证券领域存在大量的违法"暗数",未被发现和惩戒却又实际发生的证券违法违规案件约是被发现案件数的一至四倍。参见《证券犯罪惩戒应坚持"严而不厉"——访北京大学法学院白建军教授》,载《中国经济时报》2005年9月14日,第5版。

③ 正如安东尼·奥格斯教授的观察,"规制"一词如今频繁地出现在法学与非法学的文献上,含义十分广泛,但其中心意思可以概括为:公共机构针对社会共同体认为重要的活动所施加的持续且集中的控制,这一点亦得到科林·斯科特教授的认同。参见[英]安东尼·奥格斯:《规制:法律形式与经济学理论》,骆梅英译,中国人民大学出版社2008年版,第1页;[英]科林·斯科特:《规制、治理与法律:前沿问题研究》,安永康译,清华大学出版社2018年版,第3~4页。

④ 参见张红:《走向"精明"的证券监管》,载《中国法学》2017年第6期。

⑤ 参见戴治勇:《选择性执法》,载《法学研究》2008年第4期。

但是,比较法的研究与特定的社会经济环境密切相关,盲目移植只会产生制度排异性。因此,我们需要认真检索境外资本市场立法形成时所面对的具体问题,细细梳理境外立法、司法机构在面对这些问题时所采用的对策。更为重要的是,我们要深入体悟其制度形成中蕴含的独特语境。

放眼西方,在价格机制的作用下,虽然并非如亚当·斯密所言的那样,在"看不见的手"的指引下,自由市场里的供给和需求自然而然地达到均衡。① 但是,市场机制仍然助力了证券市场的治理,传统证券自律规则是自发的、演化的和生长着的。尽管自2008年经济危机后,美国政府的监管力度不断增加,呈现对证券市场深层次参与的新态势。但整体来看,传统资本主义与普通法的融合仍使美国证券市场的法律治理大放异彩,具备了确定性与进化力的双重功能。特别是在内幕交易监管中,司法审查(judicial review)下的美国证券交易委员会(The Securities and Exchange Commission, SEC)尽管本身十分强大,但依旧有条不紊地依法行政,最终使SEC规则10b-5从立法的"小橡果"长成司法"大橡树"。② 然而,无论是从美国证券市场的发展历程,还是从其行政监管与司法制度体系来看,其与我国皆有显著不同,若直接采取"拿来主义",一定会产生排异性或者留下"水土不服"的隐患。

因此,要探讨我国证监会内幕交易监管行为优化之道,我们首先要了解"行动中的法"(law in action)是怎样的,这也是蒋大兴教授所说的——观察中国文化、制度环境可否以及如何借鉴"进口制度"的基础所在。③ 只有在此基础上,我们才有底气去思考我国的证券监管到底应当如何建构。面对我国内幕交易监管的种种问题与制度借鉴的本土化挑战,由于主题或者题材的限制,现有的内幕交易实证研究仍有较大

---

① 亚当·斯密在著作中并未系统阐释"看不见的手"这一概念,而是在个别处有所提及,譬如,"他只打算获得自己的利益,而他是被一只看不见的手所引导,以促进一个并非他本意的目标"。See Adam Smith, *The Wealth of Nations*, Bantam Dell, 2003, p. 572.

② See Blue Chip Stamps v. Manor Drug Stores, 421 U. S. 723 (1975).

③ 参见蒋大兴:《"法官言说":问题意识、特殊知识与解释技艺》,载《法学研究》2011年第6期。

的完善空间,①亟须进一步全景式地阐述我国内幕交易规制各主要环

---

① 单从整体性实证研究的角度来看,我国此前经济学界、管理学界和法学界对内幕交易皆有有益的探索。在经济学与管理学领域,2003年黄余海的博士学位论文《中国证券市场内幕交易实证研究》以经济学视角对1994年至2002年证监会公告的处罚决定以及通报批评中认定为内幕交易的5家上市公司的7次事件进行研究,发现我国证券市场内幕交易的查处情况与现实存在较大差距。黄素心2008年博士学位论文《中国证券市场内幕交易的实时监控、行为甄别与最优监管》,以数量经济学方法对内幕交易进行了分析,阐释内幕交易的行为甄别模型、最优监管强度、超额收益认定等问题。王伟2012年博士学位论文《我国证券市场内幕交易:形成机制与经济后果研究》,从管理学角度分析了内幕交易的成因和后果。杜晓芬2014年博士学位论文《我国内幕交易法律监管体系构建的研究——兼论法律监管体系下的中小投资者保护》,对1993年至2012年证监会公开处罚的65个内幕交易案样本进行分析,发现我国内幕交易呈现以下四个特征:交易主体主要是公司的内部人且表现出向外扩散的趋势;内幕交易的多发领域是并购重组;内幕交易的隐蔽性与复杂程度正在不断加大;深圳证券交易所发现的线索多,举报比例逐年增加等。张小波的《中国证券市场内幕交易的分析及其监管研究》一书对2013年之前的内幕交易进行了统计,他发现内幕交易呈现裙带化、复杂化的趋势,其之后利用经济学模型提出了内幕交易的计量技术指标。总体来看,这些研究借助模型建构和定量分析的方法,对内幕交易的情况进行了现象解释,但对于制度建构与机制完善的研究较为有限。

在法学领域,近年来内幕交易的实证研究也不断发展,富于启发。彭冰教授的《内幕交易行政处罚案例初步研究》一文对24件内幕交易行政处罚案例进行了研究,指出了证监会在内幕交易认定与处罚中对证券法治的贡献并结合案例进行了细致探讨,特别是其对内幕交易主体的研究,对本书的论证大有启发。蔡奕研究员的《我国证券市场内幕交易的法学实证分析——来自31起内幕交易成案的统计分析》是这方面研究的重要文献,其系统地反思了证监会内幕交易处罚的特征,譬如内幕人、内幕信息、处罚金额等。蔡奕研究员等著的《证券市场监管执法的前沿问题研究》一书对内幕交易的特殊问题,如单位适格性、共同内幕交易、内幕信息新变化进行了研究,对行政处罚的执行细节进行了深入探讨。就职于证监会的马韫博士对1993年至2012年的73件内幕交易案件进行了研究,以证监会系统内的观察视角,归纳出有关内幕交易监管的特征,剖析了目前监管制度及行政管理的困境。同样供职于证券监管机构的宁荣对内幕信息、内幕人、内幕交易基本形态、特殊形态等关键维度进行了分析,结合大量案例阐述了行政处罚背后的监管逻辑。王启迪博士对证监会内幕交易处罚中有关当事人身份、内幕交易具体行为、违法所得、亏损金额及主观态度等因素进行了考察,探讨了这些因素对于行政处罚的影响。邢会强教授在《证券欺诈规制的实证研究》中对2001年至2014年的83件内幕交易行政处罚案件进行了实证研究,特别对内幕人范围、内幕交易认定标准等关键问题进行了阐释,并对3件内幕交易民事诉讼进行了剖析。张舫教授和李响在《对证监会执法强度的实证分析》一文中就2006年至2014年证监会对各类主要违法行为的执法强度进行了研究,发现在涉及内幕交易的212个内幕交易样本中,证监会的财产罚强度并没有明显增大。周天舒副教授在对2011年至2015年证监会51件涉及内幕信息传递的案例研究后,发现其存在严重的选择性执法问题。

前述研究中的代表性文献具体参见彭冰:《内幕交易行政处罚案例初步研究》,载徐明等主编:《证券法苑》第3卷,法律出版社2010年版;王启迪:《内幕交易罚款数额影响因素的实证研究——基于证监会21份行政处罚决定书的整理》,载《行政法学研究》2011年第4期;

节和主要维度。基于此,本书重点对**1994年到2021年12月31日证监会中央机关公开的417件内幕交易案件(涉及622个单位与自然人)**进行了实证统计,以此从内幕交易处罚的时间分布、数量分布、地域分布、违法行为类型、内幕信息传递、主体身份特征和处罚裁量空间运用等层面,勾勒出内幕交易监管的实际问题、监管困境与挑战。

在此全景式实证统计的基础上,本书继而对内幕交易治理中的证券行政执法机制、司法制度、市场自律管理与私人执法(private enforcement)等多元治理因素进行了剖析,尝试描绘我国内幕交易规制的历史与规范语境。本书进一步认为,学界目前对证券市场规制制度的比较与讨论有时仍停留于"拿来主义"的引介层面,而且零散、非系统的讨论很难形成统一连贯的分析方法、步骤与范式,同时鉴于制度总是处于不断的变迁之中,片断化借鉴境外资本市场经验,终究不是长久之策。"形而上者谓之道,形而下者谓之器。"本书希望在一定程度上探究证券市场的治理之"道",即嵌套在证券市场发展中的深层的关键因素与治理逻辑。具言之,本书希望尝试回答这些问题:究竟是哪些因素在影响证券市场内幕交易的治理?证券市场不同参与主体在多元治理的框架下究竟在哪些方面具有优势,在哪些方面有所欠缺?如果我们能够回答出这些问题,任由社会经济与制度背景不断变迁,我们依旧能够"以不变应万变",从而不断审视、校正证监会的内幕交易监管行为。

在勾勒出证券市场关键治理变量与治理优势的前提下,本书聚焦于我国内幕交易的宏观治理模式优化问题,尤其是证监会如何成为一

马韬:《中国证券市场内幕交易监管实践研究和案例分析》,中国方正出版社2014年版;张小波:《中国证券市场内幕交易的分析及其监管研究》,西南财经大学出版社2015年版;蔡奕等:《证券市场监管执法的前沿问题研究——来自一线监管者的思考》,厦门大学出版社2015年版;邢会强:《证券欺诈规制的实证研究》,中国法制出版社2016年版;张舫、李响:《对证监会执法强度的实证分析》,载《现代法学》2016年第1期;周天舒:《证监会对内幕信息传递人的选择性执法研究——以2011年至2015年内幕交易案件为样本》,载《北方法学》2017年第5期;宁荣:《内幕交易的多副面孔——中国的监管标准与执法实践》,经济科学出版社2019年版。

个更加收放自如的强大监管机构。结合我国目前主要的制度框架与机制改革的可能性,本书阐述了基于不同的关键治理变量,证监会在内幕交易监管的哪些方面具有治理优势,在哪些方面有所欠缺,有优势的地方应该如何发扬,没有优势的地方应该如何与其他治理主体合作治理,重点围绕证监会内幕交易规则制定、行政调查和行政处罚三大问题,在详细解构目前实践局限和境外可资借鉴的有益经验的基础上,对现有机制与规则的优化改革路径提出具体建议。[1]

---

[1] 需要说明的是,笔者意识到尽管本书的写作基于实证与比较研究,但内幕交易的治理实则涉及整个证券市场的监管机制,并且涵括大量的政治、经济与政府管理议题,非一朝一夕能够解决,也非一人之力可以"快刀斩乱麻",困难重重,但仍愿本书的研究能够为此尽绵薄之力。

第一章 市场经济与中国证监会的际遇

第一节 我国证券市场的来时之路

一、近代证券市场的兴衰起伏

"百十年来,由印度而南洋,由南洋而中国,闯入边界腹地,凡前史所未载,亘古所未通,无不款关而求互市。我皇上如天之度,概与立约通商,以牢笼之,合地球东西南朔九万里之遥,胥聚于中国,此三千余年一大变局也。"[1]清同治十一年(1872年),李鸿章在《复议制造轮船未可裁撤折》中艰难地感叹时局的变化并呼吁改革。同年,在他的主持下,中国近代意义上的第一张股票——轮船招商局股票得以发行,揭开了中国证券发展史的华彩篇章。

早在1882年,中国就迎来了第一次股票交易高潮,[2]但这次高潮建立在民众极度狂热的投机之上,因而,1883年始于上海的金融风潮很快就将这个"泡沫"吹破。[3] 清政府官僚机构的腐败、行政效率的低下不仅严重伤害了商人的投资积极性,更使得商人对清政府的官督商办幻想逐渐消失。从更根本的原因上来分析,正如朱荫贵研究员总结

---

[1] 梁启超:《李鸿章传》,东方出版社2009年版,第62页。
[2] 参见李玉:《1882年的上海股票市场》,载《历史档案》2000年第2期。
[3] 此次风潮是因为大商号倒欠钱庄巨额款项,首先是金嘉记丝栈倒闭,钱庄放款无法收回的有40家,只能收紧放款,很多大商号借款受到波及继而倒闭,两者联动最终导致上海87%的钱庄倒闭。参见郑振龙等:《中国证券发展简史》,经济科学出版社2000年版,第130~131页。

的那样,清政府在这段时间里对证券流通和买卖,既没有可遵循的规章,又没有相关的保护政策,实际上成了一种完全自由自发状态下的、没有证券交易法律法规保护的交易活动,再加上外国势力的影响和金融投机活动,注定了这种股票市场难以为继。① 尽管洋务运动最后以失败告终,但庆幸的是,民间力量并未消失,彼时的股票市场继续在投资与投机之间跌宕起伏并在 1910 年迎来了第二次股票交易高潮。整体来看,这段时期是我国近代历史上证券市场变化最大、内容最丰富的时期,证券的种类、数量和规模不断发展。②

值得关注的是,我国近代的证券立法与监管亦开启了探索历程。1914 年,北洋政府颁布了近代第一部证券法律——《证券交易所法》,③这部法律以日本《改正取引所法》为蓝本,共计 8 章 35 条,涵盖总则、组织及设立、经纪人、职员、交易、监督、罚则和附则部分。1915 年,北洋政府又颁布了《证券交易所法施行细则》。④ 自 1916 年开始,孙中山等人在上海筹办交易所,⑤在持续的游说之下,上海证券物品交易所最终于 1920 年正式开业。次年,上海华商证券交易所也在政府的支持下开业。由于他们的相继成功,各种名目的交易所纷纷在彼时上海的各国租界内设立,股票发行大为活跃,有报价的交易股票数量更一度达到了约 160 种。⑥ 由此,上海爆发了设立交易所与买卖股票的第三次高潮,以至于"论名称,既集华洋海陆为一家。论人物,则冶娼优隶卒于一炉。光怪陆离。开中外未有之先河。变幻莫测。极天地未有之奇观"。⑦

---

① 参见朱荫贵:《近代上海证券市场上股票买卖的三次高潮》,载《中国经济史研究》1998 年第 3 期。
② 参见张春廷:《中国证券市场发展简史(民国时期)》,载《证券市场导报》2001 年第 5 期。
③ 该法于 1914 年 12 月 29 日通过。
④ 参见马庆泉、刘钊主编:《中国证券简史》,山西经济出版社 2015 年版,第 6 页。
⑤ 参见刘逖:《上海证券交易所史(1910—2010)》,上海人民出版社 2010 年版,第 75~81 页。
⑥ 参见成九雁、朱武祥:《中国近代股市监管的兴起与演变:1873—1949 年》,载《经济研究》2006 年第 12 期。
⑦ 裕孙:《信交狂潮之反动》,载《银行周报》1921 年 12 月 27 日,第 17 页。

不难想见,为投机而设立的交易所是难以长期维持的,违背彼时"一区一所"原则滥设的交易所并没有足够广泛的实体经济支撑。① 在当时上海银行公会和钱业公会的抵制下,由于银根紧缩,这次投机风潮很快就结束了。这场危机是当时上海租界复杂的各种外国势力、大资本家与北洋政府中不同派系斗争的结果。随着北伐战争的结束与南京国民政府的建立,军阀割据的情况得以改变,南京国民政府也加强了证券市场的管理并在1929年颁布《交易所法》,其中,专门提及"商业繁盛区域得由商人呈请工商部核准",因为他们"各有专业,声气相通,关系密切,因此可以共同发起组织一业之中心市场",可见,彼时政府已经注意到了市场组织的专业性优势。②

1933年,随着上海证券物品交易所并入上海华商证券交易所,以上海为代表的全国证券市场逐渐形成。③ 再之后,南京国民政府于1935年对证券交易所法律进行了修订。④ 不过,随着抗日战争的全面爆发,上海租界里的证券市场成了"孤岛",华商证券交易所关闭。抗日战争胜利后,由于国民党滥发法币,恶性的通货膨胀加速了南京国民政府的倒台,彼时,证券投机买卖占到了交易的90%,真正投资性的交易则非常之少。⑤ 最终,随着1949年5月上海解放,这个畸形的市场走到了尽头。⑥ 当然,纵览近代中国的证券立法和监管体制发展历程(见表1.1),仍然可以看到彼时证券市场制度建设的探索和努力。

---

① 北洋政府《证券交易所法》第3条规定:"证券交易所每地方以设立一所为限,其区划由农商部会同财政部定之。"

② 参见冯子明:《民元来上海之交易所》,载朱斯煌主编:《民国经济史》,银行学会银行周报社1948年版。

③ 参见张春廷:《中国证券市场发展简史(民国时期)》,载《证券市场导报》2001年第5期。

④ 《修正交易所法》(1935年4月27日)。

⑤ 自1940年,沦陷后的上海华股市场投机盛行,上市股票几乎没有标准,只要是供求相应就可以成交,因而许多内容空虚的股票也成为投机主力。参见王椎华:《上海华股市场的过去与将来》,载《中央银行月报》第1卷第1期。转引自王志华:《中国近代证券法》,北京大学出版社2005年版,第32~33页。

⑥ 参见张春廷:《中国证券市场发展简史(民国时期)》,载《证券市场导报》2001年第5期。

表 1.1　近代中国证券监管的立法及体制变迁

年份	法律及相关规则	条款	管理机构	主要监督类职责
1914	《证券交易所法》	35	农商部 财政部	交易所有违法令、妨害公益、扰乱公安时，得执行处分；检查交易所业务、账簿和财产或其他一切对象及经纪人之账簿；令交易所修改章程
1915	《证券交易所法施行细则》	26	农商部 财政部	收取交易所编制的各款报告
1915	《证券交易所法附属规则》	13	农商部	未涉及
1926	《交易所监理官条例》	5	农商部	稽核账目、征收税款及监督交易所一切事项
1929	《交易所法》	58	工商部	交易所有违法令、妨害公益、扰乱公安时，得执行处分；检查交易所业务簿据、财产和其他物件、经纪人或会员之簿据；令交易所修改章程，停止、禁止、取消决议案及处分
1930	《交易所法施行细则》	40	工商部	收取交易所各种表册；指定应行呈报事项
1931	《交易所监理员暂行规程》	13	实业部 财政部	检查簿据；必要时令交易所及经纪人编制营业概况及各种手册；发觉任何行为有虚伪及违法等情事向两部报告[1]
1935	《修正交易所法》[2]	61	实业部	交易所有违法令、妨害公益、扰乱公安时，执行处分；检查交易所业务簿据、财产和其他物件、经纪人或会员之簿据，并注意市场变动之原因；令交易所修改章程，停止、禁止、取消决议案和处分
1941	《经济部组织法》[3]	不明	经济部	不明
1946	《修正交易所监理员暂行规程》	12	经济部 财政部	检查交易所业务簿据；监察营业行为；必要时令交易所编制营业概况、表册；发觉虚伪和违法情事据实呈报；呈报有应行纠正或取缔必要的事项

注：本表格综合参考近代中国法律和相关规则，以及上海市档案馆、王志华、张春廷、刘志英[4] 的研究文献整理。

1. 参见王志华：《中国近代证券法》，北京大学出版社 2005 年版，第 258~260 页。

2. 在这段时间里,规制市场操纵及欺诈的立法已经出现。譬如,当时《修正交易所法》第52条规定:"意图变动交易所之市价而散布流言,或行使诡计,或施暴行,或加胁迫者,处二年以下之徒刑,或六千元以下之罚金。"当然,证券市场参与人的违法责任亦有规定,例如,《修正交易所法》第41条规定:"经纪人或会员不得受公务员之委托为买空、卖空之交易。"上海市档案馆编:《旧上海的证券交易所》,上海古籍出版社1992年版,第331~337页。

3. 参见王志华:《中国近代证券法》,北京大学出版社2005年版,第162页。

4. 参见刘志英:《近代上海华商证券市场研究》,学林出版社2004年版,第67~73页;刘志英编选:《上海证券业》,上海远东出版社2016年版,第357页;王志华:《中国近代证券法》,北京大学出版社2005年版,第231~251页。

以史为鉴,可以知兴衰。纵观整个近代中国的证券立法与监管历程,可以看到:随着证券市场的发展,政府对于证券市场的监管日渐加强,法律规定日渐细化,监管能力也不断提高。但在近代中国,无论是北洋政府还是南京国民政府,都不是一个稳定的政府机构,内忧外患使得他们对证券市场的监管并不连贯,而且其对租界内证券市场的监管更是非常有限,再加上当时有政府官员介入市场甚至直接参与证券投机,使法律的执行面临重重困难。① 总之,在近代中国的证券市场发展过程中,尽管有了书面上的法律(law in book),但是,在没有稳定的国家政权和法治环境下,必然难以真正地实现法律的贯彻执行,甚至可能沦为一种装饰并引致无序的市场与失败。时至今日,这仍然值得我们警醒。②

二、1949 年以后证券市场的发展

中央政府在1949年6月关闭了上海证券交易所,打击投机倒把与市场哄抬物价的行为。1950年,中央政府为促进恢复国民经济,在天津与北京设立了新的证券交易所,但很快也将其关闭了。不过,在1950年到1958年,中央政府累计发行过6次公债。

随着成都工业展销信托股份公司发行股票及《国库券条例》的颁布,我国证券市场重新启动,并由此正式步入了全面复苏与起步阶段。尽管此阶段企业股份制改革的最初目的是解决知青回城的就业问题,

---

① 参见成九雁、朱武祥:《中国近代股市监管的兴起与演变:1873—1949年》,载《经济研究》2006年第12期。

② See Roscoe Pound, *Law in Books and Law in Action*, American Law Review, Vol. 44:1, p. 12–36 (1910).

却也在不经意间重构了我国的微观经济基础。[1] 1986年,全国第一个股票交易市场——中国工商银行上海信托投资公司静安证券业务部成立。[2] 在我国早期的证券实践中,上海市与深圳经济特区最为活跃。譬如,1990年的《上海市证券交易管理办法》(已失效)将政府债券、金融债券、公司(企业)债券、公司股票或新股认购权证书、投资信托受益凭证和经批准发行的其他有价证券纳入了证券范畴,而深圳经济特区1991年颁布的《深圳经济特区证券管理暂行办法》则将股票、债券、新股认购权利证书、各种有价证券的价款缴纳凭证和其他有价证券纳入证券范围,两者各有特色。当然,这些地方证券发行的先行实践很多都先于国家层面的规定。

与此同时,我国早期证券产品的发展演进同时有着纵向演进的烙印。比如说,我国金融债券最早是根据中国人民银行、中国工商银行和中国农业银行的联合文件而来,重点建设债券和重点企业债券则是根据《国务院关于发行国家重点建设债券和重点企业债券的通知》[3]发行,《中国人民银行关于大额可转让定期存单管理办法》则对大额可转让定期存单进行了规定。[4] 其中,值得关注的是,中国人民银行下辖的中国银行间债券市场于1997年成立,"中央银行融资券""其他可用于办理回购业务的债券"[5]逐渐进入了证券市场。时至今日,银行间债券市场不断开发出大量新的非金融企业债务融资工具,包括超短期融资券,[6]中小企业集合票据、中期票据、定向工具、资产支持票据和项目收益票据等,[7]使得我国债券市场出现了证监会公司债券、国家发展和改

---

[1] 参见陆一:《陆一良心说股事:你不知道的中国股市那些事》,浙江大学出版社2013年版,第9页。

[2] 参见陆一:《陆一良心说股事:你不知道的中国股市那些事》,浙江大学出版社2013年版,第21页。

[3] 国发〔1987〕12号。

[4] 银发〔1989〕158号,已失效。

[5] 《中国人民银行关于银行间债券回购业务有关问题的通知》(银发〔1997〕242号,已失效)。

[6] 参见《短期融资券管理办法》(中国人民银行令〔2005〕第2号,已失效)。

[7] 参见《银行间债券市场非金融企业债务融资工具管理办法》(中国人民银行令〔2008〕第1号)。

革委员会企业债券和中国人民银行非金融企业债务融资工具间"三足鼎立"的局面。

20世纪90年代后,我国证券市场取得了迅速发展。以股票市场为例,1992年,我国仅有53家上市公司;在世纪交接的千禧年(2000年),我国上市公司数量达到1088家;至2020年年底,上海证券交易所与深圳证券交易所的上市公司则已达到4154家,两市总市值占2020年国内生产总值的78.46%,总市值傲居全球第二位。可以说,我们在短短几十年的时间里,取得了毋庸置疑的、令世界资本市场瞩目的成就。①

三、证券行政监管体制的早期探索

我国证券市场的发展早期乃从点到面的实验阶段,呈现很强的实验性、探索性,谈不上系统性监管,这些早期市场实验却给今天的证券市场治理埋下了不少伏笔,塑造了目前证券监管的行为特征。例如,我国最早的企业债券起始于1984年,为地方企业所发行,②但我们1987年才有了规范性的《企业债券管理暂行条例》③。又如,股票市场的恢复以地方性实验为特色,前述成都工业展销信托股份公司、东西湖农工商联合企业花木公司、深圳宝安县联合投资公司的股票发行,在当时难觅任何正式的规范性依据。即便后来上海飞乐音响的股票发行有《上海市股票管理暂行办法》④的规范基础,但也属于地方性的零碎实验,还带有债券兼股票的不规范特征。可以说,诸如此类的大量早期探索、实验与实践塑造了这个时期尚不够成熟的证券市场。⑤

1988年,以留学人员为主的八位人士起草的《关于促成中国证券市

---

① 参见中国证券监督管理委员会编著:《中国证券监督管理委员会年报(2020)》,中国财政经济出版社2021年版。

② 参见马庆泉、吴清主编:《中国证券史·第一卷(1978~1998年)》,中国金融出版社2009年版,第53页。

③ 国发〔1987〕21号,已失效。

④ 上海市人民政府于1987年5月23日发布,现已失效。

⑤ 在这个阶段里,仅仅股票的发行方式、发行范围和审批机关就"五花八门":自主发行、主管部门审批发行和中国人民各地分行审批等。参见马庆泉、吴清主编:《中国证券史·第一卷(1978~1998年)》,中国金融出版社2009年版,第41~44页。

场法制化和规范化的政策建议》引起了国务院有关部委重视，随即成立了证券交易所设计联合办公室并写出了一系列的建议和方案，其中，《中国证券市场创办与管理的设想》的影响较大，①该机构随后主持了全国证券自动交易报价系统（Securities Trading Automated Quotations System，STAQ）的设立，为我国的证券市场带来了新的制度和理念。当然，我国证券市场在飞速发展的同时，也伴随着改革的阵痛和教训。②

　　1990 年及 1991 年，上海证券交易所与深圳证券交易所的相继成立，使证券的集中化、规范化交易成为可能，内幕交易等违法违规行为的规制相应地被提上了日程。这一时期的法律规范与文件已经明确了内幕交易的处罚问题，具体而言：第一，1990 年《证券公司管理暂行办法》③第 17 条特别规定了对证券公司内幕交易的监管，即"证券公司不得从事操纵市场价格、内部交易、欺诈和其他以影响市场行情从中渔利的行为和交易"；第二，1990 年《上海市证券交易管理办法》从规范上初步勾勒出监管部门（中国人民银行上海市分行）对于内幕交易的态度，并对处罚对象、违法行为、行政和刑事责任等方面进行了具体规定；④

---

① 参见陆一：《陆一良心说股事：你不知道的中国股市那些事》，浙江大学出版社 2013 年版，第 40~49 页。

② See Katharina Pistor & Chenggang Xu, *Governing Stock Markets in Transition Economies: Lessons from China*, American Law and Economics Review, Vol. 7:1, p. 184-210 (2005).

③ 银发〔1990〕254 号。

④ 第 39 条规定，"证券交易中，禁止任何单位和个人进行下列行为……利用内幕消息，从事证券买卖……"第 40 条规定，"禁止下列人员直接或间接为自己进行股票买卖：（一）证券主管机关中管理证券事务的有关人员；（二）证券交易所管理人员；（三）证券经营机构中与股票发行或交易有直接关系的人员；（四）与发行者有直接行政隶属或管理关系的机关工作人员；（五）其他与股票发行或交易有关的知情人"。第 64 条规定，"证券交易所工作人员不得向他人泄露或为自己的利益使用其因职务关系得到的证券交易的内幕信息"。第 75 条规定，"对违反本办法规定的单位和个人，中国人民银行上海市分行金融行政管理处除责令其立即停止违法活动或按国家法律、法规和本办法的规定限期纠正外，可给予下列处罚……（六）违反第三十九条规定的，处以五万元以上、十万元以下罚款。情节严重的，处以十万元以上、二十万元以下罚款；（七）违反第四十条规定的，处以五千元以上、五万元以下罚款……（九）违反第五十一条、第五十二条、第六十四条规定的，处以五千元以上、五万元以下罚款……"第 78 条规定，"对受到按第七十五条、第七十六条规定处罚的单位的有关责任人员，本市证券主管机关或工商、公安等行政管理机关认为应当给予行政处分的，移送监察机关或行政主管部门处理。情节严重、构成犯罪的，提请司法机关依法追究其刑事责任"。

第三,1991年《深圳市股票发行与交易管理暂行办法》①第43条对内幕交易予以一般的禁止性的规定。此外,在自律规则层面,上海证券交易所拟定了《上海证券交易所章程》《上海证券交易所交易市场业务试行规则》《上海证券交易所会员管理规则》等规则,在借鉴诸多国外先进理念的基础上,为我们证券交易的开展提供了规则基础。至此,我国相对体系化的内幕交易监管构架初步形成,并对之后我国内幕交易监管产生了深远的影响。

第二节 证监会的创立与监管职能

一、证监会的成立

1992年是值得我国证券市场铭记的一年,除上海证券交易所和深圳证券交易所逐渐步上正轨外,我国第一个全国性的证券专业监管机构——国务院证券委员会(以下简称证券委)及其执行机构(证监会)终于正式成立。② 证券委和证监会的成立与深圳经济特区股市交易风波直接相关,③以至于当时中央政策出台的速度非常快,文件一下子就公布了。④

成立之初,证券委主任由时任国务院总理朱镕基担任,刘鸿儒担任证监会首届主席。根据1992年《国务院关于进一步加强证券市场宏观管理的通知》,证券委指导、监督检查和归口管理证监会,负责组织拟订有关证券市场的法律及法规草案、研究制定有关证券市场的方针政策和规章、制定证券市场发展规划和提出计划建议,证监会负

---

① 银复〔1991〕154号。
② "……加强证券市场的宏观管理,统一协调股票、债券、国债等有关政策,保护人民群众利益,使我国证券市场健康发展……"《国务院办公厅关于成立国务院证券委员会的通知》(国办发〔1992〕54号)。
③ 参见马庆泉主编:《中国证券史(1978~1998)》,中信出版社2003年版,第306页。
④ 参见陆一:《陆一良心说股事:你不知道的中国股市那些事》,浙江大学出版社2013年版,第160页。

责拟订有关证券市场管理的规则和依法对证券市场进行日常监管。①此时,证券委和证监会的分工尤其值得关注:一个是政府领导机构,另一个是"**由有证券专业知识和实践经验的专家组成**"的事业单位。如此安排强调了证券专业知识与证券专家的重要性,即便在当下来说也是非常先进的理念。

此后,1995 年《国务院办公厅关于印发中国证券监督管理委员会机构编制方案的通知》大幅拓展了证监会的职责范围。② 自此之后,证券委和证监会制定了一系列的监管规则,各种"办法""决定""通知""规定"层出不穷。这些文件在促进证券市场适应经济社会迅速发展的同时,却也让人应接不暇。据粗略统计,仅 1997 年至 1998 年,证券监管机构单独或会同有关部门就通过了 100 多部法律、法规和各种规

---

① "(一)证券委是国家对全国证券市场进行统一宏观管理的主管机构,主要职责是:负责组织拟订有关证券市场的法律、法规草案;研究制定有关证券市场的方针政策和规章,制定证券市场发展规划和提出计划建议;指导、协调、监督和检查各地区、各有关部门与证券市场有关的各项工作;归口管理证监会。(二)证监会是证券委监管执行机构,由有证券专业知识和实践经验的专家组成,按事业单位管理,主要职责是:根据证券委的授权,拟订有关证券市场管理的规则;对证券经营机构从事证券业务,特别是股票自营业务进行监管;依法对有价证券的发行和交易以及对向社会公开发行股票的公司实施监管;对境内企业向境外发行股票实施监管;会同有关部门进行证券统计,研究分析证券市场形势并及时向证券委报告工作,提出建议。"《国务院关于进一步加强证券市场宏观管理的通知》(国发〔1992〕68 号)。

② "(一)根据国务院和证券委授权,起草证券、期货法规,拟定证券、期货市场的管理规则和实施细则。(二)依法对有价证券的发行、上市、交易及其相关活动进行监管。(三)配合有关部门审批设立证券经营机构,对证券经营机构和证券清算、交割、保管、过户、托管、登记机构的业务活动进行监管,审查确认上述机构人员的从业资格。(四)会同有关部门制定市场中介组织及其从业人员从事证券、期货业务的资格标准、业务规则和行为准则,核发资格证书,对其业务活动和从业行为进行监管。(五)依法对证券交易场所、证券业协会的业务活动进行监管。(六)根据证券委授权,对期货交易所、期货经纪机构的设立进行审核,对其活动进行监管。(七)依法对向社会公开发行股票的公司实施监管。(八)依法对境内企业直接或间接向境外发行具有股票性质、功能的证券以及在境外上市活动进行监管。(九)依据有关法律、法规的规定,根据证券委授权,会同有关部门对违反证券、期货法律、法规及其实施细则和有关规则的行为进行调查、处罚。(十)会同有关部门管理证券、期货市场信息,研究分析证券市场、期货市场发展形势和问题,根据证券委的要求,拟定证券、期货市场发展规划和战略。(十一)组织、参与证券业、期货业对外交往与合作活动。(十二)办理国务院和证券委交办的其他事项。"《国务院办公厅关于印发中国证券监督管理委员会机构编制方案的通知》(国办发〔1995〕12 号)。

范性文件。① 整体来看,这个时期证券委和证监会的主要任务都在于市场设计与建设,主要的监管内容指向证券一级市场,违法行为监管工作集中于"股票、债券发行上市工作中的腐败行为和证券从业人员及会计、律师等人员利用职权违法违纪、营私舞弊的行为",这恐怕与之前深圳证券市场的认购风波和个别地方"黑市交易"有关。

1997年7月,亚洲金融危机的爆发引起了我国金融证券领域监管政策的变化,②中共中央、国务院召开第一次全国金融工作会议,审议通过了《关于深化金融改革,整顿金融秩序,防范金融风险的通知》③,江泽民就此次改革指出:"这次对银行、证券等金融机构管理体制的改革,对金融系统党的领导体制的完善,是我国金融体制的根本性改革和制度创新。"④1998年9月,《中国证券监督管理委员会职能配置、内设机构和人员编制规定》(以下简称"1998年三定方案")出台。⑤ 由此,证券委与中国人民银行所履行的证券业监管职能,皆被划归证监会,证监会被定位为国务院直属事业单位、全国证券期货市场的主管部门。1998年12月,我国首部证券法律——《证券法》颁布,证监会亦由此初步构建起了一个统一管理的中央至地方证券监管体系。2023年,第十四届全国人民代表大会第一次会议审议通过了国务院机构改革方案,证监会由国务院直属事业单位调整为国务院直属机构,开启了证券监管的新篇章。

二、证监会稽查执法的基本框架

1998年后,证监会已充分整合了证券委和中国人民银行的职能,

---

① 参见马庆泉主编:《中国证券史(1978~1998)》,中信出版社2003年版,第373~375页。
② 参见中国证券监督管理委员会编著:《中国资本市场三十年》,中国金融出版社2021年版,第223页。
③ 中发〔1997〕19号。
④ 《江泽民文选》(第2卷),人民出版社2006年版,第73页。
⑤ 参见《国务院办公厅关于印发中国证券监督管理委员会职能配置、内设机构和人员编制规定的通知》(国办发〔1998〕131号)。

将多种有价证券的监管职能整合在了一起,促进了证监会对证券市场的统一监管,具体表现为:第一,证监会的立法权限从起草证券法规、制定管理细则及实施细则,变成了起草证券法律、法规和制定规章,规则制定的权限大为提高,这有利于更为专业化地监管证券市场;第二,证监会对证券期货监管机构实现了垂直领导,实现了各种政策与规则的上令下达,也在一定程度上增强了地方监管机构的独立性;第三,证监会开始重视信息披露与信息管理,这是其监管方式变革的重要举措,不再单单集中于证券一级市场,而开始向证券二级市场的监管过渡,这是证券监管不断走向成熟的表现;第四,从证监会此时内部设置来说,不仅编制人数增加,而且内设部门与1995年时相比也有变化,各个部门的职能更加丰富。[1]

在此之后,虽然我国《证券法》经过了多次修改,但证监会的法定职能并没有太大的变化。[2] 但为加强证券市场执法能力,证监会在2005年被赋予了一定的准司法权(quasi-judicial power)或特别行政权,[3]这个变化非常显著且重要——法律赋予了证监会包括查封、冻结、限制买卖在内的权力。同时,对于涉嫌违法的行为和证券相关公

---

[1] 这些内设部门包括:办公厅、发行监管部、市场监管部、机构监管部、上市公司监管部、基金监管部、期货监管部、稽查局(首席稽查官办公室)、法律部(首席律师办公室)、会计部(首席会计师办公室)、政策研究室、国际合作部和人事教育部,编制也从200人变成248人。参见"1998年三定方案"。

[2] 根据《证券法》(2019修订)第169条的规定,证监会职能包括:(1)依法制定有关证券市场监督管理的规章、规则,并依法进行审批、核准、注册,办理备案;(2)依法对证券的发行、上市、交易、登记、存管、结算等行为,进行监督管理;(3)依法对证券发行人、证券公司、证券服务机构、证券交易场所、证券登记结算机构的证券业务活动,进行监督管理;(4)依法制定从事证券业务人员的行为准则,并监督实施;(5)依法监督检查证券发行、上市、交易的信息披露;(6)依法对证券业协会的自律管理活动进行指导和监督;(7)依法监测并防范、处置证券市场风险;(8)依法开展投资者教育;(9)依法对证券违法行为进行查处;(10)法律、行政法规规定的其他职责。

[3] 参见夏丽华:《中国证监会准司法权的解读:国际通行 我国首次》,载央视网,http://www.cctv.com/law/20060213/100452.shtml;《法学专家驳斥准司法权之说》,载新浪网,https://news.sina.com.cn/o/2006-04-13/08188684009s.shtml。

司、机构的日常行为,证监会都有了一定的调查和检查的权力。[1] 与国务院下辖的其他行政机构相比,证监会上述权能可谓得天独厚,2013 年和 2014 年修正的《证券法》延续了《证券法》(2005 修订)的规定。

自成立以来,证监会不断优化着具体的执法机制与程序。不过,鉴于后文将结合内幕交易行政处罚流程和体制对此进行详细说明,在此仅略作概括:[2]2002 年,根据《中国证券监督管理委员会关于进一步完善中国证券监督管理委员会行政处罚体制的通知》,证监会在借鉴发达国家"行政法官"制度的基础上对执法体制进行了进一步改革,[3]由此设立了行政处罚委员会,对复杂和重大案件进行集体讨论。2002 年 6 月,证监会成立了稽查二局专门处理内幕交易与操纵市场案件,

---

[1] 一方面,证监会拥有一般性的行政执法权力,包括:(1)调查取证,如"进入涉嫌违法行为发生场所调查取证";(2)询问,如"询问当事人和与被调查事件有关的单位和个人,要求其对与被调查事件有关的事项作出说明";(3)查阅、复制,如"查阅、复制当事人和与被调查事件有关的单位和个人的证券交易记录、登记过户记录、财务会计资料及其他相关文件和资料;对可能被转移、隐匿或者毁损的文件和资料,可以予以封存""查阅、复制与被调查事件有关的财产权登记、通讯记录等资料"。另一方面,证监会具有部分准司法权,包括:(1)冻结查封,如"对有证据证明已经或者可能转移或者隐匿违法资金、证券等涉案财产或者隐匿、伪造、毁损重要证据的,经国务院证券监督管理机构主要负责人批准,可以冻结或者查封";(2)限制买卖,如"在调查操纵证券市场、内幕交易等重大证券违法行为时,经国务院证券监督管理机构主要负责人批准,可以限制被调查事件当事人的证券买卖,但限制的期限不得超过十五个交易日;案情复杂的,可以延长十五个交易日"。《证券法》(2005 修订)第 180 条。

[2] 相关规定主要包括:《中国证券监督管理委员会调查处理证券期货违法违规案件基本准则》(证监稽查字〔1999〕32 号,已失效);《中国证券监督管理委员会调查处理证券期货违法违规案件证据准则》(证监稽查字〔1999〕32 号);《中国证券监督管理委员会关于进一步完善中国证券监督管理委员会行政处罚体制的通知》(证监发〔2002〕31 号);《中国证券监督管理委员会关于加强中国证券监督管理委员会行政处罚执行监督工作的通知》(证监法律字〔2002〕4 号);《关于发布〈中国证券监督管理委员会行政处罚委员会工作规则〉的通知》(证监法律字〔2007〕7 号);《中国证券监督管理委员会行政处罚听证规则》(中国证券监督管理委员会令第 119 号,以下简称《行政处罚听证规则》);《关于修改〈行政处罚委员会组成办法〉的决定》(中国证券监督管理委员会公告〔2021〕6 号);《中国证券监督管理委员会关于进一步加强稽查执法工作的意见》(以下简称《加强稽查执法意见》);《中国证监会委托上海、深圳证券交易所实施案件调查试点工作规定》(中国证券监督管理委员会令第 111 号);《证券期货违法行为行政处罚办法》(中国证券监督管理委员会令第 186 号)。

[3] 参见中国证券监督管理委员会编著:《中国资本市场三十年》,中国金融出版社 2021 年版,第 211 页。

同时，公安部在证监会内设置证券犯罪侦查局，加大了对证券市场违法犯罪行为的打击力度。2006年，证监会成立了非上市公众公司监管办公室，加强对非上市公众公司的监管，特别是非法发行证券、经营证券等活动。稽查二局成立五年之后，于2007年与稽查一局重新整合，成立了新的"稽查局"统一协调各项稽查工作，负责组织、协调、指导、立案、复核、督促工作和负责行政处罚的执行。同时，证监会成立"稽查总队"，专门负责证券期货市场各种紧急、重大、跨区域案件的稽查，特别是内幕交易、虚假陈述、市场操纵等重大案件，[1]稽查总队内部又设立了20个职能办公室，包括内审一处和二处、调查一处到调查十五处等。由此，证监会逐步塑造出稽查执法的主要机制与规则框架。

三、证监会地方派出机构的设置与职权

在我国证券市场发展初期，股票市场的恢复以地方实验为特色，各地政府很早就设立了隶属地方的监管部门。譬如，上海在1992年设立证券管理委员会，深圳、沈阳、山东于1993年设立了相应的证券监督管理机构。几年之间，一个自下而上的初级证券监督管理体系便已确立，[2]各地监管机构在《中国证券监督管理委员会关于授权地方证券、期货监管部门行使部分监管职责的决定》[3]的授权下开展部分监管和处罚工作。

1998年，《中国证券监督管理委员会关于授权地方证券期货监管部门对证券经营机构进行初审和日常监管的通知》[4]在授权地方监管部门日常监管的同时，要求中国人民银行各级分行向地方证券监管部门移交相关文档资料。同年，证监会证券监管机构体制改革方案确定

---

[1] 参见马庆泉、吴清主编：《中国证券史·第二卷（1999~2007年）》，中国金融出版社2009年版，第421~422页。

[2] 参见马庆泉、吴清主编：《中国证券史·第一卷（1978~1998年）》，中国金融出版社2009年版，第306页。

[3] 证监发字〔1996〕48号，已失效。

[4] 证监〔1998〕9号，已失效。

后,证监会可在部分中心城市设立证监会的派出机构,并接收各地的证券监管办公室。由此,证监会在上海、深圳、广州、成都、天津、沈阳、济南、武汉、西安9个城市设立证券监管办公室,在北京和重庆设立证监会办事处,在各个省、自治区和计划单列市设置证券监管特派员办事处。① 2004年,证监会各地派出机构根据《关于中国证券监督管理委员会派出机构更名的通知》的要求,升格并更名为"监管局"。

尽管地方证券监管部门早已设立,但其工作重心并不在稽查执法,而在于对股票发行、证券经营机构和上市公司等方面进行监管。2000年,《中国证券监督管理委员会关于进一步明确派出机构业务工作职责的通知》②较为细致地规定了派出机构的执法职责,即能够立案调查所辖区域内的证券违法违规行为并在授权范围内作出行政处罚,对超出行政处罚授权范围的案件应及时报证监会。2003年,为"发挥集中统一监管体制的优势,增强监管合力",证监会颁布的《派出机构监管工作职责》③重新界定了派出机构的职权,派出机构由此主要负责调查(市场操纵案件除外)、协助与执行工作,行政处罚由证监会法律部和行政处罚委员会完成。在当时的条件下,这有利于统一监管执法标准及避免地方利益绑架派出机构。

2010年,随着各地证券监管经验的成熟,证监会发布了《中国证券监督管理委员会派出机构行政处罚试点工作规定》的通知,并于2013年将授权范围扩大至全部派出机构,由此改变了证监会中央机关执法的单一模式,大幅增强了对证券违法行为的执法力度。

---

① 参见马庆泉、吴清主编:《中国证券史·第一卷(1978~1998年)》,中国金融出版社2009年版,第413页。
② 证监发〔2000〕73号;已失效。
③ 证监发〔2003〕86号;已失效。

第二章 内幕交易行政处罚的全景样貌

第一节 我国内幕交易监管的语境与制度

一、证券市场内幕交易的经验观察

在初步探索时期,我国证券市场意气风发。然而,一系列的股市震荡与救市事件,给早期蹒跚学步的证券市场造成了巨大的冲击。在一段时期内,内幕交易、市场操纵等活动频现,吴敬琏教授一度提出了著名的"赌场论"。① 他的这个判断在当时引起了巨大反响。吴敬琏教授的判断并非一家之言,例如,陆磊 2005 年对 29 个城市共计 626 家证券公司进行的调查显示,近 3/4 的证券公司坦然承认了内幕交易的存在。② 又如,郭锋教授早期观察发现,证券投资者都对各种内幕交易痛恨不已,却又不遗余力地去打探内幕消息,有些投资者之所以投资证券市场,就是想通过内幕交易来发家致富,但内幕消息并非俯拾即是,只能被少数人掌握。③ 但同时,我国股市投资者的热情却有增无减,特别是 2015 年股市大幅攀升期间,"全民狂欢"式股票投资现象背后反映出了部分投资者对投机性的追求,甚至不乏对内幕交易的"热衷"。

---

① 参见《吴敬琏再谈股市赌场论:不要轻信牛市》,载搜狐网,http://business.sohu.com/20141129/n406499617.shtml。

② 参见陆磊:《金融腐败的微观经济效应:一般均衡与金融业不良资产问题》,载《金融研究》2005 年第 2 期。

③ 参见郭锋:《构建中国特色的反内幕交易制度》,载徐明等主编:《证券法苑》第 4 卷,法律出版社 2011 年版。

一些经济学实证研究证实了我国此前内幕交易的严峻程度：一方面，从上市公司重大事件中的内幕交易程度来看，朱伟骅收集了2005年前上市至少三年的公司样本，在剔除了数据不全等情况后，共获得504个公司样本，发现在我国公司上市公告前的阶段，重大信息的泄露及私人信息交易的概率很高；[1]翟建强和李小蓉析出了2008年至2012年重组金额超过5000万元的上市公司重组事件，再从中挑选出重组资产净额占期末资产总额10%以上的样本，他们发现上市公司重大资产重组中内幕交易行为显著存在；[2]张宗新教授2008年研究发现，在全流通以后的股票市场，很多上市公司重大事件的背后都有基于私人信息交易的行为，由此推断内幕交易的概率很高；[3]沈冰博士2012年对沪深两市2009年118家有业绩预增100%以上、涉及控制权转移的企业重组、高送转和业绩预亏的上市公司进行了统计分析，对比上市公司重大信息公布前后的买卖数据后，同样发现内幕交易在上市公司信息公告期间时有发生，特别是在信息公告前期，上市公司内幕交易行为最为严重；[4]彭志等研究发现，在2009年至2014年，我国上市公司并购重组过程中存在信息提前泄露、内幕交易问题；[5]上海证券交易所对重大事件知情交易密度的研究显示，该指标在不少年份超过了70%，说明内幕信息泄露问题严重。[6]

另一方面，从上市公司参与内幕交易的人员身份特征来看，早先研究显示内幕交易在高级管理人员、股东之中并不鲜见。例如，朱茶芬和李志文教授等统计了2006年8月24日至2008年3月31日持股5%以上的原非流通股股东的减持数据，在剔除减持比例小于1%的数据

---

[1] 参见朱伟骅：《公司治理与内幕交易监管效率研究》，载《经济学（季刊）》2008年第1期。

[2] 参见翟建强、李小蓉：《资产重组、股价波动与内幕交易——来自中国A股市场重大资产重组的证据》，载《北京社会科学》2014年第3期。

[3] 参见张宗新：《内幕交易行为预测：理论模型与实证分析》，载《管理世界》2008年第4期。

[4] 参见沈冰：《中国股票市场内幕交易的形成机理与识别机制研究》，重庆大学2012年博士学位论文，第49页。

[5] 参见彭志、肖土盛：《上市公司并购重组与内幕交易行为研究》，载《证券市场导报》2018年第1期。

[6] 参见马韫：《中国证券市场内幕交易监管实践研究和案例分析》，中国方正出版社2014年版，第105页。

且合并同一天内不同大股东减持的情形之后,获得样本943个,发现我国大股东的超额收益水平(4.12%)是高于国外水平的,说明我国大股东时机选择的能力更高、获利更加丰富,因而存在很大的内幕交易概率;①朱茶芬等对2007年6月1日至2010年6月30日上市公司高管交易与信息延迟披露的情况进行了研究,获得样本2079次,他们发现其中有15%的交易出现了延迟披露的现象。申言之,由于内部人进行信息迟延披露,可能会激励机会主义的行为,延迟披露的情况下内幕性交易的概率更大;②朱茶芬等还对2008年1月1日至2010年6月30日沪深两市2412个高管交易进行了研究,有力地支持了高管在交易中利用了信息优势的假设;③曾庆生对2007年至2011年深圳证券交易所主板和中小板上市公司内部人交易统计后,发现"公司高管亲属的交易均获得了显著超常回报"。④

二、内幕交易法律监管的制度体系

(一)早期内幕交易监管规则

1987年,《中国人民银行上海市分行证券柜台交易暂行规定》第10条规定,"企业不得在金融机构购买本企业的股票。禁止了解企业内幕情况的人从事该企业的股票买卖活动"。这是笔者找到的可能是有关禁止内幕交易的最早规定。⑤ 1993年,《股票发行与交易管理暂行条例》(以下简称《股票发行暂行条例》)颁布,这是第一个全国性的、包含内幕交易查处规范的行政法规,对我国证券市场内幕交易的监管起到了极大的作用。彼时,《股票发行暂行条例》授予证监会对违反该条例规定的单位和个人进行调查或者会同国家有关部门进行调查的权

---

① 参见朱茶芬、[美]李志文、[美]陈超:《A股市场上大股东减持的时机选择和市场反应研究》,载《浙江大学学报(人文社会科学版)》2011年第3期。

② 参见朱茶芬、陈超、周陆海:《内部人延迟披露股票交易信息的经济动机和后果研究》,载《浙江大学学报(人文社会科学版)》2013年第3期。

③ 参见朱茶芬、姚铮、李志文:《高管交易能预测未来股票收益吗?》,载《管理世界》2011年第9期。

④ 曾庆生:《高管及其亲属买卖公司股票时"浑水摸鱼"了?——基于信息透明度对内部人交易信息含量的影响研究》,载《财经研究》2014年第12期。

⑤ 《中国人民银行上海市分行证券柜台交易暂行规定》,载《上海金融》1987年第2期。

力,重大案件则由证券委组织调查。

针对内幕交易违法行为处罚,《股票发行暂行条例》第72条第1款明确规定,"内幕人员和以不正当手段获取内幕信息的其他人员违反本条例规定,泄露内幕信息、根据内幕信息买卖股票或者向他人提出买卖股票的建议的,根据不同情况,没收非法获取的股票和其他非法所得,并处以五万元以上五十万元以下的罚款"。与前述《上海市证券交易管理办法》不同的是,《股票发行暂行条例》已将内幕交易专门单列出来。同时,《股票发行暂行条例》还对"内幕人员""内幕信息"等重要概念进行了正式的解释。① 1993年,《国务院证券委关于授权中国证监会查处证券违法违章行为的通知》②进一步授予证监会对有《股票发行暂行条例》第70条、第71条、第72条、第74条所列的行为者进行处罚的权力。

1993年,国务院颁布的《禁止证券欺诈行为暂行办法》(以下简称《禁止欺诈暂行办法》)对内幕交易进行了详细规定,特别具体列举了20多种内幕人员、26种内幕信息与4种内幕交易行为,包罗甚广。③ 尽管这些具体列举随着后来《证券法》的颁布而失去效力,但也深深地影响了证监会日后的监管行为风格与具体做法。同年,《中国证券监督管理委员会调查处理证券违法违纪案件试行办法》④颁布,该办法进

---

① 第81条规定:"……'内幕人员'是指任何由于持有发行人的股票,或者在发行人或者与发行人有密切联系的企业中担任董事、监事、高级管理人员,或者由于其会员地位、管理地位、监督地位和职业地位,或者作为雇员、专业顾问履行职务,能够接触或者获取内幕信息的人员。……'内幕信息'是指有关发行人、证券经营机构、有收购意图的法人、证券监督管理机构、证券业自律性管理组织以及与其有密切联系的人员所知悉的尚未公开的可能影响股票市场价格的重大信息……"

② 证委发〔1993〕42号,已失效。

③ 具体包括"(一)发行人的董事、监事、高级管理人员、秘书、打字员,以及其他可以通过履行职务接触或者获取内幕信息的职员;(二)发行人聘请的律师、会计师、资产评估人员、投资顾问等专业人员,证券经营机构的管理人员、业务人员,以及其他因其业务可能接触或者获取内幕信息的人员;(三)根据法律、法规的规定对发行人可以行使一定管理权或者监督权的人员,包括证券监管部门和证券交易场所的工作人员,发行人的主管部门和审批机关的工作人员,以及工商、税务等有关经济管理机关的工作人员等;(四)由于本人的职业地位、与发行人的合同关系或者工作联系,有可能接触或者获取内幕信息的人员,包括新闻记者、报刊编辑、电台主持人以及编排印刷人员等;(五)其他可能通过合法途径接触到内幕信息的人员"。《国务院关于〈禁止证券欺诈行为暂行办法〉的批复》(国函〔1993〕122号,已失效)。

④ 证监法字〔1993〕112号,已失效。

一步明确了具体的内幕交易调查执法程序,比之于《股票发行暂行条例》来说,可谓大为精进。总体来看,这一时期的规定较为细致地规定了证监会内幕交易行政处罚权行使的主要内容。

(二)1998 年《证券法》内幕交易监管规定

1998 年,《证券法》的颁布是我国证券市场法治建设史上的里程碑事件。在这部《证券法》里,立法机关对内幕交易规制有了新的规定,奠定了内幕交易的新的基本规范框架并且影响至今:

第一,1998 年《证券法》第 67 条对内幕交易进行了概括规定,"禁止证券交易内幕信息的知情人员利用内幕信息进行证券交易活动",构造了基础的禁止性条款。

第二,1998 年《证券法》第 68 条解释了何谓"内幕信息的知情人员",采取了列举加兜底的方式进行规定。与之前《股票发行暂行条例》《禁止欺诈暂行办法》相比,列举更为精准,在很大程度上限缩了内幕交易的查处对象范围,主要包括:其一,发行股票或者公司债券的公司董事、监事、经理、副经理及有关的高级管理人员;其二,持有公司 5% 以上股份的股东,这与《股票发行暂行条例》的规定并不相同(之前为持有发行人的股票、能够接触或者获取内幕信息的人员),实际上对适用的对象范围进行了一定的限缩;其三,发行股票公司的控股公司的高级管理人员,同样,该项与之前《股票发行暂行条例》规定(发行人有密切联系的企业的管理人员)相比也有所限缩,将密切关系限定于其控股公司;其四,由于所任公司职务可以获取公司有关证券交易信息的人员;其五,证券监督管理机构工作人员、基于法定的职责对证券交易进行管理的其他人员,与《禁止欺诈暂行办法》相比,范围缩小到了"对证券交易进行管理的人员",而不是包括"工商、税务等有关经济管理机关的人员"的宽泛概念,与《股票发行暂行条例》相比,也不是基于"管理地位、监督地位和职业地位"而"能够接触或者获取内幕信息的人员"之笼统表述;其六,由于法定职责而参与证券交易的证券登记结算机构、证券交易的社会中介机构或证券交易服务机构的有关人员,这个规定相比以前同样更加具体;其七,国务院证券监督管理机构规定的其他人员。值得注意的是,由于此时《股票发行暂行条例》《禁止欺诈暂行办法》尚为有效的法律规范,三者对内幕交易规制范围并不一致。

第三,1998年《证券法》第69条和第62条对内幕信息进行了规定,列举了多种情况并进行了兜底条款规定。第69条第1款规定,"证券交易活动中,涉及公司的经营、财务或者对该公司证券的市场价格有重大影响的尚未公开的信息,为内幕信息"。相较《禁止欺诈暂行办法》而言,1998年《证券法》的规范对象更加精确、科学。例如,发行人更换为其审计的会计师事务所事实上并不是特别重要的事件,既然我国会计规则是统一的,区分到底是哪个会计师事务所的工作的实际意义相对有限。又如,发行人章程的变更虽然很重要,但不一定具有"重大性",公司注册资本、注册地址的变更也是如此。此外,由于证券市场中内幕交易的信息是无法充分列举的,比起《禁止欺诈暂行办法》所粗略规定的"其他重大信息",《证券法》授权国务院证券监督管理机构来认定其他对证券交易价格有显著影响的重要信息,清晰地界定了"其他重大信息"的有权认定机关,更具有可操作性。

第四,1998年《证券法》第70条规定了被禁止的内幕交易行为人身份类型和内幕交易类型,内幕交易行为主体涵盖两类人,即"知悉证券交易内幕信息的知情人员"及"非法获取内幕信息的其他人员"。同时,规定了三种基本内幕交易违法行为类型,即"买入或者卖出所持有的该公司的证券"、"泄露该信息"以及"建议他人买卖该证券"。

(三)《证券法》(2005修订)内幕交易规则的改动

2005年,我国对《证券法》进行了较为实质性的修订,[①]此次修订的变化较大:第一,《证券法》(2005修订)第76条的规定与1998年《证券法》第70条有所不同,条文内容修改为"证券交易内幕信息的知情人和非法获取内幕信息的人,在内幕信息公开前,不得买卖该公司的证券,或者泄露该信息,或者建议他人买卖该证券……",增加了"在内幕

---

① 2004年,第十届全国人民代表大会常务委员会第十一次会议决定对《证券法》进行修正,但只修改了第28条和第50条。参见《全国人民代表大会常务委员会关于修改〈中华人民共和国证券法〉的决定》(中华人民共和国主席令第21号)。

信息公开前"的时间前提限制,使内幕交易的监管范围更加精确。

第二,《证券法》(2005 修订)第 76 条第 3 款增加了内幕交易民事赔偿的规定,即"内幕交易行为给投资者造成损失的,行为人应当依法承担赔偿责任"。这给目前仍然处于探索阶段的内幕交易民事赔偿提供了私法上的请求权基础,也为现今投资者保护机构民事代表诉讼提供了可能性。

第三,本次修订对 1998 年《证券法》和《证券法》(2004 修正)下的"内幕信息的知情人员"进行了重新界定。相对来说,进一步精确界定了内幕交易知情人的范畴,包括:(1)发行人的董事、监事、高级管理人员,去掉了"经理、副经理"的表述,可能是考虑到现代公司高级管理人员职务、称谓的多样化现象;(2)持有公司 5% 以上股份的股东及其董事、监事、高级管理人员,公司的实际控制人及其董事、监事、高级管理人员,与之前类似款项相比,该项范围有所扩大;(3)发行人控股的公司及其董事、监事、高级管理人员,扩大了涵盖的范围;(4)由于所任公司职务可以获取公司有关内幕信息的人员,这里的"有关内幕信息"使得该条款不仅仅限于"有关证券交易信息"的信息,而且表述上更加准确;(5)证券监督管理机构工作人员以及由于法定职责对证券的发行、交易进行管理的其他人员,明确了对证券发行进行监管的人员的规定;(6)保荐人、承销的证券公司、证券交易所、证券登记结算机构、证券服务机构的有关人员,该条文对保荐人、承销的证券公司的列举,使"参与证券交易的社会中介机构"范围更加具体;(7)国务院证券监督管理机构规定的其他人。此后,2013 年和 2014 年修正的《证券法》继续沿袭了 2005 年《证券法》的前述规定,[①]未对内幕交易规则进行改动。

第四,针对"内幕信息",2005 年《证券法》第 75 条和第 67 条修改了

---

① 《证券法》(2013 修正)修改了第 129 条第 1 款之规定,参见《全国人民代表大会常务委员会关于修改〈中华人民共和国文物保护法〉等十二部法律的决定》(中华人民共和国主席令第 5 号);《证券法》(2014 修正)对第 89~91 条、第 108 条、第 131 条和 213 条进行了修正,参见《全国人民代表大会常务委员会关于修改〈中华人民共和国保险法〉等五部法律的决定》(中华人民共和国主席令第 14 号)。

原来规定中相对僵化的部分,譬如:(1)原来规定"遭受超过净资产百分之十以上的重大损失"为内幕信息,2005年修订后去除了该"百分之十以上"的规定;(2)结合我国公司经营的实际情况,增加了对"实际控制人"的规定,这使法律更加适应社会实践;(3)针对内幕信息的认定权限问题,去除了"法律、行政法规规定的其他事项",而将重大事件的认定权完全授予证券监管机构,规定"国务院证券监督管理机构认定的对证券交易价格有显著影响的其他重要信息",这有利于统一认定标准。

(四)《证券法》(2019修订)之规则变化

《证券法》(2005修订)在2019年再次迎来了重大修订,[①]此次修改变动条文超过100条,涵括证券定义、证券公开发行、上市公司收购、投资者保护、违法处罚等诸多内容,必将对我国资本市场产生深远的影响。《证券法》(2019修订)一改以往违法成本较低的局面,不仅有效增强了对虚假陈述、内幕交易、操纵市场等典型违法行为的法律威慑强度,而且关注到了信息时代下程序化交易等新型交易方式所引致的责任问题,为证券市场的持续健康发展注入了源头活水。[②]

尽管此次修订主要针对证券发行注册制改革和加重证券违法的法律责任等重点内容,但在**"内幕信息的知情人员"认定方面亦有较大变化**,主要涵括:(1)在发行人及其董事、监事、高级管理人员一项,将"发行人"本身涵括在内;(2)持有公司5%以上股份的股东及其董事、监事、高级管理人员,公司的实际控制人及其董事、监事、高级管理人员,该项无变化;(3)发行人控股或者实际控制的公司及其董事、监事、高级管理人员,该项增加了发行人实际控制的公司及其相关人员;(4)由于所任公司职务或者因与公司业务往来可以获取公司有关内幕信息的人员,增加了与公司有业务往来人员的规定;(5)上市公司收购人或者重大资产交易方及其控股股东、实际控制人、董事、监事和高级管理人员,该项为全新的规定,由此将上市公司收购或重组中的有关人员皆涵括在内;(6)因

[①] 参见《证券法》(2019年12月28日全国人民代表大会常务委员会第十五次会议第二次修订)。

[②] 吕成龙:《新证券法中的法律责任》,载《金融时报》2020年3月9日,第12版。

职务、工作可以获取内幕信息的证券交易场所、证券登记结算机构、证券公司、证券服务机构的有关人员,进一步明确了上述机构有关人员的具体范围;(7)因职责、工作可以获取内幕信息的证券监督管理机构工作人员;(8)因法定职责对证券的发行、交易或者对上市公司及其收购、重大资产交易进行管理可以获取内幕信息的有关主管部门、监管机构的工作人员,该项为新增规定并与第7项一起构成了对《证券法》(2005修订)第74条第5项的扩展;(9)可以获取内幕信息的其他人员。

《证券法》(2019修订)对"内幕信息"认定条款有所修订,将内幕信息的范围直接引申至信息披露的要求,主要变化包括:(1)将公司的重大投资行为具体化为公司在一年内购买、出售重大资产超过公司资产总额30%,并且保留此前公司营业用主要资产的抵押、质押、出售或者报废一次超过该资产的30%的规定;(2)明确了提供重大担保或者从事关联交易的情形;(3)增加董事长或者经理无法履行职责的情形;(4)增加公司实际控制人及其控制的其他企业从事与公司相同或者相似业务的情况发生较大变化的情形;(5)增加公司的控股股东、实际控制人涉嫌犯罪被依法采取强制措施的情形。

(五)内幕交易认定的行政指引与刑事规则

2007年,为了进一步加强对内幕交易行为的监管,证监会出台了《证券市场内幕交易行为认定指引(试行)》(以下简称《内幕交易认定指引》),[①]以此细致地规范证券市场内幕交易行为的认定工作。不过,2020年《中国证券监督管理委员会关于修改、废止部分证券期货制度文件的决定》[②]已将其废止,原因可能有二:一方面,与其自身性质有关,即《内幕交易认定指引》实际上是一个"证券行政执法的指导性文件",并非我国立法和制定规章意义上的公开法律、规章,也没有在证监会的网站上和相关公告中进行刊登,主要是提供给证监会内部官员、下级证券监管部门、上海证券交易所和深圳证券交易所的一个内部指

---

① 《中国证券监督管理委员会关于印发〈证券市场操纵行为认定指引(试行)〉及〈证券市场内幕交易行为认定指引(试行)〉的通知》(证监稽查字〔2007〕1号,已失效)。

② 中国证券监督管理委员会公告〔2020〕66号。

引文件。另一方面,《内幕交易认定指引》的不少内容已经被《证券法》(2019 修订)吸收,失去了其单独存在的必要性。不过,鉴于该指引在本书研究期间对证监会内幕交易责任的认定起到了指示作用,且与《证券法》(2019 修订)亦有所呼应,因此,仍然值得我们反思。

作为法律的最后防线,我国《刑法》规定了内幕交易的刑事责任,即《刑法》第 180 条。① 其中,特别提到内幕信息的范围,依照法律、行政法规的规定确定;对知情人员的范围,依照法律、行政法规的规定确定。2010 年,《最高人民检察院、公安部关于公安机关管辖的刑事案件立案追诉标准的规定(二)》对内幕交易罪的追诉标准进行了规定。② 2012 年,《最高人民法院、最高人民检察院关于办理内幕交易、泄露内幕信息刑事案件具体应用法律若干问题的解释》则从刑事责任角度对内幕交易相关犯罪问题进行详细解释与明确,规定"证券、期货交易内幕信息的知情人员"为"《证券法》第 74 条规定的人员",并且对"非法获取证券、期货交易内幕信息的人员"进行了列举。2022 年,为了与《证券法》(2019 修订)处罚力度的重要变化相协调,《最高人民检察院、公安部关于公安机关管辖的刑事案件立案追诉标准的规定(二)》也作出了相应

---

① 第 180 条规定:"证券、期货交易内幕信息的知情人员或者非法获取证券、期货交易内幕信息的人员,在涉及证券的发行,证券、期货交易或者其他对证券、期货交易价格有重大影响的信息尚未公开前,买入或者卖出该证券,或者从事与该内幕信息有关的期货交易,或者泄露该信息,或者明示、暗示他人从事上述交易活动,情节严重的,处五年以下有期徒刑或者拘役,并处或者单处违法所得一倍以上五倍以下罚金;情节特别严重的,处五年以上十年以下有期徒刑,并处违法所得一倍以上五倍以下罚金。单位犯前款罪的,对单位判处罚金,并对其直接负责的主管人员和其他直接责任人员,处五年以下有期徒刑或者拘役。内幕信息、知情人员的范围,依照法律、行政法规的规定确定。"

② "证券、期货交易内幕信息的知情人员、单位或者非法获取证券、期货交易内幕信息的人员、单位,在涉及证券的发行,证券、期货交易或者其他对证券、期货交易价格有重大影响的信息尚未公开前,买入或者卖出该证券,或者从事与该内幕信息有关的期货交易,或者泄露该信息,或者明示、暗示他人从事上述交易活动,涉嫌下列情形之一的,应予立案追诉:(一)证券交易成交额累计在五十万元以上的;(二)期货交易占用保证金数额累计在三十万元以上的;(三)获利或者避免损失数额累计在十五万元以上的;(四)多次进行内幕交易、泄露内幕信息的;(五)其他情节严重的情形。"《最高人民检察院、公安部关于公安机关管辖的刑事案件立案追诉标准的规定(二)》(公通字〔2010〕23 号,已失效)第 35 条。

修订,大幅提高了内幕交易罪的追诉门槛。①

总体而言,我国的内幕交易规制的法律体系不断丰富和完善,但同样存在不少问题。例如,《证券法》与《刑法》的责任衔接机制存在一定问题,如我国《证券法》并没有对"非法获取内幕信息的人员"进行定义,但《最高人民法院、最高人民检察院关于办理内幕交易、泄露内幕信息刑事案件具体应用法律若干问题的解释》却规定了三大类非法获取内幕信息的情形,时至今日,依然超越了《证券法》(2019修订)的范畴。事实上,根据《立法法》的规定,凡是涉及公民犯罪和刑罚的一定要由法律来规定,但若该三类情形不能与《证券法》规定一一对应,不禁令人担忧其是否扩大了刑事处罚和犯罪的对象范围。又如,证券行政监管规范之间有内容差异,证监会的个别规定超越了《立法法》及《证券法》限制,如前述《内幕交易认定指引》创造了"价格敏感期"的概念,进而将相关人员的交易限制转变适用于不以信息"公开"时间为界限的"价格敏感期",②与《证券法》规定相比,这不仅扩大了相关人员的责任时间跨度,而且使得这个时间节点的认定难以明确。对此,笔者将在本书第六章对证监会规则制定权的行使情况和完善建议等进行专门研讨。

---

① "证券、期货交易内幕信息的知情人员、单位或者非法获取证券、期货交易内幕信息的人员、单位,在涉及证券的发行,证券、期货交易或者其他对证券、期货交易价格有重大影响的信息尚未公开前,买入或者卖出该证券,或者从事与该内幕信息有关的期货交易,或者泄露该信息,或者明示、暗示他人从事上述交易活动,涉嫌下列情形之一的,应予立案追诉:(一)获利或者避免损失数额在五十万元以上的;(二)证券交易成交额在二百万元以上的;(三)期货交易占用保证金数额在一百万元以上的;(四)二年内三次以上实施内幕交易、泄露内幕信息行为的;(五)明示、暗示三人以上从事与内幕信息相关的证券、期货交易活动的;(六)具有其他严重情节的。内幕交易获利或者避免损失数额在二十五万元以上,或者证券交易成交额在一百万元以上,或者期货交易占用保证金数额在五十万元以上,同时涉嫌下列情形之一的,应予立案追诉:(一)证券法规定的证券交易内幕信息的知情人实施或者与他人共同实施内幕交易行为的;(二)以出售或者变相出售内幕信息等方式,明示、暗示他人从事与该内幕信息相关的交易活动的;(三)因证券、期货犯罪行为受过刑事追究的;(四)二年内因证券、期货违法行为受过行政处罚的;(五)造成其他严重后果的。"《最高人民检察院、公安部关于公安机关管辖的刑事案件立案追诉标准的规定(二)》(2022修订)(公通字〔2022〕12号)第30条。

② 参见[美]郝山:《中国过于宽泛的内幕交易执法制度——法定授权和机构实践》,陶永祺、卫绮骐译,载《交大法学》2014年第2期。

第二节 内幕交易行政处罚的实证检视：1994~2021 年

一、研究样本的来源构成与说明

罗斯科·庞德教授曾言"如果我们深入观察，就会发现'书本上的法'和'行动中的法'之间的差异，这些（规范上）支配着人与人之间关系的法律规范和事实上那些支配的规则之间的差别是很明显的，同时，我们还可以发现，法律理论和司法行政之间的不同，经常非常真实而深刻地存在着的"。[①] 因此，在探究证监会内幕交易监管的问题之前，我们首先要了解证监会目前内幕交易监管的实际情况是怎样的。

笔者在 2022 年 2 月 20 日最后查询了证监会官方网站（http://www.csrc.gov.cn）的"行政处罚"等栏目，以 1994 年 1 月 1 日至 2021 年 12 月 31 日证监会中央机关内幕交易行政处罚为基础样本，[②]辅之以 2010 年后证监会地方派出机构内幕交易行政处罚数据为参考，希冀全面探究我国证监会内幕交易处罚的主要问题。需要特别说明的是，截至本书最后数据查询时间的已公布的内幕交易处罚案件，因早已启动调查处罚程序，证监会中央机关尚未适用《证券法》（2019 修订）而基本适用了《证券法》（2005 修订），个别案件适用了 1998 年颁布的《证

[①] Roscoe Pound, *Law in Books and Law in Action*, American Law Review, Vol. 44:1, p. 15 (1910).

[②] 本书统计有三点需要专门说明：第一，本书以证监会当年最后一份公开的行政处罚书编号作为当年处罚总量，不排除有在最后一份公开文书编号之后的、其他未披露的行政处罚案件的可能性；第二，鉴于证监会信息披露的时间选择不一，即发文时间与信息披露时间存在时间差，例如《中国证监会行政处罚决定书》（张某）的处罚文号为"〔2021〕95 号"，但发文日期为 2022 年 1 月 3 日，因此，在 2022 年 2 月 20 日之后，证监会有很大概率在其网站补充披露 2021 年的其他案件，这使得证监会 2021 年的案件总数后续会有一定增加，但不影响本书的论述及结论；第三，由于本书集中讨论一般内幕交易的行政处罚，而非针对证券市场相关人员责任，因而，本书没有将基于《证券市场禁入规定》颁布后证监会作出的《市场禁入决定书》涵括在内。

券法》及更早的《股票发行暂行条例》，本书针对不同情况进行了相应处理。

从具体数据来源看，2000年及之前的数据来源于证监会定期公布的《中国证券监督管理委员会公告》，笔者通过证监会的官方网站下载并整理（张家界旅游开发公司案公告证监会并未公布，该案资料由学术文献及网络整理而得）；2001年及之后的数据来源于证监会及其派出机构官方网站"信息公开"栏目下的"行政处罚决定"，本书查询统计的截止时间为2022年2月20日。

2001年及之后，根据最后一份案件的处罚编号和笔者的统计，"信息公开"栏目实际公告了1530份行政处罚决定书，[1]但由于证监会信息公开存在披露迟滞、未予公开以至于个别纰漏等情况，有49份行政处罚决定书尚未公示。与此同时，为了研究这些案件的行政复议和行政诉讼情况，笔者借助证监会网站查询了2006年至2021年12月31日的行政复议决定书，以此作为参考而进一步校正证监会内幕交易行政处罚的实际案件数量，再结合内幕交易行政诉讼的情况（查询数据库为"中国裁判文书网"），[2]最终校正或剔除了周某奋、苏某鸿、张某光、张某军、张某武等被司法机关判定无效或撤销的案件。[3]在此基础之上，2001年1月至2021年12月31日，**证监会中央机关内幕交易行政处罚案件数量为409件，加之2001年之前还有8**

---

[1] 例如，2007年中天华正事务所的案件处罚重复公告了2次，编号都是"〔2007〕18号"，分别为《中国证监会行政处罚决定书》（北京中天华正会计师事务所有限公司、何某文、周某珊）和《中国证监会行政处罚决定书》（中天华正事务所及何某文等人）。又如，《中国证监会行政处罚决定书》（邓某文）（〔2014〕9号）所涉案实际上处罚了两个自然人，但案件标题中却只写了邓某文一个人，且与之前的处罚决定书格式不符。除此之外，有些年份的《中国证券监督管理委员会公告》不全，或实际无法下载。

[2] 查询时间同样截至2021年12月31日，查询网址为https://wenshu.court.gov.cn。

[3] 这些案件包括：张某武等与中国证券监督管理委员会其他一审行政判决书，(2015)京一中行初字第236号；《中国证券监督管理委员会行政复议决定书》（张某军）（〔2016〕28号）；张某光与中国证券监督管理委员会二审行政判决书，(2017)京行终2185号；苏某鸿与中国证券监督管理委员会金融行政处罚、行政复议纠纷二审行政判决书，(2018)京行终445号；周某奋与证监会其他一审行政判决书，(2019)京01行初1120号。

件，共计有 **417** 件，涉及 **622** 个单位和自然人。

二、内幕交易处罚的时间及数量特征

第一，证监会 2001 年之后的行政处罚呈现整体递增的趋势，在不断增长的证券违法违规行为行政处罚案件中，内幕交易处罚的比重也逐渐提高。如图 2.1 所示，2009 年，内幕交易处罚占比首次达到全部处罚的 10% 以上，2010 年激增到将近 20%，2013 年及 2014 年的占比更是大幅攀升至 40% 以上。2016 年至 2021 年，内幕交易处罚的平均占比约为 34.02%。不难发现，内幕交易行政处罚已经成为我国证监会稽查执法的重要领域。

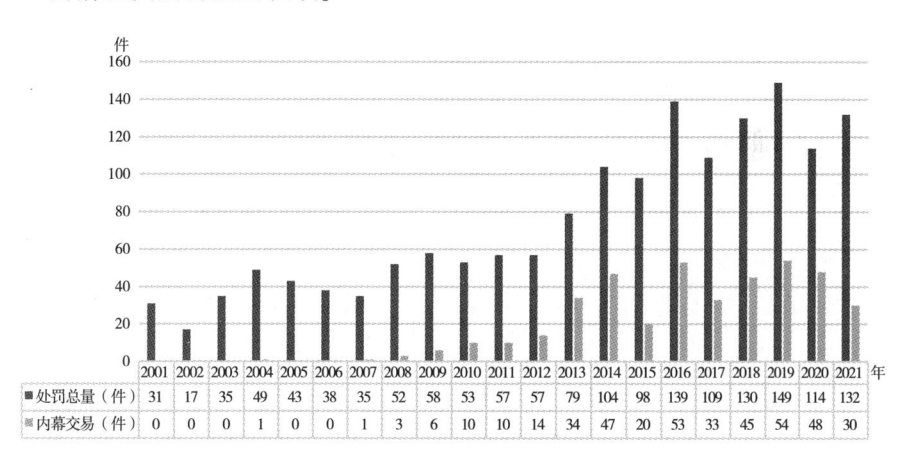

年份	2001	2002	2003	2004	2005	2006	2007	2008	2009	2010	2011	2012	2013	2014	2015	2016	2017	2018	2019	2020	2021
处罚总量（件）	31	17	35	49	43	38	35	52	58	53	57	57	79	104	98	139	109	130	149	114	132
内幕交易（件）	0	0	0	1	0	0	1	3	6	10	10	14	34	47	20	53	33	45	54	48	30

图 2.1 内幕交易处罚数量的时间分布

第二，内幕交易的行政处罚呈现较强的政策相关度。在将上述数据与国务院、证监会的政策文件发布时间进行交叉比对后，可以看到，证监会自 2010 年开始对内幕交易的处罚力度逐渐增强，而在 2010 年颁布的《国务院办公厅转发证监会等部门关于依法打击和防控资本市场内幕交易意见的通知》中，特别强调了内幕交易案件交易主体的复杂化、交易方式的多样化以及交易操作手法的隐蔽化等现实问题,①由此,行政监管机关加大了对内幕交易的惩治力度。2011年,国务院国有资产监督管理委员会发布了《关于加强上市公司国有股东内幕信息管理有关问题的通知》②,进一步细化了对国有股东的监管。同年,证监会则制定了《关于上市公司建立内幕信息知情人登记管理制度的规定》(以下简称《内幕信息知情人登记规定》)③,较为细致地加强了对内幕知情人的管理,规定上市公司在出现重大事件的情况下,应将内幕信息知情人姓名、身份证号码、知晓内幕信息时间、地点、知悉内幕信息方式、内幕信息内容、内幕信息所处的阶段、登记时间和登记人等情况进行记录。

从图2.1来看,2013年之后证券违法处罚的增长非常明显,2014年已经达到了104件,2016年为139件,2019年更达到149件。通过与证监会、国务院的相关文件发布时间再次比对,可以看到,国务院、证监会在2013年至2014年同样通过了若干重要的政策文件,包括2013年《加强稽查执法意见》、2013年《国务院办公厅关于进一步加强资本市场中小投资者合法权益保护工作的意见》、④2014年《国务院关于进一步促进资本市场健康发展的若干意见》。⑤ 这些文件在相当程度上促使证监会加强了对证券违法违规行为的处罚力度,尤其是《加强稽查执法意见》从提升线索发现及处理能力、完善案件调查管理机制、坚持和优化查审分离体制、加强执法系统内外的协调配合、严格执法监督与考核问责和健全稽查执法组织保障体系六个大方面予以详细规定。

第三,相较于我国快速发展的资本市场,内幕交易处罚的整体数量

---

① 该文件进一步要求"对涉嫌内幕交易的行为,要及时立案稽查,从快作出行政处罚;对涉嫌犯罪的,要移送司法机关依法追究刑事责任,做到有法必依,执法必严,违法必究……各级监察机关、各国有资产监督管理部门要依据职责分工,对泄露内幕信息或从事内幕交易的国家工作人员、国有(控股)企业工作人员进行严肃处理"。《国务院办公厅转发证监会等部门关于依法打击和防控资本市场内幕交易意见的通知》(国办发〔2010〕55号)。
② 国资发产权〔2011〕158号。
③ 中国证券监督管理委员会公告〔2011〕30号,已失效。
④ 国办发〔2013〕110号。
⑤ 国发〔2014〕17号。

依然较为有限。从图2.2中可以看到,我国上市公司数量①从2000年的1088家上升至2020年的4154家,且呈现整体性的逐年递增趋势。在此期间,内幕交易行政处罚案件高值为2016年的53件和2019年的54件,2001~2003年、2005~2006年皆为0件。初看之下,我国内幕交易行政处罚的数量增长幅度更大。但是,我们不能简单地认为内幕交易处罚效率高于上市公司数量的增长速度。究其原因,根据《证券法》所列举的内幕信息知情人员的影响幅度及非法获取内幕信息的人的模糊表述,证券市场中能够接触内幕信息并且利用内幕信息进行买卖、泄露和建议的人员十分广泛。换言之,每家上市公司内幕信息所涉及的人员和因职务、工作能够知晓内幕信息的人士,远远超过上市公司的数量。因此,证监会关于内幕交易行政处罚决定书的增长速度,相较于上市公司及所涉各类人员的数量增长来看,依旧是较为有限的。更何况在上述内幕交易处罚的案例中,即便仅涉及一家公司,证监会有时也会作出多份行政处罚决定书。因此,我们必须清醒地认识到目前内幕交易行政处罚的现实情况。

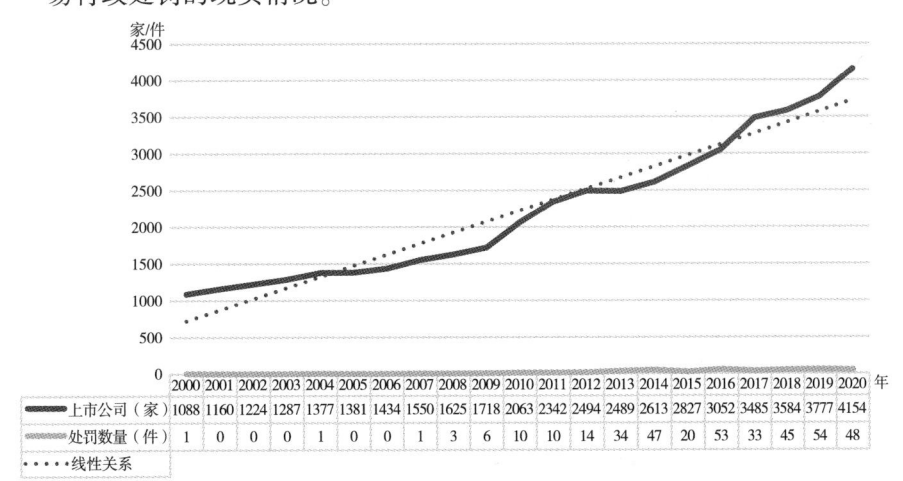

	2000	2001	2002	2003	2004	2005	2006	2007	2008	2009	2010	2011	2012	2013	2014	2015	2016	2017	2018	2019	2020
上市公司(家)	1088	1160	1224	1287	1377	1381	1434	1550	1625	1718	2063	2342	2494	2489	2613	2827	3052	3485	3584	3777	4154
处罚数量(件)	1	0	0	0	1	0	0	1	3	6	10	10	14	34	47	20	53	33	45	54	48

图2.2 内幕交易处罚数量与上市公司数量的时间分布

---

① 此处的上市公司指上海证券交易所、深圳证券交易所两市的上市公司。上市公司数量数据参见中国证券监督管理委员会编著:《中国证券监督管理委员会年报(2020)》,中国财政经济出版社2021年版。

三、内幕交易主体的地域分布特征

证监会内幕交易行政处罚呈现有趣的地域性分布特征。笔者认识到内幕交易责任主体的所在地区与该地上市公司的数量之间，无法轻易判断其中的因果关系。但一般而言，一个上市公司较多的地方，其资本市场也应该相对较为发达，投资者数量也相对较多，所在地的证券监管能力也应该相对较强。笔者首先将截至2021年12月31日各省、自治区和直辖市的上市公司数量进行析出，继而将622个单位和自然人内幕交易活动中的"地区"数据进行提取，以行政处罚相对人"住址"信息作为内幕交易活动地区的分布依据。除18个单位和自然人无法根据处罚的信息判断内幕交易活动发生在何处外，共有604个单位和自然人。在进一步合并深圳市、宁波市、厦门市、大连市和青岛市辖区内幕交易数据后，如图2.3所示，本书对内幕交易案件中处罚对象所在的地区与上市公司数量予以呈现。整体而言，各地内幕交易处罚对象的分布与上市公司的数量分布呈现一定的统一性。

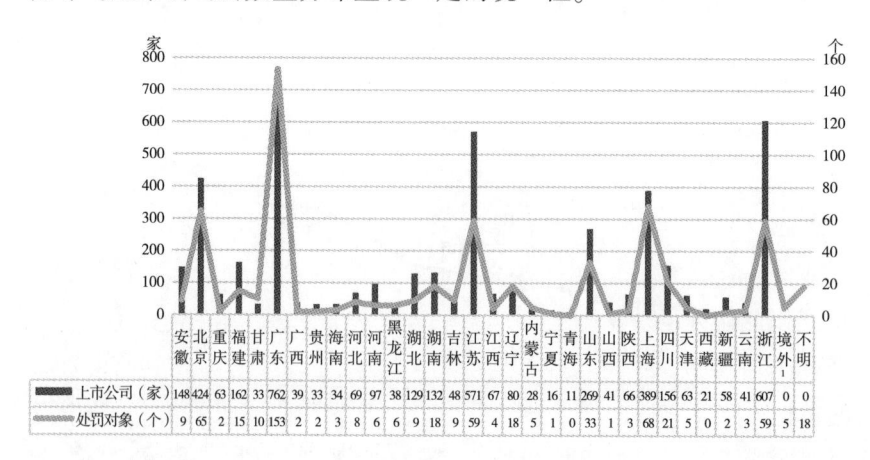

地区	安徽	北京	重庆	福建	甘肃	广东	广西	贵州	海南	河北	河南	黑龙江	湖北	湖南	吉林	江苏	江西	辽宁	内蒙古	宁夏	青海	山东	山西	陕西	上海	四川	天津	西藏	新疆	云南	浙江	境外[1]	不明
上市公司（家）	148	424	81	162	33	762	39	33	34	69	97	38	129	132	48	571	67	80	28	16	11	269	41	66	389	156	63	21	58	41	607	0	0
处罚对象（个）	9	65	2	15	10	153	2	2	3	8	6	6	19	18	5	59	4	8	1	5	1	33	1	3	68	21	5	0	2	3	59	5	18

1. "境外"指被处罚对象为境外（含我国香港特别行政区、澳门特别行政区和台湾地区）居民。

图 2.3 内幕交易处罚对象与上市公司数量的地域分布

具言之，广东省、浙江省、江苏省、北京市、上海市和山东省6个省级行政区的上市公司最多。① 其中,广东省内上市公司数量达到了762家,同时,证监会中央机关内幕交易处罚所涉及的当事人也最多,共计153个单位和自然人,占证监会中央机关处罚总量的24.60%。浙江省是上市公司数量第二的省级行政区,但浙江省内涉及内幕交易责任的行政相对人仅有59个,不仅总量低于上市公司略少的北京市和上海市,而且与其自身上市公司的数量相比也显得相对较少。江苏省上市公司数量位居全国第三,也仅有59个单位和自然人因内幕交易遭受处罚。

从内幕交易处罚当事人分布较少的省市来看,统计期间内,证监会中央机关的处罚案例中暂无当事人分布于西藏自治区及青海省,广西壮族自治区、贵州省、宁夏回族自治区和山西省的内幕交易责任主体仅有1~2个,此等情形较为容易理解,毕竟这些省份及自治区的上市公司数量也相对较少。但是,上市公司数量相对较多的重庆市却也只有2个责任主体,显得与其上市公司数量不相称。有趣的是,甘肃省、吉林省虽然上市公司数量相对较少,但内幕交易的处罚案件所涉当事人却相对较多,内幕交易处罚数量与上市公司的比值位居前列。

笔者认识到,上市公司数量与内幕交易处罚情况分布之间并不具备当然的联系,因为内幕交易可以发生在任何地方,只要有内幕信息,投资者可以交易任何一个地方的上市公司的股票。因此,为进一步观察各地投资者的数量与内幕交易活动之间的关系,笔者整理了《深圳证券交易所市场统计年鉴2020》中"地区分布统计"下的投资者地区分布,②以此作为观察证券投资市场活跃度的另外一个指标。结合图2.4来看,除个别发达省级行政区外,投资者数量与内幕交易责任主体分布的相关关系并不明显。

---

① 各省、自治区、直辖市上市公司的数量来自深圳价值在线信息科技股份有限公司"易董"数据库,https://588880.easy-board.com.cn/login,2022年2月20日访问。

② 上海证券交易所的年鉴未公布投资者的地区分布,此处以深圳证券交易所的投资者地区分布作为参考,相信在一定程度上反映了我国投资者分布的整体特征。参见《深圳证券交易所市场统计年鉴2020》,载深圳证券交易所,http://www.szse.cn/market/periodical/year/index.html,2022年2月20日访问。

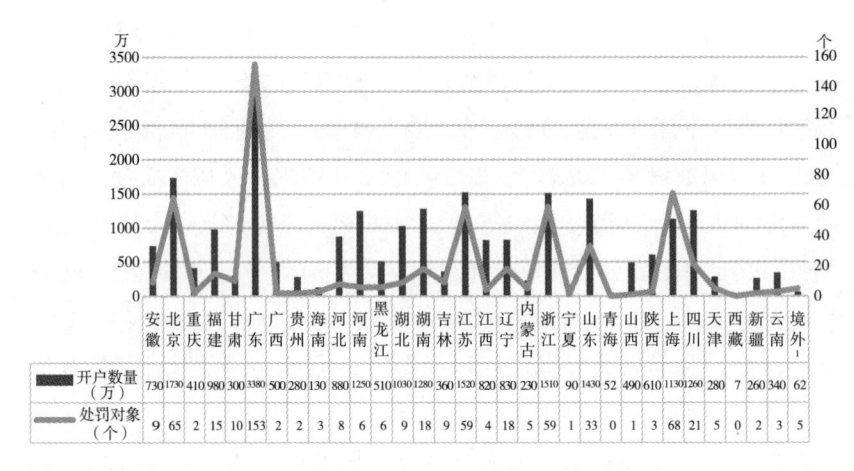

	安徽	北京	重庆	福建	甘肃	广东	广西	贵州	海南	河北	河南	黑龙江	湖北	湖南	吉林	江苏	江西	辽宁	内蒙古	浙江	宁夏	山东	青海	山西	陕西	上海	四川	天津	西藏	新疆	云南	境外[1]
开户数量（万）	730	1730	410	980	300	3380	500	280	130	880	1250	510	1030	1280	360	1520	820	830	230	1510	90	1430	52	490	610	1130	1260	280	7	260	340	62
处罚对象（个）	9	65	2	15	3	153	2	2	3	8	6	2	9	18	5	59	4	18	5	59	1	33	0	1	8	68	21	5	0	2	3	5

1. "境外"指被处罚对象为境外（含我国香港特别行政区、澳门特别行政区和台湾地区）居民。

图 2.4　内幕交易处罚对象与深市投资者数量的地区分布

广东省、北京市、江苏省、浙江省、山东省和湖南省在深圳证券交易所开户的投资者数量位居国内前 6 位，其中，广东省、北京市、江苏省、浙江省和山东省内幕交易处罚数量也较多，呈现一定的趋同性。不过，其他省级行政区投资者开户数量与内幕交易查处数量的相关度较低，投资者开户数量较多的湖南省、河南省、河北省、江西省与山西省的内幕交易的行为人分布较少。反之，如内蒙古自治区、吉林省、甘肃省等投资者数量较少的地区，却有不少对象遭到证监会处罚。但总体来看，我们至少可以推论：在经济发达、人均可支配收入高的地区，投资者数量较多，内幕交易发生的概率也会自然增加。①

四、内幕交易违法类型及信息传导特征

（一）内幕交易违法行为类型的总体分布

目前，《证券法》（2019 修订）第 53 条第 1 款维持了《证券法》

---

① 2015 年数据显示，逾八成交易来自十大富裕省份，有 1/3 的证券营业网点分布在十大 GDP 万亿城市。参见《逾八成 A 股交易量来自富裕省份　券商网点扎堆 GDP 万亿城市》，载每日经济新闻网，http://www.nbd.com.cn/articles/2016-02-09/983384/print。

(2014修正)第76条第1款表述,即"证券交易内幕信息的知情人和非法获取内幕信息的人,在内幕信息公开前,不得买卖该公司的证券,或者泄露该信息,或者建议他人买卖该证券"。与2015年全国人民代表大会常务委员会首次审议的《证券法》(修订草案)第90条和1998年《证券法》第70条相比,不难发现,我国证券立法对内幕交易行为类型的界定20多年来未曾发生明显变化。但是,这样的认识和界定是否有充分的现实国情依据?是否需要根据现代信息传播技术的形式和违法行为的实践特征变化而相应予以修正?为此,我们有必要归纳我国内幕交易的实践类型和传导特征。鉴于1998年《证券法》生效实施后对内幕交易行为类型与规制策略进行重构,在排除先前适用《股票发行暂行条例》进行处罚的案件及1件违法行为类型不明的案件之后,[1]最终得到的研究对象为612个单位与自然人。

为进一步展示内幕交易规制的实际情况,笔者将我国目前所禁止的内幕交易行为进一步分为8个类别,分类根据如下:(1)前述证监会2007年颁布的《内幕交易认定指引》第13条曾将《证券法》中"买卖"、"泄露"和"建议"三种行为细致拆解,分为"以本人名义,直接或委托他人买卖证券"、"以他人名义买卖证券"、"为他人买卖或建议他人买卖证券"和"以明示或暗示的方式向他人泄露内幕信息"之4种情形;(2)单位从事内幕交易时,《证券法》对其中应承担责任的个人予以处罚,分为"直接负责的主管人员"和"其他直接责任人员"2种情形;(3)在观察证监会执法实践后,笔者发现上述6种违法行为混合出现的情况比较普遍,不少相对人具备2~3种违法情形,其中,兼具"以本人名义,直接或委托他人买卖证券"和"以他人名义买卖证券"最为常见,为突出此种混合情形的普遍性,笔者将其单列为一个类别;(4)笔者将其他所有的混合情形统一称为"其他行为混合型内幕交易"。

---

[1] 1998年《证券法》颁布生效后仍有适用《股票发行暂行条例》进行处罚的情形,如关于高某山违反证券法规行为的处罚决定(证监罚字〔2000〕12号),笔者予以排除。

如图2.5所示,在我国此前所禁止的内幕交易行为类型中,各种违法行为类型的实际分布并不平衡,因买卖行为而遭受处罚的情况最为常见,具言之:单纯"以本人名义,直接或委托他人买卖证券"和"以他人名义买卖证券"的案件最多,两者各自涉及218个单位与自然人,占所统计处罚总数的71.24%。同时,在具有多种违法情形的内幕交易处罚案中,有88个单位与自然人同时"以本人名义"和"以他人名义买卖证券",占总数的14.38%,其中不乏有行为人控制5个以上证券账户进行交易的严重情形。① 由此一来,"以本人名义,直接或委托他人买卖证券"和"以他人名义买卖证券"的情形共计524例,占证监会内幕交易处罚总数的85.62%。

相比之下,其他类型的内幕交易违法行为查处数量相对较少:(1)单纯"以明示或暗示的方式向他人泄露内幕信息"的处罚较多,有31例,占全部处罚总数的5.07%;(2)单纯"为他人买卖或建议他人买卖证券"仅有5例,占全部处罚的0.82%;(3)单位内幕交易情形下,"直接负责的主管人员"和"其他直接责任人员"共计有29个,占比为4.74%;(4)在"其他行为混合型内幕交易"所涉23个自然人中,同时存在多种违法行为类型,譬如,有5人从事了三种内幕交易违法行为,包括2013年行政处罚决定书(李某刚、白某慧、周某华、姚某喜)中的李某刚,②2016年行政处罚决定书(满某平、孙某明、宋某燕等5名责任人员)中的满某平,③2018年行政处罚决定书(林某、苏某芝、王某梅)中的林某等,④剩余处罚对象所涉及的违法行为包括:有5人同时有"以他人名义买卖证券"及"以明示或暗示的方式向他人泄露内幕信

---

① 例如,在《中国证监会行政处罚决定书》(江某华、熊某波)([2013]39号)所涉案中,两人各自控制9个账户交易"天业通联"股票;在《中国证监会行政处罚决定书》(苏某朝)([2017]65号)所涉案中,苏某朝控制7个账户交易"中科英华"股票。

② 参见《中国证监会行政处罚决定书》(李某刚、白某慧、周某华、姚某喜)([2013]2号)。

③ 参见《中国证监会行政处罚决定书》(满某平、孙某明、宋某燕等5名责任人员)([2016]95号)。

④ 参见《中国证监会行政处罚决定书》(林某、苏某芝、王某梅)([2018]109号)。

息"的行为,有 5 人兼具"以明示或暗示的方式向他人泄露内幕信息"及"以本人名义,直接或委托他人买卖证券"的行为等。不难看出,我国查处的内幕交易行为类型表现出一定程度的不平衡性,这是本书后文探讨"源头规制"的现实起点。

行为类型	数量
以本人名义,直接或委托他人买卖证券	218
以他人名义买卖证券	218
为他人买卖或建议他人买卖证券	5
以明示或暗示的方式向他人泄露内幕信息	31
直接负责的主管人员	21
其他直接责任人员	8
以本人名义,直接或委托他人买卖证券/以他人名义买卖证券	88
其他行为混合型内幕交易	23

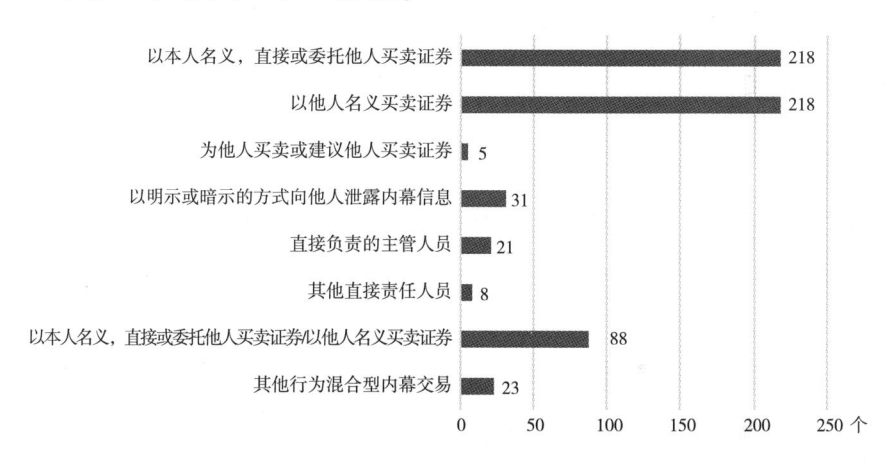

图 2.5　内幕交易违法行为类型分布

(二) 内幕交易行为类型的实践特点

从图 2.5 来看,"以本人名义,直接或委托他人买卖证券"和"以他人名义买卖证券"不仅毫无疑问地成为最普遍的内幕交易行为,而且也成为了证监会较为成熟的处罚类型,故不再对此进行赘述。值得注意的是,笔者同时发现我国内幕交易行为类型具有下述三个特征:

第一,在已查处案件中,**"为他人买卖或建议他人买卖证券"处罚数量相当少**,该类型具体包括"为他人买卖"和"建议他人买卖证券"两种行为。一方面,笔者并未发现明确因"为他人买卖"证券而承担责任的案件,仅在 2013 年行政处罚决定书(齐某、张某才)中,①证监会提及"齐某决策下,由张某才操作"并对两人分别处以 30 万元罚款,因该案未表明有共同进行内幕交易的情节,或许属于"为他人买卖"的情况。而对代他人操作账户的情况,如 2012 年行政处罚决定书(沈某玲)中

---

① 参见《中国证监会行政处罚决定书》(齐某、张某才)(〔2013〕13 号)。

的黄某某、①2013年行政处罚决定书(上海金瑞达资产管理股份有限公司、王某文、刘某霖)中的冷某、②2019年行政处罚决定书(余某)中的胡某辰等，③证监会没有对其予以单独违法评价。另一方面，"建议他人买卖证券"在执法实践中难以运用，其与"以明示或暗示的方式向他人泄露内幕信息"的关系值得反思。"泄露"注重客观上内幕信息由内幕信息的拥有者向他人传递、导致消息走漏的事实，有此事实就可判定为"泄露"，但"建议"的内涵还涉及内幕信息拥有者的主观动机，需有"推荐""鼓励""鼓动"等意思。不难想见，**由于"建议他人买卖证券"涉及主观要件，自然无形中增大了稽查难度**，这也使得真正能够认定为"建议"的内幕交易案件很少。

第二，"以明示或暗示的方式向他人泄露内幕信息"的案件在实践中难以具体区分，未见因"暗示"内幕信息而遭到处罚的案例，证监会行政处罚决定书也不曾独立运用此类型。究其原因，若要认定为"暗示"，则必须结合彼时彼景下双方交流、电话的语气等实际环境因素判断，这对执法举证的难度不言而喻。在没有自认的情况下，绝大多数"泄密—受密型"内幕交易仅能通过交易时点、④历史交易数据、双方通信时间点和次数等因素佐证。对此类间接证据的效力，监管机构也存有疑虑，更遑论认定其属于"暗示"。"暗示"类型不仅增加了证监会举证难度，而且使此类案件处罚的论理面临很大的不确定性。譬如，在2013年行政处罚决定书(包某春、冯某民、吴某永)中，某投资经理吴某永打电话向包某春询问有色金属走势，后者告知"上半年库存比较大，下半年库存减少后有色金属价格应该会上涨"。之后，吴某永追问该公司股票是否能买，包某春说"买了风险不大"。⑤ 就此而言，包某春是

---

① 参见《中国证监会行政处罚决定书》(沈某玲)([2012]23号)。
② 参见《中国证监会行政处罚决定书》(上海金瑞达资产管理股份有限公司、王某文、刘某霖)([2013]16号)。
③ 参见《中国证监会行政处罚决定书》(余某)([2019]13号)。
④ 笔者将因内幕信息知情人或非法获取内幕信息的人泄露内幕信息给受密人，且内幕信息受密人据此进行交易的类型，称为"泄密—受密型"。
⑤ 《中国证监会行政处罚决定书》(包某春、冯某民、吴某永)([2013]14号)。

"以暗示的方式向他人泄露内幕信息",还是"以明示的方式向他人泄露内幕信息",实际很难认定,包某春的回答基本属于笼统回答,难以给刺探内幕信息者可靠的依据。

第三,"泄密—受密型"内幕交易执法尚待标准化。一方面,家族与家庭内"向他人泄露内幕信息"与"买卖证券"的责任判定没有形成连贯做法:在 2010 年行政处罚决定书(党某军、马某文等 4 名责任人员)所涉案中,光明家具积极推动债务和解事项,董事长马某文在谈判结束后即前往外地,无证据显示马某文向配偶泄露信息,但鉴于"现代信息传递方式多种多样,马某文、赵某香很方便进行联系。况且赵某香作为妻子可以通过马某文谈判后不回来,直接到北京就推知谈判结果",证监会将该夫妻二人共同予以处罚,未对马某文泄露内幕信息行为单独处罚。① 而在 2012 年行政处罚决定书所涉案(庄某毅、王某辉、高某花等 6 名责任人员)中,内幕信息知情人邹某平不仅向配偶章某芝泄露内幕信息并建议对相关股票予以关注,而且以家庭共有财产出资交易,证监会分别处罚了邹某平的泄露及建议关注行为、章某芝的交易行为。② 但是,在不少"泄密—受密型"案件中,证监会对泄密人没有追究,如 2017 年行政处罚决定书(叶某敏)中,证监会处罚了内幕信息知情人余某配偶叶某敏,却并未处罚泄露内幕信息的余某。③ 客观而言,对于配偶之间可能的信息传递,实际上难以区分是夫妻双方共同行为,还是知情人配偶方的个人行为,或者是两者分别的行为。另一方面,在非家族与家庭内情况下,已有研究证实了证监会在不少案件中未对"以明示或暗示的方式向他人泄露内幕信息"者进行处罚。④

---

① 参见《中国证监会行政处罚决定书》(党某军、马某文等 4 名责任人员)([2010]18 号)。
② 参见《中国证监会行政处罚决定书》(庄某毅、王某辉、高某花等 6 名责任人员)([2012]37 号)。
③ 参见《中国证监会行政处罚决定书》(叶某敏)([2017]26 号)。
④ 参见周天舒:《证监会对内幕信息传递人的选择性执法研究——以 2011 年至 2015 年内幕交易案件为样本》,载《北方法学》2017 年第 5 期。

（三）内幕信息的产生传导特征

鉴于前述绝大多数内幕交易行为涉及股票买卖，厘清内幕信息的来源与传导特征尤为关键。我国《证券法》将违法行为人界定为"内幕信息的知情人"和"非法获取内幕信息的人"。再结合证监会在岳某斌案执法中的实务理解来看，"内幕信息的知情人"是"基于职务、身份、工作关系等合法原因而知悉内幕信息的人"，"非法获取内幕信息的人"不仅包括"采用盗窃、窃听、黑客、贿赂等违法手段积极获取内幕信息的人"，也包括"并未采取违法手段、只是因证券交易内幕信息的知情人的泄露行为而间接获悉内幕信息，但是本身又不具有获取内幕信息的合法资格、合法理由的人"。① 基于此，笔者将内幕信息的产生来源细分为"知情"、"受密"和"其他途径"。②

结合图2.6来看，可以发现下述特征：第一，尽管"内幕信息的知情人"本身会利用内幕信息进行交易，但这种情形已经大为减少，**"受密"已成为行为人获取内幕信息并据以进行交易的主要类型**。尤其自2015年后，证监会对基于"受密"而进行内幕交易的处罚数量大幅超过对内幕信息的知情人的处罚数量。对此，可能有两种解释：一方面，由于对泄露内幕信息的知情人未充分执法而仅追究受密人的责任，知情人被处罚的占比低于应有水平，无法有效反映现实内幕交易的情况；另一方面，由于2011年《内幕信息知情人登记规定》确立了内幕信息知情人档案制度，潜在的内幕交易行为人转向其他途径，如寻求更加隐蔽的手段、方式或者将内幕信息变为利益交换的手段等。该因素在与选择性执法效果叠加之后，最终导致了上述特征。

---

① 《中国证监会行政处罚决定书》（岳某斌）（〔2011〕57号）。
② 笔者将"受密"从"非法获取内幕信息"中专门单列出来，不仅因为其与盗窃、窃听、黑客、贿赂等积极获取内幕信息的违法手段在性质上完全不同，而且因为其已成为具有相当普遍性的信息获取方式。此外，对于单位从事内幕交易的情形，鉴于单位从事内幕交易往往是基于直接负责人与其他直接责任人本身为知情人或从其他人处受密，笔者对此种情况下的信息来源合并对待。

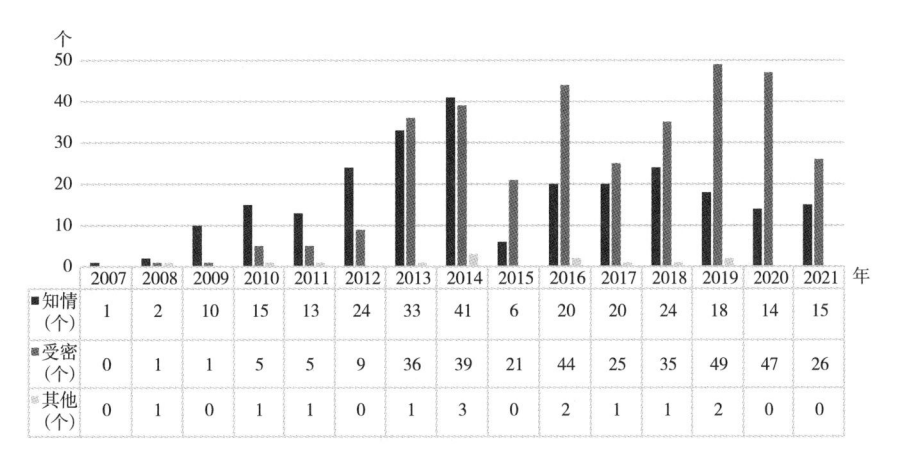

第二章　内幕交易行政处罚的全景样貌 | 47

年	2007	2008	2009	2010	2011	2012	2013	2014	2015	2016	2017	2018	2019	2020	2021
知情(个)	1	2	10	15	13	24	33	41	6	20	20	24	18	14	15
受密(个)	0	1	1	5	5	9	36	39	21	44	25	35	49	47	26
其他(个)	0	1	0	1	1	0	1	3	0	2	1	1	2	0	0

图 2.6　内幕信息的来源分布

第二，内幕信息在家族成员、同一单位或私人朋友范围内传递的情况较多，传播手段隐秘并且呈现"窝案"特征。从 2009 年行政处罚决定书(四环药业金某、余某)开始，涉及配偶的内幕交易案件进入执法视野。① 令人担忧的是，内幕信息传递早已突破小家庭范畴，内幕信息在大家族成员之间、工作单位或私人朋友圈内传播。由于行为人日常生活和工作存在诸多场景交集，能否及如何认定内幕信息的传递对证监会来说并非易事。譬如，在"天威视讯"系列案中，有多达 15 个相关自然人参与了内幕交易行为。②

第三，**内幕信息在市场陌生人之间传播的情况出现**，多层级传播并利用内幕信息的案件增多，内幕信息传导区间和范围具有不确定性、发散性和随意性特征。随着现代信息传播技术的发展，信息传播的效应得以放大，借助各种通信软件及社交软件，内幕信息的扩散已超出初始内幕信息知情人的想象和控制范围。例如，在 2015 年行政处罚决定书

---

① 参见《中国证监会行政处罚决定书》(四环药业金某、余某)(〔2009〕4 号)。
② 参见《中国证监会行政处罚决定书》(许某 1、刘某、许某 2)(〔2014〕6 号);《中国证监会行政处罚决定书》(徐某华、王某荣)(〔2014〕7 号);《中国证监会行政处罚决定书》(方某生、方某花)(〔2014〕8 号);《中国证监会行政处罚决定书》(邓某文)(〔2014〕9 号);《中国证监会行政处罚决定书》(牛某瓶、王某、王某海等 5 名责任人)(〔2014〕10 号);《中国证监会行政处罚决定书》(成某)(〔2014〕11 号)。

(张某芳)认定的违法事实中,张某芳获知内幕信息后将其发布到15个微信群并将该信息转发至其微信朋友圈,无从想象经过多级传播后,其所泄露之内幕信息将传播至何种地步。[1] 又如,在2016年行政处罚决定书(贾某林)及行政处罚决定书(周某鹏)所认定的违法事实中,[2] 贾某林和周某鹏系多年朋友,而周某鹏在与朋友聚餐时再次泄露了消息并引致姚某、张某祯从事内幕交易,导致了第三层级内幕信息传递。从日常经验来看,内幕信息知情人自身也无法期待真正控制信息传递范围,这给内幕交易的执法造成了严峻挑战。

第四,除"泄密—受密型"内幕交易外,其他途径"非法获取内幕信息的人"同样值得关注。在前述统计的相关案件中,既有配偶一方基于对另一方生活轨迹的猜测而从事内幕交易行为的情况,[3]也有亲属之间有意或无意地听取知情人电话而获知内幕信息,[4]还有公司内同事之间因办公距离过近或者站在办公室门外听到而导致非法获取内幕信息,[5]不一而足。可以看到,哪怕内幕信息的知情人已经十分谨慎,甚至对配偶也绝口不提,但仍无奈隔墙有耳。尽管这对内幕交易防治造成了极大的监管挑战,但本质上涉及监管成本的配置、衡量和选择问题。

五、内幕交易责任主体的身份特征

根据《证券法》《内幕交易认定指引》等规定,内幕交易的主体是证券交易内幕信息的知情人和非法获取内幕信息的人,或者是《内幕交易认定指引》所创设的"内幕人"。在详细地阅读了每一份行政处罚决

---

[1] 参见《中国证监会行政处罚决定书》(张某芳)(〔2015〕23号)。
[2] 参见《中国证监会行政处罚决定书》(贾某林)(〔2016〕13号);《中国证监会行政处罚决定书》(周某鹏)(〔2016〕14号)。
[3] 参见《中国证监会行政处罚决定书》(吴某、谢某琴)(〔2013〕72号)。
[4] 在《中国证监会行政处罚决定书》(陈某芳)(〔2014〕37号)中,陈某某和陈某芳为亲兄妹,陈某芳"多次通过陈某某的业务通话听到有关宝龙公司的事项"。
[5] 参见《中国证监会行政处罚决定书》(陆某良、金某)(〔2014〕39号);《中国证监会行政处罚决定书》(吴某快)(〔2019〕115号)。

定书之后，笔者逐一析出内幕交易处罚对象迥异的身份信息，为反思内幕交易查处对象的身份特征和证监会执法的规范依据提供了扎实的基础。一般而言，内幕交易所涉及的人员大致分成三个大类：一般公司及公司的各类管理工作人员，①政府和市场的管理、服务、中介机构的相关人员，②以及大量与内幕信息持有人关系密切的人员。③ 为更好地呈现内幕交易处罚对象的细分特征，除却身份"不明"的 16 个被处罚对象以外，④如图 2.7 所示，笔者将所涉人员细分为下述 23 个类别，可以

---

① 这类人群无疑是内幕交易的重点监控人群，除却公司本身有时参与内幕交易外，依据具体职位和工作的不同，笔者将这类重点群体分为：(1)董事会相关成员，包括董事长、副董事长、董事和董事会秘书。(2)执行层相关成员，包括总经理、副总经理(由于我国公司高级管理人员的名称纷乱，笔者将总裁、首席执行官等都归为这类)、部门经理和副经理，代表不同级别、权限的执行人员，此外：①如果有当事人既是董事又是经理，笔者偏向以更多参与公司运营的实职经理身份作为当事人的身份；②公司的总经济师、总裁助理等由于其职权，列为副总经理；③公司内部其他人员，包括监事、实际控制人及其代表、朋友等。尽管笔者将实际控制人的代表和朋友归入这一类，但指代实际控制人朋友作为其代表的特殊情况，如《中国证监会行政处罚决定书》(李某刚、白某慧、周某华、姚某喜)([2013]2 号)中的李某刚，正是实际控制人代表，其行为效果与实际控制人无异。(3)公司股东，作为公司的所有人，他们也能轻易地获得内幕信息。

② 这类人员参与重大事件的时候，能够了解相关的内幕信息，笔者将其分为：(1)中间人，很多项目往往是公司的管理层委托各种朋友(强调作为中间人意义上的朋友身份)、中间人来联络项目和搜寻机会，因而，他们可以了解诸多内幕信息(同样为了观察信息传递，将中间人的亲友归入此类)；(2)证券公司、投资公司和咨询公司等资本市场的服务机构，在日常的经营中，由于业务联系往往会参与到上市公司的各类咨询、决策执行和融资活动中，对相关内幕信息了解更为敏锐，本书分别对此单独予以列举，以区别于一般公司及一般内幕信息持有人的朋友、亲属和配偶；(3)银行、会计、评估、勘探设计、调查公司和律师事务所等，往往参与公司内幕信息所涉及的相关业务活动；(4)行政与市场管理人员，包括项目审批的政府官员和证券监督管理相关机构的工作人员，基于职务原因和便利，他们能够获得第一手的全部内幕信息。

③ 具体包括：(1)与上述人员关系密切的直接人员，由于生活、工作上与内幕信息知情人处于共同空间，使他们之间各种生活与工作联系密切，往往能够听到、刺探甚至推断出上市公司的相关内幕信息而为自己牟利，这类人员具体包括一般内幕信息持有人的生活意义上的朋友、配偶、亲属(父母、子女和其他亲属)这三类人员；(2)在目前 622 个单位和自然人处罚决定中，内幕交易处罚中出现了大量的第三层级乃至第四层级的内幕信息持有人，包括上述内幕信息持有人朋友的朋友、朋友的亲友、亲友的朋友、朋友的配偶和配偶的朋友等，他们往往通过内幕信息持有人的亲戚、朋友和配偶等间接地获得内幕信息并进行交易；(3)其他人员，如新闻媒体工作人员，由于职务原因往往也能够接触一定内幕信息。

④ 他们或者未被提及信息传递路径或身份，或者身份过于复杂而难以判断究竟是因何而知晓内幕信息，还有的是身份模糊，仅说明其参与了有关会议，故这些人的实际身份不得而知。

清晰地看到我国内幕交易处罚对象的身份构成。

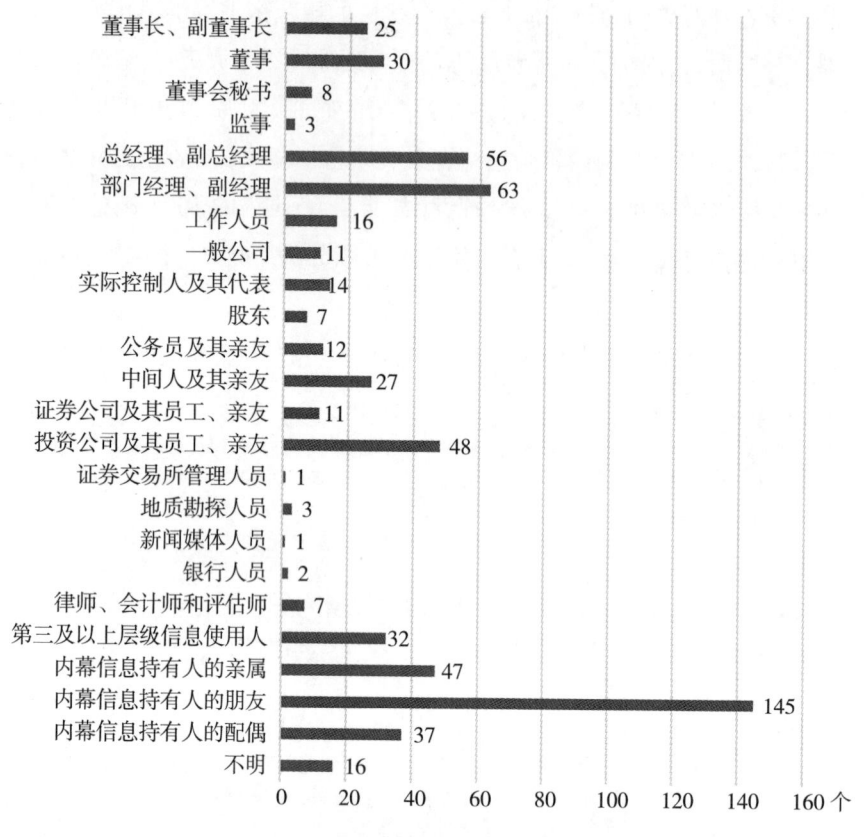

身份	人数
董事长、副董事长	25
董事	30
董事会秘书	8
监事	3
总经理、副总经理	56
部门经理、副经理	63
工作人员	16
一般公司	11
实际控制人及其代表	14
股东	7
公务员及其亲友	12
中间人及其亲友	27
证券公司及其员工、亲友	11
投资公司及其员工、亲友	48
证券交易所管理人员	1
地质勘探人员	3
新闻媒体人员	1
银行人员	2
律师、会计师和评估师	7
第三及以上层级信息使用人	32
内幕信息持有人的亲属	47
内幕信息持有人的朋友	145
内幕信息持有人的配偶	37
不明	16

图 2.7 内幕交易处罚对象的身份构成

第一，从内幕交易处罚对象身份特质来看，笔者发现了诸多与传统印象不一样的地方：(1)我们传统上认为董事与股东有更多的内幕信息，也有掏空上市公司的动机，[①]应是内幕交易的重要主体，但实证结果显示在公司内部最喜欢内幕交易的却是公司的实际运营层，有 56 个处罚对象为"总经理、副总经理"，占比为 9%，有 63 人为"部门经理、副经理"，占比达到 10.13%，两者相加占到了被处罚总量的 19.13%，是

---

① 参见赵骏、吕成龙：《上市公司控股股东自利性并购的隧道阻遏研究》，载《现代法学》2012 年第 4 期。

公司内部内幕交易发生频率最高的一个群体。可见,掌握公司运营实权的管理运营人员,对于公司的内幕信息非常了解,且有极大的动力参与内幕交易。与之相反,在公司的决策层,"董事长、副董事长"的占比只有4.02%,"董事"和"董事会秘书"的占比之和为6.11%,三者相加仅为10.13%。当然,这些人士又可以被分为收购方、被收购方和关联公司三个具体类别,也涉及不同的法律关系。(2)如图2.7所示,一般内幕信息持有人的配偶、朋友和亲属分别为37人、145人和47人,占到5.95%、23.31%和7.56%,其中相当大一部分与上述董事会、经理层人员直接相关,占比总和达到了36.82%,尤其值得关注。(3)市场中介服务机构内幕交易的情况与传统印象不同,作为市场直接参与者,他们同样拥有第一手的信息,其内幕交易的动机理应很强,但证券公司及其人员、亲友仅占1.77%,评估人员、会计师和律师群体占到1.13%,总体占比较低,原因可能有二:一是这些市场中介、服务机构的自我管理、约束可能相对完善;二是证监会对这类人员的实际监管能力和力度有限,无法充分发现其内幕交易而使其逃脱了法律制裁,若是后者的话,或如彭冰教授所言,"券商类中介机构案例的缺乏,实际上可能损害中国证监会对券商规范监管的努力"。[①] (4)公务员及其配偶、亲属群体在内幕交易查处案件中比例占到1.93%,单类别数量甚至超过了很多市场中介服务机构。目前来看,个别政府部门人员对内幕信息的泄露并不鲜见,值得关注和防范。[②] (5)近年来,投资公司及其员工、亲友目前占比越来越高,已经占到7.72%,成为了亟须重视的新群体。

第二,内幕交易的查处对象呈现日渐扩大的趋势。近年来,多层次传递中的内幕信息持有人被查处力度明显提高。2010年之前,内幕交

[①] 彭冰:《内幕交易行政处罚案例初步研究》,载徐明等主编:《证券法苑》第3卷,法律出版社2010年版。

[②] 参见马韫:《中国证券市场内幕交易监管实践研究和案例分析》,中国方正出版社2014年版,第50页。

易的处罚对象局限于传统的内幕信息知情人,即公司本身、公司的内部人员和市场服务中介机构,只有前述行政处罚决定书(四环药业金某、余某)所涉案涉及配偶。① 自 2010 年开始,以行政处罚决定书(况某、张某渝、徐某)所涉案为代表的处罚案件,②使得项目(重组、借壳、合作经营等)中间人及中间人的配偶、朋友和亲属等,成为证监会的重点监控人群。不过,由于中间人仍是直接获知有关信息,其亲属、朋友和配偶至多为第二层信息持有人,内幕信息依旧控制在一定范围内。但 2013 年以来,内幕信息持有人(主要是董事会和经理层)的亲属、配偶和朋友,进一步成为内幕信息传递的中转站,使得内幕信息持有人朋友的亲友、亲友的朋友、朋友的配偶和配偶的朋友等各类第三层级信息使用人,成了证券内幕交易的实施者,这在 2013 年行政处罚决定书(上海金瑞达资产管理股份有限公司、王某文、刘某霖)、③2013 年行政处罚决定书(吴某、谢某琴)、④2016 年行政处罚决定书(王某元)等所涉案中体现得十分明显。⑤

第三,内幕交易查处对象的扩张,使"衣服跟不上身体的成长",由于缺乏充分、统一的理论基础,监管机构可能在平等获得理论(equal access theory)与信义义务理论(fiduciary duty)之间举棋不定。在此先举一例略作说明,2009 年行政处罚决定书(ST 黄海赵某广)所涉案件集中体现了其理论的混杂和自我纠结。⑥ 在本案中,证监会先论述了平等获得理论,强调市场上信息获取的公平性,提出"证券交易对相关信息具有高度依赖性,而上市公司则是证券交易信息的最主要来源。保障众多的市场参与者依法公平地获取和使用相关信息、公平交易,是

---

① 参见《中国证监会行政处罚决定书》(四环药业金某、余某)(〔2009〕4 号)。
② 参见《中国证监会行政处罚决定书》(况某、张某渝、徐某)(〔2010〕32 号)。
③ 参见《中国证监会行政处罚决定书》(上海金瑞达资产管理股份有限公司、王某文、刘某霖)(〔2013〕16 号)。
④ 参见《中国证监会行政处罚决定书》(吴某、谢某琴)(〔2013〕72 号)。
⑤ 参见《中国证监会行政处罚决定书》(王某元)(〔2016〕18 号)。
⑥ 参见《中国证监会行政处罚决定书》(ST 黄海赵某广)(〔2009〕17 号)。

实现上市公司规范运作、证券交易平稳运行的基本要求,也是维护证券市场公信力与竞争力、增强投资者信心的重要环节"。但是,其接下来的论述却有所不同,证监会认为"上市公司董事、监事和高级管理人员,履行着上市公司重大事项的决策、监督和执行职能,对有关本公司的重大非公开信息有着最直接、准确、全面、快速的了解。这些因职责而居于信息优势地位的人员,如果在知悉公司内幕信息后、内幕信息公开前买卖本公司股票,既违背了对公司和股东所承担的信义义务,更践踏了证券市场的公平原则,扰乱了证券交易的正常秩序;既贬损了本公司在投资者心目中的形象,更严重挫伤了社会公众的投资意愿和市场信心"。这一段特别强调了"信义义务"。

这两种不同的理论从内在原理上看大有不同。诚如赖英照教授的研究显示,前者着眼于整个市场秩序而波及范围甚广,后者则侧重保护股东及公司的利益,受规制的对象以对公司及股东负有信义义务的人为限。与之相应,两者所涉及的民事损害赔偿请求权也有不同,前者以市场公平为着眼点,只要是同时期交易的人都有请求权,后者则限于与内部人交易的相对人而不及于其他投资者,[①]更为重要的是,两种理论所引致的法律后果可谓迥然不同。如果同时采纳两种理论,就会产生法律逻辑上的冲突。

不仅如此,内幕交易的行政处罚与民事责任、刑事责任追究紧密相关,[②]而不同的理论基础和法律解释方法所涉及的被处罚对象范围是截然不同的,特别是对于很多特殊情形而言更是如此。例如,如果酒吧的酒保无意间听到内幕信息、饭桌上偶然得知内幕信息后进行了小额交易,是否就应该对当时证券市场所有反向对手方承担巨额民事赔偿责任?如果按照信义义务理论,其并无承担责任的基础;而若按照平等获得理论,其应承担法律责任。又如,接送内幕信息知情人往返我国香

---

① 参见赖英照:《股市游戏规则》(第3版),2014年自版发行,第446~447页。
② 参见刘宪权:《论内幕交易犯罪最新司法解释及法律适用》,载《法学家》2012年第5期。

港办理公司工商变更登记事宜的司机,如有嫌疑证券的买卖且在主观意图无法证明的情况下,基于两种不同的理论和授权范围解释,其是否为内幕信息查处的对象、是否应该被移送公安机关并承担刑事和民事责任也有不同。①

六、内幕交易处罚裁量范围的特征

(一)内幕交易处罚金额之概况

在制定监管政策与监管制度时,若没有明确的绩效目标而仅有终极目标,监管的效果只会成为僵硬的行政性运动。② 参考此前《证券法》(2005修订)第202条,《证券法》(2019修订)第191条、第219条和《最高人民检察院、公安部关于公安机关管辖的刑事案件立案追诉标准的规定(二)》(已失效)第35条对内幕交易行政与刑事责任的构造要件,本书将"交易额"(主要是买入金额,也有少量卖出情形)、"违法所得"和"罚款"数额三组数据,作为分析证监会内幕交易处罚裁量的实证基础。又鉴于本书聚焦基于内幕信息而买卖证券、泄露信息和建议买卖而引致的处罚裁量问题,考虑到衡量标准的统一性,本书对数据再次进行了筛选。③ 统计发现,同时明确列出或者能够推算"交易额"与"违法所得"的处罚案件,以及泄露内幕信息、建议他人买卖的情形有426件。不过,考虑到《证券法》(2005修订)第202条、《证券法》(2019

---

① 参见《中国证监会行政处罚决定书》(向某、赵某)([2014]74号)。
② 参见郑彧:《证券市场零和博弈与监管有效性的法经济学分析》,载《法制与社会发展》2011年第5期。
③ 笔者在此维度的特别筛选因素包括:(1)行政处罚决定书因作出时间、人员与内控标准的差异,诸多内幕交易案件中被处罚对象的"交易额""违法所得"并未得到明确说明或被笼统概括为"未盈利",笔者对这类金额"不明"的情况不予考虑;(2)单位从事内幕交易时,笔者对单位本身从事交易予以统计,但其直接负责主管人员和其他直接责任人员由于处罚动因、幅度有所不同,不予考虑;(3)《证券法》(2005修订)生效之前,《证券法》(1998)及《证券法》(2004修正)的相应规定为没收违法所得,并处以违法所得一倍以上五倍以下或者非法买卖的证券等值以下的罚款,此类情形下涉及的单位和自然人,为统一衡量标准,笔者予以排除。

修订)第191条项下行政处罚基准主要在于"违法所得",①因而,只要同时具备明确的"违法所得"和"罚款"数额,或者同时具备"泄露"或"建议"情形与"罚款"数额的情况,笔者都将对两者进行比对分析,共涉及521个单位与自然人。

在《证券法》(2005修订)第202条中,证监会对内幕交易案件的行政处罚分别适用"数值数距式"和"倍率数距式"两种方式,②以"违法所得"是否达到3万元为界限,"没有违法所得或者违法所得不足三万元的,处以三万元以上六十万元以下的罚款",否则"没收违法所得,并处以违法所得一倍以上五倍以下的罚款"。目前,《证券法》(2019修订)第191条维持了此种分类并大幅提高了处罚额度,即"没有违法所得或者违法所得不足五十万元的,处以五十万元以上五百万元以下的罚款"和"没收违法所得,并处以违法所得一倍以上十倍以下的罚款"。需要说明的是,截至2021年12月31日的内幕交易处罚案件因早已启动调查处罚程序,故仍适用此前《证券法》(2005修订)的规定。同时,法定处罚幅度的扩展不妨碍我们在观察现今全部内幕交易执法案件的基础上进行归纳分析,借此,我们能够窥测到证监会执法的内在问题与难点,并且在总结其历史执法经验的基础上提出相应建议。

如图2.8所示,在笔者统计范围内,单纯以3万元为界,两种情形下内幕交易处罚对象分别为236个和285个。不过,由于证监会自由裁量权的行使,其中存在35个比较特殊的情况,如没有罚款、超过3万元但处以不足一倍罚款、多种违法行为并罚、亲友(夫妻、兄弟、母子等)合并罚款导致与行为人法定处罚幅度不一致等。与此同时,证监会对"一倍以上五倍以下"的理解,有时并未完全按照整数倍进行处理,故用"X倍+"表示本倍数及以上倍数的情况。

---

① 参见张心向:《我国证券内幕交易行为之处罚现状分析》,载《当代法学》2013年第4期。
② 参见徐向华、郭清梅:《行政处罚中罚款数额的设定方式——以上海市地方性法规为例》,载《法学研究》2006年第6期。

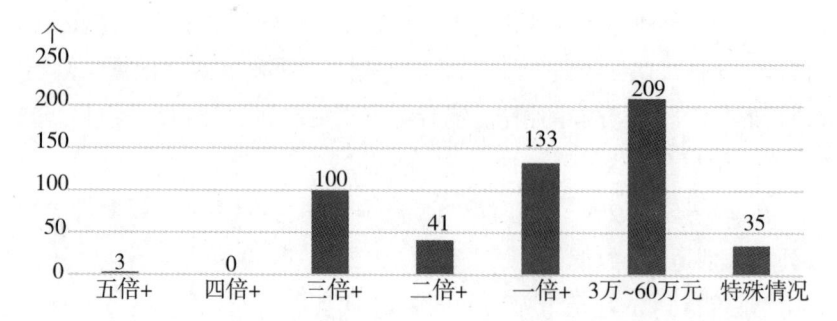

图2.8 内幕交易数值数距式处罚和倍率数距式处罚的数量分布

（二）处罚裁量空间的有限利用

行政裁量的功能在于服务于个案正义，[1]但如图2.8所示，监管方目前并未充分全面地利用《证券法》（2005 修订）第 202 条所赋予的所有自由裁量空间，具体表现在两个方面：一方面，内幕交易处罚在"倍率数距式"情形下，主要集中于"一倍"与"三倍"两种倍率形式，处罚对象分别对应 133 个和 100 个，在本类别（277 个）中占比分别约为 48.01% 和 36.10%，相加后占 84.11%。同时，"二倍"和"五倍"的倍率情况分别有 41 个和 3 个，占比仅约为 14.80% 和 1.08%。值得注意的是，证监会在 2017 年至 2021 年对"三倍"罚款的适用频率明显提高，有 80 次，占总数 28.88%，占三倍罚款总量的 80%。但整体而言，证监会对"一倍"罚款更有偏爱，这与邢会强教授此前的研究相互呼应；[2]反观二倍、四倍和五倍罚款，证监会中央机关的利用频率十分有限。

另一方面，在违法所得不足 3 万元的情况下，证监会"数值数距式"罚款也并非均匀分布，呈现较为单一的处罚样态。如图 2.9 所示，笔者将罚款金额分别计算后发现：罚款在 3 万元至 6 万元（含 6 万元本数）这一区间内的责任主体有 82 个，占该情形下总量的 39.23%。与之相对，罚款在 27 万元至 30 万元（含 30 万元本数）这一区间内的有 38 个，占总量 18.18%；罚款在 57 万元至 60 万元（含 60 万元本数）这一区间内的占比

---

[1] 参见章剑生：《现代行政法总论》（第 2 版），法律出版社 2019 年版，第 103 页。
[2] 参见邢会强：《证券欺诈规制的实证研究》，中国法制出版社 2016 年版，第 36 页。

为 11.00%。不仅如此,证监会在细分区间内,处罚金额十分单一,比如 27 万元至 30 万元(含 30 万元本数)这一区间,全部为 30 万元数额;57 万元至 60 万元(含 60 万元本数)这一区间也全部是 60 万元。事实上,在 20 万元罚款之上,证监会处罚基本上是 20 万元、30 万元、40 万元、50 万元和 60 万元这样的单一金额。需要注意的是,此前《证券法》(2005 修订)赋予证监会 3 万元到 60 万元、一倍到五倍倍率范围的弹性区间,旨在为证监会提供充分裁量空间,使其可以根据具体案件情况的不同,如交易额、违法所得、交易次数、个股股价波动情况、危害性、执法合作态度等而作出有所区别的行政处罚,实现对内幕交易的精准打击。因此,监管方有必要更均衡地利用自由裁量空间。

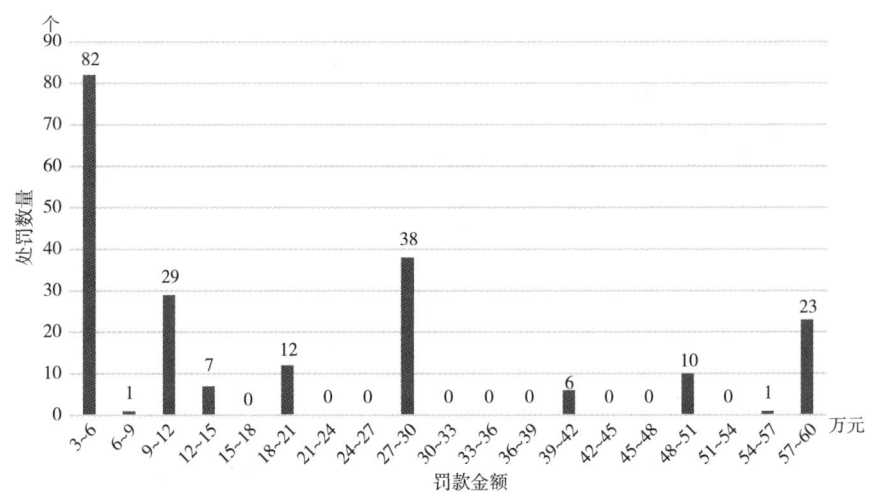

图 2.9　内幕交易数值数距式罚款的金额分布

(三)处罚裁量逻辑和标准不明确

内幕交易处罚的裁量标准不够外显,令人产生一定疑惑:第一,在被处罚对象违法所得相近、交易额差异较大的情况下,监管方可能施以倍率相同的罚款,甚至对交易额相对较小的情况施加更重的罚款,在笔者的统计中,这种不平衡的情况并不鲜见。举例而言,在 2014 年行政处罚决定书(张某)所涉案中,[1]张某在内幕信息公开前 2 次买入

---

[1] 参见《中国证监会行政处罚决定书》(张某)(〔2014〕97 号)。

1,209,078 元的股票,事后认定违法所得为 88,494.12 元,而在 2017 年行政处罚决定书(李某明)所涉案中,①李某明于内幕信息敏感期内买入 422,861 元的股票,违法所得为 92,601.13 元,证监会对两人的罚款分别为 88,494.12 元和 277,803.39 元。两相对比:从交易额上来看,前者买入金额远远大于后者,将近三倍;从违法所得来看,两人违法所得额则大体一致;从交易次数上来看,前者 2 次买入,而后者则出现先亏损卖出再大量买入的情况;从被处罚对象的身份特征上来看,前者是法定内幕信息知情人员的邻居,后者则是听了内幕信息知情人员与他人的电话的人员;其他未见有从业身份、是否再犯方面的显著不同。如此看来,内幕信息获取的方式似乎比违法所得、交易金额更具有评价意义,但这与《证券法》(2005 修订)第 202 条对"违法所得"予以重视的核心逻辑似乎不尽一致。

第二,在违法所得不足 3 万元的情况下,实际处罚裁量标准显得较为模糊。鉴于"泄露"与"建议"类型内幕交易处罚并无"违法所得",无法与"罚款"进行比较和定量分析,故本书仅对利用内幕信息买卖证券的行为及其相应处罚进行分析,在排除 5 位亏损超过 2000 万元特大金额的当事人之后,②共计涉及 169 个单位和自然人。如图 2.10 所示,在违法所得相差甚大的情况下,处罚罚款的额度有时不成比例。如图 2.10 最左侧第二个点,即 2013 年行政处罚决定书(江某华、熊某波)所涉案件,③内幕信息知情人江某华亏损 16,439,735.44 元,交易额 64,527,521.56 元,证监会罚款 400,000 元;而在 2017 年行政处罚决定书(张某林)所涉案件中,④同是内幕信息知情人的张某林亏损 163,924 元,交易额 4,295,576 元,被处以了 600,000 元的罚款,似乎稍有不同的身份是处罚裁量的主要考虑因素。

---

① 参见《中国证监会行政处罚决定书》(李某明)([2017]83 号)。
② 参见《中国证监会行政处罚决定书》(首善财富管理集团有限公司、吴某新)([2019]98 号);《中国证监会行政处罚决定书》(郭某能、李某)([2020]47 号);《中国证监会行政处罚决定书》(周某奋)([2020]76 号);《中国证监会行政处罚决定书》(潘某)([2021]103 号)。
③ 参见《中国证监会行政处罚决定书》(江某华、熊某波)([2013]39 号)。
④ 参见《中国证监会行政处罚决定书》(张某林)([2017]106 号)。

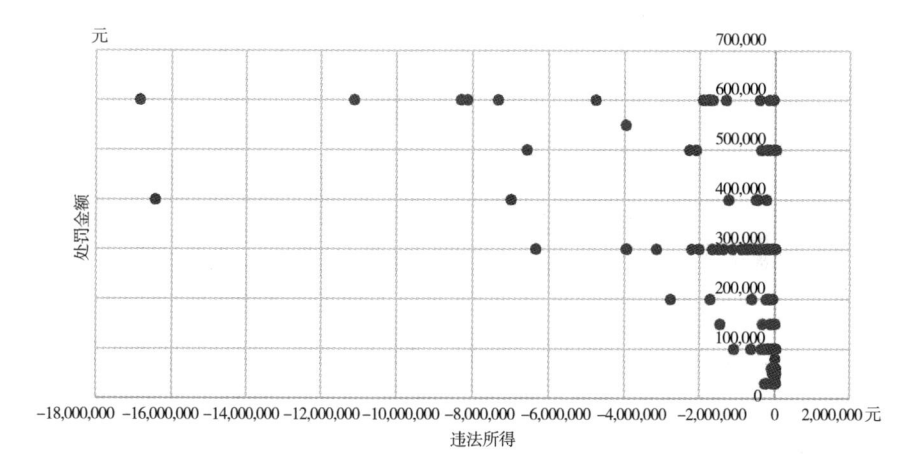

图 2.10　违法所得金额不足 3 万元的处罚分布

如果我们继续观察图 2.11 关于有违法所得且金额不足 3 万元的处罚分布,可以看到,在违法所得类似的情况下,两者之间的相关关系很弱。例如,有两个较高的点达到了 50 万元,与其他案件呈现较大区别。又如,在违法所得数百元与违法所得近 3 万元的情况下,都有可能出现 5 万元罚款。如果我们进一步观察具体案件的交易金额,这种差异会更加明显,显示出处罚裁量逻辑和标准的相对模糊性。

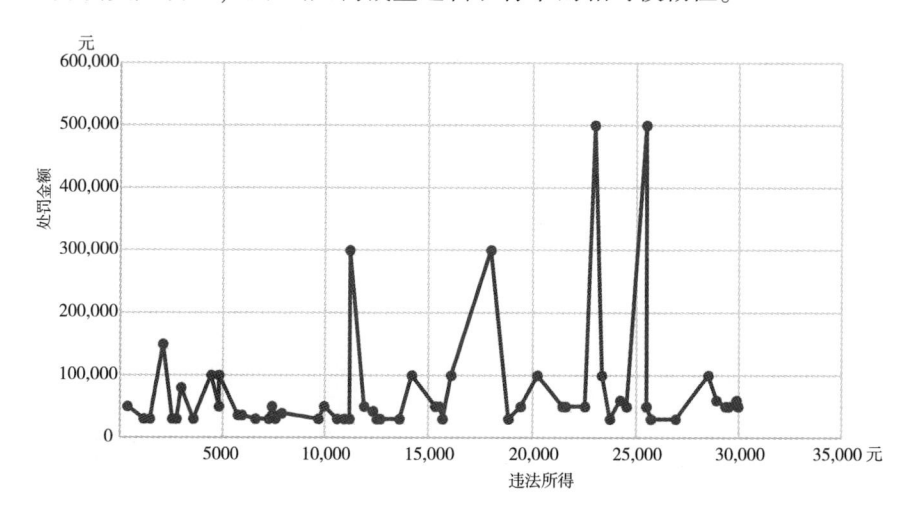

图 2.11　有违法所得且金额不足 3 万元的处罚分布

内幕交易罚款规则构建的核心问题就是罚款自由裁量的标准。在证监会目前公布的行政处罚决定书中，其在作出处罚结果前都会述及"根据当事人违法行为的事实、性质、情节与社会危害程度……我会决定"，但一般情况下，其对违法性质、情节与社会危害程度的具体评价内容与标准并无明确说明，仅在个别案件中会提及当事人主动承认错误、积极配合调查、纪检部门已经没收、悔过态度良好等从轻和减轻情形。[1] 从实务操作层面来看，尽管违法事实和情节往往会"自然而然"地在个案处罚时被纳入考量范畴并内化为行政处罚决定书的内容，但**若缺少相对标准化的裁量要点、逻辑和规则指引，恐怕还是难以保障处罚裁量的相对统一**。

七、派出机构内幕交易执法的特征

（一）执法数量与违法认定的差异

自证监会2010年发布《中国证券监督管理委员会派出机构行政处罚试点工作规定》后，上海、广东和深圳监管局尝试对部分案件以自身名义作出行政处罚。2013年，《派出机构行政处罚工作规定》全面授予各地派出机构对证券违法案件的行政处罚权，[2] 由此改变了证监会中央机关执法的单一模式，并大幅增强了对证券违法案件的执法力度。[3] 为探究证监会派出机构证券执法的现状与局限，本书继续整理了各地监管局2010年10月26日至2021年12月31日的行政处罚案例，在对

---

[1] 参见张翕:《中国证监会内幕交易行政处罚案例综述》，载彭冰主编:《规训资本市场:证券违法行为处罚研究（2016）》，法律出版社2018年版。

[2] 证监会并未公开发布《派出机构行政处罚工作规定》，仅能从个别新闻报道中得以了解，2015年《中国证监会派出机构监管职责规定》明确授予全部派出机构进行调查和处罚的权限。参见《中国证监会派出机构监管职责规定》（中国证券监督管理委员会令第118号，已被修改）。

[3] 需要说明的是，证监会派出机构无论是在规则制定权限上，还是在执法体制及执法能力上，皆与中央机关存在较大差异，因而，本书未将地方派出机构的数据与中央机关的合并处理。

数据进行再次梳理后,①共计析出案件 1117 件。从平均数来看,自 2010 年允许地方证券执法试点以来,36 个地方监管局每家、每年的执法数量相对有限,这与我国资本市场的体量并不相称。在对全部案件进行类型归纳后,不难发现,地方证券执法的非均衡性显著(见图 2.12)。

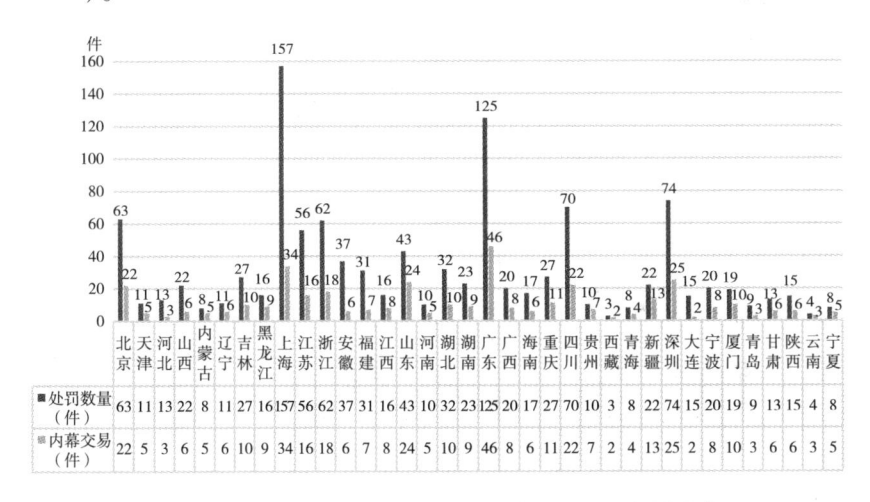

地区	处罚数量(件)	内幕交易(件)
北京	63	22
天津	11	5
河北	13	3
山西	22	6
内蒙古	8	2
辽宁	11	5
吉林	27	10
黑龙江	16	9
上海	157	34
江苏	56	16
浙江	62	18
安徽	37	6
福建	31	7
江西	16	8
山东	43	10
河南	24	10
湖北	32	9
湖南	23	6
广东	125	46
广西	20	8
海南	17	6
重庆	27	11
四川	70	22
贵州	10	3
西藏	3	2
青海	8	3
新疆	22	13
深圳	74	25
大连	15	2
厦门	20	10
宁波	19	9
青岛	13	6
甘肃	15	4
陕西	16	4
云南	4	3
宁夏	8	5

图 2.12 地方监管局执法总量及内幕交易处罚数量分布

一方面,如图 2.12 所示,各地监管局的执法数量并不平衡。上海监管局、②广东监管局、深圳监管局和四川监管局对各类违法行为的处罚数量远超其他地区,占全国监管局处罚总量的 38.14%。即便刨除早期试点的少数案件,其处罚数量依旧领先。西藏监管局、云南监管局处罚数量屈指可数,这一情况不难想见,与其资本市场的发展程度有一

---

① 笔者所有数据来自证监会地方监管局网站"行政处罚"栏目。为减少信息公开方式不同而引致的遗漏,笔者在各局网站"信息公开"栏目下,以"处罚"为关键词再次进行了大范围检索。特别需要说明的是,由于《证券法》(2019 修订)在地方监管局的行政处罚中已出现了个别适用案例,但鉴于《证券法》(2019 修订)对内幕交易处罚力度进行了实质修改,为统一评价标准和实现时间维度与地域维度的可比性,本书对各地在 2021 年适用《证券法》(2019 修订)的个别处罚案例予以排除。

② 各地监管局有时对同一案件不同当事人分别作出行政处罚决定书,上海监管局的情况最为突出,如其对普天邮通科技股份有限公司当事人作出 19 份处罚,对中毅达股份有限公司当事人作出 18 份处罚。

定关系。不过,地处经济发达地区的重庆监管局及天津监管局处罚数量相对较少,湖南监管局、山西监管局的处罚数量与新疆监管局大体相同,皆与传统印象有所不同。从 5 个单列城市看,深圳监管局的处罚数量超过其他四地监管局之总和。长此以往,此种执法不均衡现象不仅有碍于我国统一证券监管体系的建立,**而且不同的执法密度可能会"激励"潜在违法者向执法密度较低的地区迁移**。

另一方面,地方监管局对不同类型证券违法行为的处罚呈现不平衡性。在逐一阅读地方监管局行政处罚决定书后,笔者发现执法类型不平衡的现象十分明显。就内幕交易处罚而言,在将单独内幕交易案件与"其他"类别下涉及内幕交易的处罚案件合并后,共有 390 件,但其在各地监管局中的执法占比大相径庭:在处罚总数最多且具有市场同质性的上海监管局、广东监管局和深圳监管局,内幕交易处罚占比分别为 21.66%、36.80% 和 33.78%;如果聚焦内蒙古监管局、新疆监管局和黑龙江监管局,内幕交易处罚数量占其各自总数的 62.50%、59.09% 和 56.25%,反倒成为证券执法的重心。公允而言,虽各地执法类型主要由客观事实决定,但若地方监管局将自身偏好掺杂其中或陷入以量取胜的绩效"锦标赛",此等执法将引致严重的结构偏颇,不利于全面、充分、公平地制裁各类违法行为,更助长证券违法行为人的侥幸心理和监管套利。

与此同时,**地方派出机构对违法行为的性质认定及法律适用不尽相同**,譬如,在 2018 年四川监管局行政处罚决定书(胡某刚)中,职工监事胡某刚内幕交易"士兰微"股票,而监事身份又导致其"买入后六个月内卖出"构成了短线交易,监管局对两种行为并罚;[①]但青海监管局在 2019 年行政处罚决定书(王某)中,认为王某未履行报告和信息披露义务、限制期内买卖证券是进行内幕交易的手段,短线交易是内幕交易的结果,最终基于行为间的牵连关系而从一重对违法行为处断。[②]

[①] 参见《中国证券监督管理委员会四川监管局行政处罚决定书》(胡某刚)(四川监管局〔2018〕1 号)。

[②] 参见《行政处罚决定书》(王某)(青海监管局〔2019〕1 号)。

地方监管局即便在对单一违法行为进行处罚时,也时常遇有法律论证与适用难题。比如在对前述"泄密—受密型"内幕交易进行处罚时,泄密人的责任追究无规律可循,监管部门没有形成明确和连贯做法,甚至出现了罚没金额 1.3 亿元的苏某鸿案被撤销之情况。证券违法行为性质的统一及科学认定是行政执法的基本要求,倘若各地监管局对此等基础事项无法形成相对统一的意见,如何坚定投资者对证券市场的信心?

(二) 行政处罚裁量幅度迥异

由于各地监管局对处罚裁量空间理解与运用不同,**同一类型违法行为在不同地区存在不同惩罚后果**。在对 390 件内幕交易案进一步提炼后,笔者发现各地监管局实际对 456 个单位与自然人进行了处罚。鉴于行政处罚作出时所适用的法律为《证券法》(2005 修订),为公正比较各地处罚裁量偏好,笔者对违法所得在 3 万元以上而单纯适用倍率罚款的案件予以析出和筛选,[①]总共涉及 188 个单位和自然人。

如图 2.13 所示,各监管局的裁量偏好不尽相同。广东监管局对 83.33% 的处罚对象适用一倍罚款,山东监管局对 85.71% 的当事人适用一倍罚款,重庆监管局所有处罚皆是一倍罚款;江苏监管局 83.33% 的处罚适用二倍罚款,山西监管局同样表现出对二倍罚款的偏爱;四川监管局、辽宁监管局、吉林监管局、北京监管局和上海监管局等则积极运用了三倍罚款;与证监会中央机关不同的是,在适用《证券法》(2005 修订)的样本期间内,各地监管局皆未出现四倍、五倍罚款之情形。证券市场违法行为往往涉及金额巨大,裁量幅度如此迥异,确实令人担

---

① 证监会派出机构在对内幕交易进行处罚时,对于行为人泄露及利用内幕信息进行交易的行为有时会分别予以单独处罚,如在《青海监管局行政处罚决定书》(朱某楷、虞某贤、虞某雄、王某文)([2021] 1 号)所涉案件中,青海监管局对虞某雄泄露内幕信息的行为处以 3 万元罚款,对其内幕交易行为则没收违法所得 466,036.97 元并处以 932,073.94 元罚款。在个别情况下,证监会派出机构对同一内幕交易人员参与的共同内幕交易和单独内幕交易予以不同倍数罚款,本书对此种情况予以排除,如在《中国证券监督管理委员会天津监管局行政处罚决定书》(陈某、吴某光)([2021] 1 号)所涉案件中,对吴某光参与的共同内幕交易处以三倍罚款,而对其单独内幕交易处以一倍罚款。

忧。诚然,地方监管局适用倍率罚款亦基于案件具体情节和程度,但这仍足以反映出各地有差异的执法力度。

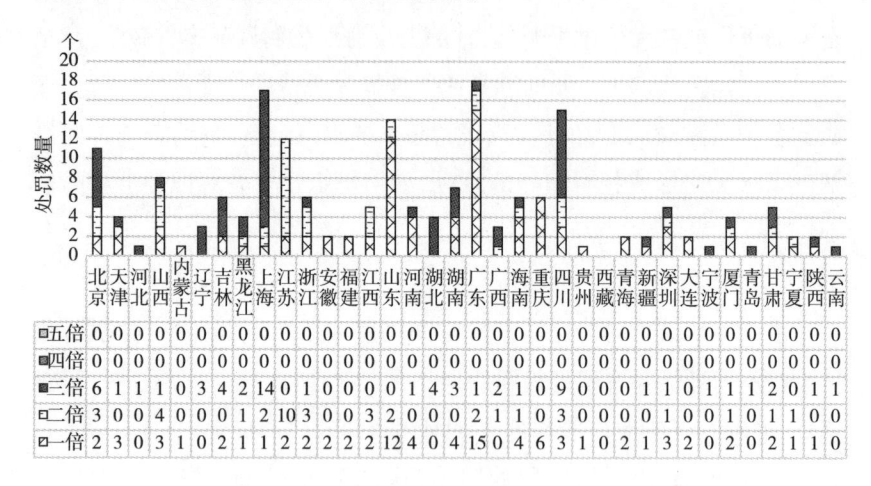

图 2.13 地方监管局内幕交易倍率数距式罚款分布

八、内幕交易处罚周期的分布特征

本书对证监会处罚的 622 个单位和自然人的调查处罚周期进行了统计,以当事人进行内幕交易的首日作为内幕交易的开始日期,以证监会行政处罚日期作为处罚周期的最后一天,计算两者之间的时间间隔。如图 2.14 所示,这些案件中除有 26 个单位和自然人的处罚周期无法确定或有多次内幕交易外,在剩下的 596 个单位和自然人处罚案件中,证监会的平均处罚周期约为 924 天,中位数则为 854 天。

笔者进一步对这 596 个单位和自然人处罚案件的查处时间进行了细分,发现 2013 年行政处罚决定书(光大证券股份有限公司、徐某明、杨某忠等 5 名责任人)[1]的处罚为历史最快,处罚周期仅为 77 天,而最慢的则是 2013 年行政处罚决定书(吴某、谢某琴)所涉案件,[2]也就是

---

[1] 参见《中国证监会行政处罚决定书》(光大证券股份有限公司、徐某明、杨某忠等 5 名责任人)(〔2013〕59 号)。

[2] 参见《中国证监会行政处罚决定书》(吴某、谢某琴)(〔2013〕72 号)。

涉及"杭萧钢构"的案例,证监会用了2498天。接下来,笔者以100天为单位,对0~100天(含100天本数)至2000天以上日期区间进行了统计。如图2.14所示,处罚周期在600~700天区间的案件最多,涉及74个单位和自然人;其次是700~800天和1000~1100天区间,分别涉及73个和65个单位和自然人。

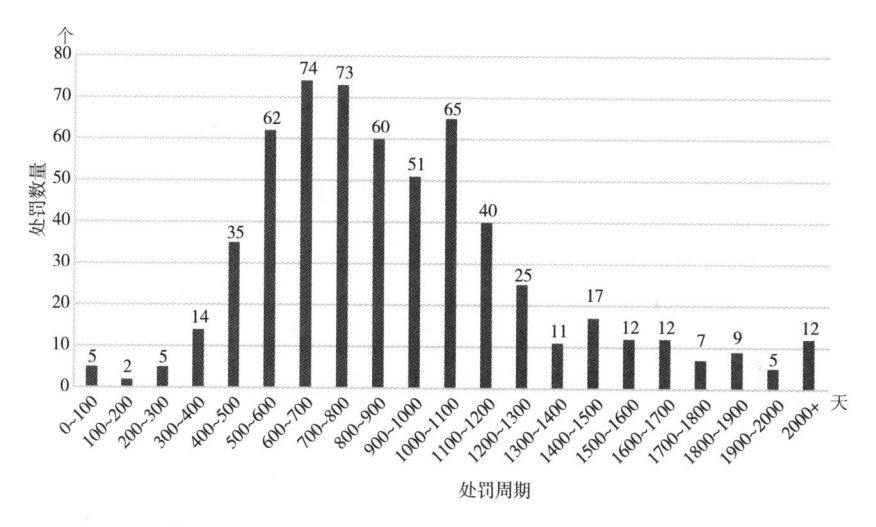

图2.14 内幕交易案件处罚周期分布

由此来看,对于相当数量的内幕交易案件,从行为人违法到证监会作出处罚需要2年多时间。当然,如果从立案调查的时间点来计算,调查及处罚的周期会相应缩短。客观而言,考虑到证监会的人力资源配置、行政处罚的证据标准以及此前证监会行政调查的难度系数等因素,该处罚周期并不算长。但是,如果考虑到此后行政复议与行政诉讼的时间,内幕交易整体的处罚周期仍然有进一步缩短的必要。究其原因,鉴于内幕交易案件的专业性和复杂性,内幕交易的行政处罚在实质层面与民事诉讼和刑事责任追究紧密联系。因而,如若行政处罚的时间较长,至少从规范层面来看,一是不利于民事诉讼主体有相应的证据来提起民事诉讼,二是与刑事程序的责任衔接也会出现问题。可以说,如何进一步优化执法体系、提高处罚效率,仍然是证券监管应继续加以重视的问题。

第三章 内幕交易监管难题的成因解构

我国证券市场建立的初衷是帮助国有企业融资、脱困。因而,当社会主义市场经济的新篇章与证监会相遇的时候,旧有的思路、体制与制度需要不断地变迁。回顾三十年来我国证券市场与证监会的发展,可以清楚地看到,一个日渐丰富的中央—地方证券监管体制正在不断地建立,不仅证券法律从对一级市场关注逐渐转向关注二级市场交易、证券衍生品等新问题,而且证监会监管的重点也逐渐从事先行政审查许可,逐渐向事后执法转变。但是,我国企业及资本市场的固有难题和结构、投资者保护不足、证券监管的内在问题和局部市场投机文化等,仍然困扰着我们的证券市场。

第一节 "分身乏术"的证券监管机制

一、证监会中央机关人力资源结构

自 2001 年起,证监会中央机关各年份内幕交易的查处数量整体呈现递增趋势,但在 2001~2007 年的 7 年间,仅有 2 个案子,案件处罚周期也相对较长,这种现象的出现与证监会人员配置与职能设置密切相关。截至 2020 年年底,证监会工作人员共 3278 人,其中中央机关 767 人,派出机构 2511 人,占比分别约为 23% 和 77%。[1] 从组

---

[1] 参见中国证券监督管理委员会编著:《中国证券监督管理委员会年报(2020)》,中国财政经济出版社 2021 年版,第 11 页。

织结构来看，证监会设置主席1名，副主席4名，驻证监会纪检监察组组长1名，中央机关内设20个职能部门(如图3.1所示)，1个稽查总队和3个中心。除领导人员外，每个部门的平均人员数量并不多，更何况20个职能部门并非全部是证券监管的直接业务部门。正如下文将要阐述的那样，证监会在证券期货市场监管中承担了大量职责，①但这些工作中相当大一部分是由700余名中央机关员工承担的。加之证监会对证券市场事无巨细的管理方式，在一定程度上承担了本来应该是很多自律组织的工作及市场的工作，由此不仅使监管重心增多，更导致其**可能没有充分的监管资源开展调查执法**，部分违法主体就成了漏网之鱼。②

---

① 截至2022年2月20日，根据证监会网站的介绍，证监会根据有关的法律授权主要负责：(1)研究和拟订证券期货市场的方针政策、发展规划；起草证券期货市场的有关法律、法规，提出制定和修改的建议；制定有关证券期货市场监管的规章、规则和办法。(2)垂直领导全国证券期货监管机构，对证券期货市场实行集中统一监管；管理有关证券公司的领导班子和领导成员。(3)监管股票、可转换债券、证券公司债券和国务院确定由证监会负责的债券及其他证券的发行、上市、交易、托管和结算；监管证券投资基金活动；批准企业债券的上市；监管上市国债和企业债券的交易活动。(4)监管上市公司及其按法律法规必须履行有关义务的股东的证券市场行为。(5)监管境内期货合约的上市、交易和结算；按规定监管境内机构从事境外期货业务。(6)管理证券期货交易所；按规定管理证券期货交易所的高级管理人员；归口管理证券业、期货业协会。(7)监管证券期货经营机构、证券投资基金管理公司、证券登记结算公司、期货结算机构、证券期货投资咨询机构、证券资信评级机构；审批基金托管机构的资格并监管其基金托管业务；制定有关机构高级管理人员任职资格的管理办法并组织实施；指导中国证券业、期货业协会开展证券期货从业人员资格管理工作。(8)监管境内企业直接或间接到境外发行股票、上市以及在境外上市的公司到境外发行可转换债券；监管境内证券、期货经营机构到境外设立证券、期货机构；监管境外机构到境内设立证券、期货机构、从事证券、期货业务。(9)监管证券期货信息传播活动，负责证券期货市场的统计与信息资源管理。(10)会同有关部门审批会计师事务所、资产评估机构及其成员从事证券期货中介业务的资格，并监管律师事务所、律师及有资格的会计师事务所、资产评估机构及其成员从事证券期货相关业务的活动。(11)依法对证券期货违法违规行为进行调查、处罚。(12)归口管理证券期货行业的对外交往和国际合作事务。(13)承办国务院交办的其他事项。

② 参见陈斌彬：《我国证券市场法律监管的多维透析：后金融危机时代的思考与重构》，合肥工业大学出版社2012年版，第128～129页。

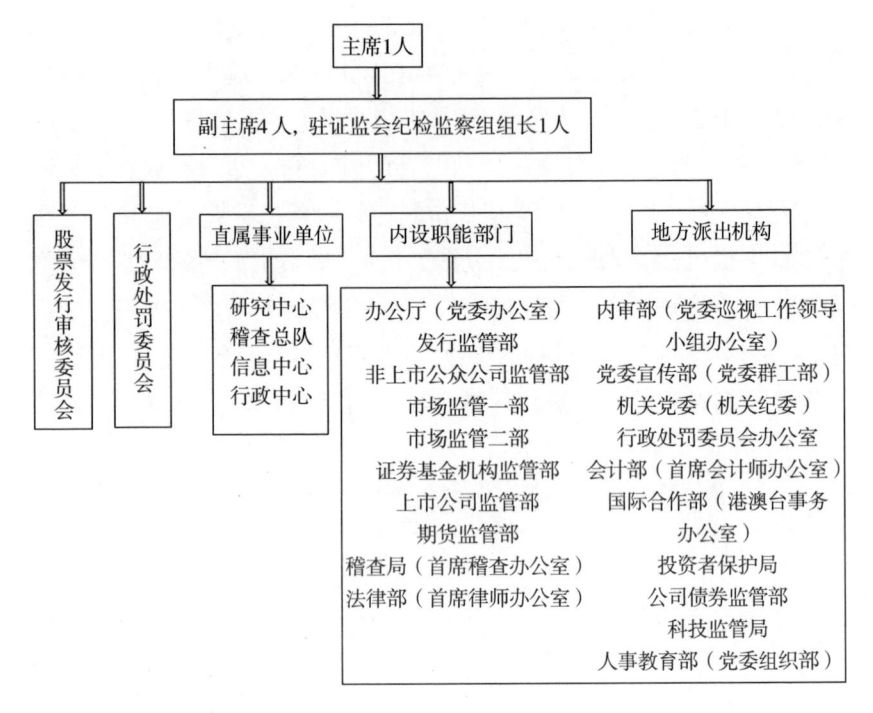

```
                         ┌─────────────┐
                         │   主席1人    │
                         └──────┬──────┘
                                │
              ┌─────────────────┴──────────────────┐
              │  副主席4人，驻证监会纪检监察组组长1人  │
              └─────────────────┬──────────────────┘
                                │
      ┌──────────┬──────────────┼──────────────┬──────────────┐
      │          │              │              │              │
 ┌────┴───┐ ┌────┴───┐  ┌──────┴──────┐ ┌────┴──────┐ ┌──────┴──────┐
 │股票发行 │ │行政处罚 │  │直属事业单位  │ │内设职能部门│ │地方派出机构  │
 │审核委员会│ │委员会   │  │             │ │           │ │             │
 └────────┘ └────────┘  └─────────────┘ └───────────┘ └─────────────┘
```

直属事业单位：
研究中心
稽查总队
信息中心
行政中心

内设职能部门：
办公厅（党委办公室）
发行监管部
非上市公众公司监管部
市场监管一部
市场监管二部
证券基金机构监管部
上市公司监管部
期货监管部
稽查局（首席稽查办公室）
法律部（首席律师办公室）
内审部（党委巡视工作领导小组办公室）
党委宣传部（党委群工部）
机关党委（机关纪委）
行政处罚委员会办公室
会计部（首席会计师办公室）
国际合作部（港澳台事务办公室）
投资者保护局
公司债券监管部
科技监管局
人事教育部（党委组织部）

图 3.1 证监会的内设机构和部门

证监会在实际的证券市场监管中，不仅要负责监管证券市场的公开和非公开发行，还要负责监管期货市场，涵括了大量的事先行政许可和日常监管的任务。特别是在目前证券市场建设的重要阶段，尽管证监会多次强调要加强对内幕交易违法行为的打击力度，但其内幕交易监管显得有些分身乏术。事先监管与有限的人力资源配置，使得证监会执法力量与执法任务之间可能存在不匹配，案多人少问题突出。[1]如蒋大兴教授早先所言，以证监会的人力资源结构，即便是再把上海、深圳等交易所的一线监管加起来，也没有办法进行"人盯人"式的监管，[2]对于已有案件的调查处罚恐怕只能拉长周期和战线。

---

[1] 参见何艳春、张朝辉：《委托实施证券期货案件调查的法律分析》，载黄红元、徐明主编：《证券法苑》第13卷，法律出版社2014年版。

[2] 参见蒋大兴：《隐退中的"权力型"证监会——注册制改革与证券监管权之重整》，载《法学评论》2014年第2期。

二、地方派出机构的执法难点

(一)地方监管机制的路径依赖

在地方层面,证监会的派出机构是其主要的监管机构,证监会主要的人员也分布在地方,由此也造成了证监会地方执法的第一重困难。如前所述,证监会地方派出机构最早为地方政府所建立的证券管理委员会,因而,地方监管局在创设之初即带有地方政府的印记。在这样的情况下,派出机构的执法是否会受到地方政府不同程度的影响?如是,这或是造成各地监管局处罚数量、类型分布与力度差异的重要原因。

尽管无法对此进行定量检验,但类比其他垂直管理机构,我们仍可以得到有益参考。证监会地方监管局为整体机构垂直型,完全隶属于上级政府职能部门并在人事、财政和事务等方面不受地方管辖。[①] 结合垂直管理机构一般情况来看,派出机构"垂直管理也难以完全有效地实现其预期的行政目标",倘若上级部门缺乏对派出机构的有效制约,甚至可能导致滥权腐败现象发生。[②] 如此一来,不仅会进一步加剧证券执法的不均衡性,而且可能为权力设租与寻租留下空间,更不利于改善证监会地方执法的实际效果。

证监会地方执法的第二重困难在于专业性挑战。由于证监会派出机构的行政处罚没有相对长时间的经验积累,导致执法的专业性存有较大提升空间,未来需要为证监会中央机构的执法提供更为强大的助力。在缺乏统一行政处罚裁量指引的情况下,各地迥异的执法风格不难想见。自证监会 2010 年发布《中国证券监督管理委员会派出机构行政处罚试点工作规定》以来,尽管地方监管局已经取得不错的成绩,但其在法律适用上仍然有个别问题,不仅出现了违法行为性质认定迥异

[①] 参见王霁霞:《法治视野下的我国政府垂直管理制度改革研究》,载《湖北社会科学》2013 年第 5 期。

[②] 参见金亮新、杨海坤:《公法视野下的政府垂直管理改革研究》,载《江西社会科学》2008 年第 4 期。

的现象,①行政处罚裁量幅度也存在差异。我们不难想象,在调查权力与处罚能力相对不足的情况下,派出机构与证券市场人数众多的专业"玩家"斗智斗勇是何其之难。时至今日,传统证券违法行为在与现代金融科技结合之后,各类新型证券违法行为势必给地方证券执法带来更大挑战,②这进一步增加了地方派出机构的执法难度,可能使其为中央机关"排忧解难"的作用发挥受到制约。

(二)地方监管局人力资源配置不均

目前,各派出机构普遍设有6~13个内部处室,但各自人员组成情况不明,仅个别监管局公开了人员数量及构成,如深圳监管局(116人)、四川监管局(94人)人员配备较多,而诸如江西监管局(49人)、山西监管局(46人)等监管局人员配备则相对较少。如此一来,各地派出机构的工作任务便呈现出一定差异。譬如,2020年2月底,深圳监管局116名工作人员对应301家上市公司,相应总市值为72,633.66亿元,人员数量与上市公司数量的比例为1∶2.59;青岛监管局30名工作人员对应39家上市公司,相应总市值为4054.75亿元,人员数量与上市公司数量之比为1∶1.30;再看黑龙江监管局,56名工作人员对应38家上市公司,配比为1∶0.68。仅就静态情况而言,深圳监管局个体员工的工作量可能是青岛监管局、黑龙江监管局的数倍,再考虑内部固定、非稽查职能处室设置的情况,各地一线执法人员的工作任务差异将更加显著。

当然,为缓解各地执法资源的配置不均及防范地方利益干扰,证监会试图对其执法力量予以动态配置,但同样有进一步改进的空间。在对地方监管局行政决定处罚书文本梳理过程中,笔者发现不少地方监管局进行了跨区域执法工作。例如,在2014年江西监管局行政处罚决

---

① 参见吕成龙:《证监会地方执法的绩效实证与机制改革》,载《行政法学研究》2021年第4期。
② 参见邵宇、罗荣亚:《金融监管科技:风险挑战与策略应对》,载《行政法学研究》2020年第3期。

定书(朱某雄)所涉案件中,①被处罚对象位于深圳市,所涉内幕交易股票为吉林省上市公司,非公开发行的投资人亦为深圳公司。又如,在青海监管局2015年行政处罚决定书(陈某华、吴某江)和2018年行政处罚决定书(涂某、谢某)所涉内幕交易处罚案中,被查处对象位于北京、湖北和江苏,所涉股票和参与交易公司也位于青海省外。② 个别跨区执法甚至间隔数千里之遥,如在新疆监管局2019年第6号至第8号行政处罚决定书中,被处罚对象住址、账户开户地在浙江省,所涉公司及股票也位于长三角地区。③ 不难发现,此等大范围跨区域执法不仅费时费力,而且无法从根本上解决各地执法任务不平衡之难题,甚至可能导致同一地区违法行为人单纯因执法机关不同而面临不同结果,这不利于解决监管"分身乏术"的现实难题。

第二节　内幕交易的侦测与源头规制难题

一、内幕交易侦测难度及其挑战

内幕交易的侦测存在很大的难度与挑战,原因有三:其一,内幕交易天然具有主体与手段的隐蔽性、复杂性,如2010年《关于依法打击和防控资本市场内幕交易的意见》(国办发〔2010〕55号)所指出的那样,内幕交易案件"参与主体复杂,交易方式多样,操作手段隐蔽,查处工作难度很大。随着股指期货的推出,内幕交易更具隐蔽性、复杂性"。造成这种现象的原因很多,比如,我国此前并购重组中审批环节多、利益驱动力强、证券市场违法成本相对较低等,内幕交易的监控侦测难度

---

① 参见《中国证券监督管理委员会江西监管局行政处罚决定书》(朱某雄)(〔2014〕1号)。

② 参见《行政处罚决定书》(陈某华、吴某江)(青海监管局〔2015〕1号);《行政处罚决定书》(涂某、谢某)(青海监管局〔2018〕1号)。

③ 参见《中国证券监督管理委员会新疆监管局行政处罚决定书》(丁某芳)(〔2019〕6号);《中国证券监督管理委员会新疆监管局行政处罚决定书》(严某歌)(〔2019〕7号);《中国证券监督管理委员会新疆监管局行政处罚决定书》(陈某)(〔2019〕8号)。

非常大。① 其二,我国存在 A 股和 H 股的差别,因而还有一种特殊的"影子内幕交易",即内幕人不直接购买 A 股而购买有关 H 股,使证监会面临更多的侦测、查处困境。② 其三,信息时代下内幕交易表现出很强的传递性和扩大化趋势,内幕交易的主体往往不会以自己的名义亲自上阵,而是借助各种亲朋好友帮助来间接地进行内幕交易、牟利并分赃。不仅如此,此类**相对亲密人际圈内的信息传递呈现一定"反调查"手段**,如 2019 年行政处罚决定书(李某、刘某)认定的违法事实中,知情人刘某的舅舅李某以及李某的配偶、女儿在微信聊天群内用代号指称"太阳鸟"股票并且多次强调"删除聊天内容",③诸如此类的亲属间行为给内幕交易执法造成了更严峻的挑战,使得监管机构内幕交易甄别的难度徒增了不少,因而,目前通过技术手段防范内幕交易的任务艰巨而复杂。④

在这样的情况下,证监会是如何获得这些线索的呢？从早先一些网络信息来看,主要有两种途径:一方面,信息技术监测途径,证券交易监察分析系统在其中扮演了重要的角色。例如,上海证券交易所研发的"基于历史数据的交易所监察分析系统"被认为是证监会、交易所查处市场操纵和内幕交易的重要工具,2009 年,上海证券交易所上线了 3GSS 系统。又如,深圳证券交易所的"深圳证券市场多层次监察系统",该系统在打击内幕交易、"老鼠仓"、市场操纵等违法违规行为专项行动中,起到了重要的威慑作用。⑤ 从背后技术原理来看,由于内幕

---

① 参见李响玲、施建辉:《防控证券内幕交易的难点及对策》,载《中国金融》2011 年第 3 期。

② 参见蔡奕等:《证券市场监管执法的前沿问题研究——来自一线监管者的思考》,厦门大学出版社 2015 年版,第 72 页。

③ 《中国证监会行政处罚决定书》(李某、刘某)(〔2019〕89 号)。

④ 参见李响铃:《试论电子化交易环境下的证券市场监管——以证券交易所市场监察为视角》,载黄红元、徐明主编:《证券法苑》第 8 卷,法律出版社 2013 年版。

⑤ 监察系统是为深圳证券市场主板、中小企业板、创业板、报价转让系统等多层次市场提供一体化监管服务的新型监察系统,由深圳证券交易所自主研发。参见《深圳证券市场多层次监察系统》,载《中国期货》2012 年第 2 期。

交易多是围绕高信息含量的公司重大事件开始的,①如并购重组、高送转、业绩预盈与预增、定向增发等,在这些重大事件公告之前,基于私人信息的交易的概率明显地高于公告之后交易的概率。② 因而,我们可以从技术上根据个体投资者交易的数量变化与公司股价变化等进行比对。

不可否认的是,由于内幕交易极为隐蔽的天然特性,内幕交易的识别仍面临不小的技术难度。张宗新教授较早之前研究提出,尽管国内外诸多学者基于内幕交易的甄别展开了探索性研究,却仍然无法实现内幕交易的科学甄别和构建有效预判的逻辑框架,内幕交易的甄别和预测在一定程度上成为一个世界性难题。③ 上海证券交易所监察部专家在《试论电子化交易环境下的证券市场监管——以证券交易所市场监察为视角》一文中,也证实了电子化交易给我国交易所带来的监管挑战。④ 殊为遗憾的是,鉴于上述内幕交易侦测系统属于技术秘密范畴,我们不易从外界获取信息并展开深入讨论和评判。

另一方面,内幕交易的信息举报途径。2014 年,证监会颁布《证券期货违法违规行为举报工作暂行规定》(以下简称《证券违法违规行为举报规定》),设立了证券期货违法违规行为举报中心,同时也设立了专门的违法违规行为举报专栏(http://neris.csrc.gov.cn/jubaozhongxin/)。根据《证券违法违规行为举报规定》第 6 条和第 14 条的规定,⑤我国证券期货违法违规行为举报中心负责处理可作为内幕交易稽查案件调查线索

---

① See Lisa K. Meulbroek, *An Empirical Analysis of Illegal Insider Trading*, Journal of Finance, Vol.47:5, p.1661 – 1699(1992).
② 参见张宗新:《内幕交易行为预测:理论模型与实证分析》,载《管理世界》2008 年第 4 期。
③ 参见张宗新:《内幕交易行为预测:理论模型与实证分析》,载《管理世界》2008 年第 4 期。
④ 参见李响玲:《试论电子化交易环境下的证券市场监管——以证券交易所市场监察为视角》,载黄红元、徐明主编:《证券法苑》第 8 卷,法律出版社 2013 年版。
⑤ 第 14 条规定:"举报奖励限于举报下列违法违规行为的实名举报:(一)内幕交易或利用未公开信息交易;(二)操纵证券、期货市场;(三)信息披露违法违规;(四)欺诈发行证券。"《证券违法违规行为举报规定》(证监发〔2014〕53 号,已失效)。

的举报。细而审之,该规则仍存在不少局限:一是从奖励额度看,即便根据《证券违法违规行为举报规定》(2020 修订)①第 13 条的规定,举报的顶格奖励也不超过 60 万元,这对更看重经济驱动的举报人而言,恐怕显得激励相对有限。二是尽管该规定对保密与信息编码管理有所规范,但对打击报复举报人的情形尚无明确而具体的应对之策。事实上,在该系统运行一段时间后,证监会 2014 年的公开信息就曾显示 70% 的举报材料并不属于稽查案件的调查事项,而是信访、纪检监察和建议等事项。② 此后,证监会对该系统的信息披露相对较少,我们难以从外界窥其全貌。

除此之外,证券交易所还存在一种人工舆情监测途径。根据网络媒体报道可以发现,证券交易所的员工会通过媒体报道来发现违法违规线索。2015 年《人民日报》新闻报道在描述这一现象的时候,指出"上海证券交易所一名市场监察人员,像往常一样,一大早就开始迅速浏览各类财经信息,进行舆情监测"。③ 更有早先研究提到,证券交易所曾每天早上都安排 60 名员工集中翻看各类财经报纸,来了解上市公司是否依法进行信息披露。④ 时至今日,随着交易技术的不断发展,**内幕交易不断获得了各种技术"隐身衣"**,正如笔者第九章将要阐述的那样,诸如我国证券公司曾用于内部分账所用的恒生电子 HOMS 系统、⑤高频交易(High Frequency Trading)、⑥程序化交易等新技术的出现,使内幕交易的花样不断翻新,给证监会的技术侦测带来了巨大挑战。

---

① 《证券违法违规行为举报规定》(2020 修订)(中国证券监督管理委员会公告〔2020〕7 号)。

② 参见《证监会:举报中心收到各类举报 494 件 70% 的材料不属于稽查案件的调查事项》,载中证网,http://www.cs.com.cn/sylm/jsbd/201407/t20140718_4452378.html。

③ 许志峰:《证监会怎样"捉老鼠":从被动接举报到主动挖线索》,载《人民日报》2015 年 2 月 8 日,第 2 版。

④ 参见吴越、马洪雨:《证监会与证券交易所监管权配置实证分析》,载《社会科学》2008 年第 5 期。

⑤ 简单来说,"HOMS 是一款以投资交易为核心并兼具资产管理、风险控制等相关功能的投资管理平台,是针对私募等中小型机构定制的轻量级资产管理实现方案"。

⑥ See generally Michael Lewis, *Flash Boys: A Wall Street Revolt*, W. W. Norton & Company, Inc., 2014.

二、"源头规制"的规则与实施局限

"问渠那得清如许,为有源头活水来。"从理论与实务两个角度来看,内幕信息产生和传递的根本源头在上市公司,①内幕信息知情人是内幕交易的关键节点,因此,**控制住信息源头对阻遏内幕信息传递具有根本意义**,这正是本书所称的"源头规制",②即在现代信息传播技术迅速发展的背景之下,以内幕信息知情人违法行为阻遏为核心的系统性规制方案,其着眼于通过对内幕信息知情人行为激励结构的改变以减少内幕信息的不法传递,借此实现事半功倍的监管效果。

2011年,监管部门颁布前述《内幕信息知情人登记规定》并希望"从源头上做好内幕信息的管理",③实际上已经意识到"源头规制"的重要价值并且开始积极行动。但十余年时间已经过去,其后续效果却少被提及,证监会官方网站并未显示有知情人因未登记受到行政处罚或处分的情形,仅在个别内幕交易处罚中提及该规定。

本书认为,仅依靠《内幕信息知情人登记规定》对内幕信息流转进行跟踪登记管理,恐怕无法彻底实现"源头规制",原因有二:一方面,

---

① 参见《中国证监会行政处罚决定书》(ST 黄海赵某广)(〔2009〕17 号)。

② 本书认为,"源头规制"基于三个方面的重要基础:第一,从前述实证数据来看,"以本人名义/以他人名义买卖证券""以明示的方式向他人泄露内幕信息"是最为普遍的内幕交易违法类型,除内幕信息知情人本身利用内幕信息进行买卖外,"泄密—受密型"的内幕交易逐渐增多并自 2013 年开始即占据重要比例,多层、多级和多向传递型内幕交易也成为了证监会稽查执法最大的挑战之一,因而,从源头上规范内幕信息的传递能够达到釜底抽薪的效果,有利于阻遏绝大多数的内幕交易行为类型;第二,无论是美国 SEC,还是我国证监会,面对庞大的资本市场参与主体,监管机构的人员配置与财政资源必定有限,在内幕信息传递与现代传播技术耦合之后,其呈现出更快、更广泛、更离散的特征,不仅内幕信息知情人无从预见、控制消息的传递速度与范围,而且监管机构也难以在消息传递过程中及时发现并予以阻止;第三,证监会如何将"好钢用在刀刃上"并避免选择性执法的诟病,绝非易事,但各界存有共识的是,事先规制的效果远胜于事中与事后规制,不仅能够有效防范证券欺诈行为对市场可能造成的现实危害,而且有利于引导合规经营与规范管理的风尚,并可抑制相关衍生违法行为及犯罪的产生。因此,基于我国目前内幕交易行为类型与内幕信息传递特征,"源头规制"应当成为证券执法的重要参考。

③ 《中国证监会有关部门负责人就发布〈关于上市公司建立内幕信息知情人登记管理制度的规定〉答记者问》,载中国证券业协会,https://www.sac.net.cn/hyfw/hydt/201110/t20111027_43323.html。

2011年的《内幕信息知情人登记规定》不仅为部门规范性文件,本身效力层级较低,而且其目的在于"完善上市公司内幕信息管理制度,做好内幕信息保密工作",换言之,其侧重信息管理与内部控制,并非直接针对内幕交易的稽查执法工作。另一方面,《内幕信息知情人登记规定》存在一定操作难度,限制了其理想的规制效果。尽管2021年[①]和2022年证监会对该规则进行了两次修订,[②]废止了前述2011年《内幕信息知情人登记规定》,但目前《上市公司监管指引第5号——上市公司内幕信息知情人登记管理制度》下述两大问题仍然没有充分解决,且实施效果也有待继续观察。

其一,《上市公司监管指引第5号——上市公司内幕信息知情人登记管理制度》第6条第1款要求"在内幕信息依法公开披露前,上市公司应当按照规定填写上市公司内幕信息知情人档案,及时记录商议筹划、论证咨询、合同订立等阶段及报告、传递、编制、决议、披露等环节的内幕信息知情人名单,及其知悉内幕信息的时间、地点、依据、方式、内容等信息。内幕信息知情人应当进行确认"。但本条的实际操作却并不容易,难点在于"内幕信息"的确定时点。上市公司在经营过程中面对动态的行业市场、稍纵即逝的商业机会,经营决策不确定性强,在最终成为《证券法》所规定的重大事项之前,充满了试探、搁浅、沟通等博弈,不见得一定会成功,因此并不意味着每一次商业接洽、沟通、内部论证和考察都要编制内幕信息知情人档案以求合规。否则,上市公司经营的经济成本将不可想象,且从一般经验观察,商业机会在何种情况下能变成重大事项对上市公司而言也不具有完全的控制力,时常取决于交易对方、市场、行业乃至经济社会政策。

其二,《上市公司监管指引第5号——上市公司内幕信息知情人

---

① 《关于上市公司内幕信息知情人登记管理制度的规定》(中国证券监督管理委员会公告〔2021〕5号,已失效)。

② 2022年1月,证监会对该规定再次予以修订,删除个别规则内容,调整文字表述并统一编号。参见《上市公司监管指引第5号——上市公司内幕信息知情人登记管理制度》(中国证券监督管理委员会公告〔2022〕17号)。

登记管理制度》第8条和第9条对上市公司的股东、实际控制人及其关联方,证券公司、证券服务机构,收购人、重大资产重组交易对方以及涉及上市公司并对上市公司证券交易价格有重大影响事项的其他发起方,行政管理部门接触到上市公司内幕信息的人员的登记责任进行了规范,但诸如行政管理部门"应当按照相关行政部门的要求做好登记工作"等规定具体为何并不清楚,且上市公司在有限激励的情况下,恐怕难以对其他主体有较强的监督,现实中公务人员从事内幕交易的案例间接证实了这一点。①

第三节 发展中的内幕交易处罚理论

目前,证监会有关内幕交易的处罚涉及各种各样身份的人员,甚至包括个别泄露、炫耀内幕信息但没有引起任何交易的深圳证券交易所员工,可以说,这是一种涵盖"任何人"的处罚模式。但正如前述实证部分所阐释的那样,证监会在行政处罚决定书中对内幕交易处罚的理论基础表述,有时候是信义义务理论,有时候是平等获得理论,这进一步使得前述实证部分的主体身份特征十分复杂。即便从正式的法律制度来看,证券内幕交易法律体系中的认定和监管标准的不统一,令人感到疑惑和忧虑。从历史层面来看,我国内幕交易处罚的理论基础实际上离不开域外法律的影响,尤其是美国证券法理论的影响。因此,为更好地阐释我国证监会内幕交易处罚的理论基础,辨析信义义务路径与平等获得理论的区别和对我国的早期影响,我们需要在此对美国"缘木求鱼"式的司法证成实践先进行一定比较,这有利于更好地理解前述内幕交易处罚对象身份特征难题形成背后的原因。②

---

① 参见倪某琴、胡某和内幕交易、泄露内幕信息二审刑事裁定书,(2015)粤高法刑二终字第151号;黄金旺:《股市里捞钱的女市长》,载《检察风云》2012年第2期。
② 值得警惕的是,美国本身对内幕交易的执法理论也有争议,法院在不同时期亦采取了不同进路,这恐怕是造成我国内幕交易处罚理论举棋不定的原因之一。

一、内幕交易监管理论的比较法背景

在美国证券市场发展早期,"投机"与"证券"难舍难分,①诚如亚当·斯密所言,哪里有财富,他们就飞奔而去。彼时,各种证券产品也像牧场的牧草一样自由生长。② 在美国《1934 年证券交易法》(Securities Exchange Act of 1934)出台之前,美国政府除以刑事与刑事共谋责任对付利用邮件的欺诈外,对内幕交易无计可施。③ 法院往往要通过"多数规则"、④"少数规则"⑤和"特定事实"(special facts)规则来追究当事人责任,因为当时的法院面对的还是一个面对面交易的时代,这与今天通过计算机网络撮合的市场模式显著不同。在经典的 Strong v. Repide 案中,⑥正是因为被告处于内部人(董事及总经理)位置、内幕信息是重大的特定事实而理应进行告知,法院创设了基于这种特定事实的义务。但此后,随着证券集中和大规模交易的开始,交易双方并不知道对手方是谁且彼此各自独立决策,难谓有足够的因果关系和损害。因此,在 Goodwin v. Agassiz 等案中,⑦法院并未支持信义义务理论下的诉求,而美国《1934 年证券交易法》的立法目的之一也正是遏制日益泛滥的内幕交易。⑧

就美国内幕交易监管的历史脉络中的经典案件,美国学界已经达

---

① 参见吕成龙:《中美证券市场治理的关键变量比较与法律移植》,载郭锋主编:《证券法律评论》2015 年卷,中国法制出版社 2015 年版。
② 参见吕成龙:《我国〈证券法〉需要什么样的证券定义》,载《政治与法律》2017 年第 2 期。
③ See Louis Loss, Joel Seligman & Troy Paredes, *Securities Regulation VII*, 4th ed., Wolters Kluwer, 2012, p. 406.
④ See Hooker v. Midland Steel Co., 215 Ill. 444 (1905).
⑤ See Westwood v. Continental Can Co., 80 F. 2d. 494 (5th Cir. 1935).
⑥ See Strong v. Repide, 213 U. S. 419 (1909).
⑦ See Goodwin v. Agassiz, 283 Mass. 358, 186 N. E. 659 (1933).
⑧ See Report of the Committee on Banking and Currency, Stock Exchange Practices, S. Rep. No. 1455, 73d Cong., 2d Sess. 55 (1934).

成共识,国内学界的阐述也相对充分。① 简言之,美国内幕交易的监管实践起始于 In re Cady, Roberts & Co. 案,②SEC 认为其内幕交易的行为可能违反了规则 10b-5,③并借此确立了"披露或戒绝交易"原则。1970 年,在著名的 SEC v. Texas Gulf Sulphur Co. 案中,第二巡回法院再次重申了 Cady 案的原则,提出了"平等获得理论",即"任何拥有重大内幕信息的人都需要进行公开披露该信息,或者是戒绝交易(在无法披露或不愿意披露的情况下)"。法院认为"内幕信息知情人,比如公司董事或管理人员,根据规则当然应该被禁止参加如此不公平的交易,同时,该规则也适用于持有内幕信息的任何人,哪怕他们并不严格地被认为是 16(b)项下的内幕信息知情人"。④ 可以看到,"平等获得理论"将利用内幕信息的"任何人"都涵括其中,担负"披露或戒绝交易"的责任,促进了美国议会对投资者平等对待的目的实现,这与我国证监会此前《内幕交易认定指引》采取的是相似的理论基础。

在 1980 年以后的美国司法实务见解中,平等获得理论势力减弱,信义义务理论成为了内幕交易监管的基石,强调内幕交易规制的基础

---

① 这些研究包括:Stephen Choi & A. C. Pritchard, *Securities Regulation: Cases and Analysis*, 3rd ed., Foundation Press, 2012, p. 336 – 390; James D. Cox, Robert W. Hillman & Donald C. Langevoort, *Securities Regulation: Cases and Materials*, Wolters Kluwer, 2009, p. 879 – 931; William Wang & Marc Steinberg, *Insider Trading*, 3rd ed., Oxford University Press, 2010。我国国内学者在讨论内幕交易时也对美国的经典案例进行了诸多引介,参见赖英照:《股市游戏规则》(第 3 版),2014 年自版发行,第 445～490 页;耿利航:《证券内幕交易民事责任功能质疑》,载《法学研究》2010 年第 6 期;曾洋:《证券内幕交易主体识别的理论基础及逻辑展开》,载《中国法学》2014 年第 2 期;陈舜:《内幕交易理论的普通法基础》,载《证券市场导报》2005 年第 1 期;高西庆、夏丹:《证监会在解释和发展证券法中的作用》,载《证券市场导报》2006 年第 4 期;刘连煜:《内幕(线)交易之行为主体的理论与实务》,载徐明等主编:《证券法苑》第 6 卷,法律出版社 2012 年版。

② See In re Cady, Roberts & Co., 40 S. E. C. 907 (1961).

③ "任何直接或者间接地利用任何州际商业手段或者工具、利用邮递或者通过全国性证券交易所的任何设施,从事下列行为的人,都属违法:(1)使用任何手段、计谋或者策略进行欺诈;(2)对重大性事实进行任何不实陈述,或者在说明中遗漏了说明时的具体情况,或者遗漏了为使有关说明不至于引起误导而必须说明的任何重大事实;或者(3)在任何证券的买、卖方面,参与对任何人造成或者可能造成欺诈、欺骗的任何行为、做法或业务过程。"Rule 10b-5, 17 C. F. R. 240. 10b-5.

④ SEC v. Texas Gulf Sulphur Co., 401 F. 2d 833 (2d Cir. 1968).

在于公司内部人对股东所负有的信义义务。在 Chiarella v. United States 案①中,作为印刷工人的 Chiarella 通过自己的猜测推断出内幕信息并随之进行交易,法院认为 Chiarella 和公司之间并不存在任何信义义务,且他获知该内幕信息的途径也不是直接来自并购双方公司,不需要承担信义义务,进而不构成内幕交易罪。本案中,鲍威尔法官的意见完整地阐述了信义义务基础上的内幕交易监管理论,他论证道:"在普通法中,为了引诱别人信以为真而虚假陈述,属欺诈行为。某人在交易完成前,没有披露重大信息,是否构成欺诈,决定于他是否有披露的义务。这种披露义务是否存在,在于交易对手方是否有权知道己方所掌握的信息。对手方是否有权知道,决定于双方之间是否存在信托或类似的其他信任和信赖关系。"②在此,我们可以清晰地看到,内幕交易与普通法是如何通过信义义务实现了法律论证上的联结。特别在之后的 Dirks v. SEC 案③中,法院再次重申了信义义务标准,强调内幕信息接收人的责任来源于泄露内幕信息人的责任(Tipper-Tippee),只有在内幕信息泄密人或提供人本身就违反其所负的信义义务的情况时,且在一定条件下,才能引致内幕交易责任。④ 此后,2014 年,美国第二巡回法院在 United States v. Newman 案审理中,⑤法院依旧紧紧把控着信义义务和泄露人个人利益的要件(a potential gain of a pecuniary or similarly valuable nature),美国司法部因此落败。但是,在 2016 年年底的 Salman v. U. S. 案中,美国联邦最高法院在"个人利益"这个争议点上又否定了 Newman 案的观点,可谓起起伏伏。⑥

美国信义义务这个理论的漏洞很明显,对于收购方的董事来说,其

---

① See Chiarella v. United States, 445 U. S. 222 (1980).
② 陈舜:《内幕交易理论的普通法基础》,载《证券市场导报》2005 年第 1 期。
③ See Dirks v. SEC,463 U. S. 646 (1983).
④ 当然,这种信息传递路径下的内幕交易责任认定还有许多其他要件,譬如,只有在接受人明知或可以知晓泄露人违反信义义务,且信息泄露人因此获得个人利益的,最终才能使该内幕信息的接收人获得承担内幕交易责任的法律基础。
⑤ See United States v. Newman,773 F. 3d 438 (2d Cir. 2014).
⑥ See Salman v. U. S. ,137 S. Ct. 420 (2016).

对于目标公司及其股东并没有任何信义义务可言,倘若按照信义义务理论,是无法追究他们的责任的。因而,对于要约收购中的内幕交易监管难题,[1]SEC 在 20 世纪 80 年代通过了规则 14e – 3。[2] 与此同时,美国出现了"私取理论"(Misappropriation Theory),经过 Carpenter v. U. S. 等案的演变,最终在 United States v. O'Hagan 案中确立,[3]其联邦最高法院认为,买卖证券的时候,欺诈行为的对象不仅仅局限于交易对手,获取内幕信息的公司外部人对于其获得信息的来源(source of information)同样具有信义义务,如果其利用该消息谋取私利,也会违反 SEC 规则 10b – 5。然而,这种牵强模糊的解释和态度给美国学界和实务界带来了诸多困扰。自 O'Hagan 案之后,美国很多学者不断呼吁通过立法来进一步明确内幕交易的法律要件。[4] 此后,2000 年,SEC 为了阐明家族或个人关系下私取理论的适用问题而通过了规则 10b5 – 2,规定了三种非穷尽性的情形作为信赖义务违反的依据,学界对此规定也是褒贬不一。2006 年的 SEC v. Rocklage 案集中反映了内幕信息在家庭内传递的情形和争议,[5]而 2010 年的 SEC v. Cuban 案则反映了个人关系下"同意"是否构成信义义务传递的问题,[6]总而言之,这些规则都使内幕交易的认定和论证更加繁复。

今日,面对现在日益突出的新问题和由计算机、网络与通信技术迅速发展带来的信息传播的新挑战,美国的证券市场也走向了信息化的

---

[1] 参见高西庆、夏丹:《证监会在解释和发展证券法中的作用》,载《证券市场导报》2006 年第 4 期。

[2] "如果要约收购开始、或者已经采取实质性收购步骤之后,任何拥有相关重大内幕信息的人,如果知道或者有理由知道该信息尚未公开,并且该信息直接或者间接地来源于收购公司、目标公司或上述公司的高级管理人员、合伙人、员工或者其他代表上述公司利益而工作的人员,但仍从事目标证券、可转换或交易为目标证券的其他证券、有关前述证券的期权的交易,或者引发其他人进行交易,皆构成第 14 部分(e)下的各种欺诈行为。"Rule 14 (3) – 3 (a),17 C. F. R. 240. 14e – 3(a)。

[3] See United States v. O'Hagan,521 U. S. 642 (1997)。

[4] See Richard W. Painter et al. ,*Don't Ask*,*Just Tell*:*Insider Trading after United States v. O'Hagan*,Virginia Law Review,Vol. 84:2,p. 153 – 228 (1998)。

[5] See SEC v. Rocklage,470 F. 3d. 1 (1st Cir. 2006)。

[6] See SEC v. Cuban,620 F. 3d. 551 (5th Cir. 2010)。

新阶段,美国证券法下内幕交易查处对象的传统范围和理论日益捉襟见肘,原有基于路径依赖的信义义务理论给美国证券法治带来了很大的困扰。[1] 例如,利用黑客或者盗窃所得的内幕信息是否算得上内幕交易这个问题,在美国就面临艰巨的法律论证挑战,[2]因为传统的信义义务、私取理论都无法充分涵射、解释这些新现象(因为这里不含"欺骗"这个要素),2009 年,在 SEC v. Dorozhko 案中,法官最后意见仍对在此能否适用规则 10b-5 存疑,只能建议对黑客行为下的内幕交易是否含有欺骗要素再作考虑。[3] 又如,传统的信义义务理论也无法涵盖债券内幕交易的情形。[4] 可见,对于到底谁应该是内幕交易的查处对象这个问题,即便在成熟的美国证券法治体系下,也已经困扰了六十多年,并相继产生了平等获得理论、信义义务理论、信息传递理论和私取理论等,使得内幕交易的处罚理论在路径依赖的作用下非常之繁复。[5] 时至今日,各种有关理论、法律规定和司法实践的争议批评仍旧不断,美国内幕交易的监管依旧在探索中前行。

因此,正如郭丹青(Donald Clarke)教授所提到的那样,如果美国内幕交易法制还拘泥于对欺诈问题的回答,无异于"缘木求鱼",其应该更加关注如何界分不法与合法信息优势、内幕信息和内部人等概念本身。[6] 正是由于"欺诈"与"信义义务"等普通法概念和原则,美国内幕

---

[1] 参见刘连煜:《内幕(线)交易之行为主体的理论与实务》,载徐明等主编:《证券法苑》第 6 卷,法律出版社 2012 年版。

[2] See John Coffee, Jr., *Introduction*: *Mapping the Future of Insider Trading Law*: *of Boundaries*, *Gaps*, *and Strategies*, Columbia Business Law Review, Vol. 2013:2, p. 281-317 (2013).

[3] See SEC v. Dorozhko, 574 F. 3d. 42 (2d Cir. 2009).

[4] 参见陈舜:《内幕交易理论的普通法基础》,载《证券市场导报》2005 年第 1 期。

[5] See David D. Haddock & Jonathan R. Macey, *Regulation on Demand*: *A Private Interest Model*, *with an Application to Insider Trading Regulation*, The Journal of Law & Economics, Vol. 30:2, p. 311-352 (1987).

[6] 这里可以参见郭丹青教授在武汉大学的演讲——《美国内幕交易制度的最新进展:为何中国不该亦步亦趋》,他同时提到"美国内幕交易制度在实践运行中面临着认定和证明上的多重困难"。参见阎维博:《郭丹青教授讲解美国内幕交易制度》,载武汉大学法学院 2015 年 5 月 27 日,http://law.whu.edu.cn/info/1052/3229.htm。

交易的监管从一开始就沿着普通法的概念来"旧瓶装新酒",不断巩固着司法判例和原则的路径依赖,进退维谷。由此,造成了不同州、不同层级法院之间迥然相异的司法审判,也造成了证券法规则、SEC 规定与法院实践之间的反复变动,美国的内幕交易监管规则正是在这样的龃龉和博弈中缓缓前行。①

二、内幕交易处罚理论的选择

"信义义务"的英文是"fiduciary duty",在表述董事和经理人员及控股股东等权利和责任方面,信义义务是美国公司法中的一个核心概念,②贯穿在大量的判例中,具体是指受益人对受信人施加信任和信赖,使其怀有最大真诚、正直、公正和忠诚的态度,为了前者最大利益行事,③强调"代表"、"裁量"和"重要资源(财产)"三个要素。④ 因此,在美国自身的内幕交易语境下,这些对受益人负有特定义务的人,因为违反信义义务导致了责任。假设以信义义务为基础,我国的内幕交易监管范围只能限制在传统内部人之中,即便发生美国式的牵强扩展,也只能扩展到内幕交易当事人对信息来源的信义义务,无法涵盖"任何人",这就与监管方在大量的案例中的处罚行为并不一致。

笔者认为,监管方之所以会出现对处罚基础理论举棋不定的现象,有其自身考量,即《证券法》(2005 修订)的法律授权使其不足以高质量地完成证券市场监管的目标,本书将在第六章对此详述。简言之,正是由于早先《证券法》(2005 修订)第 73 条和第 74 条范围的局限,监管

---

① 参见刘连煜:《内幕(线)交易之行为主体的理论与实务》,载徐明等主编:《证券法苑》第 6 卷,法律出版社 2012 年版。

② See Katharina Pistor & Chenggang Xu, *Fiduciary Duty in Transitional Civil Law Jurisdictions Lessons from the Incomplete Law Theory*, in Curtis Milhaupt ed., Global Markets, Domestic Institutions: Corporate Law and Governance in a New Era of Cross-Border Deals, Columbia University Press,2003.

③ 参见范世乾:《信义义务的概念》,载《湖北大学学报(哲学社会科学版)》2012 年第 1 期。

④ See D. Gordon Smith, *The Critical Resource Theory of Fiduciary Duty*, Vanderbilt Law Review,Vol. 55:5,p. 1399 – 1498 (2002).

方无法更为全面、有效地打击内幕交易,故而只能选择利用第 74 条的兜底条款。譬如,在 2014 年的行政处罚决定书(陆某良、金某)所涉案中,信息是如何传递的呢？该行政处罚决定书显示"陆某良与陈某荣办公位置实拍照片显示,两人办公室座位相距不到 1 米,从陆某良的位置能很方便看到陈某荣电脑屏幕;两人共用一台固定电话,电话机放在两人中间。从位置的距离判断,陆某良能听到陈某荣打电话。陆某良称平时陈某荣在办公室打电话他能听得到,陈某荣电脑屏幕打开的文件他想看也能看到"。①据此,证监会顺藤摸瓜发现与陆某良关系密切的金某存在异常交易。但是,假设从信义义务的角度看,此处似乎就略显牵强了。

根据密歇根大学郝山(Nicholas Howson)教授的研究,只有被狭窄定义的"内幕信息的知情人"或者"非法获取内幕信息的人",才有可能被认定为对内幕交易行为承担法律责任,但《内幕交易认定指引》构建了一个被称作"内幕人"的新概念,这个新概念不仅涵盖了《证券法》(2005 修订)第 74 条所规定的"知情人",而且反过来把第 74 条规定的人员范围,变成了其自身的一个子集,借此增添了很多新的情形。这样一来,在此规定下,任何人只要持有被认定为"内幕信息"的信息,并且在一个"价格敏感期"买卖相关证券,或者建议他人买卖相关证券,或者泄露该信息,就必须承担内幕交易的责任,这与平等获得理论无异。换句话说,此前《内幕交易认定指引》改变了证券法原来的理论框架和规范范畴,是对《证券法》(2005 修订)的大规模重建。

第四节　行政处罚裁量的内控与监督机制

一、多层级的内部行政控制程序

证监会行政处罚内部控制环节较多,且内部责任的分担相对谨慎,

---

① 《中国证监会行政处罚决定书》(陆某良、金某)(〔2014〕39 号)。

在一定程度上制约行政处罚的"弹性",可能使裁量空间被有限利用。根据目前公开可得的各类规定和证监会制定的工作规则,证监会的行政处罚大致包括下述流程:(1)在稽查部门或委托上海证券交易所、深圳证券交易所完成调查工作之后,行政处罚委员会办公室首先按照《案件接收办法》进行接收审查;(2)行政处罚委员会的审理中,一般情况下,主任委员指定1名主审委员和2名合议委员,①重大、疑难及复杂案件由行政处罚委员会集体研究、讨论;(3)主审委员在审理过程中,应与调查部门沟通以至于可要求补充调查(报主任委员同意),其在案件审理完毕后提出初步审理报告,提交合议委员合议并完成案件审理报告,若未能形成多数意见,则由主任委员决定案件审理报告最终审理意见;(4)案件审理报告经主任委员审查后,再报分管领导审定,在此过程中,若出现处理意见改变调查部门处理意见的情况,须在签报中予以说明;(5)向当事人发送行政处罚事先告知书,若无异议,则主审委员拟定行政处罚决定书(稿),经主任委员审核并报会分管领导签发;(6)如果有听证环节,则在听证之后由主审委员根据合议意见制作复核意见并拟定行政处罚决定书(稿),再经主任委员审核后报会分管领导签发。②

---

① 先前还有报道显示,为提高行政处罚的效率,行政处罚委员会由原来的"三人主审合议制"和"全体委员审理会"制度,改成了"五人主审合议制"下的一次审理。参见王小伟:《证监会酝酿进一步创新行政执法机制》,载中证网,http://www.cs.com.cn/xwzx/xwtt/201508/t20150824_4783836.html。证监会2021年发布的《行政处罚委员会组织规则》(中国证券监督管理委员会公告〔2021〕6号)无明显变化,仅增加了独任审理及兼职委员等个别事项。

② 此处的案件审理报告规定由行政处罚委员会完成,这与目前尚属有效的《中国证券监督管理委员会关于进一步完善中国证券监督管理委员会行政处罚体制的通知》并不完全一致,笔者按照出台时间在后的《关于发布〈中国证券监督管理委员会行政处罚委员会工作规则〉的通知》处理,这反映出行政处罚中相对模糊复杂的内控环节。目前,证监会发布的《证券期货违法行为行政处罚办法》中未见显著变化,其中,第28条的概括规定为:"中国证监会设立行政处罚委员会,对按照规定向其移交的案件提出审理意见、依法进行法制审核,报单位负责人批准后作出处理决定……"参见《中国证券监督管理委员会行政处罚委员会工作规则》(证监法律字〔2007〕7号);《证券期货违法行为行政处罚办法》(中国证券监督管理委员会令第186号);《关于发布〈中国证券监督管理委员会行政处罚委员会工作规则〉的通知》。

可以看到,证监会内幕交易处罚的作出过程十分谨慎,至少涉及调查部门、主审委员、主任委员、分管领导等多个层级。但是,在多层级控制之下,内幕交易处罚程序在促进质量控制的同时,是否会在一定程度上影响审理机构及人员的裁量偏好和行为模式? 这里存有两种主要可能:其一,从行为法律经济学的角度来看,或基于对极端的厌恶,[1]作出三倍、一倍或 3 万 ~ 6 万元的罚款都能使自身与相对方更容易接受,特别是近年来证监会对三倍罚款利用率呈现出提高的趋势,或是这种折中效应的自然体现;其二,对较高数额的罚款有一定内部要求、程序或习惯,一倍罚款等可能更易作出而不需要有内部的争论、说明或复杂的审核要求,使得具体审理人员更加倾向于此。当然,对此还可能存在其他解释:由于客观案情原因,证监会认为应审慎利用高额罚款权限,以此为未来可能出现的、更为严重的案件留足裁量空间,以实现行政处罚的区别对待;再或者,从行政处罚的角度而言,四倍、五倍之倍率的罚款意义相对有限,因为对于情形严重的内幕交易案件,本应以刑事责任的方式进行处理,所以证监会没有利用其所有的高倍率的处罚权限。目前,结合统计期间内行政处罚决定书及公开资料来看,证监会未对行政处罚裁量原因进行详细阐述,但从理论上而言,行政机关内部控制程序的复杂程度会不断巩固行政行为路径的保守性。

二、尚不外显的行政处罚委员会机制

行政处罚委员会究竟在多大程度上发挥了其独立及专业功能,值得我们关注。如前所述,2002 年,我国证监会开始尝试行政处罚委员会制度,但彼时的行政处罚委员会主要是一个虚设机构,其日常工作由法律部审理,执行处承办。[2] 此后,2008 年,《中国证券监督管理委员会

---

[1] See Itamar Simonson & Amos Tversky, *Choice in Context*: *Tradeoff Contrast and Extremeness Aversion*, Journal of Marketing Research, Vol. 29:3, p. 281 – 295 (1992).

[2] 参见王婷:《中国证券稽查执法制度变迁与实证研究》,武汉大学 2009 年博士学位论文,第 39 页。

行政处罚委员会组成办法》[1]正式颁布,但其对处罚委员会委员的聘任要求仍然比较概括,2021年修订的《行政处罚委员会组织规则》[2]亦是如此,不仅外部专家参与的具体情形仍不得而知,且对于达到何种具体资质、经过何种任命程序才能够成为行政处罚委员会的委员也不明确。即便不考虑委员的聘任程序,现有行政处罚委员会委员的官方名单至今也未公开,[3]实际上不利于督促行政处罚委员更为审慎地行使权力,因为从理论上来说,行政处罚委员会构成的内在稳定性会影响处罚裁量标准的统一性。

就目前而言,尽管证监会行政处罚委员会有专职委员及辅助工作人员,但其具体组织运作机制尚不外显。较早之前的观察发现,"大多数的审理工作仍然是由从各派出机构暂时借调而来的工作人员负责"。[4] 若证监会目前的安排仍然如此,可能会直接影响主审及合议委员处罚逻辑、裁量风格的连贯性。换言之,若没有稳定的人员构成和长期实践经验的积累,背景不同而又随机组合的处罚委员,不利于作出裁量标准内在统一、公平、公正的内幕交易处罚决定。另外,若证监会目前安排已有改变且形成了相对稳定的审理组合,如果证监会仍未形成相对标准化的裁量要点、逻辑和裁量规范指引,在此种情况下,无论对个别审理组合来说,还是对行政处罚委员会整体而言,都极有可能受到特定个人风格与偏好的影响。除此之外,其还有可能受到位于稽查前端的调查部门处理意见的影响,因趋同效应而可能导致处罚裁量逻辑更为单一和保守,这同样值得我们警惕。

三、有待观察的处罚听证程序矫正功能

内幕交易处罚听证程序中各方意见交换的程度仍然有待继续观

---

[1] 中国证券监督管理委员会公告〔2008〕6号,已被修改。
[2] 中国证券监督管理委员会公告〔2021〕6号。
[3] 在新闻报道、学术著作和论文作者信息中,可以知晓一些处罚委员会委员的名字,但此类信息不公开并没有要紧的理由。比较而言,证监会发行审核委员会委员名单及具体工作会议参会委员的名单都会公开,并且已产生了良好的社会效果。
[4] 柯湘:《中国证监会行政处罚机制研究》,载《商业研究》2011年第8期。

察。假如意见交换难以发挥矫正功能,不仅在一定程度上影响处罚裁量标准的相对统一,而且会放大前述裁量空间有限利用之现象。从理论上而言,行政听证的核心是行政机关与相对人以及其他利益主体之间,基于信息互换、整合的基础而进行的一个理性沟通的过程,①同时,单一法律规范的实施效率与功能效果受制于该法律体系结构的整体效应。② 因而,听证阶段的实施效果在相当程度上会影响、塑造审理部门的初步处罚行为偏好,长此以往将促进形成行政惯例而对内产生示范效果。③

根据现行规定,证监会及其派出机构作出行政处罚决定前,会告知当事人其有进行陈述和申辩的权利。④ 对于符合听证条件的,当事人可以依《行政处罚听证规则》的规定,要求证监会组织处罚听证程序。⑤ 听证中,"当事人及其代理人和案件调查人员双方进行辩论,经听证主持人允许,双方可以相互发问",但若在主持人同意的情况下发问而缺乏更为具体的操作规范,或者实际辩论效果相对有限的话,则可能使意见交换的程度有所折扣。2020 年,在(2019)京 01 行初 1120 号周某奋与证监会内幕交易处罚行政诉讼中,证监会向其作出行政处罚事先告知书及听取陈述申辩意见之后,对涉案违法所得金额重新进行了核算并变更,然而,鉴于违法所得是否达到 3 万元对处罚结果有显著影响,证监会因未给予周某奋再次进行陈述和申辩的机会,导致该行政处罚决定被司法机关撤销,不难看出,目前我国证券监管听证程序的规范细致程度仍然有待提高。

因此,对审理部门拟进行的行政处罚而言,听证程序能够在多大程

---

① 参见石肖雪:《作为沟通过程的行政听证》,载《法学家》2018 年第 5 期。
② 参见陈甦、陈洁:《证券法的功效分析与重构思路》,载《环球法律评论》2012 年第 5 期。
③ 参见郑春燕:《现代行政中的裁量及其规制》,法律出版社 2015 年版,第 123~124 页。
④ 参见《关于发布〈中国证券监督管理委员会行政处罚委员会工作规则〉的通知》(证监法律字[2007]7 号)。
⑤ 第 5 条规定,对个人没收业务收入、没收违法所得、罚款,单独或者合计 5 万元以上;对单位没收业务收入、没收违法所得、罚款,单独或者合计 30 万元以上,方可组织听证。

度上实现质量控制、促进意见交换及改变预先处罚的结果,会直接影响初步处罚的"弹性"和对当事人权利的保护程度。若听证程序中逐渐呈现特定偏好和模式,自然会对其案件审理报告中行政处罚意见作出产生示范作用,在长期交互作用下,内幕交易处罚意见的结论自然亦步亦趋。

四、亟须重视的司法审查与处罚执行

内幕交易的行政处罚应该有充分的监督机制和途径,包括行政复议和行政诉讼。同时,对于没有异议的行政处罚,其处罚执行与监督同样值得关注。但是,我国内幕交易处罚目前的事后措施与监督机制仍然面临个别问题,这容易消解行政处罚的意义,具言之:

第一,我国内幕交易处罚的行政复议效果不够明显,规范性文件的附带审查尚无案例。自证监会开始行政复议工作以来,从公开的资料文件来看,内幕交易行政复议成功的案件相对有限。如上文所述,由于证监会在行政处罚的时候,往往最终会想办法靠拢到《证券法》的规定上,并不会体现在如此前《内幕交易认定指引》等具体的规范性文件或指引上,这也就压缩了规范性文件附带审查的空间。更为重要的一点是,证监会的行政复议机关也是其本身。

第二,从内幕交易的行政诉讼情况来看,笔者能够找到的诉讼案例同样很少,笔者因此好奇:为什么内幕交易处罚的被处罚人不提起行政诉讼?是因为他们觉得自己"罪有应得"?处罚的合法、合理,让他们毫无怨言?被处罚者觉得这些处罚无所谓(前述实证显示,内幕交易处罚中除了没收违法所得,一倍处罚最多,少见顶格罚的情况)?还是另有其他原因?这些皆有待持续观察。笔者在"中国裁判文书网"以"内幕交易"为关键词对 2021 年 12 月 31 日之前的内幕交易行政诉讼进行了统计(如表 3.1 所示),[①]有两个方面的基本发现:

一方面,内幕交易处罚行政复议的功能并不明显,不少案件并未经

---

① 为全面展示内幕交易处罚所引起的各类行政诉讼,此处将由内幕交易引致市场禁入的相关诉讼也一并罗列。

过行政复议程序而直接进入了诉讼程序,原因在于根据我国《行政诉讼法》第 44 条规定:"对属于人民法院受案范围的行政案件,公民、法人或者其他组织可以先向行政机关申请复议,对复议决定不服的,再向人民法院提起诉讼;也可以直接向人民法院提起诉讼……"另一方面,现有司法实践中**只有少数案件被法院依法纠正**,其余大部分案件都是驳回上诉、维持原判。① 从法院论理的情况观察,除明显而严重的行政程序违法之外,在实体争议的裁判中,法院更多地尊重了证监会的行政处罚决定。但进一步而言,如果连内幕交易处罚成立与否都难以推翻的话,鉴于行政处罚的裁量范围本属于自由裁量权限,那就更加难以讨论了。

表 3.1　司法审查下的内幕交易行政处罚

案件名称	当事人	复议与否	处罚结果
杨某波与中国证券监督管理委员会其他二审行政判决书,(2015)高行终字第 942 号	杨某波	直接起诉	驳回上诉,维持一审判决
杨某波与中国证券监督管理委员会其他二审行政判决书,(2015)高行终字第 943 号	杨某波	直接起诉	驳回上诉,维持一审判决
张某武等与中国证券监督管理委员会其他一审行政判决书,(2015)京一中行初字第 236 号	张某武 李某苗	直接起诉	确认证监会 2014 年第 59 号行政处罚第 1 项无效
张某武等与中国证券监督管理委员会其他一审行政判决书,(2016)京 01 行初 521 号	张某武 李某苗	直接起诉	驳回原告全部诉讼请求
颜某明与中国证券监督管理委员会二审行政判决书,(2017)京行终 4554 号	颜某明	行政复议	驳回上诉,维持一审判决
马某峰与证监会二审行政判决书,(2017)京行终 4023 号	马某峰	行政复议	驳回上诉,维持一审判决
马某峰与证监会二审行政判决书,(2017)京行终 4109 号	马某峰	行政复议	驳回上诉,维持一审判决

---

① 为阐释内幕交易行政诉讼全貌,暂将与内幕交易案相关的市场禁入决定引发的行政诉讼也加以展现。

续表

案件名称	当事人	复议与否	处罚结果
张某光与中国证券监督管理委员会二审行政判决书,(2017)京行终2185号	张某光	行政复议	确认行政处罚决定、行政复议违法
周某和与中华人民共和国证券监督委员会二审行政判决书,(2017)京行终2804号	周某和	直接起诉	驳回上诉,维持一审判决
申某永与中国证券监督管理委员会二审行政判决书,(2017)京行终2366号	申某永	行政复议	驳回上诉,维持一审判决
苏某鸿与中国证券监督管理委员会金融行政处罚、行政复议纠纷二审行政判决书,(2018)京行终445号	苏某鸿	行政复议	撤销行政处罚决定、行政复议
苏某朝与中国证券监督管理委员会二审行政判决书,(2018)京行终4658号	苏某朝	直接起诉	驳回上诉,维持一审判决
黄某颢与中国证券监督管理委员会二审行政判决书,(2016)京行终5714号	黄某颢	直接起诉	驳回上诉,维持一审判决
李某与中国证券监督管理委员会等二审行政判决书,(2018)京02行终1266号	李某	行政复议	驳回上诉,维持一审判决
蔡某民与中国证券监督管理委员会一审行政判决书,(2017)京01行初737号	蔡某民	行政复议	驳回原告请求
潘某根与中国证券监督管理委员会二审行政判决书,(2019)京行终7590号	潘某根	行政复议	驳回上诉,维持一审判决
潘某与中国证券监督管理委员会二审行政判决书,(2019)京行终6382号	潘某	行政复议	驳回上诉,维持一审判决
苏某华与证监会二审行政判决书,(2020)京行终5283号	苏某华	行政复议	驳回上诉,维持一审判决

续表

案件名称	当事人	复议与否	处罚结果
万某与中国证券监督管理委员会二审行政判决书,(2018)京行终6667号	万某	行政复议	驳回上诉,维持一审判决
余某林与中国证券监督管理委员会二审行政判决书,(2019)京行终10183号	余某林	直接起诉	驳回上诉,维持一审判决
王某友与中国证券监督管理委员会二审行政判决书,(2019)京行终5212号	王某友	直接起诉	驳回上诉,维持一审判决
龙某文与中国证券监督管理委员会其他二审行政判决书,(2020)京行终198号	龙某文	直接起诉	驳回上诉,维持一审判决
郭某二审行政判决书,(2020)京行终1402号	郭某	直接起诉	驳回上诉,维持一审判决
张某二审行政判决书,(2020)京行终667号	张某	撤回复议后起诉	驳回上诉,维持一审判决
蔡某强等与中国证券监督管理委员会其他二审行政判决书,(2020)京行终666号	蔡某强	行政复议	驳回上诉,维持一审判决
韩某林与中国证券监督管理委员会二审行政判决书,(2019)京行终9250号	韩某林	行政复议	驳回上诉,维持一审判决
韩某林与中国证券监督管理委员会二审行政判决书,(2019)京行终9255号	韩某林	行政复议	驳回上诉,维持一审判决
俞某与中国证券监督管理委员会等二审行政判决书,(2020)京02行终519号	俞某	行政复议	驳回上诉,维持一审判决
吴某晖与中国证券监督管理委员会等二审行政判决书,(2019)京02行终1923号	吴某晖	行政复议	驳回上诉,维持一审判决

续表

案件名称	当事人	复议与否	处罚结果
周某奋与证监会其他一审行政判决书,(2019)京01行初1120号	周某奋	直接起诉	撤销行政处罚决定
林某与中国证券监督管理委员会等二审行政判决书,(2019)京02行终858号	林某	行政复议	驳回上诉,维持一审判决
方某良与中国证券监督管理委员会其他二审行政判决书,(2021)京行终1885号	方某良	行政复议	驳回上诉,维持一审判决
郑某銮等与中国证券监督管理委员会其他二审行政判决书,(2021)京行终265号	倪某腾 郑某銮	行政复议	驳回上诉,维持一审判决
李某铭与中国证券监督管理委员会二审行政判决书,(2020)京行终7895号	李某铭	行政复议	驳回上诉,维持一审判决
张某国与中国证券监督管理委员会二审行政判决书,(2020)京行终7902号	张某国	直接起诉	驳回上诉,维持一审判决
余某与中国证券监督管理委员会处罚类二审行政判决书,(2020)京行终7910号	余某	直接起诉	驳回上诉,维持一审判决
卞某元与中国证券监督管理委员会二审行政判决书,(2020)京行终7577号	卞某元	直接起诉	驳回上诉,维持一审判决
刘某均与中国证券监督管理委员会二审行政判决书,(2019)京行终7614号	刘某均	行政复议	驳回上诉,维持一审判决
阳某初与中国证券监督管理委员会二审行政判决书,(2020)京行终6806号	阳某初	直接起诉	驳回上诉,维持一审判决

第三,在对证监会行政处罚没有异议的情况下,由谁来执行及监督同样是一个严峻的问题。《中国证券监督管理委员会关于加强中国证

券监督管理委员会行政处罚执行监督工作的通知》①规定,"证监会法律部是证监会行政处罚执行监督部门,负责证监会全系统行政处罚执行监督工作的协调和指导工作,具体事务由法律部审理执行处办理"。因此,如果被处罚对象逾期不履行行政处罚决定,证监会行政处罚执行监督部门就得申请人民法院强制执行。但是,这里的执行能不能落实下去仍然存在问题。在强制执行环节,由于证监会行政处罚客体有时不涉及不动产,在早先实践中,北京市西城区人民法院就成为行政处罚强制执行的唯一机构,而被执行对象则分布在全国各地,北京市西城区人民法院得委托各地基层法院执行。目前,根据《最高人民法院关于北京金融法院案件管辖的规定》(法释〔2021〕7号)第10条,北京金融法院成为证监会非诉行政执行案件的管辖法院。如若被执行人是当地纳税大户或有一定"实力",恐怕个别情况下受到非司法因素影响,最终到底多少处罚真正得到了执行,也不得而知。② 如果此种情况较为普遍,则实际上会削减行政处罚的威慑力。③

第五节　上市公司治理与规范运作难题

公司治理和信息披露被认为是证券监管的两个最重要的着力点,④内幕交易的监管与上市公司的治理监管密切相关,是证监会日常

---

① 证监法律字〔2002〕4号。

② 参见蔡奕等:《证券市场监管执法的前沿问题研究——来自一线监管者的思考》,厦门大学出版社2015年版,第175~181页。

③ 行政处罚的执行过程中还涉及一个重要问题,即内幕交易罚款和没收的违法所得的去向问题,尽管这不涉及行政执法的威慑力,但仍然值得关注。按照目前的制度安排,证监会先得将内幕交易罚款和没收的违法所得上交给国库,作为财政收入的一部分,证监会不能"坐收坐支",其财政资金需要通过财政预算制度来申请拨款,也就是我们所说的"收支两条线"。但是,这样的制度恐怕不尽合理,实际上仅从资金数额的角度来说,证券市场本身是零和博弈,特别是没收的违法所得往往来自内幕交易者从交易对手方那里获得的利润,是交易相对方的损失。参见邢会强:《内幕交易罚没收入与投资者公平基金》,载《中国金融》2011年第3期。

④ 参见张子学:《美国证监会监管失败的教训与启示》,载徐明等主编:《证券法苑》第1卷,法律出版社2009年版。

监管的重要组成部分,证监会能够在多大程度上控制上市公司治理中的问题,特别是控股股东的利益输送问题,对于内幕交易监管而言非常重要。

公司治理结构直接影响了公司中内幕交易监督力度的强弱,羸弱的公司内部治理给内幕交易提供了滋生的土壤。唐齐鸣和张云对1996年1月至2007年12月的88家样本企业进行了分析,其中,44家企业在研究期间有内幕交易行为,而另外44家为同一时间段内与上述44家企业处于同一行业并且发生了同类的重大事件,但却没有被证监会行政处罚的上市企业,基于此,他们使用事件研究法分析了内幕交易与公司治理的关系,发现公司治理越好的公司越不容易发生内幕交易。[1] 凌玲和方军雄选取了2006年至2010年被证监会处罚的上市公司的案例,他们同样设计了对照组的数据,发现上市公司的董事会规模越大,则发生内幕交易的概率就越大,董事会规模的扩大恐怕使董事会的监督效率打了折扣。[2] 沈冰2012年对118家样本公司进行分析,他发现董事会召开董事会议的次数越多,越有利于发挥董事会成员的互相监督和制衡作用。[3] 王伟2012年的研究也证实了公司治理水平与内幕交易水平之间存在一定关系,他发现公司治理水平越好,内幕交易的次数就会越少。[4] 比基·雅吉(Bikki Jaggi)和朱迪·崔(Judy S. L. Tsui)研究了董事会特征和内幕交易之间的相互影响,通过选取香港证券交易所的上市公司为样本,他们发现较高比例的独立董事对内幕交易与盈余管理之间的正向关系有调节作用,董事会中独立董事比例越高,其对管理层盈余管理行为的监督越有效,这对防范内幕交

---

[1] 参见唐齐鸣、张云:《基于公司治理视角的中国股票市场非法内幕交易研究》,载《金融研究》2009年第6期。

[2] 参见凌玲、方军雄:《公司治理、治理环境对内幕交易的影响》,载《证券市场导报》2014年第6期。

[3] 参见沈冰:《中国股票市场内幕交易的形成机理与识别机制研究》,重庆大学2012年博士学位论文,第59页。

[4] 参见王伟:《我国证券市场内幕交易:形成机制与经济后果研究》,西南财经大学2012年博士学位论文,第132~133页。

易亦更加有效。同时,非家族成员的独立董事比例越高,这种效果越明显。[1]

即便抛开其中事先就有预谋的内幕交易和利益输送,讨论一般正常情况下的公司治理与内幕交易的关系,公司的内部治理情况也在很大程度上能够决定公司的内幕交易概率,甚至成为证券持有者真正拥有的一种可以控制经营者的权利,借此督促他们不辜负公司的所有者。[2] 以光大证券公司"乌龙指"事件为例,在证监会对其定性为内幕交易既成事实情况下,我们不难发现光大证券公司治理与"内幕交易"之间的内在关联。

根据公开的报道与证监会的调查报告,光大证券公司"乌龙指"事件的核心是杨某波率领的策略投资部在因程序错误重复下单后,在期货市场大量卖空股指期货合约、转换并卖出交易型开放式指数基金(ETF),借此对冲风险。同时在此过程中,由于董事会秘书在中午时间否认有关的市场传闻,各种因素积聚从而引致了内幕交易的法律责任。[3] 在证监会发布的《光大证券异常交易事件的调查处理情况》中,其指出"由于光大证券的策略投资部长期没有纳入公司的风控体系,技术系统和交易控制缺乏有效管理。订单生成系统中 ETF 套利模块的设计由策略投资部交易员提出需求,程序员一人开发和测试。策略交易系统于 2013 年 6 月至 7 月开发完成,7 月 29 日实盘运行,至 8 月 16 日发生异常时实际运行不足 15 个交易日。由于'重下'功能从未实盘启用,严重的程序错误未被发现"。[4] 可以说,光大证券公司治理中的内控与管理问题是导致其内幕交易责任的重要原因所在。

---

[1] See Bikki Jaggi & Judy S. L. Tsui, *Insider Trading, Earnings Management and Corporate Governance: Empirical Evidence Based on Hong Kong Firms*, Journal of International Financial Management & Accounting, Vol. 18:3, p. 192-222 (2007).

[2] 参见朱慈蕴:《公司法原论》,清华大学出版社 2011 年版,第 325 页。

[3] 参见《光大证券内幕交易被罚没 5.23 亿 投资者可索赔》,载中国新闻网,https://www.chinanews.com.cn/stock/2013/08-31/5228764.shtml。

[4] 《光大证券异常交易事件的调查处理情况》,载证监会 2013 年 8 月 30 日,http://www.csrc.gov.cn/csrc/c100028/c1002255/content.shtml。

从监管部门对上市公司治理的监管来看,尽管存在监管部门分身乏术的客观原因,但国内有学者指出监管部门对证券市场日常监管、公司治理没有足够重视。结合前述我国内幕交易的情形来看,目前我国上市公司日常治理的缺口到底在何处呢?如果对照《上市公司治理准则》《上市公司章程指引》及深圳证券交易所、上海证券交易所的上市交易规则,可以说,我国涉及公司治理的规则已经较为完善,其在实践中出现问题,原因并不仅在于我国现有的规则仍欠缺对细节的关注,而且在于我国的自律监管与司法机关能动性仍有待加强,尤其是监管部门介入上市公司治理的议题值得深入探讨。

第四章 他山之石，可否攻玉？

从前文的研究来看，证监会在内幕交易的监管方面取得了显著的进步，但面临诸多严峻的现实挑战，证监会应该如何优化改善内幕交易的监管呢？从法律制度引进的角度来看，自改革开放以来，我国的商事法律体系不断得以完善，美国、日本、德国的立法，充当了我国法律建设的有益参考系。① 时至今日，随着我国法治体系的日益完善，越来越多的学者开始反思法律移植的适用性，问题意识与中国情怀愈加显现。② 客观地说，从我国目前证券法治的发展阶段来看，证券法律及规制尚未发展到如民法、公司法这样的较为成熟阶段，我们仍需要加强与发达证券市场法理制度的比较与适当借鉴，借助制度建设的后发优势以少走弯路，尚任重道远。因此，接下来的一个问题是，既然需要比较与适当借鉴，为何笔者主要与美国的制度进行比较？笔者主要基于以下两点考虑：

一方面，经济全球化的发展与法律全球化的发展，③要求我们以世界上发达的证券市场为标杆，取其精华，去其糟粕。当今世界，美国的证券市场仍具有吸引力，其证券市场的发展与法律治理是世界主要资本市场法治的重要参考对象。不仅如此，美国证券法律的域外管辖权

---

① 参见许传玺：《从实践理性到理性实践：比较、比较法与法治实践》，载《浙江大学学报（人文社会科学版）》2014年第5期。

② 参见梁上上、[日]加藤贵仁：《中日股东提案权的剖析与借鉴——一种精细化比较的尝试》，朱大明译，载《清华法学》2019年第2期。

③ See Maxwell O. Chibundu, *Globalizing the Rule of Law: Some Thoughts at and on the Periphery*, Indiana Journal of Global Legal Studies, Vol. 7:1, p. 79–116 (1999).

设计,①使得其对全球资本市场产生了持续的法律影响。② 有观点甚至认为,法律全球化过程就是美国法律全球化的过程。③ 尽管这一说法不准确,但仍在一定程度上说明了美国法律的影响。具体到内幕交易的规制方面,在全球重要的资本市场中,美国属于最早对内幕交易进行规制的国家,而且目前来看其规制的程度很高,积累了丰富的执法与司法经验,值得我们了解和适当参考。

另一方面,在比较法的研究中,笔者希望在方法论上坚持主要以一个国家或地区为比较对象。法律如语言一样,很多语词的真正意涵存在于具体而特定的环境中,倘若脱离此地语境而移植他处,总会带来很多困扰,如"信义义务"和"欺诈"等概念与制度的移植都存在大量问题。究其原因,内生(embedded)于经济体的制度特性以及该经济体内的政治和经济变革,都影响公司治理与资本市场的实践。在这样的背景下,具体证券法律规范不应该是孤立的制度单位,而应是内生于其所处的环境中并受制于资源的稀缺、经济和社会联系的结构。因而,集中精力对一个国家进行全面挖掘,分析制度的原生环境与次生移植环境的差异,借此判断制度移植的排异性,将会更加深入。④

内幕交易是一种技术型违法交易,与国别、政治经济文化背景的关联度较小。⑤ 正因如此,笔者希望以美国制度为主要切入口,促进形成

---

① 笔者早先对美国《反海外腐败法》的研究也证实了这一点。参见赵骏、吕成龙:《〈反海外腐败法〉管辖权扩张的启示——兼论渐进主义视域下的中国路径》,载《浙江大学学报(人文社会科学版)》2013 年第 2 期。

② 根据郭雳教授 2014 年的研究,美国联邦最高法院对域外管辖权态度也发生了微妙变化,其以各种不同方式在许多重要的经济法律领域和原告起诉的多个节点,表现出限缩域外纠纷诉权的司法克制态度。参见郭雳:《域外经济纠纷诉权的限缩趋向及其解释 以美国最高法院判例为中心》,载《中外法学》2014 年第 3 期。

③ 参见[美]W. 海德布兰德:《从法律的全球化到全球化下的法律》,刘辉译,载[意]D. 奈尔肯、[英]J. 菲斯特编:《法律移植与法律文化》,高鸿钧等译,清华大学出版社 2006 年版。

④ 这里特别需要说明的是,欧洲国家及日本、韩国等亚洲国家的经验对于我们同样重要,但囿于语言与精力,笔者主要从美国的制度经验出发,唯愿能尽微薄之力。

⑤ 参见缪因知:《人际利益关系论下的内幕信息泄露责任研究》,载《法律科学(西北政法大学学报)》2020 年第 3 期。

对其发展历程、实践现状和经验局限等维度完整而客观的认识,这有利于辨别镶嵌在美国法治体系中的内幕交易监管规则与实践,而非孤零零地去看。

第一节　美国证券市场的发展历程与特征

一、美国证券市场的形成与思想支撑

美国的证券发展起始于英国殖民地时期,不仅呈现与英国同样的投机态度,而且直到 18 世纪中期仍没有出现成规模的证券交易。① 美国证券市场的真正建立始于独立革命期间,当时发行股票的企业数量激增,北美银行、纽约银行等大型企业也在此时设立。② 值得注意的是,在美国证券市场发展早期,证券投机活动长期盛行,雅各布·利特尔(Jacob Little)、丹尼尔·德鲁(Daniel Drew)、杰伊·古尔德(Jay Gould)、康内留斯·范德比尔特(Cornelius Vanderbilt)等,都是美国这段时期证券投机的代表。③ 如马克斯·韦伯所言,在资本主义社会,资本投机与冒险无所不在,④投机获利亦无处不在。⑤ 特别是在 1900 年之后,各种采矿和石油公司、土地开发计划、专利开发推广的投机证券已然在公众中颇为流行,但由于这些证券游离于正常渠道与证券交易所之外,欺诈充斥了证券市场。⑥

---

① See Stuart Banner, *Anglo-American Securities Regulation: Cultural and Political Roots 1690 – 1860*, Cambridge University Press, 1998, p. 122.

② See Stuart Banner, *Anglo-American Securities Regulation: Cultural and Political Roots 1690 – 1860*, Cambridge University Press, 1998, p. 129.

③ See generally Robert Warshow, *The Story of Wall Street*, Greenberg Publisher, 1929.

④ See Max Weber, *The Protestant Ethic and the Spirit of Capitalism*, trans. by Talcott Parsons, Taylor & Francis, 2005, p. 22.

⑤ See Max Weber, *The Protestant Ethic and the Spirit of Capitalism*, trans. by Talcott Parsons, Taylor & Francis, 2005, p. xxxiv.

⑥ See Jonathan R. Macey & Geoffrey P. Miller, *Origin of the Blue Sky Laws*, Texas Law Review, Vol. 70:2, p. 353 (1991).

正如萨维尼所说,"法律是民族精神的产物,它随着民族精神的成长而成长,随着民族精神的衰亡而衰亡"。"五月花号"(May Flower)不仅带来了102名乘客,而且带来了资本主义的精神与新教伦理。① 在一定程度上来说,英国的殖民地本身就是冒险事业的代名词,企业家精神开始在新英格兰蔓延并迅速成长,最终奠定了美国证券市场发展的历史基础。② 值得注意的是,亚当·斯密自由市场、自由贸易以及劳动分工思想在西方世界也早已引起广泛而深刻的影响,如斯密所说:"每个个人都努力把他的资本尽可能用来支持国内产业,都努力管理国内产业,使其生产物的价值能达到最高程度,他就必然竭力使社会的年收入尽量增大起来。确实,他通常既不打算促进公共的利益,也不知道他自己是在什么程度上促进那种利益。"③由此,只要不被法律所禁止,那么任何新的资本工具的创造都是值得鼓励的。在"看不见的手"的引导下,资本主义国家容易出现经济危机,但也是在这样的经济语境下,自生自发秩序(spontaneous order)得以形成,呈现自下而上的、自然而生的、自发的、演化的和成长着的法律秩序。④

此后,即便凯恩斯主义(Keynesianism)将美国从1929年"大危机"中拯救出来,但在20世纪70年代美国政府过度干预造成严重滞胀之时,管制又被批评为完全低效率的、浪费资源的,⑤自由市场理论再次得到复兴和重视。⑥ 在此期间,弥尔顿·弗里德曼(Milton Friedman)、乔治·

---

① See Max Weber, *The Protestant Ethic and the Spirit of Capitalism*, trans. by Talcott Parsons, Taylor & Francis, 2005, p. 11.
② 参见付成双:《试论美国工业化的起源》,载《世界历史》2011年第1期。
③ [英]亚当·斯密:《国民财富的性质和原因的研究》(下卷),郭大力、王亚南译,商务印书馆1972年版,第27页。
④ See generally Friedrich A. Hayek, *Law, Legislation and Liberty: Rules and Order*, The University of Chicago Press, 1978.
⑤ 参见[美]理查德·B.斯图尔特:《美国行政法的重构》,沈岿译,商务印书馆2021年版,第33页。
⑥ 参见杨松、张永亮:《新自由主义、金融危机与金融监管体制之变革》,载《法学杂志》2012年第1期。

斯蒂格勒(George J. Stigler)、詹姆斯·布坎南(James M. Buchanan)等经济学家的思想,对资本主义市场经济产生了持续而深远的影响。①简言之,从亚当·斯密开始,自由市场与经济理论逐渐成为西方证券市场、法律体系发展的基石,构成了西方证券市场法律治理的核心立场,这使其在促进市场发挥作用的同时,也深受市场机制失灵的困扰。

二、美国证券市场法治的基本样貌

"五月花号"将深入西方世界骨髓的普通法也带到了新大陆,资本主义精神与普通法的融合使美国证券市场法律治理发展出了自己的独有特色。正是因为这样的融合,以拉斐尔·拉·波尔塔(Rafael La Porta)、弗洛伦西奥·洛佩兹-德-西拉内斯(Florencio Lopez-de-Silanes)、安德烈·施莱弗(Andrei Shleifer)和罗伯特·维什尼(Robert Vishny)为代表(合称 LLSV)的"法律与金融"(Law and Finance)一派,得出了普通法下的金融市场比大陆法更加优越的结论。他们的相关研究有不少偏颇,包括部分数据指标的设置并不合理、忽略了不同法系之间的具体性差异等,②但 LLSV 的研究依旧掀起了各路学者对于法律制度与金融制度相关关系的热烈讨论。③ 总体来看,美国的证券监管法治呈现三个主要特色和要点:

第一,以信息披露和事后执法为核心的行政规制之维。回顾历史,

---

① See Milton Friedman, *Capitalism and Freedom*, Friedman 40th Anniversary ed., The University of Chicago Press, 2002; George J. Stigler, *The Theory of Economic Regulation*, The Bell Journal of Economics and Management Science, Vol. 2:1, p. 3 – 21 (1971); James M. Buchanan & Gordon Tullock, *The Calculus of Consent*, University of Michigan Press, 1962.

② 有关系列研究和主要讨论可参考 Rafael La Porta, Florencio Lopez-de-Silanes & Andrei Shleifer, *What Works in Securities Laws?*, Journal of Finance, Vol. 61:1, p. 1 – 32 (2006); Rafael La Porta, Florencio Lopez-de-Silanes, Andrei Shleifer & Robert Vishny, *Law and Finance*, Journal of Political Economy, Vol. 106:6, p. 1113 – 1155 (1988); Simon Johnson, Rafael La Porta, Florencio Lopez-de-Silanes & Andrei Shleifer, *Tunneling*, The American Economic Review, Vol. 90:2, p. 22 – 27 (2000); Holger Spamann, *The "Antidirector Rights Index" Revisited*, The Review of Financial Studies, Vol. 23:2, p. 467 – 486 (2010).

③ 参见缪因知:《国家干预的法系差异——以证券市场为重心的考察》,载《法商研究》2012 年第 1 期。

美国的证券发行体制经历了短期的事先监管与实质审查阶段,经过近一个世纪的改革,不断塑造了今天的监管格局。早在 20 世纪初,为实现对泛滥的各种各样的证券发行的有效监管,在多种政治原因的影响下,1911 年堪萨斯州便通过了第一部蓝天法(Blue Sky Law),将所有股票、债券或证券的销售(除某些政府相关债券和票据外)都纳入了其规制范围,以此为投资银行及各种证券发行的监管提供合法性依据,证券发行需要接受实质审查(merit review)以减少投机证券的泛滥。[1] 随着堪萨斯州蓝天法的颁布,美国掀起了一场蓝天法的立法浪潮。[2] 在 1911 年到 1931 年的 20 年间,美国 48 个州中有 47 个州,先后通过了各自的蓝天法。[3] 当然,基于各州不同的利益集团的情况迥异,各州发行监管机制各有不同,可以大致分为实质审查、事先欺诈监管(ex ante fraud)与事后欺诈监管(ex post fraud)三种模式。[4] 不过,这些蓝天法案并非铁板一块,由于其无法充分地防止投机,因而也迅速地失去了其应有的作用,原因有二:一方面,美国各州各行其是,这给投资银行利用州际邮件系统销售提供了机会,1915 年,美国投资银行协会甚至通知其会员规避蓝天法的方法,故而可以想见其后果;[5]另一方面,在投资银行协会的游说下,不仅许多州豁免了某些特定的"安全"证券,[6]更将

---

[1] See 1911 Kan. Laws §133. The mission of this act is to "provide for the regulation and supervision of investment companies and providing penalties for the violation thereof".

[2] See C. A. Dykstra, *Blue Sky Legislation*, The American Political Science Review, Vol. 7:2, p. 230–234 (1913).

[3] See Paul G. Mahoney, *The Origins of the Blue-sky Laws: A Test of Competing Hypotheses*, Journal of Law and Economics, Vol. 46:1, p. 229 (2003).

[4] 例如,实质监管如:堪萨斯(1911)、亚利桑那(1912)、密歇根(1913)、西弗吉尼亚(1913)等;事先欺诈监管如:加利福尼亚(1913)、密西西比(1916)、马萨诸塞(1921)、华盛顿(1923)等;事后欺诈监管如:路易斯安那(1912)、纽约(1921)、特拉华(1931)等。Paul G. Mahoney, *The Origins of the Blue-sky Laws: A Test of Competing Hypotheses*, Journal of Law and Economics, Vol. 46:1, p. 231–232 (2003).

[5] See Joel Seligman, *The Transformation of Wall Street: A History of the Securities and Exchange Commission and Modern Corporate Finance*, 3rd ed., Wolters Kluwer Law & Business, 2003, p. 45–46.

[6] See Jonathan R. Macey & Geoffrey P. Miller, *Origin of the Blue Sky Laws*, Texas Law Review, Vol. 70:2, p. 387 (1991).

在纽约证券交易所(New York Stock Exchange, NYSE)上市的证券予以豁免。

不过,1929 年到 1933 年的美国经济危机真正给予了其联邦政府深刻反思的机会,也正是在这个阶段之后,今天的美国证券监管格局、基本理念得以形成和巩固。具体而言,1927 年以后,随着商业银行大量参加股票承销,股票市场的疯狂再也难以抑制,投机与欺诈开始大量制造繁荣的泡沫,直接刺激了 1929 年"大危机"的到来。[1] 在这种情况下,斐迪南·佩科拉(Ferdinand Pecora)听证会所披露的种种丑闻直接激发了公众对于政府干预措施的支持,也带来了我们所熟知的《1933 年证券法》(Securities Act of 1933)。[2] 尽管当时各界对证券监管的核心理念存在争议,但罗斯福总统表达了对路易斯·布兰代斯(Louis Brandeis)大法官意见的支持,主张"阳光是最好的杀毒剂,灯光是最好的警察"。[3] 彼时,在雷蒙德·莫利(Raymond Moley)的推动下,休斯顿·汤普森(Huston Thompson)和菲利克斯·弗兰克福特(Felix Frankfurter)曾各自推出了一个版本的法案,但汤普森法案由于主张对证券发行进行实质性的审核且证券监督机构应当拥有证券发行撤销权,[4]而遭到了激烈反对。[5] 在之后的竞争中,弗兰克福特所领衔的法案脱颖而出,起草者詹姆斯·M. 兰迪斯(James M. Landis)等更是将罗斯福对信息披露路径的倾向性充分地反映到了法案之中。[6]

第二,**市场机制与声誉机制下的自律监管法治之维**。SEC 第二任

---

[1] See Charles R. Geisst, *Wall Street: A History*, Oxford University Press, 2012, p. 172 – 174.

[2] See Joel Seligman, *The Transformation of Wall Street: A History of the Securities and Exchange Commission and Modern Corporate Finance*, 3rd ed., Wolters Kluwer Law & Business, 2003, p. 39.

[3] Louis Brandeis, *Other People's Money and How the Bankers Use It*, Cosimo Inc., 2009, p. 62.

[4] See H. R. 4314, 73d Cong., 1st Sess. (1933).

[5] See James M. Landis, *The Legislative History of the Securities Act of* 1933, George Washington Law Review, Vol. 28:1, p. 29 – 49 (1959).

[6] See H. R. Rep. No. 85, 73d Cong., 1st Sess. 2 (1933).

主席威廉·道格拉斯(William O. Douglas)在谈到交易所与证监会的关系时曾经说道:"交易所施展其市场的领导作用,而政府则发挥剩余作用。打个比方来说,政府就像举着一把猎枪,站在门后面,子弹上好膛、抹好油、并拉开了枪栓,等着随时开枪,但他其实希望这把枪永远不开火。"①在2008年金融危机之后,美国逐渐意识到在过去70多年里其证券市场已经产生了重大变化,在1930年只有1.5%的人直接拥有股票,而2008年美国有47%的家庭持有各类股票、债券,再加上养老金入市等因素,美国证券市场影响着越来越多的普通人,美国也在不断加强证券市场的行政监管力度。② 不过,即便是安然公司丑闻与金融危机过后,以严厉著称并广受批评的《萨班斯－奥克斯利法》(The Sarbanes-Oxley Act)和《多德－弗兰克华尔街改革与消费者保护法》(Dodd-Frank Wall Street Reform and Consumer Protection Act,以下简称《多德－弗兰克法》),都仅仅是建立内部审计委员会和加大责任承担等程序性事项、事后处理机制和加强对自律组织的监管,而非强调事先措施(即便如此,这些做法也遭到广泛的质疑)。③

第三,英美普通法下能动司法的治理之维。美国法院在解释证券规则的过程中扮演了重要角色,有力地塑造着各州的证券法律制度。如前所述,在内幕交易的司法裁判中,美国法院不断推动着SEC规则10b-5的演绎,该规则于1947年Kardon v. National Gypsum Co.案中首次亮相后,④围绕前述Chiarella v. United States、Dirks v. SEC、SEC

---

① "For self-regulation to be effective, government must play a residual role, keeping a shotgun behind the door, loaded, well-oiled, cleaned and ready for use but with the hope that it would never have to be used." William O. Douglas, *Democracy and Finance*, Yale University Press, 1940, p. 82.

② See Louis Loss, Joel Seligman & Troy Paredes, *Securities Regulation* Ⅰ, 5th ed., Wolters Kluwer, 2014, p. 50 – 51.

③ See Nicholas C. Howson, "*Quack Corporate Governance*" *as Traditional Chinese Medicine-The Securities Regulation Cannibalization of China's Corporate Law and a State Regulator's Battle Against Party State Political Economic Power*, Seattle University Law Review, Vol. 37:2, p. 667 – 716 (2014).

④ See Kardon v. National Gypsum Co., 83 F. Supp. 613 (E. D. Pa. 1947).

v. Texas Gulf Sulphur、In re Cady、Roberts & Co.、United States v. O'Hagen 等一系列案例的博弈、阐释与论辩,使得美国法院逐渐塑造出内幕交易的法律责任理论体系,构建起证券法中最为重要的反欺诈规则。

第二节 美国合作型内幕交易治理的基本架构

一、SEC 内幕交易监管的组织机制

(一) SEC 组织机构的设置

在 1929 年"大危机"之前,建立一个联邦证券监管机构的设想在美国很少被支持。SEC 的建立与 1929 年"大危机"密不可分,尤其是一战期间证券市场迅速发展。彼时,在"一夜暴富"的心理引导下,很少有人去思考系统性的风险。但是,"大危机"的到来使这一切都发生了改变,公众对股市的信心垂直下降。直到那时,美国社会才逐渐达成了共识,意识到证券市场机制本身的局限性。

SEC 正式成立于 1934 年,之前由联邦贸易委员会(Federal Trade Commission)实施了一年《1933 年证券法》。自 SEC 建立之始,就确立了两个理念:第一,公开发行证券的公司必须如实告知公众其公司、所售证券和所存在的风险;第二,任何销售或交易证券的人(包括经纪商、交易商和交易所),必须公平、诚实地对待投资者并且以他们的利益为首要考虑因素。为最大限度地革除华尔街的诸多弊病,美国时任总统富兰克林任命经验老到的约瑟夫·肯尼迪(Joseph P. Kennedy)担任首任 SEC 主席。其中一个重要原因是,约瑟夫·肯尼迪在入主 SEC 之前就是华尔街投机的行家里手,深谙华尔街的"游戏"之道。SEC 在草创之时也并非一帆风顺,在约瑟夫·肯尼迪的任期里,《1933 年证券法》的合法性仍旧在被挑战,SEC 能否活下来在

当时都是未知数。① SEC 成立后的 80 多年里也历经了诸多曲折，在华尔街与华盛顿的角力中起起伏伏，最终，SEC 以出色的表现在联邦独立规制委员会中名列前茅。

从组织机构上来看，SEC 在美国属于独立规制部门（independent regulatory agency），由 5 名委员共同管理，采用公开竞争考试、功绩制进行选拔和任用，由美国总统根据参议院的同意而任命，其中 1 人被任命为主席，5 人中来自同一党派的委员不能超过 3 人，且每人任期为 5 年。不仅如此，SEC 的 5 名委员采取交错任期制（staggered term），每年轮换 1 人，如同文员制度一样，不与总统选举及相应的党派竞选相挂钩。② 除 5 名委员会成员外，目前 SEC 内部分为 6 个部门和 25 个总部办公室。6 个部门为：公司融资部、执法部（Division of Enforcement）、投资管理部、经济与风险分析部、交易与市场部和检查部，6 个部门各司其职。SEC 的 25 个总部办公室为 EDGAR 业务办公室、③收购办公室、行政法官办公室、小企业融资促进办公室、总会计师办公室、首席运营官办公室、首席风险官办公室、信用评级办公室、平等就业机会办公室、伦理顾问办公室、财务管理办公室、总法律顾问办公室、人力资源办公室、信息技术办公室、监察长办公室、国际事务办公室、投资者权益办公室、投资者教育和促进办公室、立法和政府间办公室、少数民族和妇女融入办公室、市政证券办公室、公共事务办公室、秘书办公室、创新和金融科技战略中心办公室和运营支持办公室。此外，SEC 在美国各个大都会区设立了派出机构办公室，负责向上述部门和办公室报告辖区内的合规检查的情况。

---

① See Joel Seligman, *The Transformation of Wall Street: A History of the Securities and Exchange Commission and Modern Corporate Finance*, 3rd ed., Wolters Kluwer Law & Business, 2003, p. 121 – 123.

② 参见洪艳蓉：《美国证券交易委员会行政执法机制研究："独立"、"高效"与"负责"》，载《比较法研究》2009 年第 1 期。

③ EDGAR 的全称为"Electronic Data Gathering, Analysis, and Retrieval System"，即电子数据收集分析检索系统，在该数据库中可检索公司的中央索引键号码、最新的文件、按类型分类的每日文件（时事）、主要共同基金披露、共同基金投票记录、保密处理订单等信息。参见 EDGAR—Search and Access, SEC, https://www.sec.gov/edgar/search-and-access。

(二) SEC 内幕交易监管的主要部门

SEC 设置的 6 个部门中,最大且最重要的部门就是执法部。① 执法部成立于 1972 年 8 月,执法部依据法律或者 SEC 制定的规则,制止、纠正、处罚证券市场违法违规行为。② SEC 为此自豪地宣称,美国证监会之所以在每个职责领域内都保持了其效率性,是因为与它的执法活动密切相关。SEC 每年都对违反证券法律的数百起案件提起民事诉讼(civil enforcement),典型类型包括内幕交易、会计欺诈、虚假信息披露等。

正如洪艳蓉教授所总结的那样,SEC 如今执法的"武器库"不断丰富。在民事诉讼中,SEC 可寻求禁令来禁止今后的违法行为(若有违反则将受到罚款或监禁),其也可以寻求民事罚款(civil penalty)、非法利益归入权,还可以请求法院禁止或中止个人作为公司的人员或董事。③ 同时,美国法律授权 SEC 查处和追诉各种违法行为,内设的行政法官(Administrative Law Judge)通过行政审裁(administrative proceeding)行使准司法权,④ 根据美国《联邦行政程序法》(The Administrative Procedure Act)的规定,⑤行政法官可主持审理违法违规案件并制裁当事人,⑥可针对任何违反联邦证券法的行为签发停止令,可以责令被申请人交出非法资金,对于受规制的市场主体(如经纪商、交易商及投资顾问)及其雇员,SEC 可撤销、中止注册或以签发市场禁令的方式来惩罚。本书第八章第一节将对此进行详述。

---

① See Paul S. Atkins & Bradley J. Bondi, *Evaluating the Mission: A Critical Review of the History and Evolution of the SEC Enforcement Program*, Fordham Journal of Corporate & Financial Law, Vol. 13:3, p. 367 – 418 (2008).
② See James D. Cox & Randall S. Thomas, *SEC Enforcement Heuristics: An Empirical Inquiry*, Duke Law Journal, Vol. 53:2, p. 737 – 780 (2003).
③ 参见洪艳蓉:《美国证券交易委员会行政执法机制研究:"独立"、"高效"与"负责"》,载《比较法研究》2009 年第 1 期。
④ 参见郭雳:《美国证券执法中的行政法官制度》,载《行政法学研究》2008 年第 4 期。
⑤ See 5 U. S. Code § 556.
⑥ 参见罗娟、苑多然:《美国 SEC 对我国证券执法体制改革的启示》,载《上海证券报》2013 年 12 月 11 日,A4 版。

SEC 执法部门的重要性从其财政支持力度上便可见一斑。从财政预算上来看,在 2020 年 SEC 总计 18.265 亿美元的财政支出中,执法部占据 5.885 亿美元,在所有部门和办公室中"拔得头筹"。同时,负责实质性市场信息披露的公司融资部支出 1.614 亿美元,而负责对主要证券市场参与者(包括经纪商、交易商、自律组织等重要主体)监管的交易与市场部则位列第四,支出金额为 9820 万美元。这三个部门的财政支出将近占到 SEC 整体支出的"半壁江山",由此可见,SEC 对事中管理和事后管理的重视。① 这因应了哈佛大学豪威尔·杰克逊(Howell E. Jackson)教授早先的研究结论,即普通法国家往往愿意比大陆法系国家付出更高的监管成本,②财政投入力度也更大。不过,即便同属于普通法国家,根据约翰·科菲(John C. Coffee, Jr.)教授的计算,在执法部门的预算比例中,美国 SEC 执法部门遥遥领先于英国的监管机构。③ 因此,基于上述独立地位和综合权力,SEC 通常被称为独立于立法、行政和司法机构之外的联邦"第四部门"。④

二、作为诉讼原告的 SEC

(一)SEC 作为原告的特殊原因

普通法下法官发现和宣布法律的过程就是法官立法的过程,这个过程使判例法能够及时适应社会经济的迅速发展,不断强化法律的社会适应能力。⑤ 换言之,普通法主要是由法官制定的,作为案件裁判的

---

① SEC, Fiscal Year 2022 Congressional Budget Justification and Annual Performance Plan; Fiscal Year 2020 Annual Performance Report.

② See Howell E. Jackson, *Variation in the Intensity of Financial Regulation: Preliminary Evidence and Potential Implications*, Yale Journal on Regulation, Vol. 24:2, p. 253 – 292 (2007).

③ See John C. Coffee, Jr., *Law and the Market: The Impact of Enforcement*, University of Pennsylvania Law Review, Vol. 156:2, p. 276 – 279 (2007).

④ 洪艳蓉:《美国证券交易委员会行政执法机制研究:"独立"、"高效"与"负责"》,载《比较法研究》2009 年第 1 期。

⑤ 参见侯淑雯:《司法衡平艺术与司法能动主义》,载《法学研究》2007 年第 1 期。

副产品而产生的,而不是由国家立法机构制定的成文法律。① 与此同时,美国行政机构的运行与我国的行政机构有着很大的差异,最为明显的一个就是 SEC 并无"行政罚款"概念,要想制裁被监管人员,行政机关最初需要寻求法院的救济和裁判。因而,SEC 的所谓 civil penalty 及 civil money penalty、civil fine 等说法,如果简单地进行直译的话,可以翻译为"民事罚款",②实际上类似于我们的行政处罚。因而,美国监管机构如果想要进行民事罚款处罚,传统上要以原告的身份向联邦法院提起诉讼,只有这样违法人员才有可能被处罚。③

随着现代社会经济与行政专业化、复杂化的不断发展,越来越多的法律开始直接赋予行政机关前述行政审裁的权力,但对一些恶劣、重大或者具有深远影响的证券违法案件,行政机关依旧倾向通过司法途径来解决。④ 笔者认为,原因有二:一方面,由于长期受清教文化的影响,在美国社会文化中,公众在法院与政府之间往往更信任法院。因此,美国对赋予政府机构直接的经济制裁权就表现出非常谨慎的态度。即便是罚款,一般也是由政府机构通过向法院提出民事诉讼的方式来解决。⑤ 另一方面,证券法领域的很多法律问题,特别是新问题,本身是难以标准化的。在这样的情况下,法院无疑是处理这些问题的最好的机构。⑥ 普通法系的法官可以借助"先例"和"信义义务"等一般原则进行审判,⑦或

---

① See Nicola Gennaioli & Andrei Shleifer, *The Evolution of Common Law*, Journal of Political Economy, Vol. 115:1, p. 43 – 68 (2007).

② 参见苏苗罕:《美国联邦政府监管中的行政罚款制度研究》,载《环球法律评论》2012年第3期。

③ See 15 U. S. Code § 78u – 1.

④ 参见洪艳蓉:《美国证券交易委员会行政执法机制研究:"独立"、"高效"与"负责"》,载《比较法研究》2009 年第 1 期。

⑤ 参见陈太清:《美国罚款制度及其启示》,载《安徽大学学报(哲学社会科学版)》2012年第 5 期。

⑥ See Katharina Pistor & Chenggang Xu, *Incomplete Law*, New York University Journal of International Law and Politics, Vol. 35:4, p. 931 – 1014 (2003).

⑦ See Rafael La Porta, Florencio Lopez-de-Silanes, Andrei Shleifer & Robert Vishny, *Investor Protection and Corporate Valuation*, The Journal of Finance, Vol. 57:3, p. 1147 – 1170 (2002).

者通过"气味测试"来尽力"嗅出"那些对投资者来说不公平的行为和安排,进而处罚各种新型欺诈和自我交易行为。[1] 在没有合同的情况下,他们也可以利用适当的侵权法规则来判案,从而产生有效率的结果。[2] 直至近期,美国法院仍在就 SEC 行政法官任命方式是否符合宪法规定进行着非常激烈的意见交换。

(二) 作为原告的 SEC 的法治贡献

作为原告的 SEC 对美国内幕交易监管的发展有何贡献呢? 笔者认为,主要有两个层面的贡献:一方面,SEC 对证券市场中内幕交易的认定要件、情形等法律争议的充分研讨有着重大的贡献。传统上,作为原告的 SEC 无法对内幕交易等违法违规案件自行判断,需要充分地展开对违法行为的论证、解释,积极向法官或者行政法官论证被告的行为属于内幕交易及属于 SEC 规则 10b-5 的情形。作为被告,涉嫌内幕交易的机构与个人同样可以聘请律师展开充分的法庭辩论。在这样的场景下,各种意见交换相对充分。对于前述美国内幕交易规则的演进,高西庆教授和夏丹认为 SEC 实际上起到了非常关键的作用,即 SEC 凭借其积极的论辩和研究深刻地影响着美国司法对内幕交易的态度。也正是凭借这些努力,SEC 逐渐掌握了内幕交易案件处理的主动权,联邦法院目前在相当多的情形下都体现了对 SEC 较高程度的依赖、信任与尊重,不仅在司法判决中引用、支持 SEC 的监管规则,而且还经常参考引用 SEC 的政策主张。[3]

另一方面,作为原告的 SEC 非常积极地参与内幕交易的民事诉讼过程,有效地威慑了内幕交易违法活动。特别是在威廉·凯西(William J. Casey)主席治下,SEC 开始将调查与执法资源集中,并且同证券律师合作形成了 SEC 执法咨询委员会,即"威尔斯委员会"

---

[1] See William B. Chandler Ⅲ, *On the Instructiveness of Insiders, Independents and Institutional Investors*, University of Cincinnati Law Review, Vol. 67:4, p. 1096 (1999).

[2] 参见缪因知:《国家干预的法系差异——以证券市场为重心的考察》,载《法商研究》2012 年第 1 期。

[3] 参见高西庆、夏丹:《证监会在解释和发展证券法中的作用》,载《证券市场导报》2006 年第 4 期。

（Wells Committee），以此提高 SEC 的执法能力。这个委员会拥有最杰出的证券律师，通过对个案的评议来判断 SEC 是否做到了有效、公平的执法，并有效地行使了建言建议的职能。① 值得注意的是，早期 SEC 规则主要在于为证券投资者提供救济和防止未来违法行为，因而，SEC 的执法活动主要还是本着救济的目的（禁令、没收违法所得等）。不过，在威尔斯委员会建立后的几十年里，SEC 的执法理念逐渐从"救济"变成了"惩罚"。② 特别是 2002 年对施乐公司（Xerox）所涉案件进行处理后，SEC 大幅增强了处罚的力度。如表 4.1 所示，尽管 2006 年以后 SEC 开始反思其执法活动的强度与标准，但依然保持了较高强度的执法。

表 4.1　SEC 2020 财政年度主要执法内容摘要

主要分类	民事诉讼/次(人)	单独行政程序/次(人)	后续行政程序/次(人)	合计/次(人)	合计占比/%	民事诉讼与单独行政程序占比/%
经纪—交易商	14(26)	26(28)	102(108)	142(162)	20	10
违规申报	0(0)	130(165)	0(0)	130(165)	18	0
反海外腐败	3(3)	7(7)	0(0)	10(10)	1	2
内幕交易	21(47)	12(12)	0(0)	33(59)	5	8
投资顾问、投资公司	30(64)	57(76)	50(51)	137(191)	19	21
发行人报告、审计及会计	12(29)	50(60)	12(12)	74(101)	10	15
操纵市场	19(113)	3(3)	6(6)	28(122)	4	5

---

①　See Paul S. Atkins & Bradley J. Bondi, *Evaluating the Mission: A Critical Review of the History and Evolution of the SEC Enforcement Program*, Fordham Journal of Corporate & Financial Law, Vol. 13:3, p. 375－383 (2008).

②　Paul S. Atkins & Bradley J. Bondi, *Evaluating the Mission: A Critical Review of the History and Evolution of the SEC Enforcement Program*, Fordham Journal of Corporate & Financial Law, Vol. 13:3, p. 383－384 (2008).

续表

主要分类	民事诉讼/次(人)	单独行政程序/次(人)	后续行政程序/次(人)	合计/次(人)	合计占比/%	民事诉讼与单独行政程序占比/%
杂项费用	1(3)	4(5)	1(1)	6(9)	1	1
国家认可统计评级机构	0(0)	3(3)	1(1)	4(4)	1	1
滥用融资	2(4)	10(13)	0(0)	12(17)	2	3
证券发行	103(330)	27(40)	8(8)	138(378)	19	32
过户代理人	0(0)	1(1)	0(0)	1(1)	0	0
合计	205(619)	330(413)	180(187)	715(1219)	100	100

资料来源：Division of Enforcement, 2020 *Annual Report*, SEC Website, https://www.sec.gov/files/enforcement-annual-report-2020.pdf。

注：尽管许多行动涉及多项指控，但只被归类为其中一种；表中另附所涉原告、被告数量。

  SEC如此积极的动力到底来自何处？特别是SEC对普通案件表现出极大热情的动力何在？归根结底，这也是委托—代理关系下SEC对美国国会负责的制度设计。由于SEC是独立规制机构，其预算来自国会拨款，SEC主席可直接与总统联系，[①]因而，SEC需要积极的外在表现来向国会显示其高效和价值所在。SEC的员工与律师也是如此，其同样有着个人的激励（硬性激励如职业发展，软性激励如同辈压力）。例如，他们可以通过SEC起诉的案例来提高自己的实务能力，等他们加入律师界的时候，能够有更好的背景和名声。有观点可能会提出，会不会有SEC员工通过减轻被监管对象处罚的方式来博得其好感？事实上，即便减轻了处罚，上市公司与市场机构的所谓好感也不会给这个员工带来太多好处。因为即便该公司未来寻求一个律师，其也

---

① See Louis Loss, Joel Seligman & Troy Paredes, *Securities Regulation I*, 5th ed., Wolters Kluwer, 2014, p.508.

会找最有能力的,而不是之前曾试图讨好他们的。[1] 因此,对于 SEC 的工作人员来讲,积极参与作为原告的内幕交易诉讼活动,对个人的声誉与能力评价非常重要。

三、市场机构的自律管理

(一)美国证券自律组织的发展历程

证券市场从一开始就是自律管理的产物,是民间与私人的商业活动,最早阿姆斯特丹交易所的诞生就和东印度公司的贸易密切相关,[2] 而随着英国向美洲新大陆的殖民活动,美国第一个证券交易所也在费城建立。1792 年 5 月 17 日,24 名经纪人在华尔街的一棵大梧桐树下,签订了著名的《梧桐树协定》(Buttonwood Agreement),他们约定此后每日在这里聚会,并为有关证券交易制定了交易佣金的最低标准及其他交易条款,由此成为证券业进行行业自律的起点,更成了美国纽约证券交易所的前身。[3]

自律组织在美国的出现早于联邦法律渗入证券法律领域之时。[4] 1888 年,法院在 Belton v. Hatc 案中,[5]便支持了自律机构拥有进行纪律惩戒权力的观点。即便是 1929 年"大危机"的时候,时任美国总统胡佛(Herbert C. Hoover)首先想到的仍然是去求助纽约证券交易所的理查德·惠特尼(Richard Whitney)、查尔斯·米切尔(Charles E. Mitchell)、托马斯·拉蒙特(Thomas W. Lamont)及约翰·洛克菲勒(John D. Rockefeller)等华尔街金融巨头。此后,罗斯福担任总统并实

---

[1] See Margaret H. Lemos & Max Minzner, *For-Profit Public Enforcement*, Harvard Law Review, Vol. 127:3, p. 892 – 895 (2014).

[2] See Andreas M. Fleckner, *Stock Exchanges at the Crossroads*, Fordham Law Review, Vol. 74:5, p. 2541 – 2620 (2006).

[3] See Domenic Vitiello & George E. Thomas, *The Philadelphia Stock Exchange and the City It Made*, University of Pennsylvania Press, 2010.

[4] See Jerry W. Markham & Daniel J. Harty, *For Whom the Bell Tolls: The Demise of Exchange Trading Floors and the Growth of ECNs*, Journal of Corporation Law, Vol. 33:4, p. 867 – 869 (2008).

[5] See Belton v. Hatc, 17 N. E. 225 (N. Y. 1888).

施新政期间,自律组织仍是证券市场监管的主力,其同样不得不去寻求纽约证券交易所的管理层的支持。最终,经过各种利益博弈与妥协才有了《1934 年证券交易法》,①证券交易所成为政府全面规制的对象。不过,至 1962 年时,SEC 主席威廉·凯瑞(William Cary)仍然认为纽约证券交易所保留了"私人俱乐部"(private club)的特征。②

近些年来,尽管不少传统自律监管的权力不断被证券监管侵蚀,③但他们仍旧享有较为广泛的自律权力。④ 目前,根据《1934 年证券交易法》的规定,证券交易所拥有制定上市规则、标准的权力,⑤公司发行股票需满足市场价值、可流通股票数量、公司治理标准等一系列财务和非财务要求。公司股票上市后,上市公司必须遵守诸如纽约证券交易所的交易规则,⑥包括交易结算、会员接受、会员组织运营、信息公开、退市规则和争端处理规则等。⑦ 尤其值得一提的是,纽约证券交易所在会员管理和市场监督方面拥有一系列权力。⑧

除证券交易所之外,行业协会也是重要的自律监管主体。1939

---

① See Joel Seligman, *The Transformation of Wall Street: A History of the Securities and Exchange Commission and Modern Corporate Finance*, 3rd ed., Wolters Kluwer Law & Business, 2003, p.100.

② See William L. Cary, *Self-regulation in the Securities Industry*, American Bar Association Journal, Vol. 49:3, p. 244 – 247(1963).

③ "'自律组织'一词系指任何全国性证券交易所、注册证券协会或注册结算机构,或[仅为本标题第78(b)条、第78(c)条和第78w(b)1条之目的]根据本标题第78(o)条设立的市政证券规则制定委员会。"15 U. S. Code § 78c.

④ See Andreas M. Fleckner, *Stock Exchanges at the Crossroads*, Fordham Law Review, Vol. 74:5, p. 2541 – 2620 (2006).

⑤ See 15 U. S. Code § 78f.

⑥ 参见 NYSE 有关的公司上市规则和要求。*Listed Company Resources*, NYSE, https://www.nyse.com/get-started/reference.

⑦ See *Rules-All NYSE Group Exchanges*, NYSE, https://www.nyse.com/regulation/rules.

⑧ 根据《1934 年证券交易法》第六部分的规定,"证券交易所的组织形式和能力达到执行本法目的之要求[除 SEC 依照本法第17(d)条或第19(g)(2)条颁布的规则或命令外],能遵守且能要求其会员及与会员关联的人遵守本法、本法项下的规则、条例及交易所的规则"。同时,《NYSE 上市公司手册》第 202.04 条规定,"交易所通过其市场监察及评估部门,维持市场监察计划"。*NYSE Listed Company Manual*, NYSE, https://nyse.wolterskluwer.cloud/listed-company-manual; See 15 U. S. Code § 78f (b)(6).

年,SEC 依据《迈隆尼修正案》(Maloney Act Amendments)对《1934 年证券交易法》进行修正,批准全美证券交易商协会(National Association of Securities Dealers)注册为全国性证券行业协会。[1] 1994 年 11 月,全美证券交易商协会成立了一个独立工作委员会,全面总结会员公司的监管工作并且提出了一个改革方案。1995 年 9 月,全美证券交易商协会的独立工作委员会建议将纳斯达克(National Association of Securities Dealers Automated Quotations,NASDAQ)从全美证券交易商协会中剥离出去,两者各自独立运作。同时,为协调证券行业的自律管理,全美证券交易商协会与纽约证券交易所建立了伙伴关系,按照各自独立制定规则和独立组织实施的原则协调统一自律监管。1995 年,双方签署了一份谅解备忘录,确定了定期召开季度沟通会议,协调各自的监察工作,力争减少重复监管。[2] 2006 年,SEC 最终批准纳斯达克独立为一个全国性的证券交易所。如此一来,全美证券交易商协会就只剩下监管纳斯达克的相关业务了,成为了一个非营利行业自律组织。

(二)FINRA 的发展和监管能力

在美国证券市场发展历程中,随着经纪人数量的迅速增加,各种投诉也迅速增加并引起了国会的关注。特别是 1975 年联邦证券法律的修改,直接授予 SEC 对各种自律组织规则的批准权、介入自律管理的权力,并要求所有经纪商都要去自律组织注册。在时任主席阿瑟·莱维特(Arthur Levitt)的推动下,SEC 进一步加强了对自律组织的控制。[3]

2007 年,SEC 批准了全美证券交易商协会与纽约证券交易所会员监管、执法与仲裁部门的合并,建立了美国金融业监管局(The Financial Industry Regulatory Authority,FINRA),清除了两者交叠的监

---

[1] See Marc A. White,*National Association of Securities Dealers Inc.*,George Washington Law Review,Vol. 28:1,p. 250 – 265 (1959)。

[2] 有关美国证券行业组织研究的详细内容,参见王晓国、方园:《美国证券行业的组织创新及启示》,载《证券时报》2008 年 8 月 13 日,第 10 版。

[3] See William A. Birdthistle & M. Todd Henderson,*Becoming the Fifth Branch*,Cornell Law Review,Vol. 99:1,p. 21 (2013)。

管结构。① FINRA 的目标使命是投资者保护和市场诚信,其建立使美国证券行业的自律监管发生了重大变化,FINRA 被授予了对市场经纪商、交易商的监管权,②具体承担制定并执行美国注册经纪—交易商和经纪人的执业准则、监督上述准则执行、增强市场透明度和投资者教育这四大任务。③ 值得注意的是,FINRA 作为自律组织本身就有一定的资金来源,其 2020 年有 11.056 亿美元的收入,包括交易活动费、人事测评费、分支机构评估费等。④

目前,FINRA 是美国证券市场管理的重要组成部分,是保护投资者的重要行业自律机构。任何在美国向公众出售证券的公司和经纪商必须得到许可并通过 FINRA 注册,方得合法经营。FINRA 的会员监管(风险监督、运行调节和销售实践)部门,定期对所有的公司进行检查,以确定其是否符合 FINRA 规则、SEC 规则和市政证券规则制定委员会(MSRB)规则。在现代信息技术的帮助下,FINRA 可以更为有效地进行市场监管,其在较早时就自主开发了包括 DataGenerator、Extensions for WebDriver 和 Mock Service Layer 等在内的软件,借此对美国各类股权交易市场进行监督。2020 年,通过 FINRA 的积极努力,808 个注册个人和公司受到纪律处分,罚款总额为 5700 万美元并被责令赔偿了投资者 2520 万美元,清退了 2 家会员公司,暂停了 375 个经纪人并对 246 个经纪人予以市场禁入。此外,FINRA 还向 SEC 转交了超过 970 个涉嫌欺诈和内幕交易的案件线索,⑤可谓"战功赫赫"。

当然,FINRA 本身也是《1934 年证券交易法》下的自律组织,SEC

---

① See Jerry W. Markham & Daniel J. Harty, *For Whom the Bell Tolls*: *The Demise of Exchange Trading Floors and the Growth of ECNs*, Journal of Corporation Law, Vol. 33:4, p. 911 (2008).

② See 15 U.S. Code § 78o–3.

③ 参见美国金融业监管局官方网站对其成立背景、使命、监管内容、成效的具体介绍。*What We Do*, FINRA, http://www.finra.org/About/What-We-Do/.

④ See *2020 FINRA Annual Financial Report*, FINRA, https://www.finra.org/sites/default/files/2021-06/2020-annual-financial-report.pdf.

⑤ See *2020 FINRA Annual Financial Report*, FINRA, https://www.finra.org/sites/default/files/2021-06/2020-annual-financial-report.pdf.

可以对 FINRA 进行上位的监督，包括审议和批准 FINRA 的章程和运作模式。用罗伯塔·卡梅尔（Roberta Karmel）教授的话来说，FINRA 就是一种私人自律监管和政府监管的混合体，①甚至被戏称为政府的"第五部门"，②或者是"副 SEC"（Deputy SEC）。不过，根据前述豪威尔·杰克逊教授与斯塔夫罗斯·加迪尼斯（Stavros Gadinis）的研究，美国证券监管模式属于政府合作型，政府与自律组织分享监管权，两者的分工并不是非常精确，而是通过持续的沟通以灵活地应对各种情况。③

四、"吹哨人"及投资者对证券法治的推动

目前，在美国证券市场中，"吹哨人"和证券市场投资者在证券法治实践中发挥着重要的功能：一方面，举报制度对于美国内幕交易的阻遏起到了重要的作用。《多德-弗兰克法》建立了"吹哨人计划"（Whistleblower Program），积极鼓励公众揭发、检举证券发行人的违法行为，并依据查处金额的大小给予一定比例（10%～30%）的巨额奖励，极大激发了公众的监督热情。④ 重赏之下，SEC 的举报线索逐年增加，2015～2020 财政年度分别为 3923 条、4218 条、4484 条、5282 条、5212 条和 6911 条，2021 年暴涨至 12,210 条。在 2021 年的线索中，涵盖了约 25% 的市场操纵问题、16% 的公司信息披露及财务问题、16% 的发售欺诈问题和 6% 的交易及价格问题。其中，内幕交易的线索达到了 417 条，位列第 6 位。⑤ 为使这些线索提供得更具有针对性和审慎性，SEC 对线索提供人的身份、线索（限于原始信息）等作出诸多明确

---

① See Roberta S. Karmel, *Should Securities Industry Self-Regulatory Organizations be Considered Government Agencies?*, Stanford Journal of Law, Business & Finance, Vol. 14:1, p. 151 (2008).

② William A. Birdthistle & M. Todd Henderson, *Becoming the Fifth Branch*, Cornell Law Review, Vol. 99:1, p. 1-70 (2013).

③ See Stavros Gadinis & Howell E. Jackson, *Markets as Regulators: A Survey*, Southern California Law Review, Vol. 80:6, p. 1290-1298 (2007).

④ See 15 U.S. Code § 78u-6.

⑤ See *2021 Annual Report to Congress Whistleblower Program*, SEC, https://www.sec.gov/files/2021_OW_AR_508.pdf.

要求,并且建立了详细的内部评估程序(评审人员包括内部律师、执法部门员工和执法部门的审议员)来判断应该给予多少奖励。在2021财政年度,"吹哨人计划"对108个举报人进行了奖励,其中,向两名举报人提供了约1.14亿美元的奖金。①

另一方面,私人执法意义上的证券民事诉讼具有强大的威慑力。在默示加入和胜诉酬金的激励下,证券集团诉讼(securities class action)发挥了重要的阻遏效果,②成为集团诉讼制度运用最为广泛的领域之一。③ 图 4.1 对美国证券集团诉讼的统计显示,投资人在2020年共发起了334项证券集团诉讼。尽管这个数量已经不少,但回溯历史,20世纪90年代为防止日益增多的证券集团诉讼导致滥诉的局面,美国在1995年通过了《私人证券诉讼改革法》(Private Securities Litigation Reform Act),希望通过更多的程序和条件筛选来减少证券集团诉讼,不仅对滥诉设置了处罚条款,④而且要求法院对和解结案的律师诉讼费进行评估。从实施效果来看,根据斯蒂芬·崔(Stephen Choi)、凯伦·纳尔逊(Karen K. Nelson)、安德姆·普里查德(Adam Pritchard)教授的研究,尽管《私人证券诉讼改革法》在数量上对证券集团诉讼的遏制作用有限,但对什么是有价值的证券诉讼的选择难题确实发挥了一定筛选作用。由此,不少诉讼在《私人证券诉讼改革法》颁布后因未预先提交欺诈的确凿证据、原告律师的预期收益降低等被筛选出局。⑤

---

① See *2021 Annual Report to Congress Whistleblower Program*, SEC, https://www.sec.gov/files/2021_OW_AR_508.pdf.

② 参见郭雳:《美国证券集团诉讼的制度反思》,载《北大法律评论》2009年第2期。

③ See John C. Coffee, Jr., *Reforming the Securities Class Action: An Essay on Deterrence and Its Implementation*, Columbia Law Review, Vol. 106:7, p. 1534-1586 (2006).

④ See 15 U. S. Code § 78u-4.

⑤ See Stephen Choi, Karen K. Nelson & Adam Pritchard, *The Screening Effect of the Private Securities Litigation Reform Act*, Journal of Empirical Legal Studies, Vol. 6:1, p. 35-68 (2009).

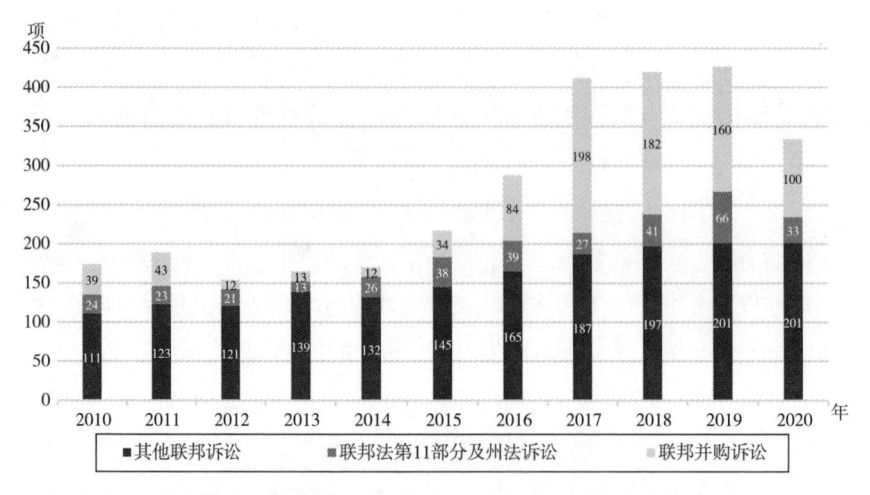

图 4.1 美国 2010～2020 年证券集团诉讼数量统计

资料来源：Cornerstone Research, *Securities Class Action Filings—2020 Year in Review*, Cornerstone Website, https://www.cornerstone.com/Publications/Reports/Securities-Class-Action-Filings-2020-Year-in-Review。

尽管证券集团诉讼广受争议，特别是其高额的社会成本和复杂的和解模式等问题，但集团诉讼对各种证券欺诈的惩治作用仍然显著。譬如，豪威尔·杰克逊教授认为，比起 SEC 等行政部门的公权力，私人执法的数量与金额不容小觑。[1] 约翰·科菲教授发现在不少著名的证券案件中，私人诉讼的和解金额几乎都超过 SEC 的和解金额（见表 4.2）。

表 4.2 美国著名案件公、私诉讼和解金额对比

单位：百万美元

案件名称	SEC 和解金额	集团诉讼和解金额
WorldCom, Inc.	750.0	6156.1
Computer Associates International, Inc.	225.0	128.6
Bristol-Myers Squibb Company	150.0	300.0

---

[1] See Howell E. Jackson, *Variation in the Intensity of Financial Regulation: Preliminary Evidence and Potential Implications*, Yale Journal on Regulation, Vol. 24:2, p. 280 (2007).

续表

案件名称	SEC 和解金额	集团诉讼和解金额
Symbol Technologies	37.0	102.0
Lucent Technologies, Inc.	25.0	517.2
I2 Technologies, Inc.	10.0	87.8
Gemstar-TV Guide International, Inc.	10.0	92.5
Homestore, Inc.	5.0	78.0
Measurement Specialties, Inc.	1.5	8.1

资料来源：John C. Coffee, Jr., *Reforming the Securities Class Action: An Essay on Deterrence and Its Implementation*, Columbia Law Review, Vol. 106:7, p. 1543（2006）。

具体到内幕交易私人诉讼，正如本书第八章第四节将要讨论的那样，由于内幕交易民事赔偿的特殊问题——因果关系，**美国司法机构对内幕交易民事诉讼的态度尚未统一和明确**，私人执法的效果恐怕较为有限。表4.3中的统计显示，在2016年至2020年，投资者提起内幕交易集团诉讼的占比分别仅为10%、3%、5%、5%和4%，更遑论大量案件以和解结案。

表4.3 美国2016～2020年证券集团诉讼核心类型统计

核心联邦立案中的指控[1]	申请诉讼占比/%[2]				
	2016年	2017年	2018年	2019年	2020年
基于规则10b-5的索赔	94	93	86	87	85
基于第11部分的索赔	12	12	10	16	10
基于第12(b)部分的索赔	6	4	10	7	11
财务文件中的虚假陈述	99	100	95	98	90
虚假的前瞻性陈述	45	46	48	47	43
公司内部交易	10	3	5	5	4
会计违规行为	30	22	23	23	27
财务重述	10	6	5	8	5
内控不足	21	14	18	18	18
宣布内控不足[3]	7	7	7	10	7

续表

核心联邦立案中的指控	申请诉讼占比/%				
	2016 年	2017 年	2018 年	2019 年	2020 年
承销商被告	7	8	8	11	9
审计师被告	2	0	0	0	0

资料来源：Cornerstone Research, *Securities Class Action Filings—2020 Year in Review*, https://www.cornerstone.com/Publications/Reports/Securities-Class-Action-Filings-2020-Year-in-Review.pdf。

1. 此处所谓"核心联邦立案中的指控"是指排除了前述联邦并购相关案件之外的其他案件。

2. 百分比加起来不等于100%的原因在于起诉有时包括多项指控。

3. 首次确认的起诉包括对内部控制缺陷的指控，并指在诉讼期间或之后该公司在财务报告方面有内部控制缺陷的声明。

第三节　我国内幕交易治理的结构框架

一、作为监管机构之一的证监会

（一）曾作为"国务院直属事业单位"的证监会

在2023年第十四届全国人民大表大会第一次会议审议通过国务院机构改革方案之前，证监会的定位与职能配置和传统的行政机关有很多的不同。证监会从设立时就被定位为事业单位，但又与一般事业单位不同，[①]证监会并不从事科技、文化、卫生和教育等典型的事业单位活动，这使其与之后《事业单位登记管理暂行条例》的规定有所差异。王建文教授认为证监会名称后缀为"委员会"，这种名称之前并不存在于国家行政机构的命名方式中，这种"良苦用心"可能在于试图建

[①] 事业单位是"指国家为了社会公益目的，由国家机关举办或者其他组织利用国有资产举办的，从事教育、科技、文化、卫生等活动的社会服务组织。事业单位依法举办的营利性经营组织，必须实行独立核算，依照国家有关公司、企业等经营组织的法律、法规登记管理"。《事业单位登记管理暂行条例》（2004 修订）（中华人民共和国国务院令第 411 号）第 2 条。

立一个独立规制机构,①以符合世界证券监管的潮流。② 但无论如何,曾作为事业单位的证监会在市场的监管中有两个方面的历史发展问题值得关注。

一方面,如董炯和彭冰教授所论,证监会法定地位在规范层面需要进一步明确。③ 早在《证券法》出台之前,证监会就已经成立了。根据"1998年三定方案"的规定,证监会是全国证券、期货市场的主管部门,但"1998年三定方案"是国务院的规范性文件,并非法律或法规。单从法律规范的文字表述上来看,《证券法》并未从法律上单独地授权证监会承担证券市场管理职能,而是规定"国务院证券监督管理机构依法对全国证券市场实行集中统一监督管理"。实际上,中国人民银行、国家发展和改革委员会、财政部、司法部及早先的中国银行业监督管理委员会和中国保险监督管理委员会等部门也有一定的证券市场监管的职权。④ 彭冰教授发现了"1998年三定方案"中的证监会与《证券法》中的"国务院证券监督管理机构"有所不同。譬如,1998年《证券法》规定国务院证券监督管理机构应依法对资信评估机构进行监管,⑤而"1998年三定方案"中却无对该职能的相应规定;⑥又如,"1998年三定

---

① 参见王建文:《中国证监会的主体属性与职能定位:解读与反思》,载《法学杂志》2009年第12期。

② 据科林·斯科特教授观察,自20世纪70年代以来,独立规制者的数量激增,早在2007年时,在一项涉及720个独立规制者的个案研究领域中,有将近3/4存在独立规制机构,不少研究也认为这体现了政府强化规制的政策与实践。参见[英]科林·斯科特:《规制、治理与法律:前沿问题研究》,安永康译,清华大学出版社2018年版,第345~346页。

③ 参见董炯、彭冰:《公法视野下中国证券管制体制的演进》,载罗豪才主编:《行政法论丛》第5卷,法律出版社2002年版。

④ 譬如,2008年《银行间债券市场非金融企业债务融资工具管理办法》的出台,政府进一步扩展了银行间市场的证券产品,推出了中期票据,中国银行间市场交易商协会自律管理下的市场全面推行注册制,极大改变了企业投融资偏好并获得了市场的积极反馈,而该协会正是由中国人民银行主管。参见董云峰:《中国债市大革命》,载微信公众号"债市观察"2013年12月1日,https://mp.weixin.qq.com/s/1iWtRe1HDnAIP5glgZj4eg。

⑤ 1998年《证券法》第167条第3项规定:"依法对证券发行人、上市公司、证券交易所、证券公司、证券登记结算机构、证券投资基金管理机构、证券投资咨询机构、资信评估机构以及从事证券业务的律师事务所、会计师事务所、资产评估机构的证券业务活动,进行监督管理。"

⑥ 参见董炯、彭冰:《公法视野下中国证券管制体制的演进》,载罗豪才主编:《行政法论丛》第5卷,法律出版社2002年版。

方案"要求证监会会同中国人民银行等部门制定有关市场机构、人员的从业资格,但当时《证券法》却未强调部门之间的协同。因而,仅从文字上来看,《证券法》规定的"国务院证券监督管理机构"并不当然仅指证监会。朱锦清教授也认为,《证券法》实在没有必要用"国务院证券监督管理机构"这一名称,这实属遗憾。①

另一方面,曾作为事业单位的证监会在履行职能时亦面临诸多方面的衔接困惑。首先就是证监会的规则制定和解释的权力。根据此前《立法法》第80条的规定,具有行政管理职能的直属机构,可以在授权范围内制定规章。② 那么,证监会是不是"具有行政管理职能的直属机构"? 从国务院组成体系来看,"国务院直属机构"涵括中华人民共和国海关总署、国家税务总局、国家市场监督管理总局等机构,与"国务院直属事业单位"(如中国科学院、新华社等)为并列关系,那么严格来说,作为"国务院直属事业单位"的证监会到底有无规章的制定权呢? 这个问题是值得讨论的。尽管笔者意识到这些有关证监会性质的论述似乎并不够"实用"。但是,稳定性、清晰性、非内在矛盾性等法律的内在道德属性都要求我们的证券法律不能出现上述的解释困境。因此,从我国证监会的组织方式来看,尽管证监会曾存在事业单位与行政职权兼有的特殊性,但如高西庆教授所论,证监会的证券监管权仍然属于一般国家行政权的范畴。③ 值得欣喜的是,2023年国务院机构改革已将证监会调整为国务院直属机构,有效解决了上述难题。

(二) 作为"证券监督管理机构之一"的证监会

证监会诞生之时,正逢证券市场各种实验方兴未艾之时,中国人民银行、各地地方政府等都在不同程度上与证监会分享着证券市场监管

---

① 参见朱锦清:《证券法学》(第4版),北京大学出版社2019年版,第350页。
② "国务院各部、委员会、中国人民银行、审计署和具有行政管理职能的直属机构,可以根据法律和国务院的行政法规、决定、命令,在本部门的权限范围内,制定规章。"《立法法》(2015修正)第80条第1款。
③ 参见高西庆:《论证券监管权——中国证券监管权的依法行使及其机制性制约》,载《中国法学》2002年第5期。

的权力。即便是对于最重要的证券交易所的监管,直到1997年国务院将上海证券交易所、深圳证券交易所直接划归证监会管理之后,证监会才逐渐获得了对证券市场的实际行政管辖权、人事任免权和组织领导权,[1]而彼时证监会已经成立了数年之久。直到今天,证监会仍然与多家金融监管单位共同承担着证券市场监管职责。

在诸多中央政府机构中,中国人民银行在证券市场的监管与发展中同样扮演着重要角色。回顾我国早期证券市场建设历程,这一现象就已存在。一方面,在股票发行方面,在《股票发行暂行条例》之前,上海、深圳两地的证券发行都是由当地中国人民银行分行负责。另一方面,在债券发行和监管中,中国人民银行现在仍然扮演着重要的角色。如前所述,中国人民银行予以批准设立的全国统一同业拆借市场的成员,可在银行间债券市场交易,这个债券市场由中国银行间市场交易商协会自律管理。[2] 不仅如此,中国人民银行作为国务院组成部门,在资本市场中享有很大的话语权,尤其是可以通过宏观货币政策的调整来调节证券市场运行,其在职能中特别强调了要"负责防范、化解系统性金融风险,维护国家金融稳定与安全",并且"密切关注货币市场与房地产市场、证券市场、保险市场之间的关联渠道、有关政策和风险控制措施,疏通货币政策传导机制"。[3] 例如,在上海与香港股票市场交易互联互通机制(以下简称沪港通)的落实过程中,中国人民银行与证监会共同规范相关资金的流动。[4] 由此,中国人民银行可以通过控制货币供给量的大小来控制证券交易的规模,防范两地证券市场估值不同

---

[1] 参见陆一:《陆一良心说股事:你不知道的中国股市那些事》,浙江大学出版社2013年版,第204~206页。

[2] 目前,为促进银行间债券市场与交易所债券市场互联互通业务,上海证券交易所、深圳证券交易所、全国银行间同业拆借中心等在2022年1月20日联合发布了《银行间债券市场与交易所债券市场互联互通业务暂行办法》,其能否有效促进我国债券市场的统一仍需进一步观察。

[3] 此外,其还需要"促进银行、证券、保险三大行业的协调发展和开放"。《中国人民银行历史沿革》,载中国人民银行,http://www.pbc.gov.cn/rmyh/105226/105433/index.html。

[4] 参见《中国人民银行、中国证券监督管理委员会关于沪港股票市场交易互联互通机制试点有关问题的通知》(银发〔2014〕336号)(已失效)。

可能导致的金融风险。更加宏观来看,中国人民银行及其管理的国家外汇管理局所制定的存款准备金率水平、利率水平、人民币汇率水平、外汇政策等,都与证监会的诸多管理行为密切相关,尤其对证券二级市场的交易水平和国内外资本流动影响巨大。

除中国人民银行之外,根据《证券法》和"1998 年三定方案",证监会需要与财政部、司法部、早先的中国银行业监督管理委员会和中国保险监督管理委员会进行合作。[①]

第一,从与司法部之间的协作来看,尽管 2002 年《中国证券监督管理委员会、司法部关于取消律师及律师事务所从事证券法律业务资格审批的通告》废除了律师、律师事务所从事证券法律资格的审批项目,但强调了司法部对律师从事证券法律业务行为的监管,要求加大事中监管力度,增强事后惩罚强度。[②] 2007 年,证监会和司法部共同制定了《律师事务所从事证券法律业务管理办法》[③],对律师事务所的业务范围、业务规则、法律意见、监督管理和法律责任作出规定。由此,证监会及其派出机构、司法行政机关及律师协会都拥有了对律师事务所从事证券业务不同程度的监管权。[④]

第二,从证监会与财政部的协作来看,两者的协作更为紧密。究其原因,会计规则的重要性不言而喻,其不仅是对上市公司进行市场约束

[①] 2018 年 3 月,第十三届全国人民代表大会第一次会议表决通过了关于国务院机构改革方案的决定,设立中国银行保险监督管理委员会,不再保留中国银行业监督管理委员会及中国保险监督管理委员会。参见《中国银行保险监督管理委员会职能配置、内设机构和人员编制规定》,载中国政府网,www. gov. cn/zhengce/2018 - 11/13/content. 5339932. htm? trs = 1。2023 年国务院机构改革后,在中国银行保险监督管理委员会基础上组建国家金融监督管理总局,证监会投资者保护职责也划入该局。参见《国务院机构改革方案》,载中国政府网,www. gov. cn/xinwen/2023 - 3/11/content_5745977. htm。

[②] "中国证监会与司法部将通过制定管理规范和标准,完善监管手段,加大事中检查、事后稽查处罚力度等措施,进一步加强对律师及律师事务所从事证券法律业务活动的监督和管理。"

[③] 中国证券监督管理委员会、司法部令第 41 号。

[④] 《律师事务所从事证券法律业务管理办法》第 5 条规定:"中国证券监督管理委员会(以下简称中国证监会)及其派出机构、司法部及地方司法行政机关依法对律师事务所从事证券法律业务进行监督管理。律师协会依照章程和律师行业规范对律师事务所从事证券法律业务进行自律管理。"

的重要工具,而且是提高信息质量要求的基础所在。[1] 1993 年,《财政部、中国证券监督管理委员会关于从事证券业务的会计师事务所注册会计师资格确认的规定》[2]即规定了对从事证券业务的会计师事务所和注册会计师的执业资格进行审核和监督。2006 年,证监会通过了《中国证券监督管理委员会关于证券公司执行〈企业会计准则〉的通知》[3],要求证券公司执行财政部会计准则。2014 年,财政部、证监会协作完成了对证券资格会计师事务所新一轮的资格认证,发布了《全国证券资格会计师事务所名单》。[4]

第三,从证监会与此前中国银行保险监督管理委员会的协作来看,其共同监管金融机构的证券投资行为。譬如,2014 年中国人民银行、国家外汇局、证监会及早先银监会、保监会共同发布的《中国人民银行、中国银行业监督管理委员会、中国证券监督管理委员会、中国保险监督管理委员会、国家外汇局关于规范金融机构同业业务的通知》[5],对买入返售(卖出回购)业务进行了规定,规定该业务下的金融资产为银行承兑汇票、债券、央票等在银行间市场、证券交易所市场交易的具有合理公允价值和较高流动性的金融资产。随着国家金融监督管理总局的成立,两者新的协作内容或将有所变化,值得关注。

需要说明的是,在我国目前的证券市场监管的模式下,上述各个政府监管机构不是一个无缝连接的单一实体,而是由众多部门管理所形成多部门的合作格局,这进一步使得很多职能的履行可能面临合作与协同问题,进而引致全球主要资本市场皆存在的关于机构监管的个别难题。正因如此,证券监管部门合作问题同样困扰着高效行政和证券法律体制。在此前对 2019 年《证券法》草案的讨论中,证监会极力主

---

[1] 参见刘俊海:《现代公司法》(第 2 版),法律出版社 2011 年版,第 739 页。
[2] 〔93〕财办字第 5 号。
[3] 证监会计字〔2006〕22 号。
[4] 《财政部、中国证券监督管理委员会公告 2014 年第 13 号 全国证券资格会计师事务所名单》。
[5] 银发〔2014〕127 号。

张功能监管,①提出银行、保险、证券行业的监管机构应根据金融产品自身的性质来划分监管权限。若真如此,只要是属于证券范畴的机构、业务、产品、从业者,都将在《证券法》的司法管辖权之内。② 不难想象,彼时各个部门、机构之间会对权限划分产生争议。

二、方兴未艾的证券案件司法裁判

1994 年至 2006 年,各类刑事、民事与行政诉讼数量稳步增长,但与其他纠纷解决情况相比,法院的作用还是有限的。③ 郝山教授对上海法院 1992 年至 2008 年商事审判的实证研究显示,上市公司相关的公司法案例很少。④ 在证券民事诉讼领域,从 2002 年放开证券虚假陈述的民事诉讼至 2011 年,黄辉教授统计发现,我国只有 65 件有关虚假陈述的民事诉讼。⑤ 此后,根据徐文鸣副教授的统计,在 2013 年 11 月至 2016 年 9 月,剔除内容为管辖权争议的民事裁定书后,该期间的虚假陈述民事赔偿诉讼共涉及 33 名被告和 2240 名投资者,平均占上市公司股东总数的 0.25%。在这些案件中,仅有 20 件诉讼涉及 10 名以上的原告,除佛山电器照明虚假陈述案之外,剩余 19 件案例中投资者平均每人获得了 0.96 万元损害赔偿。⑥ 近几年来,我国证券虚假陈述

---

① 在金融领域,这种监管最早在美国《金融服务现代化法》(Financial Service Modernization Act)中确立,该法案也称为《格拉姆—利奇—布利利法》(Gramm-Leach Bliley Act)。See James A. Leach, *Introduction: Modernization of Financial Institutions*, The Journal of Corporation Law, Vol. 25:4, p. 681–690 (2000).

② 参见《知情人士曝光"证券法"修订草案 称证监会将大扩权 管辖权可能插入财政部、银监会和保监会》,载《现代快报》2014 年 3 月 13 日,A15 版。

③ See Benjamin L. Liebman, *China's Courts: Restricted Reform*, The China Quarterly, Vol. 191, p. 620–638 (2007).

④ See Nicholas Calcina Howson, *Corporate Law in the Shanghai People's Courts*, 1992–2008: *Judicial Autonomy in a Contemporary Authoritarian State*, East Asia Law Review, Vol. 5:2, p. 400–413 (2010).

⑤ Robin Hui Huang, *Private Enforcement of Securities Law in China: A Ten-Year Retrospective and Empirical Assessment*, The American Journal of Comparative Law, Vol. 61:4, p. 764 (2013).

⑥ 参见徐文鸣:《证券民事诉讼制度实施效果的实证研究——以虚假陈述案件为例》,载《证券市场导报》2017 年第 4 期。

案件不断增加,更出现了诸多代表性案例①,如方正证券股份有限公司及北大方正集团有限公司、浙江祥源文化股份有限公司、江苏保千里视像科技集团股份有限公司所涉证券虚假陈述责任纠纷等。2022 年 1 月 22 日,《最高人民法院关于审理证券市场虚假陈述侵权民事赔偿案件的若干规定》(以下简称《审理证券虚假陈述侵权民事赔偿案件规定》)②正式实施,我国虚假陈述的民事诉讼将迎来新的发展。

但令人忧虑的是,内幕交易与操纵市场民事赔偿诉讼面临着更多挑战。直至今日,如第八章第四节所述,**因内幕交易而提起的、可查的民事诉讼仅有数例**,而从操纵市场民事赔偿诉讼的情况来看,目前可查的包括程某水及刘某泽操纵中核钛白民事赔偿案、王某强诉汪某某等操纵中信银行等股价民事赔偿案、③鲜某操纵证券交易市场责任纠纷案和恒康医疗集团股份有限公司操纵市场案等,数量总体较为有限。若长此以往,司法机关在我国证券法治中的角色与作用恐怕会受到制约。④

究其原因,一方面,这与世界范围内成文法国家的一般司法体制特征有关。成文法国家并不流行当事人通过自由缔约来界定、保护自己权利的做法,而更看重依照事先制定的法律规则来处理案件。客观而论,成文法不可能事先将证券各种违法违规的新型欺诈行为进行预判和区分,而往往只是一些黑白分明的所谓明线规则(bright line rule),当这些规则被用于保护投资者时就显得比较僵硬,有时难以及时有效

---

① 这些案例都是同一被告、同一虚假陈述事实所致的系列案件,相关判决如张某、方正证券股份有限公司证券虚假陈述责任纠纷二审民事判决书,(2020)湘民终 582 号;浙江祥源文化股份有限公司、赵某证券虚假陈述责任纠纷二审民事判决书,(2021)浙民终 24 号;刘某森、江苏保千里视像科技集团股份有限公司证券虚假陈述责任纠纷二审民事判决书,(2018)粤民终 2419 号。
② 法释〔2022〕2 号。
③ 参见刘俊海、宋一欣主编:《中国证券民事赔偿案件司法裁判文书汇编》,北京大学出版社 2013 年版,第 20~21 页。
④ 关于证券民事诉讼部分,可详细参见笔者参写的《证券法学》教材第七章第四节之民事诉讼部分。参见邢会强主编:《证券法学》(第 2 版),中国人民大学出版社 2020 年版,第 154~160 页。

地制止新型和复杂的内幕交易行为。① 但庆幸的是,最高人民法院司法解释、指导性案例制度和立案登记制度改革等,正在为司法审判提供更加丰富的规则支撑。另一方面,这与我国法官的培养和选拔方式密切相关。目前来看,我国金融商事领域中很多法官只有法律专业单一背景,②对商业与财经知识缺乏充分掌握,使其不容易理解作为商法特别法的证券法,更遑论现在各种证券衍生品已是各类知识高度复合的产物。③ 公允而言,成文法国家法官选拔往往都面临此种难题,虽然各国有差异,但谋取司法职位是法学院毕业生可能的职业选择之一,而通过其他途径进入司法界的情况比较少见。④ 进一步而言,即便对资深的法官来说,如果其没有先期的资本市场实践或审判经验,恐怕仍然无法作出合适的裁判。⑤ 因此,随着金融市场的不断发展与技术的更新,如果现今的法官选任和培训机制不发生改变,而单纯以金融法庭这样的特别安排来处理,恐怕仍然不利于深入彻底地解决此项难题。

---

① 参见缪因知:《法律如何影响金融:自法系渊源的视角》,载《华东政法大学学报》2015年第1期。

② 从法学院教育的角度来看,证券法在法学教育中不是核心课程。即便有一天成为核心课程,短短十几节课恐怕也无法让学生有深刻的理解。加上在我国传统的法学教学中,课堂往往以教材、概念为中心,正如苏力教授所说的那样,"法学教育基本上停留在理论分析、法律诠释,因此距离司法实践的要求差距较大"。尽管我国一直在探索法学教育的新机制、新方法,但社会所急需的、具有较高人文素养与较高司法技能的高端人才仍然供给不足,更遑论其具备扎实金融与证券法学知识与较强实践技能的人才。参见苏力:《当代中国法学教育的挑战与机遇》,载《法学》2006年第2期;江国华:《法学本科教育改革研究》,载《河北法学》2012年第4期;《教育部、中央政法委员会关于实施卓越法律人才教育培养计划的若干意见》(教高〔2011〕10号)。

③ 对法官来说,经济知识也是其最需要掌握和运用的,但这不意味着法官要成为经济学家,美国证券市场的设计者詹姆斯·兰迪斯也认为监管机构在证券领域比法院更能够发挥作用。参见侯猛:《司法的运作过程:基于对最高人民法院的观察》,中国法制出版社2021年版,第134、164~165页。

④ 参见[美]约翰·亨利·梅利曼、[委]罗格里奥·佩雷斯·佩尔多莫:《大陆法系》(第3版),顾培东、禄荻枫译,法律出版社2021年版,第42页。

⑤ See Gu Weixia, *Securities Arbitration in China: A Better Alternative to Retail Shareholder Protection*, Northwestern Journal of International Law & Business, Vol. 33:2, p. 297 (2013).

未来在证券纠纷领域,我们或可探索更加灵活的选拔机制。美国特拉华州法官在公司法领域享有盛誉,这与其特别的遴选程序密切相关。特拉华州法官有着强烈的商业敏感度,不仅使其案件审判水平得到了保障,而且也借此吸引了更多优秀的公司、律师和法官参与其中,[1]长此以往,形成了良性循环。美国联邦巡回法院、联邦最高法院同样都有其国内最为出色的法律人。美国法官能够相对好地处理复杂金融商事法律问题,[2]与其法官的培养与选拔模式有关,美国法官通常具有十几年甚至二十余年的律师经验,[3]这使联邦地区法官在初次获得任命时的平均年龄约是 50 岁,而联邦巡回法院法官则约是 53 岁。[4] 由此,他们丰富扎实的、真刀实枪的法律经验,使其在担任法官之后能够更加从容地对待复杂的社会问题,有助于提升其专业性、"向前看"能力和公正性。

三、市场自律机制的构成与发展

(一)证券交易所的自律管理

在证券市场的监管中,政府机构无法要求市场主体将所有的信息都呈交给监管机构,而且客观来看,场内、场外所有的交易信息也不是证监会一个监管主体就能够消化得了的。[5] 因此,除却正式的政府监

---

[1] 参见罗培新:《揭开特拉华州"公司法神话"的面纱——兼及对我国公司立法的启示》,载《中外法学》2004 年第 1 期。

[2] 在美国次贷危机中,繁复的证券衍生品给美国资本市场带来了多米诺效应,当泡沫破碎之后,SEC 迅速启动了强大的执法武器,起诉了包括高盛在内的诸多巨头,美国法院对这些复杂的金融产品显得相对从容,尽管这些衍生品涉及最前沿的金融与证券产品创新。举例而言,在高盛案中,SEC 在起诉书中称,保尔森对冲基金公司于 2007 年曾经让高盛开发并且销售一款基于次贷业务的合成抵押债务债券(名为 ABACUS 2007 – AC1),但是高盛却没有及时对外披露保尔森对冲基金在其中的角色。参见杨东:《论金融衍生品消费者保护的统合法规制——高盛"欺诈门"事件的启示》,载《比较法研究》2011 年第 5 期。

[3] 参见最高人民法院中国应用法学研究所编:《美英德法四国司法制度概况》,人民法院出版社 2008 年版,第 52~53 页。

[4] 参见全亮:《美国法官任用制度及其借鉴》,载《求索》2013 年第 8 期。

[5] See Saule T. Omarova, *Rethinking the Future of Self-Regulation in the Financial Industry*, Brooklyn Journal of International Law, Vol. 35:3, p. 665 – 706 (2010).

管机构,还有许多准政府机构,包括证券交易所和证券业行业协会等,他们作为自律组织参加市场监管。证券交易所的出现正是为了降低交易者的交易成本,更快地撮合交易,[1]提升股票的价值与流动性。[2] 目前,我们的证券交易所的自律管理尚待继续激活。

一方面,上海证券交易所、深圳证券交易所自律权力相对有限。尽管他们对收入有分配权,但更根本性的一些监管权力,仍旧由证监会和国务院行使。[3] 回顾过去,证券交易所经历了"自主管理—地方政府管理—中央地方政府双重管理—中央直接管理"的阶段,在最早期运作中,证券交易所理事会、总经理任期、身份限制、副总经理人数等情况与法律法规的规定相比,一度有不尽一致的地方,[4]自律监管权限的缺乏使得证券交易所在运行管理中有时捉襟见肘。

另一方面,证券交易所之间的竞争限制可能制约了自律监管水平的不断提高。从域外实践来看,美国证券交易所数量较多,尽管纽约证券交易所传统上占据主导地位,但纳斯达克后来居上,在全球交易所市值中位列第一,还有迅速发展的各种另类交易系统(alternative trading system,ATS)。[5] 在我国,随着1999年18个省市的41个违法股票交易场所和29家证券交易中心的撤销,[6]很长一段时间以来,我们只有

---

[1] See Daniel R. Fischel, *Organized Exchanges and the Regulation of Dual Class Common Stock*, The University of Chicago Law Review, Vol. 54:1, p. 119 – 152(1987).

[2] 在证券交易中,流动性正是股票的全部,流动性的提高将使证券被更快地、以更低成本交易,进而提高市场的有效性,这对新兴国家的证券市场尤其重要。证券交易所的表现将直接影响证券市场的流动性和治理,而其所拥有的自律管理的权力,正是其生命力所在。参见方流芳:《证券交易所的法律地位——反思"与国际惯例接轨"》,载《政法论坛》2007年第1期。

[3] 例如,《证券法》(2019修订)第99条第2款规定:"设立证券交易所必须制定章程。证券交易所章程的制定和修改,必须经国务院证券监督管理机构批准。"第102条第2款规定:"证券交易所设总经理一人,由国务院证券监督管理机构任免。"

[4] 参见陆一:《陆一良心说股事:你不知道的中国股市那些事》,浙江大学出版社2013年版,第269~270页。

[5] See Louis Loss, Joel Seligman & Troy Paredes, *Securities Regulation* VII, 4th ed., Wolters Kluwer, 2012, p. 411 – 423.

[6] 参见陆一:《陆一良心说股事:你不知道的中国股市那些事》,浙江大学出版社2013年版,第188页。

上海证券交易所、深圳证券交易所、全国中小企业股份转让系统是全国性的股票交易所,国务院新近批准设立的我国第一家公司制证券交易所——北京证券交易所——刚刚投入运营。① 但值得注意的是,上述证券交易所之间的竞争相对有限,例如,北京证券交易所开宗明义地宣称其"与沪深交易所、区域性股权市场坚持错位发展与互联互通,发挥好转板上市功能",并且"与新三板现有创新层、基础层坚持统筹协调与制度联动,维护市场结构平衡"。在此种背景下,证券交易所在自律监管方面难以获得充分的内在激励来开展竞争,不利于实现朝上竞争(racing to the top)的长远目标。②

(二)证券行业协会的自律管理

从域外的经验来看,自律监管中另外一个重要主体是证券业行业协会,③如我国的证券业协会或美国的 FINRA。根据《证券法》(2019修订)的规定和证券业协会自身的定位描述,作为一个自律性组织,中国证券业协会在国家对证券业实行集中统一监督管理的前提下,进行证券业的自律管理。④

目前,我们的证券业协会将证券市场的各类主体涵括在内,如各证券公司、证券投资咨询机构、证券资信评级机构、证券公司另类投资子公司、证券交易场所、金融期货交易所、证券登记结算机构、证券投资者

---

① 参见《坚持错位发展、突出特色建设北京证券交易所 更好服务创新型中小企业高质量发展》,载证监会 2021 年 9 月 2 日,http://www.csrc.gov.cn/csrc/c100028/c525daa663bb743dbbe85596fc31fbd99/content.shtml。

② See John C. Coffee, Jr., *Racing Towards the Top? The Impact of Cross-Listings and Stock Market Competition on International Corporate Governance*, Columbia Law Review, Vol. 102:7, p.1757 – 1831 (2002).

③ 除中国证券业协会以外,我国还有其他证券自律监管机构,如上文提到的中国人民银行下辖的中国银行间市场交易商协会。通过阅读中国银行间市场交易商协会的章程,我们也可以发现其直接接受中国人民银行的业务指导和监督管理,包括理事长选举、秘书长选举和章程修订等重大事项,都由中国人民银行批准。

④ "在国家对证券业实行集中统一监督管理的前提下,进行证券业自律管理;发挥政府与证券行业间的桥梁和纽带作用;为会员服务,维护会员的合法权益;维持证券业的正当竞争秩序,促进证券市场的公开、公平、公正,推动证券市场的健康稳定发展。"《中国证券业协会简介》,载中国证券业协会,https://www.sac.net.cn/ljxh/xhjj/201203/t20120327_362.html。

保护基金公司、融资融券转融通机构等。① 然而,我国证券业协会的功能发挥却相对有限,主要集中于教育和组织会员及其从业人员遵守证券法律及行政法规,督促会员开展投资者教育和保护活动,制定和实施证券行业自律规则和业务规范,制定证券从业人员道德品行及专业能力水平标准,对会员之间及会员与客户之间发生的证券业务纠纷进行调解,对网下投资者、非公开发行公司债券、场外市场及场外衍生品业务进行自律管理,组织开展证券业国际交流与合作等方面。较之于前述 FINRA 的市场监管和监控功能,两者呈现较大差异。②

究其原因,我国证券业协会自 1991 年成立之后,在很长一段时间内,为避免与证券交易所的监管重叠,将重点放在了宣传、教育和协调等方面。③ 即便目前证券业协会已有一些自律监管的权力,也相对较少行使,往往采用通报批评和公开谴责的方式。从公开资料来看,尽管近年来暂停执业或注销执业资格的数量增多,但整体的自律监管案例仍然很少。因此,我国证券业协会的作用空间仍然有待进一步扩大。

第四节 以我为主,为我所用

面对我国蓬勃发展但仍有不少问题的证券市场,面对中美两国社会经济制度、司法制度与证券市场制度的诸多不同,美国哪些制度具有借鉴的共通性和可能性?我们可以适当向美国学习什么?哪些教训需加以避免?他山之石,如何攻玉?笔者尝试从以下六个方面对前述内

---

① 《中国证券业协会章程》(2021 修订)第 11 条规定:"经证监会批准设立的证券公司应当在设立后加入协会,成为法定会员。"第 12 条规定:"依法从事证券市场相关业务的证券投资咨询机构、证券资信评级机构、证券公司私募投资基金子公司、证券公司另类投资子公司等机构申请加入协会,成为普通会员。"第 13 条规定:"下列机构申请加入协会,成为特别会员:(一)证券交易场所、金融期货交易所、证券登记结算机构、证券投资者保护基金公司、融资融券转融通机构;(二)各省、自治区、直辖市、计划单列市的证券业自律组织;(三)依法设立的区域性股权市场运营机构;(四)协会认可的其他机构。"

② 相较于之前的《中国证券业协会章程》,2021 年 7 月 20 日民政部核准生效的章程涵盖了不少新的职责事项。

③ 参见朱锦清:《证券法学》(第 4 版),北京大学出版社 2019 年版,第 367 页。

容稍加总结：

第一，美国较为实质的合作治理模式可以适当参考。从目前《证券法》来看，理论上证监会、证券交易所、证券业协会等共同承担着合作治理的责任，但在实践中，证券交易所和证券业协会变成了政府职能的一种延伸。从最新的动向上来看，证券监督管理机构在逐渐加大对证券交易所的重视程度。例如，在信息监察及委托调查方面，证监会与证券交易所的合作日渐紧密。又如，全面注册制之下证券交易所目前在股票发行中已承担了证券首次上市发行的审核工作，这皆是多元治理的契机所在。对我国证券交易所而言，面对现在日益激烈的全球资本市场竞争，基于市场和声誉的需要，证券交易所同样有自律管理的内在动力。当然，如果进一步开放国内证券交易所的竞争，这种内在激励将有利于促进证券交易所自己来加强监管，强化自身的自律机制和处罚机制。此外，对证券业协会来说，假如《证券法》赋予其更多的资源，证券业协会同样有可能成为出色的自律管理机构，借此维护证券从业机构、人员的合法权利，表达其利益诉求，不断通过自律监管来使监管机构放心放权，最终成为市场监管的重要防线。

第二，我们可以强化证券行政执法制度，但这需要在一定程度上克服严格授权立法与多部行政法律的限制。美国 SEC 作为独立规制机构，其在规则制定、解释、调查与处罚方面拥有充分的权力，同时，其也受到法院的司法审查与国会的监督。这一点我国同样要加以关注。具言之，作为国务院直属机构的证监会，很多权力实施都需要靠拢到《行政处罚法》等基本行政法上，更受到《立法法》法律保留原则及严格授权立法（实体性控制立法模式）的约束。《证券法》对证监会授权不尽如人意，使目前的证券监管仍然有些"束手束脚"。当然，强大的证监会不仅体现在规则制定权上，同时其需要获得更多的监管资源，特别是优质人才与更多的财政预算，而且笔者相信借助反腐败工作的深入和不断优化组织管理机制，这些经费与人力资源能够用在刀刃上。

第三，我们可以尝试继续深入开展证券民事诉讼的改革。证券集团诉讼对美国证券市场来说非常重要，与 SEC 执法共同建构出广阔的执法版图,私人诉讼下和解金额、赔偿金额更是不容小觑。根据先前2003年我国《最高人民法院关于审理证券市场因虚假陈述引发的民事赔偿案件的若干规定》第14条的规定,人数不确定的代表诉讼尚不能直接适用于证券市场民事诉讼案件,①且风险代理也不能适用于证券民事诉讼,加上证券民事诉讼现实中还曾有诉讼前置条件、法院管辖权选择等限制,内幕交易民事诉讼案件数量较少。不过,目前《证券法》(2019修订)第95条第3款以投资者保护机构代"经证券登记结算机构确认的权利人依照前款规定向人民法院登记"的方式,迂回地实现了中国式的集团诉讼。不过,现阶段只能由投资者保护机构代为登记,而非任意一定数量的投资者都可以发起此种"默示加入、明示退出"的集团诉讼。除诉讼法上的改革外,我们应当在法理上对内幕交易民事赔偿进行更为深入的探讨,尤其是其中的因果关系,这关系到我们可否借助众多投资者开展更具威慑力的证券民事诉讼之重大议题。

第四,美国涉及证券诉讼的司法制度和有益实践经验可以有条件地予以参考。尽管SEC拥有强大的权力,但始终需要面对法院的审查与监督。特别是在内幕交易的监管中,SEC仍热衷于以原告身份出庭起诉内幕交易者,并经由法院作出民事罚款决定或达成和解。在我国的制度背景下,目前我们的司法制度不断优化、法官能动性不断增强,但如前述光大证券公司"乌龙指"事件那样,在法院是否有足够的专业能力进行认定等方面,恐怕都存在一定挑战。因此,我国司法机关必须想方设法对证券专业能力予以提升。尤其在审查证券行政行为合法性时,通过司法裁判来督促行政部门依法行政并矫正其不当的行政处罚,这有利于实现对证监会等部门行政行为的有益监督。

第五,专业监管人才的选拔机制对于证券市场内幕交易的监管能力至关重要,涉及证券监管与司法领域的公务员培养选拔的机制需要

---

① 第14条规定:"共同诉讼的原告人数应当在开庭审理前确定。原告人数众多的可以推选二至五名诉讼代表人,每名诉讼代表人可以委托一至二名诉讼代理人。"《最高人民法院关于审理证券市场因虚假陈述引发的民事赔偿案件的若干规定》(法释〔2003〕2号)(已失效)。

进一步创新和发挥动员能力。美国的法官是由经验丰富的律师选拔而来的，SEC 也可以直接招募经验丰富的律师，这使得其监管与司法相对从容。我国的证监会与法院系统在职员任用上要按照公务员的选拔机制进行招募，并有年龄、专业、工作经验、学历和资格等各种条件，再加上相对市场而言不高的薪酬水平，在人才吸引上可能存在一定困难。即便人员通过考试进入了监管部门，由于其之前往往欠缺充分的商业经验，对各类复杂证券产品和交易场景了解相对有限，与身处市场一线的证券从业人员相比，恐怕还是存在一定专业能力差距，亟待改进。

第六，真正值得我们注意的是，证券市场法律制度的诸多不同很多是"器"的层面的差异，再加上证券法总是处于不断的变迁之中，因而，零散、非系统的制度借鉴很难全面系统地描绘出我国证券法治的前进方向和发展路径。跟着美国等主要发达资本市场的脚步走，不是长远之计，**我们需要尝试探寻我国内幕交易的治理之"道"**——到底是哪些关键变量塑造了我国证券市场内幕交易的治理格局？证券市场各个参与主体在内幕交易的治理中，又各自有着怎样的优势和劣势？具体到我国证券监管而言，**基于不同的关键治理变量，证监会应该如何扬其所长，避其所短？** 这正是本书接下来要探索的问题。

第五章　证券市场的多元治理:关键变量与治理优势的重组

第一节　证券法治中到底什么在起作用？

一、证券市场多元治理的法律之维

(一)多元治理理论的发展

治理理论作为一种新的公共管理范式,已经得到了越来越多的公共管理学、政治学和国际关系学研究的关注,对传统的统治(government)及规制范式造成了巨大的冲击。格里·斯托克(Gerry Stoker)指出,"治理的本质在于其关注的治理机制不再依赖政府的权威和制裁"。① 换言之,**治理理论强调社会多元主体的共同参与和协作,发挥各自的治理优势以共同应对社会发展难题**。在我国,自俞可平教授将治理理论引入以来,传统公共管理范式也开始有了新的变化,更加强调非政府组织、社会与政府的共同协力,②这些理念上的转变与活跃的社会创新实践再次汇流之后,正在重构我国社会管理模式,我们将迎来属于治理的时代。治理理论的冲击不仅表现在公共管理与政治学等领域,也对法学产生了重要的影响。现代社会中一切社会实践与行为,皆需要有法律

---

① Gerry Stoker, *Governance as Theory: Five Propositions*, International Social Science Journal, Vol. 50: 155, p. 17 – 28 (1998).
② 参见[美]詹姆斯·N. 罗西瑙主编:《没有政府的治理:世界政治中的秩序与变革》,张胜军等译,江西人民出版社2001年版。

制度的支撑或认可,因而,治理理论的社会实践也必须要有法律的规范基础。无论是基于多元主体的治理、最小政府的治理、作为善治的治理,还是基于社会自组织网络的治理、新公共管理的治理,皆改变了传统的政府公共管理理念、方式和结果评价,间接促进了法律制度的变迁和社会发展。[1]

目前,我国法学界对治理理论也表现出日益认同的态度。纵观我国自20世纪80年代以来的法学相关研究,可以看到,"治理"的内涵已经从国家统治管理、宏观社会秩序掌控、具体社会问题解决向"多中心协力共同应对社会问题"、"善治"、"全球治理"与"作为最小政府的治理"变化。时至今日,随着中国特色社会主义法治体系的建成和不断完善,治理理论在法治语境下的含义同样发生了变迁和延展,强调法律应促进多元主体共同协力应对社会问题,为社会问题的解决提供制度依据与保障。

(二)多元治理理论下的证券执法

比较而言,美国学者很早就对证券市场的多元治理问题进行了讨论。譬如,针对私人诉讼与公共执法相互关系的探讨,即突出反映了多元治理理论下证券法治的不同图景。[2]

从法经济学的早期研究来看,私人执法机制的建立可以追溯到1960年。此后,加里·贝克尔(Gary Becker)与乔治·斯蒂格勒(George Stigler)在他们1974年的经典论文中,表现出对私人执法的情有独钟,认为私人执法有利于弥补公共执法的渎职行为,同时,私人执法中的受害者相较于公众执法者而言更容易获得激励,因而,其有利于节省公共执法的资源和成本。[3] 不过,威廉·兰德斯(William M. Landes)、理查德·波斯纳(Richard A. Posner)和A. 米契尔·波林斯

---

[1] 参见王诗宗:《治理理论及其中国适用性》,浙江大学出版社2009年版,第38~53页。

[2] 正如本章下述"治理优势的理论内涵及其适用"内容所示,不同市场参与主体的治理优势进一步彰显了多元治理下的证券法治的发展进程。

[3] See Gary Becker & George Stigler, *Law Enforcement, Malfeasance, and Compensation of Enforcers*, Journal of Legal Studies, Vol. 3:1, p. 1-18(1974).

基(A. Mitchell Polinsky)等后续研究也表明,公共执法者由于有其他机构的协助而具备更大的信息优势。① 至少在调查阶段,公共监管机构有规模经济的因素在其中,②加上强制手段或暴力为国家所垄断,私人执法者在缺少了这个手段且受到利润最大化目标制约的前提下,做到富有效率的执法是很困难的。③

进入 21 世纪之后,在如何协调私人诉讼与公共执法关系的问题上,美国学者进一步作出了更多研究。马修·斯蒂芬森(Matthew C. Stephenson)解构了公、私执法各自具有的优势,强调私人诉讼因便于"搭便车"而实质上有利于整合分散的原告、有利于提高执法数量及减少行政机构怠惰,但其同时指出公共机构在专业知识、内在激励、可问责性和灵活性方面具备优势,认为行政部门应该对私人执法行动的存在和范围有更大控制权。④ 约翰·科菲教授认为证券私人诉讼具有资源优势,能够克服公权力机构治理资源有限的局限性,尽管私人执法增加了信息披露成本,却有利于增加证券市场的信誉度。⑤ 阿曼达·罗斯(Amanda M. Rose)教授研究了证券公共执法和私人执法各自的优劣,主张 SEC 与私人证券集团诉讼在 SEC 规则 10b-5 相关诉讼上,应当借助机制协作来克服各自局限,既在一定程度上限制私人权利,同时授予公共执法者管控私人诉讼的权力,借由公共执法者对违法行为进

---

① 李波对此学术讨论进行了较为详细的介绍,参见李波:《公共执法与私人执法的比较经济研究》,北京大学出版社 2008 年版,第 3~10 页;William M. Landes & Richard A. Posner, *The Private Enforcement of Law*, The Journal of Legal Studies, Vol. 4:1, p. 1-46(1975); A. Mitchell Polinsky, *Private Versus Public Enforcement of Fines*, The Journal of Legal Studies, Vol. 9:1, p. 105-128(1980)。

② 桑本谦、魏征:《法律经济学视野中的"违法必究"——从伦敦警方拒受"低级别案件"切入》,载《法学论坛》2019 年第 6 期。

③ 参见徐昕:《法律的私人执行》,载《法学研究》2004 年第 1 期。

④ See Matthew C. Stephenson, *Public Regulation of Private Enforcement: The Case for Expanding the Role of Administrative Agencies*, Virginia Law Review, Vol. 91:1, p. 93-173 (2005)。

⑤ See John C. Coffee, Jr., *Law and the Market: The Impact of Enforcement*, University of Pennsylvania Law Review, Vol. 156:2, p. 229-311 (2007)。

行合作监管以促进最优威慑效应的达致。① 大卫·恩斯特龙(David F. Engstrom)同样认为,政府机构应该成为私人诉讼的"看门人"(gatekeeper),赋予行政机构监督和管理私人诉讼的权力,因为其更具有全局视野,拥有"看门人"职责的机构可以利用其专业知识和视角来权衡成本和收益,从而对私人执法的最佳范围做出技术上合理的广泛判断。同时,拥有"看门人"职责的机构可以逐案评估私人诉讼,发挥对不同案件的筛选作用,从而防止司法与社会资源的浪费。②

这里需要说明的是,美国证券市场的多元治理不仅体现在纠纷解决的末端维度,而且体现在证券市场日常运行的治理层面,包括证券交易所、证券中介服务机构、行业协会等在内的市场参与主体皆积极地承担着自己的治理责任,这一点将在本章"治理优势的理论内涵及其适用"部分结合具体治理主体的优势分布进行阐释。

二、证券市场治理的关键变量

证券市场治理是一种不完全信息下的动态博弈,③监管者、市场参与人和裁判者都是相机而动。证券市场执法制度的选择是一个动态转换的过程,受内生性制度的影响,监管制度必然是不断变化的。④ 与此同时,由于法律既无法预测社会的发展,也无法穷尽社会一切可能,这

---

① See Amanda M. Rose, *Reforming Securities Litigation Reform: Restructuring the Relationship between Public and Private Enforcement of Rule 10b-5*, Columbia Law Review, Vol. 108:6, p. 1301-1364 (2008).

② See David F. Engstrom, *Agencies as Litigation Gatekeepers*, Yale Law Journal, Vol. 123:3, p. 616-713 (2013).

③ 在动态博弈中,每个人的行动是有先后顺序的;同时,在不完全信息条件下,参加博弈的每一个人只知道其他的博弈参与人有哪几种情况的选择和各种情况出现的概率,换句话说,他们只知道博弈参与人选择的不同类别与相应选择之间的关系,但参与人并不知道其他参与人到底具体属于哪一种类型。因为在博弈中,行动是有先后顺序的,顺序在后的行动者可以通过观察其前面的行动者的行为来获得前面有关行动者的信息和选择,从而证实或修正自己对先行动者的行动。有关博弈论的具体阐述参见张维迎:《博弈论与信息经济学》,格致出版社、上海三联书店、上海人民出版社2012年版,第177页。

④ See Stephen Choi, *Law, Finance, and Path Dependence: Developing Strong Securities Markets*, Texas Law Review, Vol. 80:7, p. 1657-1728 (2002).

就使得法律总不是完美的。**当成文法与不完全信息下的动态博弈情形叠加之后,证券市场的博弈格局将由此变得更加复杂**。虽然博弈多方的成本、收益与策略在不断地变化,但我们依旧可以确立一套基本的行动策略,使证券市场治理处于可接受的范围内,实现次优选择,这也是实际上的最优选择。这套策略正是本章的理论基础:**基于关键变量(key variable)与治理优势优化组合的多元治理理论**。

《道德经》载"道生一,一生二,二生三,三生万物"。要探究证券市场及证券法律体系发展的内在机理,自然要从其"道"开始,这也是证券市场治理,包括内幕交易治理的起点。老子将"道"作为宇宙生成的原初,那么证券市场与法律发展中的"道"为何?[①] 就直观感受而言,信息监察能力、稽查执法和规则制定等因素,[②]无疑对市场具有重要的塑造作用。为了更加全面地提炼塑造证券市场的关键因素,笔者对我国与美国证券市场治理的大量文献进行了阅读整理、提取与总结,[③]试图从中梳理出达成普遍共识的关键变量。[④] 在此过程中,笔者发现有若干重要文献讨论了证券市场治理的关键变量,值得予以深度挖掘:

第一篇是拉斐尔·拉·波尔塔、弗洛伦西奥·洛佩兹-德-西拉

[①] 笔者意识到,囿于笔者以至于任何个人的研究能力,对证券市场根本之"道"的探究是一件非常困难甚至不可能的事情,恐怕需要多个领域内最为专业的资深专家、学者、实务人士在实证与分析的基础上协力探索,但笔者仍希望在文献比较和研究的基础上稍加尝试,愿能从证券市场虚掩着的"门缝"里,窥见一丝奥秘。

[②] 笔者将与此密切相关的规则解释能力包含其中。

[③] 其他法域亦有学者对规制理论进行了深入研究并提炼出规制的核心要素,例如,科林·斯科特教授将"制定规制规则"、"监督"和"执行规制规则"作为规制体系的关键所在。参见[英]科林·斯科特:《规制、治理与法律:前沿问题研究》,安永康译,清华大学出版社2018年版,第7~11页。

[④] 如下文所述,证券市场关键治理变量的认定依据,不管是 LLSV 的研究也好,豪威尔·杰克逊教授等的研究也好,皆未给出认定依据。伯纳德·布莱克教授更明确指出其文章中对影响证券市场发展的核心制度的提炼来自个人判断。尽管笔者意识到这个任务的艰巨性,但还是希望以此进路进行切入,或能够提供一个稍有不同的证券市场治理的角度。笔者认为,关键变量的认定依据的确主要是一种经验意义上的发现,是在大量的实践与文献研究中不断提炼和明确的。

内斯与安德烈·施莱弗的著名论文"What Works in Securities Law?"。[1]在该文中,他们对能够影响证券市场的各类变量做出了细致的分类,主要包括:(1)信息披露(招股书、薪酬、股东情况、内部持股结构、异常合同、交易);(2)责任标准(发行人及其董事、会计师、承销商);(3)证券监管者特征(任命方式、任期、领域)、规则制定权、调查权(文件调取、要求作证等)、惩罚(命令、刑事制裁);(4)结果变量(外部市值/国内生产总值、国内公司数量/人口数、首次公开募股数量、股票市场准入、股权集中度、流动性等);(5)控制变量和工具变量(反董事权利、司法效率、人均国内生产总值对数、法律渊源、投资者保护)等。他们借此对公共执法与私人执法的效果进行了评析,认为证券法是否重要这个问题的答案是肯定的,如果只靠市场力量,金融市场不会繁荣。他们的研究结果表明,证券法之所以重要,是因为它为私人合同提供便利,而不是为公共监管执法提供便利。事实上,无论是广泛的披露要求,还是有利于投资者弥补损失的责任标准,都与更强大的股票市场呈现相关关系,这进一步揭示了规范控股股东与外部投资者之间的关系对促进资本市场发展的重要意义。

　　第二篇值得关注的文章是哈佛大学法学院豪威尔·杰克逊教授与斯塔夫罗斯·加迪尼斯所著的"Markets as Regulators: A Survey"。在这篇文章中,他们研究了证券市场治理中各参与主体的责任,特别分析了证券交易所与自律组织的功能。值得注意的是,他们将"规则制定能力"、"市场监察"和"执法"的权能分配,界定为影响证券市场治理及其类型的关键变量,以此为着力点详细解构了美国、英国、德国、法国和中国香港特别行政区等主要资本市场在招股说明书、证券发售、上市及持续信息披露、发行人公司治理、交易规则、市场滥用行为、交易场所监管、经纪商—投资银行、清算等具体维度的监管权分配图景,进而将证券市场治理模式分成了三类——政府主导模式、灵活监

---

[1] See Rafael La Porta, Florencio Lopez-de-Silanes & Andrei Shleifer, *What Works in Securities Laws?*, Journal of Finance, Vol. 61:1, p. 1 - 32 (2006).

管模式和合作监管模式。[1]

第三篇值得关注的是密歇根大学法学院劳拉·贝尼（Laura N. Beny）教授的研究，即"Insider Trading Laws and Stock Markets around the World: An Empirical Contribution to the Theoretical Law and Economics Debate"一文。贝尼教授对内幕交易法律有效性进行了经济学分析，认为泄密、受密、损害和刑罚是衡量内幕交易法律规则的四个重要维度，概括而言，就是内幕交易处罚"范围"和"惩罚程度"两个方面。从具体的执法来看，公共执法进一步涉及四个细分因素，包括监管机构管理人员的任职程序、终身职业保障、监管焦点领域和监管者的规则制定权。除这些最为直接的因素外，还有一些控制变量对内幕交易的治理有所作用，包括国内生产总值（GDP）、反董事权利、法律起源和信息披露等。当然，这些因素同样可以再次细分，如信息披露指向公司招股说明书中要求包含的五类信息，即薪酬、所有权结构、内部所有权、非常规合同和关联交易。[2]

第四篇是美国西北大学伯纳德·布莱克（Bernard S. Black）教授的"The Legal and Institutional Preconditions for Strong Securities Markets"一文，[3] 该文讨论了强大的公开证券市场形成的两个基本前提：一是向中小股东提供有关公司业务价值的有益信息，二是确保内部人不会通过自我交易欺诈投资者。其中，控制自我交易（包括直接的关联交易和间接的内幕交易）的核心制度包括：（1）发挥作用的监管机构、法院和检察院，能够诚实且熟练地处理较为复杂的证券类案件；（2）披露要求和程序保护，包括对自我交易进行披露的法律规则和程序设计；（3）声誉中介，需要有精通业务的会计行业、对投资者承担责任的规则要求、经验丰富的证券律师等；（4）内部人违反自我交易规则时的民事和刑

---

[1] See Stavros Gkantinis & Howell Jackson, *Markets as Regulators: A Survey*, Southern California Law Review, Vol. 80:6, p. 1239 – 1382 (2007).

[2] See Laura N. Beny, Insider Trading Laws and Stock Markets around the World: An Empirical Contribution to the Theoretical Law and Economies Debate, *Journal of Corporation Law*, Vol. 32:2, p. 237 – 300(2007).

[3] See Bernard S. Black, *The Legal and Institutional Preconditions for Strong Securities Markets*, UCLA Law Review, Vol. 48:4, p. 781 – 856 (2001).

事责任;(5)控制内幕交易的制度,尤其是保证规则得以执行并且确保交易价格透明的制度;(6)文化和其他非正式制度,例如,活跃的财经媒体和证券分析行业、证券服务机构及独立董事的合规文化等。

在此基础上,结合笔者对我国内幕交易规制问题的前期研究和长期观察,笔者认为在我国的内幕交易治理环境中,如图 5.1 所示,对塑造市场起到重要作用的因素包括三个层次,即微观(核心)变量、中观变量和宏观变量。具言之,**微观(核心)变量包括:规则制定能力、信息监察能力、调查能力、惩罚能力、信息技术能力和证券专业能力**;中观变量包括:证券市场规模、股权集中度、证券市场的流动性、证券投资文化(风尚)和制度耦合程度;宏观变量则包括:国内生产总值、财政政策、货币政策、国家宏观政治政策和国际接轨程度①。

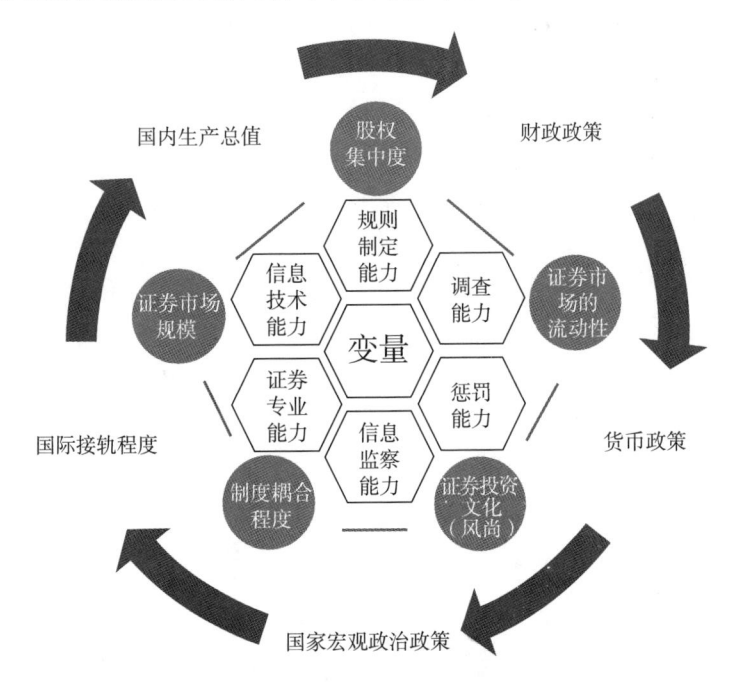

图 5.1 证券市场的三层次关键治理变量

---

① 国际接轨程度会在很大程度上影响证券市场的治理,外来资本的流入将导致监管难度系数的增加,并且涉及不同国家和地区证券监管机构的合作,同时,为了吸引优质投资者,国际化程度增强会不断加强本国证券市场的执法力度。

第二节　核心治理变量的内涵透析

一、规则制定能力

制度的作用不言而喻，它是引导人们行动的有效手段。[1] 在道格拉斯·诺斯（Douglass C. North）看来，制度是社会的游戏规则，是一种**为了决定人们的相互关系而人为设定的制约**，其构造了市场、政府与社会各种活动的激励结构。[2] 制度在协调个人行动上发挥着关键性的作用，有利于鼓励社会的信赖，有利于降低合作成本，有利于提高行为的可预见性，这与朗·富勒（Lon L. Fuller）教授对法律内在道德的阐释相互印证。因而，只有在制度上做出有利的安排，才有助于激励行为模式的转变，使个人努力所得的私人收益率逐渐接近社会收益率，不断促进经济组织更加富有效率。[3]

正如科斯定理（Coase Theorem）所推论的那样，在一个交易费用大于零的世界里，不同的权利初始界定会带来不同效率的资源配置。换句话说，交易本身是有成本的，在不同的产权制度安排下，交易成本不尽相同，资源配置的效率也就相应不同。由此，权利（产权）初始界定与经济运行效率之间存在的内在联系、市场与法治的关系，都可以用交易成本的高低来解释。[4] 在此情况下，由谁来行使初始界权职能，谁具有更低（同样质量的情况下）的界权成本，对于证券市场的塑造来说至关重要。[5] 在现代社会中，随着经济社会发展的复杂程度不断提高，在很多

---

[1] 参见［澳］柯武刚、［德］史漫飞、［美］贝彼得：《制度经济学：财产、竞争、政策》（第2版），柏克等译，商务印书馆2018年版，第123页。

[2] See Douglass C. North, *Institutions, Institutional Change and Economic Performance*, Cambridge University Press, 1990, p. 1.

[3] See Douglass C. North & Robert P. Thomas, *The Rise of the Western World: A New Economic History*, Cambridge University Press, 1973, p. 1.

[4] See Ronald H. Coase, *The Problem of Social Cost*, The Journal of Law and Economics, Vol. 3:1, p. 1 – 44 (1960).

[5] 参见凌斌：《界权成本问题：科斯定理及其推论的澄清与反思》，载《中外法学》2010年第1期。

非常专业的经济社会问题上,立法机构已经没有足够的精力和能力去进行相应的立法和修法。如果存在一个专业的监管机构能够贯彻相应的政策和制定一些规则,无疑有利于提高规则制定和解释的社会收益,这也是现代行政机关规则制定权限不断扩展的原因所在。

动态地看,制度在不断变迁,而决定制度变迁轨迹的有两个因素:一个是报酬递增,另一个就是由显著的交易成本确定的不完全市场。通过进一步分析可知,如果存在不完全市场,信息的反馈又是分割的,而且交易成本也是十分显著的,那么在制度变迁的路径分叉中,不良的绩效可能长期地居于支配地位。不过,在交易成本发生变化时,即交易相对价格改变的情况下,其将推动制度的变迁并打破原有的博弈均衡,进而向新的博弈均衡、制度演进。① 因此,立法者作为正式制度的缔造者应以公共利益为目标,密切关注社会发展变化所导致的相对价格变化,以最大范围的利益作为所有考量的起点,通过不断完善制度规则设计来为证券市场提供有关公司业务与价值的良好信息,确保内部人不会"自我交易",从而为建立强大的公开证券市场注入内在动力。②

二、信息监察能力

信息是证券市场生机的根源所在。③ 从静态来看,信息这个关键变量可以被进一步细分为上市及拟上市公司信息(财务信息、经营信息、持股信息、董事会信息等)、交易信息(成交价格、成交量、股票指数和换手率等)、法律事务相关信息(诉讼、行政处罚、自律处罚)等。而从信息的发生发展过程来看,有效率的市场必须使股票价格及时准确地反映所有影响公司价值的信息,该过程可以分为信息生产(一般市场信息和具体企业信息)、验证信息准确性(各种直接与间接信息流

---

① See Douglass C. North, *Institutions, Institutional Change and Economic Performance*, Cambridge University Press, 1990, p. 95 – 104.

② See Bernard S. Black, *The Legal and Institutional Preconditions for Strong Securities Markets*, UCLA Law Review, Vol. 48:4, p. 781 – 856 (2001).

③ Stephen Choi & Adam C. Pritchard, *Securities Regulation: Cases and Analysis*, 3rd ed., Foundation Press, 2012, p. 48.

动,间接信息流动如交易量、交易指令等)、信息定价三个方面。① 作为一种公共物品,信息的缺乏是各种市场失灵的结果。

回顾历史,"信息"作为美国证券市场治理的核心要素,早在《1933年证券法》起草过程中就已经初现峥嵘,其后 SEC 不断讨论、反思并强化以信息披露为核心的美国证券市场监管法律。② 从理论发展过程来看,"信息"最早经由乔治·斯蒂格勒正式进入现代经济学的视野,③经过乔治·阿克洛夫(George A. Akerlof)、赫伯特·西蒙(Herbert A. Simon)、肯尼斯·阿罗(Kenneth J. Arrow)、亨利·泰尔(Henri Theil)、迈克尔·斯宾塞(Michael Spence)、理查德·格罗斯曼(Richard S. Grossman)、詹姆斯·莫里斯(James A. Mirrless)和约瑟夫·斯蒂格利茨(Joseph E. Stiglitz)等人的不断演绎,信息经济学的"羽翼"日渐丰满并对证券市场治理产生了重要影响。④ 其中,阿克洛夫的"柠檬市场"理论认为在信息不对称的情况下,往往好的商品遭受淘汰,而劣等品

---

① 参见宋晓燕:《证券监管的目标和路径》,载《法学研究》2009 年第 6 期。
② 20 世纪 60 年代之后,乔治·斯蒂格勒等学者通过实证研究发现,强制信息披露下的证券市场绩效并没有显著提高。1977 年,SEC 咨询委员会有关公司信息披露的报告对信息披露有所批评,不少学者也著书立说进行批评。然而,这些批评却忽略了证券欺诈、投资者信心等问题,具体参见 George J. Stigler, *Public Regulation of the Securities Market*, The Journal of Business, Vol. 37:2, p. 117 – 142 (1964); George Benston, *Required Disclosure and the Stock Market: An Evaluation of the Securities Exchange Act of* 1934, The American Economic Review, Vol. 63:1, p. 132 – 155 (1973); Louis Loss, Joel Seligman & Troy Paredes, *Securities Regulation I*, 5th ed., Wolters Kluwer, 2014, p. 286 – 297。
③ See George J. Stigler, *The Economics of Information*, The Journal of Political Economy, Vol. 69:3, p. 213 – 225 (1961).
④ 国内外经济学家对此作出了丰富研究,强调了信息对于经济与市场的重要意义。Henri Theil, *Economics and Information Theory*, Rand McNally, 1967; George A. Akerlof, *The Market for "Lemons": Quality Uncertainty and the Market Mechanism*, The Quarterly Journal of Economics, Vol. 84:3, p. 488 – 500 (1970); Michael Spence, *Job Market Signaling*, The Quarterly Journal of Economics, Vol. 87:3, p. 355 – 374 (1973); James A. Mirrlees, *The Optimal Structure of Incentives and Authority within an Organization*, The Bell Journal of Economics, Vol. 7:1, p. 105 – 131 (1976); Herbert A. Simon, *The New Science of Management Decision*, Prentice Hall, 1977; Joseph E. Stiglitz & Andrew Weiss, *Credit Rationing in Markets with Imperfect Information*, The American Economic Review, Vol. 71:3, p. 393 – 410 (1981); Kenneth J. Arrow, *The Economics of Information*, Belknap Press, 1984;参见张维迎:《博弈论与信息经济学》,格致出版社、上海三联书店、上海人民出版社 2012 年版。

会逐渐占领市场并取代好的商品,最终导致市场中充满劣等品,此理论也适用于证券市场的信息监管,成为了治理虚假陈述与内幕交易的理论依据。更早之前,阿道夫·伯利(Adolf A. Berle)和加德纳·米恩斯(Gardiner C. Means)提出的两权分离下的委托—代理问题,同样是由于信息不对称引起的,[①]因而,作为内幕交易处罚理论基础之一的信义义务路径所解决的正是该问题。20 世纪 70 年代,尤金·法玛(Eugene F. Fama)教授对有效市场假说(Efficient Markets Hypothesis)予以了详细阐述,夯实了"信息"作为一个关键要素在证券市场治理中的地位。[②]

证券市场的监管是一个解决信息不对称、减少不确定性与风险问题的过程,信息成为了证券市场主体决策的基本依据和重要的竞争资源。因而,是否具有以及具有何种程度的信息掌控能力对政府监管机构、市场自律组织、证券服务机构皆具有重要意义。[③] 尤其对证券市场监管主体而言,其每天都必须从海量信息信号中甄别、分析、判断出可能的内幕交易、虚假陈述和市场操纵等线索,通过减少此种"知识差"以制定进一步的行为策略选择。因此,本书所指的"信息监察能力"是对各种广义信息的监察,强调对各类证券市场日常信息的收集、甄别、判断、分析能力及对证券交易信息的实时监察能力,这是证券市场参与各方博弈与法律演进的基础。

当然,随着现代信息技术的发展,现代股票交易与传统场景相比发生了巨大的变化,各种软件、程序化交易、黑池交易(Dark Pool)等新概念不断出现,内幕交易信息也夹杂在大量的交易信息流之中,成为另外

---

① See generally Adolf A. Berle & Gardiner C. Means, *The Modern Corporation and Private Property*, Routledge, 2017.

② See Eugene F. Fama, *Efficient Capital Markets-A Review of Theory and Empirical Work*, The Journal of Finance, Vol. 25:2, p. 383 – 417(1970).

③ 参见谢贵春、冯果:《信息赋能、信息防险与信息调控——信息视野下的金融法变革路径》,载《北方法学》2015 年第 6 期。

一种极具意义的"信息"。以黑池交易为例，[1]买方和卖方通过黑池平台对大宗股票交易指令进行匿名撮合和成交，交易价格及数量信息都不会对外透露，以此避免对常规股市交易造成影响。但是，如果这种黑池交易的规模越来越大，对于机构投资者而言，其内幕交易的概率同样也会变大，进而将各种内幕交易隐藏在庞大的交易信息流之中。如同中医把脉一样，有关股票交易的信息是否能够被及时、真实和准确地监测，能否从信息流的大脉搏中察觉到微小的内幕交易异常，对今天信息化的证券市场监管而言至关重要。

三、调查能力

调查能力是指各类市场主体发现证券市场违法行为（如内幕交易）的调查权限和实现调查目标的专业能力。**调查能力的强弱关乎证券市场监管的效果**，通过调查而得到的资料是否真实、准确和完整，不仅直接关系到以所调查信息为基础而作出各类后续行为的具体内容，而且现实地对被调查对象的实体性和程序性权利产生直接法律效果，更进一步关系到可否有效促进证券市场良好秩序的形成。

从开展调查的主体来看，除政府行政调查（administrative investigation）外，任何人事实上都可以展开调查，但是不同个人、不同机构的调查权限与效果却不尽相同。譬如，个人可以通过互联网、现场调查等途径将违法违规的蛛丝马迹拼接成一幅可能的图景，但不仅个人的调查能力通常非常有限，而且个人如果以侵犯他人财产、人身权利的手段进行调查，还需要承担法律责任。在世界主要证券市场的治理架构中，自律机构往往拥有一些自律性的权力而要求会员配合，否则可能会被限制、取消其会员资格。公允而言，尽管自律机构的专业性可以保证其有一定的调查能力，但自律机构同样只拥有相对有限的调查权限。

特别需要说明的是，纯粹的自生自发秩序无法满足社会经济发展

---

[1] 这种新型的交易模式是通过黑池平台进行的，黑池平台通常由大型跨国金融机构创立和营运，譬如，高盛公司在2009年即建立了名为一个"Sigma X"的平台。

的需要,政府参与的必要性不言而喻,原因在于政府拥有其他任何主体无法拥有的普遍管辖权和核心权力——公权力。① 换言之,如果某些信息的获取对行政机关厘清事实有重要依据作用,行政机关可以强制执行力来保障实现调查目标,②这是其他任何主体都难以企及的。因而,政府监管机构的行政调查使其成为证券市场最强大的调查主体。也许有观点认为诸如美国浑水公司(Muddy Waters, LLC)这样的专业机构也具有强大的调查能力,尤其通过资料查阅、实地调研、供应商调研、竞争对手倾听等方式,在一定程度上亦能接近事实情况。但与政府监管机构相比,且不说此等机构调查本身的道德和法律风险,至少在调查权限上具有天壤之别。本书所指的行政调查是指行政主体为实现一定的行政目的而收集、整理和分析有关资讯的活动,③是以动态方式实现行政目的、具有独立价值的"一般性制度"④。

四、惩罚能力

惩罚能力与执法能力密不可分,"惩罚"是"执法"最重要的目的和结果,也是执法最主要意涵之所在,而前面论及的"调查"则是执法的必经手段。惩罚是执法的核心内容,如果没有惩罚,法律规则就是残缺的。⑤ 从实施途径上来看,惩罚既可以通过公共执法来实现,也可以通过私人执法来实现。尽管公共执法和私人执法下的惩罚效果各有优

---

① See generally Joseph E. Stiglitz et al., *The Economic Role of the State*, Basil Blackwell Ltd., 1989, p. 12 – 66.
② 参考洪家殷教授的分类,行政调查的手段可以是任意性或者强制性的,而在调查对象上,行政机关不论对人、对事、对处所等都可调查。参见洪家殷:《论行政调查中之行政强制行为》,载《行政法学研究》2015 年第 3 期。
③ 北京大学金自宁教授的观点与余凌云教授的定义类似,即行政调查是行政主体为了实现特定的行政目的而行使行政权力的行为,是一种通过各种方式向行政相对人收集与行政事务相关信息的活动。参见余凌云:《行政法讲义》(第 3 版),清华大学出版社 2020 年版,第 236 页;金自宁:《论行政调查的法律控制》,载《行政法学研究》2007 年第 2 期。
④ 周佑勇:《作为过程的行政调查——在一种新研究范式下的考察》,载《法商研究》2006 年第 1 期。
⑤ 参见杨涛:《公共事务治理行动的影响因素——兼论埃莉诺·奥斯特罗姆社会—生态系统分析框架》,载《南京社会科学》2014 年第 10 期。

劣,但总的来看,行政机构提供充分的公共执法可以弥补私人执法的不足,特别是在损害和违法行为可以被标准化且预期的外部性(externality)损害较大的情况下,其效果会更好。①

执法对于证券市场十分关键。SEC前官员齐文·伯德韦尔(Ziven S. Birdwell)认为执法是美国证券市场法律治理成功的最关键要素,通过处罚可有效降低社会融资成本,将治理成本归结于违法者而不是整个社会,因而,其呼吁继续加强执法,否则将导致证券市场的失败。② 约翰·科菲教授在对证券市场的研究中多次论述执法和处罚强度对于证券市场的意义,认为执法是解释不同法系下证券市场发展的隐含因素。③ 从实证情况来看,乌特帕尔·巴塔查理亚(Utpal Bhattacharya)与哈奇姆·达乌克(Hazem Daouk)通过对百余个资本市场的考察发现,**单纯借助内幕交易立法并不足以阻遏内幕交易,关键在于真正地进行执法**。④ 因此,正如经济学家所揭示的那样,只有在查处非法行为的可能性和执法程度很高的情况下,法律才能达到最佳的威慑力。⑤因此,惩罚能力是我国证券市场治理中的核心变量。⑥

---

① See Katharina Pistor & Chenggang Xu, *Incomplete Law*, New York University Journal of International Law and Politics, Vol. 35:4, p. 931 – 1014 (2003).

② See Ziven S. Birdwell, *The Key Elements for Developing a Securities Market to Drive Economic Growth: A Roadmap for Emerging Markets*, Georgia Journal of International and Comparative Law, Vol. 39:3, p. 535 – 586 (2011).

③ See John C. Coffee, Jr., *Law and the Market: The Impact of Enforcement*, University of Pennsylvania Law Review, Vol. 156:2, p. 229 – 312 (2007).

④ See Utpal Bhattacharya & Hazem Daouk, *The World Price of Insider Trading*, Journal of Finance, Vol. 57:1, p. 75 – 108 (2002).

⑤ See Gary Becker, *Crime and Punishment: An Economic Approach*, Journal of Political Economy, Vol. 76:2, p. 169 – 217 (1968); George J. Stigler, *The Optimum Enforcement of Laws*, Journal of Political Economy, Vol. 78:3, p. 526 – 536 (1970).

⑥ 2011年春天,在耶鲁大学诺贝尔经济学奖获得者罗伯特·席勒(Robert Schiller)教授的"金融市场"课上,我国证监会原副主席史美伦女士与学生分享了她的人生经验与中国证券市场的发展历程。在交流中,有学生问到如何看待中国债券市场立法缺失的问题,史美伦女士当即回应:"中国的证券市场并不缺乏立法,真正欠缺的是更好的法律适用与证券执法"。Lecture 16-Guest Speaker Laura Cha, http://oyc.yale.edu/economics/econ-252-11/lecture-16.

五、信息技术能力

在今天的证券市场中,信息技术变得越来越重要,信息技术不仅极大地改变了交易机制,也给传统的证券市场带来了新的挑战。[1] 回溯证券市场初期,经纪商和交易商于阿姆斯特丹、伦敦街上或其他物理意义上的交易所忙碌,[2]这些经纪商和交易商对各种证券交易有很强的专业知识、技能和经验,这成为了他们安身立命的基础所在。现代金融已是人工智能、数学模型与超级计算机的天下,意味着更快、更大、更复杂、更全球化、联系紧密和更少的人。[3] 如约瑟夫·格伦菲斯特(Joseph A. Grundfest)教授的观点所示,资本市场的结构已经深刻地受到计算机和信息技术的冲击,不仅可以带来直接纳入证券价格的信息,也能提供足够的数学方法计算和自动执行交易。[4]

面对人工智能、大数据、区块链和元宇宙等纷繁复杂的新事物,如何辨伪存真,如何有效规制证券市场,是当今证券市场参与者面临的一大挑战。20 世纪 90 年代以来,以 Instinet 为代表的电子交易网络(Electronic Communication Network,ECN)迅速发展,订单驱动的电子化另类交易系统可为市场提供 24 小时全天候交易,[5]传统意义上的交易员几乎已无用武之地。近年来,ECN 系统逐渐被证券交易所收购,大型跨国银行及证券公司又开创了另类交易系统的新主流,即前述黑池交易,这对证券行政监管的可达性和有效性带来了深层次挑战。SEC

---

[1] See Louis Loss, Joel Seligman & Troy Paredes, *Securities Regulation I*, 5th ed., Wolters Kluwer, 2014, p. 539.

[2] See Lodewijk Petram, *The World's First Stock Exchange*, Columbia University Press, 2014, p. 1 – 34.

[3] See Tom C. W. Lin, *The New Financial Industry*, Alabama Law Review, Vol. 65:3, p. 568 – 569 (2014).

[4] See Joseph A. Grundfest, *The Future of United States Securities Regulation: An Essay on Regulation in an Age of Technological Uncertainty*, St. John's Law Review, Vol. 75:1, p. 90 – 104 (2001).

[5] 另类交易系统中最具代表性的形式是 ECN 与黑池交易。参见张晓斐:《证券交易所行业发展的"危"与"机"》(上海证券交易所,上证研报[2019]62 号)。

亦深感其数据收集与监察市场工具的局限性。在交易策略及工具上，高频交易亦是典型例证，①其利用异常高速和复杂的计算机程序生成、选择与执行大量订单，并使用交易所、其他机构的同位托管及个人数据以最大限度减少网络和其他类型延迟。② 虽然高频交易并不改变交易员的工作内容，只是帮助其更快速地完成工作，但利用不正当速度优势的闪电订单服务、幌骗（spoofing）、塞单（quote stuffing）和高速试探（high-speed ping）却极易扰乱正常市场交易秩序。因此，如何平衡新的软件开发和证券交易技术的安全性的问题，显得越来越重要。可以说，在新兴的证券市场，技术的进步也成为所有参与者面临的一个关键问题。

六、证券专业能力

证券市场是一个高度复杂的市场，特别是随着信息技术的引入，传统的经纪商正面临更为专业的操作和信息爆炸的冲击，**证券市场更成为经济、金融、计算机、财会和法律等各学科知识的"化合物"**。在证券监管中，对行政监管机构与法院来说，证券专业能力相当重要，否则其根本无力进行有效监管。对市场主体来说，证券专业能力更是其安身立命的根本所在。

一方面，随着证券产品的不断创新，"证券"的定义和相应交易技术正在迅速变化，不断凸显着证券专业能力提升对于证券市场的监管的重要性。③ 创新就意味着新的变量与新的能量的介入，由此"扰动"

---

① 参见邢会强：《证券期货市场高频交易的法律监管框架研究》，载《中国法学》2016 年第 5 期。

② See SEC, Concept Release on Equity Market Structure, Release No. 34 - 61358.

③ 美国次贷危机之后，《1933 年证券法》对证券的定义予以进一步的扩展，力争将最新的产品纳入证券法的范畴。证券是指任何票据，股票，库藏股，证券期货，以证券为基础的互换协议，债券，信用债券（debenture），债务凭证，息票或任何利润分享协议，担保信托证券，公司成立前的认股证书，可转换股份，投资合同，表决权信托证书，存托凭证（a certificate of deposit for a security），石油、天然气或其他矿产权的小额未分割权益，与证券、存托凭证、一组证券或证券指数相关的任何卖出权、买入权、跨式（straddle）套利权、期权或优先权（包括其中或以其价值为基础的任何权益），与全国性证券交易所中外币相关的任何卖出权、买入权、跨式套利权、期权或优先权，通常称为"证券"的任何权益或权益工具，任何与上述项目相关权益证书、认权证书、暂时或临时的证书、收据、保证（guarantee/warrant）、认购权、购买权。可以看到，这些纷繁复杂的证券产品正体现了对证券专业能力的不断挑战。

也就引入了。因此,如同物理学概念"熵"一样,全面的证券金融创新将会带来金融系统的全面扰动,而随着熵值的不断增大,系统的运行就会朝着降低熵值的新状态转移,这也是金融风险的源头之一。① 在美国 2007 年金融危机中,正是高度证券化的产品泛滥而引致了各种风险不断积聚,由于与资产证券化密切相关的信用衍生品绝大多数是非标准化合约并通过柜台进行市场交易,没有人知道抵押债务凭证市场有多大规模、由谁持有以及其隐含的风险有多大。在这样极大的不确定下,市场将很容易停滞乃至溃散。②

另一方面,日渐复杂的证券交易方式、交易规模对证券专业能力提出了新的要求。早先的一项调查显示,我国市场参与者对证券监管部门的监管效果评价实际并不高,因此我国证券监管的前瞻性、严密性和综合性都有待继续提升。③

第三节　证券市场的博弈格局与治理优势分布

一、多元治理下的证券市场博弈格局

(一) 自律机构与投资者、看门人的博弈与分析

随着当今证券市场和市场经济专业化分工的发展,各个主体之间的协作分工已经成为有效降低生产成本、发挥各自治理优势的重要手段,证券市场产业链上的任何一环都将对最后的证券市场监管产生重大影响。从理论上而言,能够在何种程度上将这些博弈内化为市场主体的规范操作行为,在相当程度上有赖于产业链中"核心机构"的控制力。需要说明的是,此处"核心机构"是指在证券市场上有较强的市场

---

① 参见戴文华:《证券市场创新与系统风险的若干问题》,载《证券市场导报》2013 年第 3 期。
② 参见王兆星:《为资产证券化和金融衍生品设栅栏——国际金融监管改革系列谈之五》,载《中国金融》2013 年第 16 期。
③ 参见郝旭光、朱冰、张士玉:《中国证券市场监管政策效果研究——基于问卷调查的分析》,载《管理世界》2012 年第 7 期。

地位、强大的资金来源、能够获取重要信息或者在市场中具有不可替代的位置,能够对决策具有权威作用的机构。① 由于在现代证券交易中,证券交易所无论是在交易方面,还是在信息及专业能力方面,都有很强的优势。笔者认为,证券交易所应当为此链条中的核心机构。

自律组织(目前主要是证券交易所)、看门人、②发行人与投资者都是证券市场治理中的重要主体,其间的利益博弈格局是决定政府行政监管限度与方式的重要依据之一。如果市场机构、发行人与投资者能够运用市场力量与私法救济规则实现合理的利益均衡,那么政府就应该以较低的限度介入;反之则需要政府以较高程度的介入来实现有效治理。因此,我们可以分别从核心机构与看门人、③核心机构与投资者、发行人两个博弈角度进行分析,借此阐释各方利益博弈的结果及条件。

---

① 笔者在这里借鉴了供应链研究中有关企业权威的概念,企业权威是指在供应链上有较强市场地位、强大资金来源、能够获取重要信息或者具有不可替代的地位的企业。参见刘莉、罗定提:《供应链协调契约设计及实证研究》,中国经济出版社2009年版,第16~17页。

② 在成熟的证券市场中,看门人机制非常重要,他们在市场前线防守着可能的不法行为。一般来说,看门人主要包括各类市场中介机构,即证券公司、律师、会计师、审计师、分析师和评级机构。这些看门人由于处在市场一线,对公司的不法行为愈加敏感,他们可以充分利用自身的信息、专业优势来帮助市场投资者降低风险、减少信息不对称、加强价格发现与判断,发现内幕交易以及实现融资需求。同时,作为独立的专业机构,他们还要对自己的声誉负责,因为其以自身声誉担保他人的证券产品,在投资、融资方之间互通有无。换句话说,他们相当于出借了自己的声誉来帮助融资方,也保护投资者。法官在 DiLeo v. Ernst & Young 案中曾说,"一个会计师最大的资产就在于他的声誉和诚实,而这都仰赖于其细致小心的工作"。然而,由于市场结构与利益的冲突,中介机构这些看门人有时候也面临失灵的危险。有关看门人机制的研究,可以详细参考下述论著:Reinier H. Kraakman, *Corporate Liability Strategies and the Costs of Legal Controls*, Yale Law Journal, Vol. 93:5, p. 857 – 900 (1984); Ronald J. Gilson & Reinier H. Kraakman, *The Mechanisms of Market Efficiency*, Virginia Law Review, Vol. 70:4, p. 549 – 644 (1984); Stephen J. Choi, *Market Lessons for Gatekeepers*, Northwestern University Law Review, Vol. 92:3, p. 916 – 966 (1998); John C. Coffee, Jr. , *What Caused Enron? A Capsule Social and Economic History of the 1990s*, in Thomas Clarke ed. , Theories of Corporate Governance, Routledge, 2004, p. 333 – 358; Stephen J. Choi, *A Framework for the Regulation of Securities Market Intermediaries*, Berkeley Business Law Journal, Vol. 1:1, p. 45 – 82 (2004); John C. Coffee, Jr. , *Gatekeepers:The Role of the Professions and Corporate Governance*, Oxford University Press, 2006; Alan J. Morrison & William J. Wilhelm, Jr. , *Investment Banking:Institutions, Politics and Law*, Oxford University Press, 2007。

③ 参见王建平:《资本市场诚信的结构性分析——以法律视角》,载《社会科学战线》2014年第12期。

一方面,从核心机构与看门人的利益形态来看,在实际的证券发行与交易中,只有双方或多方的机构都各自诚实交易,才会使证券市场规范运作,任何一个环节的机会主义行为都将带来市场监管的隐患。我们可以假设一种理想情形,某证券产品链条上只有两类机构——自律组织(如证券交易所)和看门人。在机会主义的影响下,两者都有可能提供规范或者不规范的产品(包括证券市场行为与监管行为),因而,实际上有75%的概率会发行不符合证券市场监管要求的证券,只有25%的可能会发行符合规定的证券产品。如果我们考虑市场竞争的程度因素,鉴于证券交易所在这个产业链上具有决策权威,其行为将影响众多看门人的行为,使得可能的情形继续增加。[①]我们可列举其中四种作为例示:(1)倘若看门人对自身的证券发行及交易没有质量控制,而自律机构具有相当的市场控制力或者在市场具有垄断地位,单个自律机构恐怕并不会太过在意证券的质量,因为这并不影响其销售或盈利,此时,双方都无提供高质量证券的动力;(2)倘若证券市场看门人辅助提供了低质量的证券产品或合谋进行了不法活动,而自律机构面临诸多的市场竞争主体,产品质量与声誉非常重要,此时,倘若自律机构发现看门人证券产品(服务)质量低下或不合格,此后其只会信赖其他优质的看门人;(3)倘若看门人提供了高质量的证券产品和服务,而自律机构具有市场控制力,证券产品不合格并不构成重大影响,即便严格审查也不会带来太多收益,看门人可能会为了控制成本而降低证券产品及服务质量,最终还是提供较差产品或者证券市场服务;(4)倘若看门人提供优质的证券产品和服务,自律机构面临有力市场竞争,在市场声誉机制的有效作用下,自律机构自然注重产品的质量控制和品牌,愿意付出较高的成本来提高证券交易平台质量,如此方能提供高质量的产品并促进市场的健康发展。可以看到,证券发行交易市场的竞争程度,将影响双方的行为与风险成本收益分析和行为方式选择。

[①] 我们如果再考虑看门人市场的竞争程度,情况则更加复杂,但本书在此仅试图对市场博弈格局略作描述,以期能够描述我国证券市场多元治理的背景轮廓。

另一方面,自律机构的行为选择有赖于其与投资者、发行人的博弈结果。我们还是以上述假设为例,证券交易所仍是市场供应链的核心机构,且假设有效的市场竞争能够促进产品质量信息的识别,那么,我们同样以其中四种情况作为例示:(1)在面临有力市场竞争的情况下,产品及服务的质量信息或行为合法性能够被有效识别,自律机构生产的低质量的证券、规则和监管,投资者及发行人选择不购买、不发行,从而使不好的自律机构被逐出市场或者寻求海外机会,不断优化市场结构并使其朝健康方向发展;(2)在市场竞争的情况下,证券产品的质量信息和行为合法性能够得到充分的披露和外在识别,自律机构生产高质量证券、规则和监管,投资者及发行人有支付意愿,此时,各个市场主体都获益,市场会向优质证券市场的方向继续发展;(3)在自律机构具有相当市场控制力的情况下,其不提供优质产品、规则、监管,鉴于很多投融资需求是相对刚性的,在投资者及发行人无从选择而只能购买的情况下,证券市场可能会变成投机性市场;(4)同样,在具有一定市场控制力的情形下,自律机构提供了优质的产品、规则、监管,此时如果投资者及发行人选择购买、发行,则市场发展水平在相当程度上仰赖于核心机构的自我约束,市场仍然面临很大风险。事实上,影响市场核心机构与投资者、发行人博弈的因素有很多,包括证券产品的信息披露程度、政府监管与私法救济的实施途径与成本等情况,都将影响双方的博弈结果与行为选择,这四种情况仅仅是最基础的样态。

(二)自律机构与政府的博弈与分析

市场核心机构与看门人、发行人和投资者的博弈有赖于政府的监管效果、私法救济情况、产品信息完备程度及市场竞争状况等。其中,政府监管无疑具有重要的作用,其可以在极大程度上克服市场失灵。现代社会日益意识到,如果仅仅依赖传统的合同与财产规则并对其绝对信赖,往往会带来诸多的难题。同时,在目前的各种形式的分段监管、机构监管的模式下,证券监管并非仅由证监会负责,而是由多个行政部门共同合作,这些不同部门之间的利益博弈,亦深刻地影响着证券市场监管的效果,需认真对待。

一方面,从自律机构与政府监管机构的关系来看,政府具有上位监管责任,理应通过各种监管手段应对诸多外部、内部不经济的市场失灵,不过,由于执法资源的有限和信息技术能力、信息监察能力的局限,其对证券市场的监管必然是有限度的。倘若我们暂不考虑自律机构的市场竞争程度等因素,那么,在此维度的博弈分析中存在政府高效监管或非高效监管,自律机构生产高质量或低质量产品、规则、自律监管的多种可能性,宏观上能够看到四种结果:(1)政府高效监管,自律机构生产高质量产品、规则和自律监管,长此以往,证券市场监管治理效果不断优化;(2)政府高效监管,自律机构生产低质量产品、规则及自律监管,此时,通过行政处罚或者政府信息披露并运用市场力量,自律机构将退出市场或改正完善;(3)政府提供非高效监管,自律机构提供高质量产品、规则及自律监管,由于自律机构本身存在逐利性,尤其是在其具有相当市场控制力或市场失灵的情况下,优质的产品、规则及服务不一定得到投资者及发行人认可,反之,即便产品质量较差也不影响作为信任品的证券的利润,则自律机构极有可能利用政府监管的缺漏而出售低质量证券或提供低质量自律监管;(4)政府非高效监管,自律机构提供低质量产品、规则及自律监管,这无疑是最坏的情况。可以看到,政府高效监管与自律机构行为之间具有非常紧密的联系。但是,在这个博弈中,如何设置最优处罚力度与控制监管成本,是一个重要问题。

另一方面,证券监管机构之间的关系可以分为纵向关系与横向关系,前者是由于规制者追求部门预算结余最大化、规制权和自由裁量权所导致,后者是由于规制者在竞争部门预算时相对业绩比较、竞争晋升锦标赛及执行共同代理事项而产生的。[①] 因而,证券监管的中央机构与其他行政机构之间可能会产生一定程度的行政权力、人员编制与财政资金的博弈,值得引起立法的重视和调整。总而言之,在证券市场内

---

① 参见何笑:《社会性规制的协调机制研究》,江西财经大学2009年博士学位论文,第79~80页。

幕交易的多维治理中，各利益主体的博弈过程与形态使得**证券市场的治理无法通过简单线性方式解决**，有赖于政府监管、市场自治与投资者私法救济的多元综合协调治理，以最终促使证券法治不断发展。

二、治理优势的理论内涵及其适用

在证券市场中，不同的治理主体拥有不同的治理优势，如果具有治理优势的治理主体能够获得对相应关键变量的治理资源和治理权限，那么证券市场的治理效率将得到极大提升。这与奥斯特罗姆（Elinor Ostrom）教授"联合生产"的概念不谋而合，两者皆要求处于不同组织的主体（如政府、投资者、社群群体、企业等）共同参与及投入资源才能完成，强调把各类主体都视为公共管理的必要组成部分。① 长此以往，通过此等治理资源优化配置的方式，使合适的人做其最擅长的事，**让政府的归政府，让市场的归市场**，以逐渐实现最优的治理效果。笔者意识到，治理优势与关键治理变量更像是一种理想模型式的抽象。但正如马克斯·韦伯的研究所示，理想模型不是对全部事实进行经验上的概括，也不是指社会生活中人们希望的、最好的、理想的，而是仅仅表明某种现象接近典型，譬如"经济人"与"理想真空"等。这种理想类型的概括，不可能在现实中有纯粹的存在形态，只能作为一种分析的工具使用。② 那么，接下来的问题就是：这些不同的具体参与主体，各自拥有何种治理优势呢？在对我国进行具体研究之前，同样还是先放眼域外。

美国不少学者从治理优势的角度对市场监管权的分配进行了具体研究。其中，保罗·马奥尼（Paul G. Mahoney）教授分析了证券市场行政机构与自律组织的分权，强调了其不同的治理优势，认为政府有更强的执法优势而证券交易所更擅长信息监察。③ 斯蒂芬·班布里奇（Stephen

---

① 参见范良聪、鲁建坤：《退出、呼吁与地方公共事务治理：一个分析性框架的建构》，载《浙江大学学报（人文社会科学版）》2016 年第 2 期。

② 参见葛洪义：《理性化的社会与法律——略论韦伯社会理论中的法律思想》，载《比较法研究》2000 年第 3 期。

③ See Paul G. Mahoney, *The Exchange as Regulator*, Virginia Law Review, Vol. 83：7, p. 1498 – 1499 (1997).

M. Bainbridge)教授认为,SEC 在内幕交易的法律监管中,尤其是在证券市场国家化的背景下,具有监督、调查的治理优势。① 豪威尔·杰克逊和马克·罗(Mark Roe)教授对证券市场公、私的各种执法机制进行了分析,认为更高的预算和更多的人员配备使政府监管机构能够审查对不法行为的指控、仔细制定规则、有效进行市场监督和审查备案,并且能够更频繁地采取行动补救、预防和惩罚不法行为。② 约翰·科菲教授和希拉里·赛尔(Hillary A. Sale)教授在对 SEC 作用的研究中指出不同机构具有不同的治理优势,不能盲目地进行法律改革和机构功能设计,应让其发挥其最擅长的优势。③ 詹姆斯·帕克(James Park)教授研究发现,在证券法律体系中,公共规制机构、自律机构和诉讼律师等对于不同的执法(规则型执法、原则型执法)类型拥有不同的优势和选择偏好,这是其治理分权的理论依据,也是证券法律体系发展的重要依据。他认为行业自律机构擅长规则型执法,而联邦检察官和州总检察长等公共价值观的执法者及诉讼律师擅长原则型执法。④ 罗伯特·霍凯特(Robert C. Hockett)与绍列·欧玛洛娃(Saule T. Omarova)强调政府监管具有规章制定与市场监察的优势,创新地提出了政府作为市场参与者(government as market actor)的治理方式,即借助市场机制由内而外地促进市场治理,参与市场创造、市场流动、市场拓展与市场保护。⑤

值得一提的是,美国学者针对市场自律机构及私人的治理优势亦有一定论述。例如,耶鲁大学反监管学派的代表学者乔纳森·梅西(Jonathan R. Macey)教授和大卫·哈德克(David D. Haddock)教授早

---

① See Stephen M. Bainbridge, *Insider Trading Regulation: The Path Dependent Choice between Property Rights and Securities Fraud*, SMU Law Review, Vol. 52:4, p. 1589 – 1652 (1999).

② See Howell E. Jackson & Mark J. Roe, *Public and Private Enforcement of Securities Laws: Resource-based Evidence*, Journal of Financial Economics, Vol. 93:2, p. 210 – 211 (2009).

③ See John C. Coffee, Jr. & Hillary A. Sale, *Redesigning the SEC: Does the Treasury Have a Better Idea?*, Virginia Law Review, Vol. 95:4, p. 707 – 783 (2009).

④ See James Park, *Rules, Principles, and the Competition to Enforce the Securities Laws*, California Law Review, Vol. 100:1, p. 166 (2012).

⑤ See Robert C. Hockett & Saule T. Omarova, "*Private*" *Means to* "*Public*" *Ends: Governments as Market Actors*, Theoretical Inquiries in Law, Vol. 15:1, p. 53 – 76 (2014).

先便强调内幕交易的私人合同自治,认为对内幕交易的完全禁止并不绝对地对公司有利,而应当赋予公司选择退出完全禁止内幕交易的规则的权利,将对交易利益与是否缩减薪酬进行权衡的权力交由股东与管理层,由股东来决定是否允许其进行内幕交易。① 针对证券交易所的重要地位和功能,乔纳森·梅西教授和神田秀树(Hideki Kanda)教授表示,证券交易所位居市场中心,有信息与专业能力的优势,应该在证券的法律监管中发挥积极作用。② 本杰明·李本(Benjamin L. Liebman)教授与柯蒂斯·米尔哈特(Curtis J. Milhaupt)教授则探究了证券交易所作为自律机构在声誉处罚方面具有的治理优势,发现自律机构对上市公司的公开谴责有助于促进重要信息的披露。③

在我国,除理论界对证券市场多元治理进行了一定探讨外,④我国监管机关和实务部门也逐渐认识到"术业有专攻"的问题。证监会委

---

① See David D. Haddock & Jonathan R. Macey, *A Coasian Model of Insider Trading*, Northwestern University Law Review, Vol. 80:5, p. 1449 – 1472 (1986).

② See Jonathan R. Macey & Hideki Kanda, *Stock Exchange as A Firm: The Emergence of Close Substitutes for the New York and Tokyo Stock Exchanges*, Cornell Law Review, Vol. 75:5, p. 1006 – 1051 (1990).

③ See Benjamin L. Liebman & Curtis J. Milhaupt, *Reputational Sanctions in China's Securities Market*, Columbia Law Review, Vol. 108:4, p. 929 – 983 (2008).

④ 郑彧教授从证券市场的博弈特征、主要证券监管制度框架、路径变迁等维度出发,勾勒出我国证券市场治理的背景,同时对我国证券市场治理中的政府监管与市场监管的分工进行了研究,文风犀利、直指痛处,强调了各个主体在不同事项上的分工与协作治理,并对各个主体的责任范围进行了研究。陈斌彬教授从证券监管理论基础与制度分析出发,结合证券行政监管、司法监管与自律监管三个维度内容,对我国当前证券监管法律制度展开分析,提出应建立相互协调又制衡的层次多级化与主体多元化的监管架构。马洪雨教授从"强化市场型"政府理论和"瘦身国家"理论出发,结合我国政府监管的实践,探讨了各个治理主体的权力配置要素和程序,强调政府应成为法律和政策的支持者并发挥违法行为查处的核心功能,以合理配置监管权力。整体来看,这些研究主要从制度比较的层面出发,对证券市场多元治理的诸多重要问题进行了富有启迪的阐述,但尚未对塑造证券市场的关键因素进行更加系统的提炼。参见郑彧:《证券市场有效监管的制度选择:以转轨时期我国证券监管制度为基础的研究》,法律出版社 2012 年版;陈斌彬:《我国证券市场法律监管的多维透析:后金融危机时代的思考与重构》,合肥工业大学出版社 2012 年版;马洪雨:《论政府证券监管权》,法律出版社 2011 年版。

托证券交易所进行案件调查就是一个很好的例子。① 如后文所述，尽管笔者对公权力的委托调查存在不同看法，但从该事例中也可以看出，证监会人士已意识到"交易所掌握交易数据，技术手段领先，人员专业化水平较高，在案件线索发现、证据搜集、数据分析等方面具有独特优势"。② 近年来，上海证券交易所在科创板股票发行中的角色，亦是典型例证。但从整体情况来看，我国对证券市场多元治理的尝试仍然任重道远。

三、证券市场主要参与者的治理优势分布

基于对我国证券市场治理结构的观察和总结，笔者暂且将我们证券市场的治理主体分成五大类：政府监管机构和法院、市场自律组织、证券服务机构（证券公司、律师事务所、会计师事务所等）、发行人和证券市场投资者。进一步概括而言，可以将证券市场各参与主体分成三大类：公权力主体（政府机构和人民法院）、市场自律与中介服务主体（证券交易所和各类市场中介服务机构等）、市场投融资主体（发行人和投资人）。那么，这三大类主体在证券市场的治理中各自有什么样的治理优势呢？

（一）公权力主体的治理优势

公权力主体在规则制定（含解释）能力、调查能力、惩罚能力方面具有天生的治理优势。这里需要稍作回应的一个问题是，为何公权力主体抑或说国家和政府，对此拥有天生的治理优势？实际上，这与现代国家的产生与基础密切相关。在古希腊时期，亚里士多德认为人是一

---

① "针对执法实践特别是股市异常波动期间案件反映的突出特点，充分考虑到证券交易所具有信息、技术、资源优势，且具备履行案件调查取证工作职责的组织和人才条件，证监会决定依法委托上海、深圳证券交易所承担部分案件具体调查工作职责。"证监会也提到了监管转型的问题，强调不仅要"采取有效措施提升执法效能"，而且要"持续保持稽查执法高压态势"，忠实地履行"两维护、一促进"的"核心职能"，意识到了监管转型的重要性。参见《证监会依法委托上海、深圳证券交易所进一步加强稽查执法力量》，载中国政府网，http://www.gov.cn/xinwen/2015-12/04/content_5020161.htm。

② 何ददद春、张朝辉：《委托实施证券期货案件调查的法律分析》，载黄红元、徐明主编：《证券法苑》第13卷，法律出版社2014年版。

种政治性动物,城邦的发展就是人类"生活"发展的结果,存在的目的是实现最高的善,进而使人类的生活变得优良。中世纪神学家托马斯·阿奎那在一定程度上继承亚里士多德衣钵,认为人是政治的和社会的"动物",城邦的目的在于人的整体利益和生活的完满。至文艺复兴时期,关于国家的目的更众说纷纭,这些学说基于不同立场而相得益彰,以霍布斯、洛克、卢梭等为代表的文艺复兴先驱,更多地从消极意义上阐述国家的目的。其后,边沁和穆勒从理论上阐述了功利主义的理念,认为增加最大多数人的最大幸福是其中应有之义。穆勒进一步提出政府的任务乃最大限度地增进人们相互之间的快乐。及至现代,约翰·杜威认为政府、艺术、实业、宗教和一切社会制度的存在,都有一个共同的目的——解放和发展个人的能力,而且提出了有关人的可能性的进化论见解,强调政府对其每个成员的全面发展有责任与义务。①

正是在这些基础上,现代国家的雏形被勾勒出来。如此一来,正如斯蒂格利茨所论,**政府拥有全体社会成员和国家强制力,使其在纠正市场失灵时有明显的优势**,如征税权、禁止权、处罚权和交易费用定价权等,②由此,监管权力的享有、监管方式及进程主要以监管机构单方作出,不直接以被监管者的同意为条件,具有超越被监管者的优越性,③更何况政府在公共财富和组织能力方面亦具有优势。④

---

① 有关国家目的的演变与发展,可以从诸多经典著作和介绍中寻其脉络,具体包括:Aristotle, *Politics*, translated by Ernest Barker, Oxford University Press, 1995;[英]霍布斯:《利维坦》,黎思复、黎廷弼译,商务印书馆 1985 年版,第 96、132 页;[英]洛克:《政府论·下篇》,叶启芳、瞿菊农译,商务印书馆 1964 年版,第 77~82 页;[美]列奥·施特劳斯、[美]约瑟夫·克罗波西主编:《政治哲学史》,李洪润等译,法律出版社 2009 年版,第 712~734 页;[法]卢梭:《社会契约论》,何兆武译,商务印书馆 2011 年版,第 18~22 页;[美]约翰·杜威:《哲学的改造》,许崇清译,商务印书馆 1958 年版,第 111~112 页。

② 参见[美]约瑟夫·E. 斯蒂格利茨等:《政府为什么干预经济:政府在市场经济中的角色》,郑秉文译,中国物资出版社 1998 年版,第 74~77 页。

③ 尽管道德规范、行业惯例、自律规则和私力救济等在不同维度上有利于促进证券市场的治理,但公权力机构所具有的强制性权力使其不仅能够更好地达成治理目标,而且能最大发挥治理效能。参见缪因知:《股票发行注册制下的行政权再定位》,载《财经法学》2016 年第 6 期。

④ 参见[英]科林·斯科特:《规制、治理与法律:前沿问题研究》,安永康译,清华大学出版社 2018 年版,第 36 页。

与此同时,政府所建立的规则还能够克服诸如习惯等非正式规则的模糊性、共同体成员自发裁决的任意性等问题。[1] 反之,如果仅靠市场机制的话,证券市场的各方容易陷入一种类似互不合作的"囚徒困境"(prisoner's dilemma)或"公地悲剧"(tragedy of the commons)中,除非他们因合作性的解决方法(如政府介入)而使状况得到改善并借此防止整体性的损害与市场失灵,[2]否则同样会出现治理难题,这从反面证成了政府参与的必要性和治理优势所在。需要注意的是,鉴于政府上述权力将深刻而广泛地影响公众的人身、财产安定与发展的权利,政府在行使上述公权力时应该十分审慎。[3]

(二)市场自律与中介服务主体的治理优势

市场自律主体主要包括证券交易所和证券行业协会,市场中介服务机构包括证券公司、律师事务所、会计师事务所等专业机构。从国外研究的情况来看,很多研究都证明了自律组织本身就有很强的自律监管的内在激励。[4] 按照芝加哥大学威廉·伯德泽斯特(William A. Birdthistle)和托德·亨德森(Todd Henderson)教授的观点,金融机构自律管理是市场参与者理性选择的结果,他们本身就有很强的理性来自我约束,因为一旦出现违规的行为,负外部性过大,只有极少数人可收

---

[1] 参见[澳]柯武刚、[德]史漫飞、[美]贝彼得:《制度经济学:财产、竞争、政策》(第2版),柏克等译,商务印书馆2018年版,第145~150页。

[2] 参见[美]凯斯·R.桑斯坦:《权利革命之后:重塑规制国》,钟瑞华译,中国人民大学出版社2008年版,第52~56页;[美]埃莉诺·奥斯特罗姆:《公共事务的治理之道:集体行动制度的演进》,余逊达等译,上海译文出版社2012年版,第19页。

[3] 尽管目前证券交易所、自律组织拥有了一定程度的自律监管的权力,证监会甚至委托交易所行使部分调查权,但这都仰赖于证监会的行政委托,属于公权力的延伸。同时,证券自律组织所拥有的监管权属于自律监管的范围,没有广泛适用性,也无法以国家强制力保障实施。即便在市场化程度高的美国,SEC亦在加强对自律组织的监管审查,譬如,自律组织规则的修改未经SEC批准不得生效,同时SEC还有修改自律组织规则的权力。See Louis Loss, Joel Seligman & Troy Paredes, *Securities Regulation VI*, 4th ed., Wolters Kluwer, 2011, p.53 – 77.

[4] See Daniel R. Fischel & Sanford J. Grossman, *Customer Protection in Futures and Securities Markets*, The Journal of Futures Markets, Vol. 4:3, 273 – 295 (1984); Daniel R. Fischel, *Organized Exchanges and the Regulation of Dual Class Common Stock*, University of Chicago Law Review, Vol. 54:1, p. 119 – 152 (1987); Paul G. Mahoney, *The Exchange as Regulator*, Virginia Law Review, Vol. 83:7, p.1453 – 1500 (1997).

益。因此,对大多数市场参与者来说,其有很强的激励来自律监管。①整体而言,**自律组织与市场机构往往在信息技术能力、证券专业能力与信息监察能力上具有治理优势**。

首先,市场自律主体与机构具有信息监察上的治理优势。证券市场是一个各种知识高度复合的场域,特别是证券市场的"信息"要素,更具有复杂的学科、知识背景,专业性非常突出。从制度经济学视角来看,由于信息天然具有分散性,也不容易传递,**最靠近信息源的主体更具有治理优势**,其能够充分利用这些信息并作出决策。② 市场自律组织与机构因更加接近市场,其能够更快更全面地收集、评价、分析市场信息并及时有效作出反应。③ 在证券市场中,证券交易所被定义为"证券信息处理人"(securities information processor),④通过汇集、处理、生产、传输和公布信息而发挥其自身的作用。⑤ 实际上,对任何国家和地区的证券监管机构而言,监管资源始终都是有限的,亲力亲为地开展日常信息监察工作并不具有现实性。⑥ 与此同时,不仅行政管理可能会使管理人变得重视制约因素而非重视任务,⑦而且科层制管理下的信息监管经过层层过滤之后,不见得能够得到有效、及时的反馈。而作为市场中心的证券交易所与自律组织,在人员配置与自律监管上具有灵

---

① See William A. Birdthistle & Todd Henderson, *Becoming the Fifth Branch*, Cornell Law Review, Vol. 99:1, p. 1 – 70 (2013).

② See Alan D. Morrison & William J. Wilhelm, Jr., *Investment Banking: Institutions, Politics and Law*, Oxford University Press, 2007, p. 37 – 62.

③ See Saule T. Omarova, *Rethinking the Future of Self-Regulation in the Financial Industry*, Brooklyn Journal of International Law, Vol. 35:3, p. 670 (2010).

④ See Louis Loss, Joel Seligman & Troy Paredes, *Securities Regulation VI*, 4th ed., Wolters Kluwer, 2011, p. 27.

⑤ 参见方流芳:《证券交易所的法律地位——反思"与国际惯例接轨"》,载《政法论坛》2007年第1期。

⑥ 随着我国证券市场的迅速发展,我国证券市场的信息量更为巨大,大量的内幕交易可能潜伏在海量的信息流之中,发现这些交易的蛛丝马迹需要处于信息中心的交易所与自律组织的火眼金睛。如前所述,证监会负责我国证券、期货市场的总体监管,三千余人承担着所有的工作,其中还有很多供职于非直接市场监管职能部门,工作任务繁重。

⑦ 参见[美]詹姆斯·Q.威尔逊:《美国官僚体制:政府机构的行为及其动因》,李国庆译,社会科学文献出版社2019年版,第173页。

活性,其对人员的招募受限较小,而且能够提供有市场竞争力的薪酬,有利于吸引专业人士投身市场一线。

其次,市场自律组织与机构具有证券专业能力上的优势。自律组织、市场中介服务机构往往有更多专业上和技能上的实践知识,也具有革新意识,其与从业者沟通的成本也更低且灵活。① 作为整个证券市场中最大的专业主体,**证券自律组织精通市场操作技巧,熟练运用各种现代经济、金融、信息技术和数学分析技术,从而可以有效地分析复杂证券市场信息、提高交易效率**。换言之,只有具备专业精湛的职业能力,才能够"更微妙和亲密地了解这个高度复杂的谜题,并把所有碎片拼凑在一起"。② 路易斯·罗思(Louis Loss)教授等曾精辟地概括,如果有许多商业领域中的灰色区域需要治理,那么其需要的是一种类似外科医生手术刀式的细细解构的方式,方能精益求精,而如果通过政府对复杂的商业进行直接监管(即便其有很多传统的执法优势和追诉犯罪的手段),那么至多能够达到黑白分明的效果。③ 因此,证券专业能力在当今证券市场的治理中应得到充分的关注。特别是对证券交易所而言,其可以凭借强大、专业的数据分析能力,更快地察觉市场的变动,并从中甄别各种新型、隐蔽的内幕交易。④

最后,市场自律组织与机构同样具有信息技术的优势。证券市场的本质在于信息及时交换,这是交易的根本基础。现代证券市场与信息技术的联系日渐紧密,各种新型证券交易技术日新月异,给证券市场监管造成了不小的挑战。例如,高频交易已经占据发达市场证券交易

---

① See Anthony Ogus, *Regulation: Legal Form and Economic Theory*, Hart Publishing, 2004, p. 107 – 108.

② Saule T. Omarova, *Rethinking the Future of Self-Regulation in the Financial Industry*, Brooklyn Journal of International Law, Vol. 35:3, p. 680 (2010).

③ See Louis Loss, Joel Seligman & Troy Paredes, *Securities Regulation VI*, 4th ed., Wolters Kluwer, 2011, p. 157.

④ See Jonathan Macey & Hideki Kanda, *Stock Exchange as A Firm: The Emergence of Close Substitutes for the New York and Tokyo Stock Exchanges*, Cornell Law Review, Vol. 75:5, p. 1006 – 1051 (1990).

的相当大比例。① **证券信息技术的发展更多是自下而上的、市场驱动的**。因而,相对于政府监管机构,证券交易所作为信息交换的中心,对信息交换技术的更新和发展,本身就更加关注和擅长。② 即便从全球范围来看,谁能够给市场主体提供更加便捷、安全、透明、低成本的信息与交易方式,谁就能够占得先机。因此,市场自律组织与机构本身便有足够激励去进行信息技术的升级与发展,这也将造就其信息技术的优势。

(三)市场投融资主体的治理优势

证券市场归根到底是为投资者与融资者进行服务的,促进资金流通是其存在的意义。在证券市场中,数量庞大的投融资主体拥有广泛的信息监察优势,由于其本身利益与证券市场紧密相连,各类违法违规行为更使其有切肤之痛。在这样的情况下,众多市场投资者有足够的内在激励去揭发违法行为,并以法律手段维护自己的权益,进而提高证券市场的治理效率。

尽管个人在集体行动上存在一定的困境,但如果有适当的机制,他们不仅能够行使"用脚投票"的权利,而且能够成为无处不在的执法者:一方面,成熟的机构与个人投资者能够从证券发行主体的信息披露、日常交易中发现潜在的问题,③特别是对那些身处公司里的"内部人"而言,他们更能够发现公司内幕交易的诸多痕迹,成为内部的"吹哨人"。缪因知教授提出为更好地发挥内部监督作用,亦可以考虑允许内部人进行反欺诈型的内幕交易,④这也证明了市场参与中个人的重要作用。另一方面,在非标准化的事后惩罚方面,借助法院的司法裁判,市场投资主体通过私人执法机制可以有效地威慑各类新型复杂违

---

① 参见邢会强:《证券期货市场高频交易的法律监管框架研究》,载《中国法学》2016年第5期。

② See Stavros Gadinis & Howell E. Jackson, *Markets as Regulators: A Survey*, Southern California Law Review, Vol. 80:6, p. 1239-1382 (2007).

③ 参见吕成龙:《中美证券市场治理的关键变量比较与法律移植》,载郭锋主编:《证券法律评论》2015年卷,中国法制出版社2015年版。

④ 参见缪因知:《反欺诈型内幕交易之合法化》,载《中外法学》2011年第5期。

法行为,当然,这有赖于我国证券民事诉讼制度的继续创新和改革,《证券法》(2019 修订)所设计的投资者保护机构领衔的特别代表人诉讼制度将为此提供一定助力。除此之外,即便不考虑法律手段,倘若证券交易所能够展开更高程度的竞争,优质的市场证券发行主体和投资主体自然愿意选择监管更加有效的交易所,因为这将给他们带来更多的收益,借此通过"用脚投票"来促进交易所自律监管,在全球资本市场范围内亦是如此。①

---

① See John C. Coffee, Jr, *Racing towards the Top: The Impact of Cross-Listing and Stock Market Competition on International Corporate Governance*, Columbia Law Review, Vol. 102:7, p. 1757 – 1831 (2002).

第六章 内幕交易规则制定权的优化

通过本书前五章的论述，笔者试图勾勒出证监会内幕交易监管的历史来路、现状与问题。正如实证部分阐述与分析的那样，内幕交易监管并没有充分地实现监管资源的优化配置，**证监会应该以更加科学的进路不断优化监管框架**。一方面，对于其拥有治理优势的关键治理变量，包括规则制定能力、调查能力和惩罚能力，应该继续发掘其自身优势，不断评估、修正和完善这三方面的有关制度和机制。另一方面，对于监管资源消耗或者存在挑战的日常信息监察、信息技术能力与证券专业能力，证监会则应该借助多元治理力量，不断激发和引导证券交易所、证券业协会、证券市场各类看门人、投资者与司法机关发挥各自优势，相互配合、协作治理，最终实现监管效果的不断优化。这正是本书第六章至第九章将要着重阐述的，即在具体的制度剖析中，深入探究证监会如何优化内幕交易的监管，如何扬其所长、避其所短。

第一节 规则制定的困难与价值导向

一、实体性控制的行政立法模式

（一）行政立法的模式选择

制定法在很多情况下之所以失灵，有时候是因为问题的错误针对、拙劣的政策分析，有时候是因为将不充分的信息作为制定依据，还有时候是因为时过境迁。① 以美国为例,立法机构传统的立法权也开始与行政机关,特别是各种独立规制委员会分享。正如王名扬教授所说,"在美国法律秩序的结构中,法规犹如汪洋大海,法律只是漂浮在大海中的少数孤岛"。② 美国立法有时候主要用于宣布立法目的,然后广泛授权行政机关根据公共利益(public interests)制定行政法律规范对该领域进行监管或实施,有时候甚至会直接设立一个新的行政机关来落实其立法计划。由此,美国行政法立法模式主要体现为"程序性控制"方式,即立法机构控制行政立法主要考虑正当程序是否得到满足,而对实体内容的直接干预较少。与此同时,美国法院同样支持独立规制机构的立法权限,早在 1928 年 Hampton & Co. v. United States 案③中,美国联邦最高法院认为,凡是国会提供了"可理解原则"(intelligible principle)给行政机关遵照时,这种授权就不违反宪法,借此逐渐确立并巩固了行政机关及独立规制机构的准立法权。因而,虽然来自政治的压力有时会妨碍有效立法和探讨,但对作为独立规制机构的 SEC 来说,规制制定的权力相对岿然不动。

目前,从立法程序的角度来看,美国行政规则的制定主要有三种类型:④第一,非正式程序制定的规则,即根据美国《联邦行政程序法》第 553 节"通告—评议—发布"程序而制定的规则,这是其最主要的行政立法模式;第二,"正式程序制定的规则"(formal rulemaking),即经由一种审判化的行政规则制定程序,⑤以听证认定的事实作为制

---

① See Cass R. Sunstein, *After the Rights Revolution: Reconceiving the Regulatory State*, Harvard University Press, 1993, p. 86 - 97.
② 王名扬:《王名扬全集 3:美国行政法》(上),北京大学出版社 2016 年版,第 263 页。
③ See Hampton & Co. v. United States, 276 U. S. 394 (1928).
④ 参见[美]皮特·L. 施特劳斯:《美国的行政司法》,徐晨译,商务印书馆 2021 年版,第 272~278 页。
⑤ See Stephen G. Breyer, Richard B. Stewart, Cass R. Sunstein & Matthew L. Spitzer, *Administrative Law and Regulatory Policy: Problems, Text, and Cases*, 5th ed., Aspen Law & Business, 2002, p. 652 - 660.

定法规的唯一依据所定规则,①但在当下美国的行政立法实践中越来越少见;②第三,行政机关的"解释性规则"(interpretative rules)和"一般政策说明"(general statement of policy),这些解释性规则和说明被认为是前述非正式程序制定的规则的例外,③被行政机关广泛运用,且在实务运作上有较大权重。

在过去的几十年中,SEC被多部证券法律授予了规则制定的权力,包括《1933年证券法》《1934年证券交易法》《1940年投资公司法》《1940年投资顾问法》等。同时,近年一些法律,如《多德-弗兰克法》也给了SEC新的规则制定权力并特别要求SEC制定具体的实施规则。当然,规则的制定与解释同样受到合理的限制与监督,《联邦行政程序法》对包括SEC在内的行政机构规则制定进行了程序限制,如该法第553节对规则制定的例外、公告要求、公众参与、生效日期和日后修改进行了规范。④ 更重要的是,美国司法体系在规则塑造中扮演了积极角色。按照科斯教授的观点,当市场交易成本高昂,以至于难以改善法律制度确立的权利安排时,法院将直接影响经济活动。⑤

在我国目前的行政立法框架中,我们采取法律保留原则下的严格授权立法模式。也就是说,对于对权益侵害性最强的行政行为,只能以法律的形式来规范,而对其他事项则采取严格的授权立法模式,使得证监会的行政立法呈现明显的"实体性控制"特征,这与美国行政监管机构的规则制定权有显著不同,体现了立法的严谨及公众权利的认真对待。⑥ 具言之,行政机关的规则制定首先要遵守法律保留原则,即行政

---

① 参见王名扬:《王名扬全集3:美国行政法》(上),北京大学出版社2016年版,第268~275页。

② 参见汤磊:《美国行政立法僵化的成因与应对》,载《地方立法研究》2020年第4期。

③ See John M. Rogers, Michael P. Healy & Ronald J. Krotoszynski, Jr., *Administrative Law*, 3rd ed., Wolters & Kluwer, 2012, p. 218–219.

④ See 5 U. S. Code § 553.

⑤ See Ronald H. Coase, *The Problem of Social Cost*, The Journal of Law and Economics, Vol. 3:1, p. 1–44 (1960).

⑥ 参见[美]皮特·L.施特劳斯:《美国的行政司法》,徐晨译,商务印书馆2021年版,第271~328页。

行为只能在法律有规定的情况下作出,假设法律对此没有规定,那么有关行政行为就不得作出,这也是"法无授权即禁止"意涵的要求。追本溯源,法学家奥托·迈耶(Otto Mayer)最早表述该原则的时候指出,"通过对基本权利的明示或默示保留,保证公民个人自由、财产不可侵犯及其他权力不受侵犯,除非有法律对此作出规定或基于法定理由才可以对上述权利进行干涉"。① 随着现代社会制度的不断发展,法律保留原则也在不断发展,特别是在1972年之后,"重要性理论"下的法律保留原则开始发端,法学界开始探讨到底有哪些特殊事项不管怎样都只能通过立法者"亲自"以法律的形式来决定,而不能以授权给行政机关命令的情况处理。根据目前的重要性理论,对基本人权干预程度较强的事项,应该继续坚持法律保留,但对干预程度不强的则考虑授权立法。

从我国行政法的一般规则制定情况来看,"法律"以下的行政法规、部门规章及各种规范性文件采取的是一种"实体性控制"的规则制定模式,即针对具体证券市场监管的各种问题,各层级的规则都在其合法授权范围内设置和解释规则,下位法的规则不能超越上位法的授权范围,否则就会因越权而无效。目前《证券法》对证监会市场监管的诸多事项有相对详细的规定,且往往在以列举方式进行规定之后,再通过兜底条款来授权监管机构进行解释和认定。从法理上来说,**监管机构在根据此类授权条款进行具体解释的时候,应该以类比推理列举事项的方式进行,而不能擅自扩大解释范围**。但此种实体性控制模式在面对瞬息万变的证券市场时,有时显得捉襟见肘,导致可能出现以效力级别比较低的规范性文件乃至监管问答、指导意见等来缓解市场问题的情况。②

(二)证监会行政立法的具体边界

对于证监会来说,其所需遵循的法律保留与授权立法的范围是

---

① 奥托·迈耶被誉为"德国行政法之父",他最早提出了法律保留的思想。参见[德]奥托·迈耶:《德国行政法》,刘飞译,商务印书馆2021年版,第74页。
② 参见肖钢:《中国资本市场变革》,中信出版集团2020年版,第320~321页。

什么？首先，从最高规范层面看，我国《宪法》第62条和第67条对全国人民代表大会及其常务委员会的立法权限首先予以界定，其拥有制定和修改刑事、民事、国家机构和其他基本法律的权力；第89条第1项授予国务院根据宪法和法律，规定行政措施、制定行政法规、发布决定和命令的职权；第90条要求国务院各部、委员会根据法律和国务院的行政法规、决定、命令，在本部门的权限内规范地行使被赋予的规则制定权。因而，作为国务院直属机构的证监会，能够根据上位法律、行政法规、决定和命令来发布其命令、指示和规章，并且不得逾越授权范围。

其次，行政法规与部门规章的规则制定和解释有各自的范围和权限。一方面，《立法法》（2023修正）第11条规定，有些事项只能制定法律，其中包括涉及证券市场的犯罪、刑罚、民事基本制度、基本经济、金融和财政等相关领域。另一方面，对于行政法规、部门规章的制定，在当今已解决证监会作为国务院直属事业单位可否制定规章的争议[①]后，根据《立法法》（2023修正）第91条的规定，具有行政管理职能的直属机构有权在法律、国务院的行政法规、决定、命令的授权范围内制定部门规章，且部门规章所规定事项应属于执行授权事项的范畴，不能借此增加或者减损公民与法人的权利义务，也不能借此设定增加、减少监管部门的职能、权力与责任。[②]《证券法》（2019修订）第169条第1项规定，国务院证券监督管理机构在履行证券市场监督管理职能中，可以在授权范围内制定有关证券市场监督管理的规章、规则。

同时需要注意的是，根据1999年《国务院办公厅关于行政法规解

[①] 参见董炯、彭冰：《公法视野下中国证券管制体制的演进》，载罗豪才主编：《行政法论丛》第5卷，法律出版社2002年版。

[②] 《立法法》（2023修正）第91条规定："国务院各部、委员会、中国人民银行、审计署和具有行政管理职能的直属机构以及法律规定的机构，可以根据法律和国务院的行政法规、决定、命令，在本部门的权限范围内，制定规章。部门规章规定的事项应当属于执行法律或者国务院的行政法规、决定、命令的事项。没有法律或者国务院的行政法规、决定、命令的依据，部门规章不得设定减损公民、法人和其他组织权利或者增加其义务的规范，不得增加本部门的权力或者减少本部门的法定职责。"

释权限和程序问题的通知》(国办发〔1999〕43号)第2条①的规定,凡属于行政工作中具体应用行政法规的问题,行政主管部门在职权范围内解释,对于解释有困难或者存在不同意见的,由国务院交由其法制办公室或者国务院自身进行解释和答复。② 具体结合《中国证券监督管理委员会关于法规、规章解释权限和程序问题的通知》(证监法律字〔1999〕1号)来看,对于行政法规条文本身需要"进一步明确界限或者作出补充规定"的,证监会及其各部门都不得进行解释,只能先由证监会法律部统一汇总,经由证监会有关领导同意后呈报国务院法制办公室予以处理。不过,对于证监会工作中"具体应用法律和行政法规的问题"且证监会在其职权范围内能解释的,统一由法律部提出解释性意见并报会领导同意后作出解释。但是,对于何种属于"进一步明确界限或者作出补充规定",何种属于"具体应用法律和行政法规的问题",尚不清晰。除此之外,证监会对其部门规章的补充规定或解释权限,同样受到一定限制。③

最后,从适用更为频繁的证监会各类部门规范性文件方面来看,规则制定权限及解释范围同样受到严格限制。根据《行政处罚法》(2021

---

① "凡属于行政工作中具体应用行政法规的问题,有关行政主管部门在职权范围内能够解释的,由其负责解释;有关行政主管部门解释有困难或者其他有关部门对其作出的解释有不同意见,要求国务院解释的,由国务院法制办公室承办,作出解释,其中涉及重大问题的,由国务院法制办公室提出意见,报国务院同意后作出解释,答复有关行政主管部门,同时抄送其他有关部门。"

② 根据《第十三届全国人民代表大会第一次会议关于国务院机构改革方案的决定》(2018年3月17日第十三届全国人民代表大会第一次会议通过),我国已经将司法部和国务院法制办公室的职责整合,重新组建司法部,作为国务院组成部门。司法部承办行政法规的解释、立法后评估工作,负责地方性法规、规章的备案审查工作,组织开展规章清理工作。另参见"机构职能",载中华人民共和国司法部,https://new.moj.gov.cn/pub/sfbgw/jgsz/jgszjgzn/,2023年2月21日访问。

③ 《中国证券监督管理委员会关于法规、规章解释权限和程序问题的通知》第3条规定:"凡属于我会部门规章条文本身需要进一步明确界限或者作出补充规定的问题,由相关部门提出草案,经法律部按照我会部门规章审查程序提出意见,报会领导同意后,以我会名义发布或作出解释。"第4条规定:"凡属于工作中具体适用我会部门规章的问题,相关部门在职权范围内能够解释的,由其负责解释;有关部门解释有困难或者其他部门对其作出的解释有不同意见,由法律部作出解释,其中涉及重大问题的,由法律部提出意见,报会领导同意后作出解释。"

修订)第 11 条第 2 款的规定,行政处罚的"行为"、"种类"和"幅度"都需要由法律、行政法规来规定,不能由其他规范性文件赋予。① 2020年,为贯彻落实《国务院办公厅关于加强行政规范性文件制定和监督管理工作的通知》(国办发〔2018〕37 号)的要求,《中国证监会关于进一步做好证券期货行政规范性文件起草审查制定工作的通知》(证监发〔2020〕21 号)发布,其第 1 条要求"制定行政规范性文件,应当符合上位法规定,控制发文数量,立足我国证券期货市场的发展实际,注重针对性和可操作性"。在规范性文件的制定过程中,证监会法律部应当重点对其进行合法性审查。② 证监会不可对国务院、国务院办公厅贯彻实施法律、行政法规的规范性文件进行解释,而需要交由国务院法制办公室承办并作出解释,涉及重大问题的还需由国务院法制办公室提出意见并报国务院同意后作出解释。③ 因此,在目前的制度体制下,只有在法律保留的范围以外、在严格的授权范围之内,证监会才有制定和解释规则的空间,这是一种实体性的控制立法模式。

二、现实选择下的内幕交易监管规则

在此实体性控制立法模式之下,证监会内幕交易监管相关的规则制定和规则解释权力具体运行如何呢? 整体而言,在依法行政的理念

---

① 第 11 条第 2 款规定:"法律对违法行为已经作出行政处罚规定,行政法规需要作出具体规定的,必须在法律规定的给予行政处罚的行为、种类和幅度的范围内规定。"第 13 条规定:"国务院部门规章可以在法律、行政法规规定的给予行政处罚的行为、种类和幅度的范围内作出具体规定。尚未制定法律、行政法规的,国务院部门规章对违反行政管理秩序的行为,可以设定警告、通报批评或者一定数额罚款的行政处罚。罚款的限额由国务院规定。"

② 《中国证监会关于进一步做好证券期货行政规范性文件起草审查制定工作的通知》第 8 条规定:"法律部重点就下列事项进行合法性审核:(一)是否超越法定职权;(二)内容是否符合宪法、法律、行政法规、规章和国家政策规定;是否违法设定行政许可、行政处罚、行政强制等事项,增加办理行政许可事项的条件等内容;是否存在没有法律、行政法规依据作出减损公民、法人和其他组织合法权益或者增加其义务的情形;是否存在没有法律、法规依据作出增加本部门权力或者减少本部门法定职责的情形;(三)是否违反行政规范性文件制定程序;(四)其他需要进行合法性审核的内容。"

③ 参见《国务院办公厅关于行政法规解释权限和程序问题的通知》(国办发〔1999〕43 号)。

下,证监会基本遵循了法律保留与严格授权立法范围的原则,体现了依法行政的精神。然而,为执行《证券法》的规定和应对现实内幕交易监管的需求,证监会制定的与内幕交易监管相关的个别行政规则仍需《证券法》予以进一步明确。

(一)《内幕交易认定指引》的现实选择

证监会内幕交易认定规则存在一定争议,其中,最值得讨论的是前述《中国证券监督管理委员会关于印发〈证券市场操纵行为认定指引(试行)〉及〈证券市场内幕交易行为认定指引(试行)〉的通知》[①]。《内幕交易认定指引》希望规范证券市场内幕交易行为的认定工作,只是大幅度突破了《证券法》所规定的边界,[②]从制度上建构了一种涵括"任何人"的内幕交易对象认定模式。证监会将所有传递、利用内幕信息的人都纳入监管范围,改变了前述基于身份联系进行监管的路径。

具言之,《内幕交易认定指引》创造了"内幕人"的新概念——"内幕信息公开前直接或者间接获取内幕信息的人,包括自然人和单位",但这个概念在《证券法》(2005修订)中并没有直接出现。[③] 根据《内幕交易认定指引》第6条对此进行的解释,除《证券法》(2005修订)第74条明确列举的6类人员外,"内幕人"还包括:(1)证监会根据《证券法》(2005修订)第74条第7项授权而规定的其他证券交易内幕信息知情人[发行人、上市公司;发行人、上市公司的控股股东、实际控制人控制的其他公司及其董事、监事、高级管理人员;上市公司并购重组参与方及其有关人员;因履行工作职责获取内幕信息的人;《证券法》(2005修订)第74条第1项及本项所规定的自然人的配偶]。(2)《证券法》(2005修订)第74条明确列举的6类人员及上述第一种情况下所规定的自然人的父母、子女以及其他因亲属关系获取内幕信息的人。

---

① 证监稽查字〔2007〕1号,已失效。
② See Nicholas Calcina Howson, *Enforcement without Foundation? Insider Trading and China's Administrative Law Crisis*, The American Journal of Comparative Law, Vol.60:4, p.955-1001 (2012).
③ 参见[美]郝山:《中国过于宽泛的内幕交易执法制度——法定授权和机构实践》,陶永祺、卫绮骐译,载《交大法学》2014年第2期。

(3)利用骗取、套取、偷听、监听或者私下交易等非法手段获取内幕信息的人。(4)通过其他途径获取内幕信息的人。同时值得注意的是，对于何为"非法获取内幕信息的人"，证监会在实践中给出了自己的理解，在2011年行政处罚决定书(岳某斌)处罚中，证监会认为"非法获取内幕信息的人既包括采用盗窃、窃听、黑客、贿赂等违法手段积极获取内幕信息的人，也包括并未采取违法手段、只是因'证券交易内幕信息的知情人'的泄露行为而间接获悉内幕信息，但是本身又不具有获取内幕信息的合法资格、合法理由的人"[1]。由于《证券法》并没有直接或授权对"非法获取内幕信息的人"进行解释，因而，证监会该解释的权限来源和范围有待明确。

更值得关注的是，"内幕人"的范围与《证券法》(2005修订)第74条的列举存在理论基础上的差异，是两种不同的规制进路。该第74条所列举的人是对本公司或者发行方具有一定信义义务的人员，他们或是董事、监事、高级管理人员和股东，[2]或是有关中介、服务机构、监管机构的人员因工作内容而产生了信义义务，总之是一种基于身份的列举。[3] 与第74条规定相比，《内幕交易认定指引》关于"内幕人"的范围一下子就扩展了。譬如说，这些人的"父母、子女及其他因亲属关系获取内幕信息的人"，并非直接基于信义义务产生的，而是基于信息传递、家族关系下私取(misappropriation)等原因产生的不得交易的义务，这是无法用类比推理推出来的。概言之，《内幕交易认定指引》创设的"内幕人"的概念，反倒把《证券法》(2005修订)第74条涵括其中。

如此一来，证监会此前内幕交易处罚的逻辑就成了这样：首先，检验参与内幕交易的人是否明确属于《证券法》(2005修订)第74条的列举范围。如是，就按照第74条的列举进行处罚；如果不符合第74条的列举，证监会就会运用第74条赋予的兜底条款，即"国务院证券监督管

---

[1] 《中国证监会行政处罚决定书》(岳某斌)(〔2011〕57号)。
[2] 参见施天涛：《公司法论》(第3版)，法律出版社2014年版，第362~371页。
[3] 参见曾洋：《证券内幕交易主体识别的理论基础及逻辑展开》，载《中国法学》2014年第2期。

理机构规定的其他人",进而考虑《内幕交易认定指引》的解释是否满足,也就是说,是否满足这个无法用类比推理进行的解释范畴,如果还不满足,证监会将进行第三步,即再次运用《内幕交易认定指引》的兜底条款,"通过其他途经获取内幕信息的人",再结合证监会对"非法获取内幕信息"的实务理解。借此,任何人都通过这 4 个步骤完全落入了内幕交易的监管范围。如果任何人都是内幕交易监管的范围,那么干脆规定任何人都不得进行内幕交易即可,《证券法》(2005 修订)第 73 条的分类和第 74 条的专门列举的必要性就需讨论了。[①] 退一步而言,这些不同的用语至少反映了对内幕交易主体范围的认知差异,并可能进一步引起文义混乱,导致实践中的任意解释,[②]并给公共执法和当事人守法带来困难。[③]《内幕交易认定指引》目前已失效且部分内容被《证券法》(2019 修订)所吸收,但监管部门对规则制定权行使的问题仍然值得检思和警醒。

(二)案件委托调查尚有争议

证监会在调查过程中委托上海证券交易所和深圳证券交易所对内幕交易案件进行调查的规则,即《中国证监会委托上海、深圳证券交易所实施案件调查试点工作规定》(以下简称《委托交易所实施案件调查试点工作规定》),恐怕也在一定程度上与彼时《行政处罚法》(2009 修正)、《证券法》(2014 修正)的规定有差异。根据《证券法》(2005 修订)第 180 条的规定,证监会本身在调查的时候,享有现场检查权、调查取证权、询问权、查阅查询权(包括财产权登记、通信记录等资料,各种资金账户、证券账户和银行账户等)、查封冻结权和限制买卖权。从《委托交易所实施案件调查试点工作规定》第 4 条第 2 款来看,其规定证券交易所受托实施案件调查的时候,有权采取《证券法》《期货交易

[①] 参见彭冰:《内幕交易行政处罚案例初步研究》,载徐明等主编:《证券法苑》第 3 卷,法律出版社 2010 年版。

[②] 参见曾洋:《证券内幕交易主体识别的理论基础及逻辑展开》,载《中国法学》2014 年第 2 期。

[③] 参见邢会强:《证券欺诈规制的实证研究》,中国法制出版社 2016 年版,第 92 页。

管理条例》《证券投资基金法》等法律、行政法规规定的措施,当其需要采取封存、冻结、查封等与行政处罚权有关的行政强制措施时,应报请证监会稽查执法部门依法办理。也就是说,除查封、冻结和封存等行政强制措施外,证券交易所拥有剩余事项的调查权限。但严格从法律文义上来说,这样的委托调查规则依然存在问题:

第一,证监会对内幕交易案件行政委托调查实则涉及法律解释的争议。彼时,《行政处罚法》(2009修正)对行政处罚权的"委托"进行了详细规定,但是,这里只涉及行政处罚,没有提到"调查"二字。理论界有观点认为,行政调查是行政处罚的一个必要环节,举重以明轻,行政调查自然被涵括其中。[1] 但笔者认为,行政机关本身应该有明确的行为界限。"法无授权即禁止"应该是依法行政的一个重要原则。对于证券违法的行政调查活动,如果没有上位法的授权或规定,证监会将这个权力委托出去可能会面临一定质疑。即便行政调查是一种事实行为,又是否做到了应有的救济规则设置?

第二,退一步来说,即便认定调查是处罚的一个内置环节,证监会是否有权委托证券交易所调查内幕交易?从我国的行政法律规定上来看,根据《行政处罚法》(2009修正)的规定,行政机关只能按照法律、法规或者规章的规定,在需要的情况下,在行政机关的法定权限内委托符合《行政处罚法》(2009修正)第19条[2]允许的组织机构后,才得以委托其施以行政处罚。那么,第19条的规定是否包括证券交易所?从其表述来看,可委托的组织包括"依法成立的管理公共事务的事业组织"。然而,对于什么是"管理公共事务的事业组织",法律并没有任何解释和说明,我们能否认为证券交易所是管理公共事务的事业组织?如果看《证券法》的规定,可以发现,证券交易所是自律管理的法人并

---

[1] 参见何艳春、张朝辉:《委托实施证券期货案件调查的法律分析》,载黄红元、徐明主编:《证券法苑》第13卷,法律出版社2014年版。
[2] "受委托组织必须符合以下条件:(一)依法成立的管理公共事务的事业组织;(二)具有熟悉有关法律、法规、规章和业务的工作人员;(三)对违法行为需要进行技术检查或者技术鉴定的,应当有条件组织进行相应的技术检查或者技术鉴定。"

且规定了会员制度,证券交易所权益由会员共同享有。① 笔者认为,证券交易所在性质上是一个自律机构,是为其会员服务的,而且投资者买卖证券产品也需要通过经纪人,而不得直接进入证券交易所买卖,鉴于此,证券交易所是否满足管理公共事务的条件是值得商榷的。从《行政处罚法》(2021修订)对委托的规定来看,②其第21条将"管理公共事务的事业组织"修改为"依法成立并具有管理公共事务职能"的"受委托组织",③进一步扩大了受委托组织的资格范围,但其能否委托证券交易所进行行政调查仍然存在此等困惑。

第三,内幕交易行政调查不仅涉及相对人的物和场所,更涉及相对人的人身自由等问题。④ 在证券案件调查领域,哪怕是现场检查、进入涉嫌违法行为场所检查、查阅复制,都涉及财产性质的处置问题。除非是自律管理的范畴,否则只有公权力才有合法性来源。退一步而言,即便抛开这个问题不论,仅从行政法下行政委托的一般情形来看,很多将公权力行使委托给非行政机关组织的行为也未设警戒。在一些行政法领域,行政权力(如处罚权)委托有时可能相对随意,而且委托出去之后,不同地方、主体和个人执法水平更是参差不齐,给社会和行政相对

---

① 《证券法》(2019修订)第96条第1款规定:"证券交易所、国务院批准的其他全国性证券交易所为证券集中交易提供场所和设施,组织和监督证券交易,实行自律管理,依法登记,取得法人资格。"第101条第2款规定:"实行会员制的证券交易所的财产积累归会员所有,其权益由会员共同享有,在其存续期间,不得将其财产积累分配给会员。"

② 第20条规定:"行政机关依照法律、法规、规章的规定,可以在其法定权限内书面委托符合本法第二十一条规定条件的组织实施行政处罚。行政机关不得委托其他组织或者个人实施行政处罚。委托书应当载明委托的具体事项、权限、期限等内容。委托行政机关和受委托组织应当将委托书向社会公布。委托行政机关对受委托组织实施行政处罚的行为应当负责监督,并对该行为的后果承担法律责任。受委托组织在委托范围内,以委托行政机关名义实施行政处罚;不得再委托其他组织或者个人实施行政处罚。"

③ 第21条规定:"受委托组织必须符合以下条件:(一)依法成立并具有管理公共事务职能;(二)有熟悉有关法律、法规、规章和业务并取得行政执法资格的工作人员;(三)需要进行技术检查或者技术鉴定的,应当有条件组织进行相应的技术检查或者技术鉴定。"

④ 参见王天华:《行政委托与公权力行使——我国行政委托理论与实践的反思》,载《行政法学研究》2008年第4期。

人带来困扰。① 证券交易所作为市场中心,在市场信息监察方面具有治理优势,可以提供内幕交易等违法线索,但最终涉及行政调查与处罚时,笔者认为仍应由证监会自身来行使。

第四,再退一步来说,即便我们不考虑前述行政委托调查所涉及的"管理公共事务的事业组织"范畴的界定问题,假定证监会可以委托交易所从事行政调查工作,但委托方式(专项委托、一事一委托)、书面委托协议、调查人员岗位设置、调查权限、②质量控制、内控流程、被调查对象心理认可度和合作态度等细节,仍然存在诸多疑问。若没有更为细致的规范依据,这些疑问可能将对证券市场违法行为委托调查有所限制。

(三)证监会规则制定的其他问题

其一,证监会派出机构的处罚权问题。根据《中国证券监督管理委员会派出机构行政处罚试点工作规定》,证监会"依据法律法规和国务院的有关规定"在上海市、广东省、深圳市3个辖区开展行政处罚试点工作,同时要求"试点单位以自己的名义作出行政处罚,并负责行政处罚的执行"。2013年,证监会地方派出机构统一获得证券违法违规的处罚权。2015年《中国证监会派出机构监管职责规定》进一步明确地授予了证监会各地派出机构处罚权,如前述实证部分所示,证监会各地派出机构陆续以自己的名义作出了不少内幕交易行政处罚。可是,《中国证券监督管理委员会派出机构行政处罚试点工作规定》仅仅是一个部门规范性文件,其如此授予曾作为事业单位的证监会设立的派出机构以行政处罚权,恐怕需要更高位阶规范的授权。③ 相较之下,

---

① 参见王天华:《行政委托与公权力行使——我国行政委托理论与实践的反思》,载《行政法学研究》2008年第4期。

② 参见何艳春、张朝辉:《委托实施证券期货案件调查的法律分析》,载黄红元、徐明主编:《证券法苑》第13卷,法律出版社2014年版。

③ 同时,借助对2007年《行政复议法实施条例》第14条的法律解释,派出机构是否明确得到了法律、行政法规的授权也存在疑问。《行政复议法实施条例》第14条规定,"行政机关设立的派出机构、内设机构或者其他组织,未经法律、法规授权,对外以自己名义作出具体行政行为的,该行政机关为被申请人"。因此,我们可以推理,派出机构或内设机构若要作出有效的行政行为,就需要法律、法规的授权。

《治安管理处罚法》(2012修正)对公安机关的处罚授权十分明确,其第91条规定:"治安管理处罚由县级以上人民政府公安机关决定;其中警告、五百元以下的罚款可以由公安派出所决定。"也许有观点认为,从《证券法》(2005修订)来看,其第7条第2款规定:"国务院证券监督管理机构根据需要可以设立派出机构,按照授权履行监督管理职责。"①但是,此处"授权"从文义上是指由国务院证券监督管理机构对派出机构授权,而非法律、行政法规之"授权"。退一步来说,行政处罚作为对相对人权利影响较大的具体行政行为,是否应当有更加明确的法律授权,而不是采取此等笼统的表述?

其二,内幕交易"公开"的标准,正如吕晖及肖伟教授所言,《证券法》对内幕信息公开采取"形式公开标准",而此前《内幕交易认定指引》不仅新增了"全国性媒体披露"途径,更直接采取了"实质公开标准",与当时《证券法》(2005修订)的规定存在差异,或许会导致市场参与人和法官等无所适从。②

其三,针对内幕交易的举证问题,最高人民法院曾会同有关部门召开座谈会,印发了《关于审理证券行政处罚案件证据若干问题的座谈会纪要》(法〔2011〕225号),由此制定了内幕交易证据规则。③ 这实际上是对"举证责任倒置"的一种回应,也被认为有利于解决举证难、认定难的问题。不过,由于《关于审理证券行政处罚案件证据若干问题

---

① 第7条规定:"国务院证券监督管理机构依法对全国证券市场实行集中统一监督管理。国务院证券监督管理机构根据需要可以设立派出机构,按照授权履行监督管理职责。"
② 参见吕晖、肖伟:《关于内幕信息公开标准的探讨》,载《证券市场导报》2013年第5期。
③ 第5条规定:"会议认为,监管机构提供的证据能够证明以下情形之一,且被处罚人不能作出合理说明或者提供证据排除其存在利用内幕信息从事相关证券交易活动的,人民法院可以确认被诉处罚决定认定的内幕交易行为成立:(一)证券法第七十四条规定的证券交易内幕信息知情人,进行了与该内幕信息有关的证券交易活动;(二)证券法第七十四条规定的内幕信息知情人的配偶、父母、子女以及其他有密切关系的人,其证券交易活动与该内幕信息基本吻合;(三)因履行工作职责知悉上述内幕信息并进行了与该信息有关的证券交易活动;(四)非法获取内幕信息,并进行了与该内幕信息有关的证券交易活动;(五)内幕信息公开前与内幕信息知情人或知晓该内幕信息的人联络、接触,其证券交易活动与内幕信息高度吻合。"

的座谈会纪要》乃最高人民法院制定,在很大程度上凸显了我国证监会在规则制定与解释方面存在较大的提升空间。

究其原因,正如证监会原主席肖钢所言:"监管规则散、乱、杂,一些规范内容不够科学适当;大陆法系的规则特点对资本市场发展的适应性、包容性不强。"①这里需要说明的是,笔者并非主张证监会的每一个行为都必须有细节性、高位阶的法律、法规或规章的规定,如果这样,行政机关的诸多治理优势将丧失殆尽,变得僵化而机械。然而依法行政理应是证监会在内幕交易监管中的根本原则,要做到依法行政,不仅要使自己的行为符合法律法规的规定,而且自己的授权和委托行为也要符合法律、法规和规章的规定。要实现这种目标,首先需要《证券法》等法律明确赋予证监会充足的法律空间,并且对涉及行政相对人权利的事项予以明确而充分的授权。因此,在《证券法》持续修改中,立法机构要充分考虑证监会规则制定的治理优势,从上位法的层面赋予其更大空间,这样才能保障证监会的规则制定不会因突破上位法的规定而面临争议。

三、规则制定权行使中的辩证关系

在《证券法》等法律授予证监会更大的内幕交易监管规则制定空间的前提下,证监会在合法合理的规则制定过程中,应该遵循何种价值导向?笔者认为,证监会需要把握好两方面辩证关系:一方面,证监会在有关内幕交易监管规则制定的过程中,首先要明确自己的权力边界,②不能超越自己既定的授权边界制定各种行政规定。另一方

---

① 肖钢:《中国资本市场变革》,中信出版集团 2020 年版,第 319 页。
② 我国行政法学者对平衡论、控权论等基础理论进行了系统研究,参见罗豪才、甘雯:《行政法的"平衡"及"平衡论"范畴》,载《中国法学》1996 年第 4 期;李娟:《行政法中平衡论的对立观念探源》,载《法商研究(中南政法学院学报)》1997 年第 5 期;高凛:《控权论:现代行政法学的理论基础》,载《南京师大学报(社会科学版)》1998 年第 4 期;孙笑侠:《论法律对行政的综合化控制——从传统法治理论到当代行政法的理论基础》,载《比较法研究》1999 年第 Z1 期;郭殊:《论行政法治主义与行政法的理论基础》,载《重庆社会科学》2006 年第 3 期;邓晔:《论行政权的扩张与控制》,载《法学杂志》2008 年第 2 期;王名扬:《王名扬全集 2:法国行政法》,北京大学出版社 2016 年版,第 19~24 页。

面,在法律及法规的授权边界内,证监会要敢于行使应有的行政权力,积极进行内幕交易相关的规则制定和解释,成为一个强大的证券监管机构。

从理论上来说,传统阶段的行政控权理论旨在控制行政权行使,将行政权严格控制在行政法的范围内。威廉·韦德(William Wade)曾言:"行政法的最初目的就是要保证政府权力在法律的范围内行使,防止政府滥用权力,以保护公民。"①回溯历史,控权理论是在资本主义刚刚从封建主义桎梏中解脱出来的时代背景下出现的。当时的新兴资产阶级通过发动革命取得了国家政权,为防止专制主义、封建主义复辟和卷土重来,资产阶级建立了一整套新的社会制度来巩固政权。从理论发展脉络来看,控权理论的根源可以追溯到霍布斯和洛克时的社会契约论,即行使强制性权力的合法基础在于社会合意,而社会合意达致的过程早在立法机关阶段就已经完成,如若立法机关将规则制定权像批发一样赋予行政机关,那么社会契约论下的一系列原则都将被褫夺殆尽。②与此同时,新兴资产阶级在经济领域主张自由主义,认为"最好的政府,最少的管理",③政府只应该是"守夜人",是"警察局",是"邮政局",是自由秩序的维护者。总体来看,这个时期的"控权"主要是指对行政权的范围控制,防止行政权侵犯个人的自然权利,如人身权、财产权等。④

随着现代社会复杂程度的不断增加,技术发展使传统风险不断放大,政府在此背景下担负起维护社会稳定和发展的重任,政府逐渐由"守夜人"变为某种意义上的"福利提供者"。由此,行政行为的含义就不再局限于国防、外交和警察等领域,而逐渐积极地渗入社会经济领

---

① [英]威廉·韦德:《行政法》,徐炳等译,中国大百科全书出版社1997年版,第5页。
② 参见[美]理查德·B.斯图尔特:《美国行政法的重构》,沈岿译,商务印书馆2021年版,第6~8页。
③ 参见邓蔚:《控权理念与服务理念在当代行政法中的逻辑整合——兼论行政法理论基础的完善》,载《山东社会科学》2008年第6期。
④ 参见沈岿、王锡锌、李娟:《传统行政法控权理念及其现代意义》,载《中外法学》1999年第1期。

域。在西方行政法理论界,"公共权力说"之后又产生了"公务说",该学说认为行政机关直接以满足公共利益为目的而进行的活动是公务活动,受到行政法的控制。随着行政活动的不断发展,①"新公共权力说""公共利益说"等新理念又被提出,②此时的"控权"已不是严格限制行政权,而是结合"行政法治原则"和"均衡原则"不断发展,前者要求由法律规定行政机关的组织方式、行政权限、管理手段和违法后果,并且行政机关必须遵守,后者则是为适应控制行政自由裁量权的需要而出现的,是法国行政法院对具体行政行为监督逐渐强化的产物。在通过两大原则控制行政权滥用之后,行政法的功能就不再局限于对行政权的范围限制。③

现代行政规制法发展的另一个趋势就是强调程序的意义,既然无法从实体上事无巨细地去规范、评价与制裁,那么,一套完善的行政程序就显得非常重要了。美国行政法学者伯纳德·施瓦茨(Bernard Schwartz)在其所著的《行政法》中引用弗兰克·古德诺(Frank J. Goodnow)对行政法的界定,认为"行政法是公法的下述部分,规定行政当局的组织及权限,向个人明确指出他的权利受到侵害时的救济",欧内斯特·盖尔霍恩(Ernest Gellhorn)和巴里·波伊尔(Barry B. Boyer)主张通过程序上的法律严格控制行政权的合法行使。④ 在反对行政机关权力迅速扩张中,主要意见是实现行政程序的标准化、正规化和加强司法审查,使行政行为具有公正性、效率性、准确性,以避免行政权在其作用领域中的滥用。可以说,**"程序"把握住了行政法的核心问题,能够达到控制行政权的目的**,⑤正当程序原则也由此成为美国行政

---

① 参见郭殊:《论行政法治主义与行政法的理论基础》,载《重庆社会科学》2006年第3期。
② 参见王名扬:《王名扬全集2:法国行政法》,北京大学出版社2016年版,第22~24页。
③ 参见周佑勇:《西方两大法系行政法基本原则之比较》,载《环球法律评论》2002年第4期;周佑勇、尚海龙:《论法国行政法的基本原则》,载《法国研究》2004年第1期。
④ 参见姜明安:《行政的"疆域"与行政法的功能》,载《求是学刊》2002年第2期。
⑤ 参见姜明安:《行政程序:对传统控权机制的超越》,载《行政法学研究》2005年第4期。

法的基本原则。

时至今日,行政法的控权功能已不再是对行政权的严格规制,而是一种防止行政权滥用的有效方法,通过行政法原则也好,不断完善的行政程序也好,最终目的是既防止行政权的恣意行使,又可以保障行政效率的不断提高,[1]从而一举两得。传统的控权理念向现代控权理念变迁之后,对于当今时代语境下的"控权"一词,我们不应简单地理解为对行政权的限制,而应该对其进行扩大解释和发展。正如孙笑侠教授所精辟概括的那样——"控权"不直接等于"限权","控制"也不等于"限制"。以现代的观点来看,"限制"的"限"具有"阻隔""指定范围、限度""限定"的意思,而"控制"的"控",具有"驾驭、支配"的意思。因此,现代意义上的"控权"是指法律对行政权力的驾驭、支配,是一种积极的行政行为模式,[2]这是我国学者在中国情境下的理论探索,以此满足我国社会与行政实践的诉求,[3]这一点在内幕交易规则制定和解释中同样重要。

第二节 规则制定权行使的形式性要求

一、证监会主导型的内幕交易规则制定

内幕交易监管规则最重要的目的是实现外部成本的内部化,监管违法者并威慑潜在违法行为,同时在此过程中综合平衡违法成本、调查能力与惩罚能力。[4] 笔者认为,证监会规则制定的理想边界首先涉及"规则制定权"由谁行使的问题,也就是立法机关、证监会与法院之间规则制定及解释权限赋予的问题。事实上,出现上述规则制定问题上

---

[1] 参见章剑生:《现代行政法总论》(第2版),法律出版社2019年版,第27~28页。
[2] 参见孙笑侠:《论法律对行政的综合化控制——从传统法治理论到当代行政法的理论基础》,载《比较法研究》1999年Z1期。
[3] 参见余凌云:《行政法讲义》(第3版),清华大学出版社2020年版,第43~44页。
[4] See A Framework for the Allocation of Prevention Resources with a Specific Application to Insider Trading, Michigan Law Review, Vol. 74:5, p. 984 (1976).

的争议,证监会恐怕也有其苦衷,即《证券法》目前很多规定使其无法更有效完成证券市场监管的使命。

仅从技术层面看,SEC 在美国多部证券法律的授权之下,可依据《联邦行政程序法》制定前述三种程序下的立法和监管规则。① 在内幕交易的监管规则制定中,SEC 于 1942 年在仓促之间基于《1934 年证券交易法》而制定的 SEC 规则 10b－5 是最佳范例。在 SEC 起步阶段,《1934 年证券交易法》仅仅规定:"与证券的买卖相关,使用或运用……任何操纵性或欺骗性策略或计谋,并违反证交会因公共利益或保护投资者的必要或需要而制订的规章或规则。"彼时,SEC 在面对一起监管案件的时候,大家都不知道如何处理,当萨默·派克(Summer Pike)说,"好吧,我们是反对欺诈的是不是?"(We are against fraud, aren't we?)后,并没有人反对。② 于是,SEC 就在规则 10b 之下写上了新的内容,并从此与司法机关一起展开了前述对该规则的持续演绎。③ 在这个过程中,我们可以清晰地看到 SEC 规则制定权的"程序性控制"特色——作为独立规制机构的 SEC 享有广泛的规则制定权,但受到程序与司法审查的控制。

如前文治理优势部分所述,无论是行政监管下的证券市场,还是私人执法秩序下的证券市场,从治理的角度讲,皆各有优劣。根据对前述法律不完备理论的观察,司法诉讼是处理复杂、新型证券法治问题的最佳选择,但面对数量较大、较为标准化的证券市场违法行为,庞大的司法成本可能会使法院不堪重负。相较而言,证券市场是典型的公共监管领域,具有区分诉讼动机和补偿的可能性,较事后执法而言,行政机关更喜欢也更擅长采取直接的事前措施。④ 更为重要的是,我国的情况

---

① See Louis Loss, Joel Seligman & Troy Paredes, *Securities Regulation X*, 4th ed., Wolters Kluwer, 2013, p. 837–838.

② See Louis Loss, Joel Seligman & Troy Paredes, *Securities Regulation VII*, 4th ed., Wolters Kluwer, 2012, p. 500.

③ See Blue Chip Stamps v. Manor Drug Stores, 421 U. S. 723 (1975).

④ See Richard A. Posner, *Economic Analysis of Law*, 7th ed., Wolters Kluwer, 2007, p. 389.

与美国不一样,我国法院并没有普通法司法制度下那种造法的权力。在我国司法体制下,尽管法官有解释与自由裁量的空间,但在正式判决的时候,仍必须找到明确的法律、法规条文依据。

因此,面对复杂多变的证券市场新问题,我们应该塑造一个拥有广泛法律法规授权且能够得到有效监督的证监会,寻求一种灵活授权立法乃至一种适用于证券市场的程序性控制的立法模式。[①] 就内幕交易事项来说,由于信息技术与全球资本市场联动的不断发展,传统的内幕交易形态正在发生变化,同时由美国发展而来的欺诈、信义义务等概念并不完全适合我国资本市场,证监会理应以更加灵活的授权模式促使内幕交易监管规则与时俱进,以从容应对社会发展变化。基于此,在我国《证券法》的不断修改和完善中,证券法律应该赋予证监会更多的规则制定的权力,让专业的机构进行专业的监管。因此,**我国"法律"层级的立法要予以证监会更加原则化的授权,但在具体表述时要切中肯綮**。例如,前述证监会派出机构的行政处罚权一定要直接、明确地授予,而不是概而论之地规定所谓"按照授权履行监督管理职责",这容易使证监会在理论上落入个别规则合法性存有争议之境地。与此同时,法院应承担起有效的司法审查与监督功能,促进证监会不断提高依法行政水平。

二、内幕交易监管规则制定的正当程序

(一)正当程序下的 SEC 规则制定

规则制定及解释的目标是寻求公正,约翰·罗尔斯(John Rawls)的《正义论》中阐述的有条件政府介入理论,为我们建立政府和个人关系较为合理的模式、解决个人自由与社会平等、政府对个人保护干预等一系列重大社会问题提供了有益启迪。罗尔斯在原初状态"无知之

[①] 就内幕交易规制的规则供给来说,证监会的行政立法及解释空间整体是有限的,目前,按照《证券法》(2019 修订)的规定,国务院证券监督管理机构制定内幕交易监管规则的法律授权主要是第 51 条第 9 项关于证券交易内幕信息知情人的认定权限,以及第 80 条第 2 款关于对公司股票交易价格产生较大影响的重大事件的认定权限。

幕"的背景下,提出了正义的两个原则,构成了其制度正义理论的两块基石。但罗尔斯两个优先的后面还蕴含第三个优先,也就是"正当"对善或好的优先,[①]这里的"正当"即"程序",也是保障正义的两个原则的基础所在。因而,从政府规则制定的伦理导向来看,如何进一步优化制度设计就显得颇为重要。由于实质正义有时难以达致,经由程序正义或可最大限度地达到实质正义。正是在这个意义上,美国的行政法就是一部有关正当行政程序的法律,也被冠以"行政程序法"的称谓。

SEC 的规则制定遵循有效的程序设置。[②] 特别值得注意的是,在包括内幕交易监管规则在内的美国行政立法中,**"公众"一词活跃在各种程序规范之中**。立法启动可以由 SEC 内部、国会和其他政府监管部门提出,也可以由公众和个人提出。为此,SEC 的网站上设立了"立法请愿"的专栏以供公众表达意见,任何人都可以要求委员会发布、修改或废除普遍适用的规则,但请愿书必须包含拟议规则或修正案的文本或实质内容,或具体说明要求废除的规则或部分,提交请愿书的人还必须说明其利益声明、请求委员会采取行动的理由。所有请愿书都将转交给委员会的适当办公室或部门,供其审议和建议。在此阶段中,如果一个问题是特别的或是复杂的,SEC 会首先寻求公众意见,发布一个征求意见通知来表达 SEC 的监管态度,SEC 通常会提出不同的方法解决路径并附带一系列寻求公众意见的问题。如果公众意见的反馈是有价值的,SEC 会予以考虑。之后,SEC 的工作人员会起草一份详细的规则提案,并将其交给 SEC 领导层。如果领导层批准该规则建议,则提供给公众(通过在联邦登记册和委员会的网站上公布)讨论,时间通常在 30 日至 60 日,再根据美国《联邦行政程序法》第 553 节等规定的程序最终颁布相关规则。当然,解释性的规则不需要经过非正式制规

---

① 参见[美]约翰·罗尔斯:《正义论》(修订版),何怀宏、何包钢、廖申白译,中国社会科学出版社 2009 年版,"译者前言"第 8 页;John Rawls, *A Theory of Justice*, The Belknap Press,1971,p. 83 – 90。

② See *Investor Bulletin: An Introduction to The U. S. Securities and Exchange Commission-Rulemaking and Laws*, SEC August 20,2015, https://www. sec. gov/oiea/investor-alerts-bulletins/ib_rulemaking.

程序。

从 SEC 的内部流程来看,[1]SEC 的规则通常来源于市场监管、公司融资或投资管理部门中的规则制定机构,他们通常拟草稿和最后的规则,其他机构如总法律顾问办公室(Office of General Counsel, OGC)和经济分析局(Office of Economic Analysis, OEA)也参与规则制定过程。OGC 的参与有助于确保规则遵守其他有关法律、法规和 SEC 的政策,OGC 偶尔会协助部门起草提出最后规则。规则制定部门也会参考 OGC 和 OEA 的意见以确定一个规则是"主要的"还是"非主要的",进而寻求管理和预算办公室(Office of Management and Budget)的意见和批准。[2] OEA 部门则会对规则可能产生的经济或技术影响进行经济分析,确定该规则是否有经济意义,分析其是否被实证数据和经济学理论所支持等(尽管目前其经济分析的积极性也相对有限)。最后,办公室秘书部门会检验该规则是否遵循了联邦注册要求,发送各种相关文件给规则所涉及的各种机构,发布各种通知和文件且协调 SEC 批准规则,办公室秘书部门同时也负责接收及组织前述公众意见并发送给有关人员。此外,SEC 信息技术办公室承担这个过程中的信息传递工作。

除此之外,对于正式规则的制定,SEC 需要举行由行政法官主持的审判型听证,听证具有极强的约束力,"法律规定必须根据听证的记录制定法规"。也就是说,规则制定的根据以听证记录为限,适用美国《联邦行政程序法》第 556 节和第 557 节的规定,[3]而不得以听证通过之外的理由、情形来制定有关规则。

---

[1] SEC 在其官方网站对规则制定过程有详细的描述,这一点也值得我国证监会关注,参见 *Rulemaking Process*, SEC, https://www.sec.gov/oig/reportspubs/aboutoigaudit347finhtm.html。

[2] 如果行政管理和预算办公室认为该规则已经或可能导致以下情况,则该规则是"主要的":(1)每年对经济的影响达到或超过 1 亿美元;(2)消费者或者个别行业的成本或者价格大幅度上涨;(3)对竞争、投资或者创新造成重大不利影响。

[3] See 5 U. S. Code § 556; 5 U. S. Code § 557.

(二)证监会规则制定解释程序的优化

目前,《规章制定程序条例》(2017修订)对规章制定的有关立项、起草、审查、决定和公布、解释与备案进行了规定。但是,对于其他规范性文件的制定,尚无全国范围内统一且高位阶法律或法规的规定,仅有《国务院办公厅关于加强行政规范性文件制定和监督管理工作的通知》《中国证监会关于进一步做好证券期货行政规范性文件起草审查制定工作的通知》等规范性文件。在具体的立法过程中,不仅公众参与程度有待进一步拓展,[1]而且我们的规则制定需要更加系统、科学的理论分析,特别是**经济和社会效益的定量分析并没有充分而明确地体现**。就内幕交易等规则制定的正当程序来说,其完全可以更广泛地吸引社会公众参与规则制定,借此进一步科学化、规范化证券市场监管规则并防止规则制定权被滥用和误用。[2] 笔者认为,证监会在正当程序的层面可以考虑以下优化措施,同时避免可能引致惯性的不谨慎:[3]

第一,在证监会规则制定的具体进程中,公众参与程度应当进一步提高。可资参考的是,美国《联邦行政程序法》第553节(c)规定,在发布立法有关公告之后,行政机关应该向有关利害关系人提供参与规则制定的机会,允许其通过书面、口头等各种方式发表意见,而且行政机关有责任简要说明其所制定法规的根据和目的。[4] 在美国行政法律规范的制定中,行政机关会对公众评论予以回应。尽管少见一一回应的

---

[1] 《国务院办公厅关于加强行政规范性文件制定和监督管理工作的通知》(国办发〔2018〕37号)第2条第8项规定,"在文件公布后加强舆情收集,及时研判处置,主动回应关切,通过新闻发布会、媒体访谈、专家解读等方式进行解释说明,充分利用政府网站、社交媒体等加强与公众的交流和互动"。

[2] 参见高西庆:《论证券监管权——中国证券监管权的依法行使及其机制性制约》,载《中国法学》2002年第5期。

[3] 参见邢会强:《金融监管措施是一种新的行政行为类型吗?》,载《中外法学》2014年第3期。

[4] "在发布本节规定的公告以后,行政机关应向有利害关系的人提供参加制定法规的程序的机会,通过提交书面资料、书面意见、允许口头的,或非口头的提出论证等方式。在考虑了其提出的有关的意见以后,行政机关应在其所采取的法规中,简单说明其所制定的法规的根据和目的。"5 U.S. Code § 553(c);中文翻译见王名扬:《王名扬全集3:美国行政法》(下),北京大学出版社2016年版,第838页。

情况,但多数时候其会分类、整理、聚焦重要观点。① 值得一提的是,SEC 会将所有的公众意见原始地呈现出来以供公众讨论,即便是纸质意见,SEC 也会转换成 PDF 格式文件予以公开。

尽管我国证监会网站上有"公众留言"和"公开征求意见"栏目,但在引导公众参与规则制定方面仍存在提升空间。譬如,"公众留言"栏目主要是"接受投资者有关技术性,程序性,操作性问题",②而"征求意见"的后续讨论、吸收情况却不得而知。目前来看,证监会对征求意见的反馈主要以新闻稿的形式呈现,公众究竟提了什么意见、哪些值得采纳都未见说明和反馈。即便《规章制定程序条例》第 16 条第 2 款第 4 项规定行政机关"应当认真研究听证会反映的各种意见,起草的规章在报送审查时,应当说明对听证会意见的处理情况及其理由",但此种意见反馈方式并不能满足公众对立法参与的热情,甚至会引发公众对其参与有效性的疑问。譬如,针对股票二级市场交易的"熔断"机制,曾有律师事务所申请证监会公开熔断机制制定过程中的意见征集情况,但证监会却回复称其"未获取关于熔断的 4861 条具体反馈意见和建议"。③ 我国行政法学者也已经注意到这个现象,并将其作为公众参与行政立法的一项权利予以对待——"获得回应权",提出**行政机关应该建立对公众意见处理的公开反馈机制**,借此形成一定制度约束,否则公众的立法参与权只是一项"不受理睬的权利"。④

---

① 参见沈岿:《行政机关如何回应公众意见?——美国行政规则制定的经验》,载《环球法律评论》2018 年第 3 期。
② 这里可以分别参见我国证监会征求意见的网络页面和 SEC 征求公众意见的网络页面。证监会相关网页为 http://www.csrc.gov.cn/pub/zjhpublic/index.htm? channel = 3300/3312/3403,SEC 的相关网页为 https://www.sec.gov/regulatory-actions/how-to-submit-comments。
③ "证监会在向达晓律师事务所发出的这份《监管信息告知书》中表示,上海证券交易所、深圳证券交易所和中国金融期货交易所是就熔断制度相关规定征求意见的主体,所征得的具体意见和建议直接反馈到这三家交易所,而证监会并未获取 4861 条具体反馈意见和建议。"邓敏:《证监会回复:未获取关于熔断的 4861 条具体反馈意见和建议》,载经济观察网,http://www.eeo.com.cn/2016/0225/283413.shtml。
④ 参见方世荣:《论行政立法参与权的权能》,载《中国法学》2014 年第 3 期。

第二，我国证监会规则制定、解释的内部程序需要优化，要重视立法经济社会效益的事前分析。目前，在证监会的立法程序中，规则制定的事前经济分析恐怕存在不足，即便是位阶最高的行政规章，也主要由法制机构负责统一审查，更遑论这里的审查恐怕是一种法治化、形式化、目标化的审查。譬如，审查是否体现改革精神，科学规范行政行为，促进政府职能向经济调节、社会管理和公共服务转变，是否与有关规章协调、衔接，是否正确处理有关机关、组织和公民对规章送审稿主要问题的意见，是否符合立法技术要求等，但对该规则所引致的立法经济效果仍然缺乏足够的事前定量分析。可以说，我国证监会规则制定过程更注重概念性的描述和分析，而不重视定量的一些分析。因此，在任何重要立法项目开展之前，我们都需要认真评估立法的必要性、合法性、协调性和可操作性，评估经济社会对将要设立的法律制度和规则的约束条件，[1]以此为内幕交易立法和解释的科学性提供重要保障。简言之，只有经过审慎分析的规则才能有助于建立更健全的市场和防范经济危机[2]。

(三) 行政复议与诉讼监督下的规则制定

证监会规则制定与解释需要有效的外部监督机制。从国外对行政机关规则制定的普遍情况观察而言，"大多数国家的法院可以直接对抽象的、有约束力的规定进行审查(除了议会立法)，一些国家法院可以直接撤销具有普遍约束力的命令"。[3] 在过去的一个世纪里，美国对于行政机关各项行政规定的司法审查，也是在宽宽窄窄的范围中徘徊。目前，根据《联邦行政程序法》第 706 节的规定，对于当事人提出的主张，在司法裁判必需的范围之内，对此进行审查的法院应该决定与本案

---

[1] 参见席涛：《立法评估：评估什么和如何评估(上)——以中国立法评估为例》，载《政法论坛》2012 年第 5 期。

[2] See Jerry Ellig & Hester Peirce, *SEC Regulatory Analysis: A Long Way to Go and a Short Time to Get There*, Brooklyn Journal of Corporate, Financial & Commercial Law, Vol. 8:2, p. 361 –437 (2014).

[3] 江必新、耿宝建：《法院对政府行政决定的合法性审查——第十届最高行政法院国际协会大会综述》，载《行政法学研究》2010 年第 3 期。

有关的全部法律问题,应该解释宪法和法律规范的内容,并且决定行政机关行为词句所表示的意义或适用,审查法院应该针对不同的情况进行相应的司法审查工作。① 但在审查强度上,法院基于谢弗朗原则(Chevron doctrine)而倾向支持 SEC 对自身规则的解释,②这也体现出司法对行政行为的尊重,③尽管 SEC 在内幕交易规则的解释中也屡受波折。④

在我国,证监会的行政规范性文件尚需要更为充分的司法监督。在行政复议中,对证监会的规章和规范性文件,《行政复议法》规定了特定情形下的司法审查,但主要局限于各种"规定"。⑤ 在笔者对证监会内幕交易处罚相关的行政复议文书的阅读中,也没有看到对规范性文件的复议。

值得欣喜的是,行政规范审查自 2014 年《行政诉讼法》修正开始

---

① "对当事人提出的主张,在判决所必要的范围内,审查法院应决定全部有关的法律问题,解释宪法和法律条文的规定,并且决定机关行为的词句所表示的意义或适用。审查法院应(1)强迫执行不合法拒绝的或不合理迟延的机关行为,并且(2)认为出现下列情况的机关行为、裁定、和结论不合法,并撤销之:(A)专横、任性、滥用自由裁量权,或其他不合法的行为;(B)违反宪法上的权利、权力、特权或豁免;(C)超越法定的管辖权限、权力或限制,或者没有法律上的权利;(D)没有遵守法律规定的程序;(E)适用本编第 556 节和 557 节的规定的案件,或者法律规定的其他依机关的听证记录而审查的案件,没有实质性证据支持;或者(F)没有事实的根据,达到事实必须由法院重新审理的程度。在作上述决定的时候,法院应审查全部记录,或记录中为一方当事人所引用的部分;并且应充分注意法律对产生不正确的结果的错误所作出的规定。"5 U. S. Code § 706;中文翻译可参见王名扬:《王名扬全集 3:美国行政法》(下),北京大学出版社 2016 年版,第 845~846 页。

② See Kenneth Oshita, *Home Court Advantage? The SEC and Administrative Fairness*, Southern California Law Review, Vol. 90:4, p. 892 – 893 (2017).

③ 参见俞祺:《行政规则的司法审查强度——基于法律效力的区分》,法律出版社 2018 年版,第 92~93 页。

④ See Joseph Grundfest, *Fair or Foul? SEC Administrative Proceedings and Prospects for Reform Through Removal Legislation*, Fordham Law Review, Vol. 85:3, p. 1152 (2016).

⑤ 目前《行政复议法》(2017 修正)第 7 条仍然维持了此前的规则,即"公民、法人或者其他组织认为行政机关的具体行政行为所依据的下列规定不合法,在对具体行政行为申请行政复议时,可以一并向行政复议机关提出对该规定的审查申请:(一)国务院部门的规定;(二)县级以上地方各级人民政府及其工作部门的规定;(三)乡、镇人民政府的规定。前款所列规定不含国务院部、委员会规章和地方人民政府规章。规章的审查依照法律、行政法规办理"。

产生了一系列新变化。《行政诉讼法》(2017 修正)第 53 条规定,提起行政诉讼时可以一并请求对该规范性文件进行审查,遗憾的是,其同样不包含规章及以上文件。① 该法第 64 条规定了审查之后的处理方式,即法院在审理行政案件的过程中,如果认为以上规范性文件不合法,不仅可以不作为认定行政行为合法的依据,还可以向规范性文件的制定机关提出处理建议。② 2018 年《最高人民法院关于适用〈中华人民共和国行政诉讼法〉的解释》第 146 条对提出规范性文件审查的时间节点进行了说明,既可以在第一审开庭审理前提出,也可以在法庭调查中提出,同时第 149 条对法院的处理又作了进一步的规定,要求其在裁判理由中对不合法的规范性文件予以说明。③

诚然,我国法院现在可对规范性文件进行一定程度的司法审查是重要进步,但在具体实施问题上,个别规定依旧显得模糊,诸如规范性文件的外延包括哪些种类、规范性文件与行政行为之间的依据性关系该如何认定、④第三人有没有权利提出这种诉讼、具体法院管辖权如何设置、规章的解释是否应该纳入审查范围、审查标准如何等。从实践来

---

① 《行政诉讼法》(2017 修正)第 53 条规定:"公民、法人或者其他组织认为行政行为所依据的国务院部门和地方人民政府及其部门制定的规范性文件不合法,在对行政行为提起诉讼时,可以一并请求对该规范性文件进行审查。前款规定的规范性文件不含规章。"

② "人民法院在审理行政案件中,经审查认为本法第五十三条规定的规范性文件不合法的,不作为认定行政行为合法的依据,并向制定机关提出处理建议。"

③ 《最高人民法院关于适用〈中华人民共和国行政诉讼法〉的解释》第 146 条规定:"公民、法人或者其他组织请求人民法院一并审查行政诉讼法第五十三条规定的规范性文件,应当在第一审开庭审理前提出;有正当理由的,也可以在法庭调查中提出。"第 149 条规定:"人民法院经审查认为行政行为所依据的规范性文件合法的,应当作为认定行政行为合法的依据;经审查认为规范性文件不合法的,不作为人民法院认定行政行为合法的依据,并在裁判理由中予以阐明。作出生效裁判的人民法院应当向规范性文件的制定机关提出处理建议,并可以抄送制定机关的同级人民政府、上一级行政机关、监察机关以及规范性文件的备案机关。规范性文件不合法的,人民法院可以在裁判生效之日起三个月内,向规范性文件制定机关提出修改或者废止该规范性文件的司法建议。规范性文件由多个部门联合制定的,人民法院可以向该规范性文件的主办机关或者共同上一级行政机关发送司法建议。接收司法建议的行政机关应当在收到司法建议之日起六十日内予以书面答复。情况紧急的,人民法院可以建议制定机关或者其上一级行政机关立即停止执行该规范性文件。"

④ 参见陈运生:《规范性文件附带审查的启动要件——基于 1738 份裁判文书样本的实证考察》,载《法学》2019 年第 11 期。

看,早先实证数据显示,2010 年至 2014 年,全国法院一审判决行政机关败诉率平均仅为 9.07%。① 王春业教授对 2015 年至 2018 年 907 个涉及规范性文件一并审查案件进行研究后,发现 4 年间只有 21 个案件涉及的规范性文件被认定违法,同时有大量规范性文件未进入审查,其中 12.35% 的案件为规范性文件因无正当理由而不予审查,有 20.07% 的案件为相关文件被认为不是规范性文件而不予审查,有 36.82% 的案件中文件被认为没有关联性而不予审查。②

目前,证监会的行政处罚决定书相对简略,证监会在处罚书中又会直接归依到最上位的《证券法》之上,使得对包括《内幕交易认定指引》(已失效)在内的规范性文件审查变得困难。譬如,前述针对内幕信息知情人员这个概念,《证券法》(2005 修订)第 74 条被证监会扩展和解释,涵括了任何参与内幕交易的人,但证监会在内幕交易相关的行政处罚决定书说理中,从未提及该文件。如此一来,行政相对人无论是在复议中,还是在行政诉讼中都要面临更大的论证难题。对于这类"隐形依据",如何海波教授的观点所示,"如果被告在答辩时提交或者在法庭调查中提出与被诉行为相关的规范性文件,法院还是应当进行审查"。③ 例如,在顾某军与证监会的行政诉讼中,针对公开的《证券期货案件调查规则》事项,北京市高级人民法院支持了北京市第一中级人民法院的判决,认为"证监会在国务院最终裁决程序中明确表示,其立案调查程序完全符合《证券期货案件调查规则》的程序规定,程序合法,且该主张得到裁决机关的支持。由此可知,至少在《证券期货案件调查规则》中的相关程序规定已被作为对外执法的法律依据,不应属于内部管理信息的范畴"。因此,其认定"证监会以《证券期货案件调查规则》属于内部管理信息为由拒绝公开,理由不能成立"。④ 这一案件具有一定参考价值。

笔者认为,为进一步推进依法行政,证监会在作出处罚时应该更为

---

① 参见王红卫、廖希飞:《行政诉讼中规范性文件附带审查制度研究》,载《行政法学研究》2015 年第 6 期。
② 参见王春业:《论规范性文件一并审查制度的实践偏离与校正——以 907 个案例为研究样本》,载《浙江大学学报(人文社会科学版)》2021 年第 1 期。
③ 何海波:《论法院对规范性文件的附带审查》,载《中国法学》2021 年第 3 期。
④ 中国证券监督管理委员会与顾某军信息公开二审行政判决书,(2018)京行终 1233 号。

勇敢地论证说理。如果适用了类似《内幕交易认定指引》(已失效)等内部规范就应该作出详细说明。申言之,证监会之所以在规则制定与解释问题上出现前述挑战,与我国整体的证券监管相关规范框架密不可分,特别是与我国行政复议与行政诉讼的情况紧密相关。但是,如果总是把所有问题归咎到既有的规范层面困难上,证券监管恐怕就不容易快速发展。因而,我国的立法机关是否有勇气让证监会的规章、规范性文件接受更深层次的司法监督,证监会自身在进行行政处罚的时候是否有勇气更详细地论述处罚理由及依据,都会直接关系到我国资本市场的全球竞争力。① 笔者相信,假若我国行政复议与行政诉讼中的司法审查能够有效展开,尽管证监会短期内将面临较大的诉讼和司法监督压力,但同时亦会有力地督促其自身不断提高规则制定及解释能力,最终深层次地提高内幕交易的监管水平。

三、内幕交易监管规则的事后修正

改革的节奏与路径依赖的改良不可一蹴而就,这关系到《证券法》应有的制度利益是否能得到充分发挥。② 我国证券市场监管的个别路径依赖问题已经出现,而且这种路径依赖有可能不断自我强化。如前所述,相对价格的变化(包括信息价格、技术与生产要素比率)能够促进制度的变迁。因此,在内幕交易监管规则制定后,我们应不断观察市场反应并相信市场力量,不断促进规则优化。曼瑟·奥尔森教授所提出的市场型政府(market-augmenting government)概念,③可以为我们提供一定启发,尤其是如何通过可靠而明确的财产权利和公正契约执

---

① 鉴于证券监管的专业性,卢超副研究员指出:"现代行政国家下的司法遵从现象已有部分体现,譬如地方法院在规范性文件附带审查中对于科技风险、资源分配以及政策裁量议题的克制与回避。"俞祺对此进一步指出,应当针对规范性文件的权威差异而建立不同层次的审查模式。参见卢超:《规范性文件附带审查的司法困境及其枢纽功能》,载《比较法研究》2020年第3期;俞祺:《规范性文件的权威性与司法审查的不同层次》,载《行政法学研究》2016年第6期。

② 参见梁上上:《制度利益衡量的逻辑》,载《中国法学》2012年第4期。

③ 参见查尔斯·卡德韦尔(Charles Cadwell)教授为曼瑟·奥尔森教授的著作所撰写的序言内容。See Mancur Olson, *Power and Prosperity*: *Outgrowing Communist and Capitalist Dictatorships*, Basic Books, 2000, p. vii – xxi.

行权利促进经济成功。

　　法律的生命不在于逻辑而在于经验。经验如何而来？其中一个重要途径就是我们需要不断对法律法规进行评估,并且逐渐优化制度变迁的条件。当然,这种变迁理应属于一种渐进主义(incrementalism),采取连续有限比较的方法,渐进地实现改革目标,否则社会将难以承受改革的不确定风险。① 因而,政府在进行规则制定和政府监管的成本与收益分析时,需要以定性和定量的方式全面分析法律法规的成本和收益,且这种分析要尽力定量化、货币化。② 尽管不少法律问题有着可否量化以及如何赋值等困难,但是美国和欧盟的实践已积累了不少有益经验。美国信息和法规事务办公室原主管约翰·格雷厄姆(John Graham)指出,随着数学模型与数学工具发展和其在立法领域中的适用,可以使相应的估算范围趋于准确。③ 笔者认为,鉴于证券法律不涉及生命等无法衡量的对象和伦理命题,其涉及的几乎都是纯粹经济领域的问题,最具有量化的可行性,我们完全可以大胆尝试。

　　检验立法机构所设计制度的公正与效率,发现执法、司法与社会法律遵守中存在的问题,应该是立法后评估的重点。④ 从我国的实际情况来看,国务院2004年颁布的《全面推进依法行政实施纲要》第17条和第18条要求政府立法项目要关注成本效益,⑤尤其是涉及经济立法

---

　　① See Charles E. Lindblom, *The Science of "Muddling Through"*, Public Administration Review, Vol. 19:2, p. 79 – 88 (1959).
　　② See Cass R. Sunstein, *Congress, Constitutional Moments, and the Cost-Benefit State*, Stanford Law Review, Vol. 48:2, p. 247 – 310 (1996).
　　③ 参见赵雷:《行政立法评估之成本收益分析——美国经验与中国实践》,载《环球法律评论》2013年第6期。
　　④ 参见席涛:《立法评估:评估什么和如何评估(上)——以中国立法评估为例》,载《政法论坛》2012年第5期。
　　⑤ 第17条规定:"积极探索对政府立法项目尤其是经济立法项目的成本效益分析制度。政府立法不仅要考虑立法过程成本,还要研究其实施后的执法成本和社会成本。"第18条规定:"建立和完善行政法规、规章修改、废止的工作制度和规章、规范性文件的定期清理制度。要适应完善社会主义市场经济体制、扩大对外开放和社会全面进步的需要,适时对现行行政法规、规章进行修改或者废止,切实解决法律规范之间的矛盾和冲突。规章、规范性文件施行后,制定机关、实施机关应当定期对其实施情况进行评估。实施机关应当将评估意见报告制定机关;制定机关要定期对规章、规范性文件进行清理。"

项目的成本效益分析制度,不仅要评价立法过程中产生的成本,而且要评估法律实施之后的各种执法、社会成本与经济社会效益成本,对于已经落后于社会发展、成本巨大且收益低下的,要考虑进行定期清理。但从外界信息来看,目前机制化的证券规则评估机制依旧有待继续强化。

在完善规则的事后评估机制过程中,成本收益分析不仅要将可以量化的成本和收益纳入考量及分析范围,还要考虑由于法规和监管而引起的成本和收益难以量化的部分。① 笔者相信,证监会完全有能力设计自己的、适合我国行政体制与国情的规则制定和解释评价流程,特别是内幕交易的法律、法规和规范性文件的评价流程。② 目前,国内外学术界对于证监会内幕交易监管已经有了不少研究,包括前述张宗新、李志文、朱茶芬等在内的学者进行了很多定量研究,如果能够将这些经验、定量研究方法和模型与证监会、上海证券交易所、深圳证券交易所的海量数据和出色分析技术有机整合起来,相信可以描述我国目前的内幕交易规制规则的运行情况,并解释其到底发挥了怎样的经济效应。需要注意的是,这种事后的立法评估应该是常态化的、有体系性的,而不是随机式乃至迫不得已的。证监会应当建立专门的立法经济分析机构,整合各研究机构的法律、经济学专家对包括内幕交易在内的各种证监会规则进行常态化的事后评估并不断优化规则内容,同时要借助信息公开来接受公众监督,不断促进规则制定程序的优化和提升。

第三节 内幕交易实体监管规则的修正

一、平等获得理论的法理证成

面向未来的内幕交易执法考虑,我们到底需要什么样的内幕交易

---

① 参见赵雷:《行政立法评估之成本收益分析——美国经验与中国实践》,载《环球法律评论》2013 年第 6 期。
② 参见苏黎兰、张紫薇、张志:《基于定量分析的立法后评估方法》,载《理论月刊》2012 年第 3 期。

监管理论基础呢?《证券法》(2019 修订)在吸收《内幕交易认定指引》的基础上对"证券交易内幕信息的知情人"予以扩展。① 如梁上上教授所论,赋予法律制度生命和真实性的是外面的社会世界,法律制度不是隔绝和孤立的,它完全依靠外界的输入,制度利益要与社会公共利益相一致,这是社会对法律制度的要求。② 进一步来看,根据利益衡量理论,③制度利益分为核心利益与非核心利益,其中,核心利益是该法律制度所固定的、能体现该制度本质属性的制度利益。笔者坚信《证券法》对**内幕交易规制的核心利益在于提供一个公平的市场交易秩序**,市场参与方机会均等且信息对称,这也是美国证券市场中加强信息披露与反欺诈条款的意义所在。④ 因而,我国内幕交易监管现阶段宜明确采取平等获得理论,而不必牵绊在信义义务之中,具体理由有三:

第一,各主要资本市场反对内幕交易的理由在于内部人的信息优势并不是建立在机会均等的基础上的,其滥用这种普通投资者无法得到的信息优势,与投资者预期存在一个所有参与者都依据相对的规则竞争的诚实、公平的证券市场的期望是不一致的,⑤内幕交易本身就相

---

① 《证券法》(2019 修订)第 51 条规定:"证券交易内幕信息的知情人包括:(一)发行人及其董事、监事、高级管理人员;(二)持有公司百分之五以上股份的股东及其董事、监事、高级管理人员,公司的实际控制人及其董事、监事、高级管理人员;(三)发行人控股或者实际控制的公司及其董事、监事、高级管理人员;(四)由于所任公司职务或者因与公司业务往来可以获取公司有关内幕信息的人员;(五)上市公司收购人或者重大资产交易方及其控股股东、实际控制人、董事、监事和高级管理人员;(六)因职务、工作可以获取内幕信息的证券交易场所、证券公司、证券登记结算机构、证券服务机构的有关人员;(七)因职责、工作可以获取内幕信息的证券监督管理机构工作人员;(八)因法定职责对证券的发行、交易或者对上市公司及其收购、重大资产交易进行管理可以获取内幕信息的有关主管部门、监管机构的工作人员;(九)国务院证券监督管理机构规定的可以获取内幕信息的其他人员。"

② 参见梁上上:《制度利益衡量的逻辑》,载《中国法学》2012 年第 4 期。

③ 参见梁上上:《利益的层次结构与利益衡量的展开——兼评加藤一郎的利益衡量论》,载《法学研究》2002 年第 1 期。梁上上教授对利益衡量理论进行了详细的体系化研究,亦为世界利益法学派的发展作出了重大贡献,参见梁上上:《利益衡量论》(第 3 版),北京大学出版社 2021 年版。

④ See Victor Brudney, *Insiders, Outsiders, and Informational Advantages under the Federal Securities Laws*, Harvard Law Review, Vol. 93:2, p. 322 – 376 (1979).

⑤ See H. R. Rep. No. 98 – 355, 98th Cong., 1st Sess. 5 (1983), in Louis Loss & Joel Seligman, *Fundamentals of Securities Regulation*, 5th ed., Aspen Publishers, 2004, p. 919.

当于延后了市场获得公司信息的时机。因此,就内幕交易规制的核心利益观察而言,内幕交易有可能普遍降低投资者对证券市场的信心与市场诚信,减少投资者对证券的需求,增加新证券的出售成本,[1]使内幕交易的社会收益远小于社会损失。[2] 乌特帕尔·巴塔查理亚与哈奇姆·达乌克的研究,同样发现各国的普遍经验显示内幕交易的监管有利于降低股权融资成本。[3]

正如前文实证案件所显示的那样,我国内幕交易主体分布广泛,除传统的内部人外,还有很多新型主体,特别是对第三层级信息使用人而言,第一层的信息持有人与第三层的信息使用人可能并不认识,其也不清楚信息的来龙去脉。如是,无论是用信义义务、信息传递理论还是私取理论来追究他们对信息来源的信义义务,论证都会比较复杂,因为我国并没有信义义务的法律传统。还有一些是略带道听途说性质的内幕信息传递和交易,如 2015 年行政处罚决定书(杨某)所涉案件中,"在用餐过程中,杨某听到贾某某谈及恒顺电气与永福顾问正在商谈并购等业务信息"。[4] 对此倘若只能不断运用兜底条款,那也始终不是长久之策。对于这些情况,即便是按照美国反对内幕交易的学者的观点,其也没有给内幕交易者带来工作激励或补偿,这些小额的内幕交易更不可能起到平缓股价变化的作用,我们没有理由不监管这类交易。

第二,平等获得理论在我国语境下更具有可行性,也更易于操作和把握。从信义义务与欺诈的视角来说,仅仅是半真半假或不完全披露并不必然导致欺诈,正是基于"一方通过隐瞒或其他方法故意地阻止另一方获取重大信息",或者"因为双方之间存在职业信义义务关系或类似的信托、信任关系",才使受托人有了"最大诚信、充分公正地披露

---

[1] See Louis Loss, Joel Seligman & Troy Paredes, *Securities Regulation VII*, 4th ed. , Wolters Kluwer, 2012, p. 465 – 467.

[2] See Lawrence M. Ausubel, *Insider Trading in a Rational Expectations Economy*, The American Economic Review, Vol. 80:5, p. 1022 – 1041 (1990).

[3] See Utpal Bhattacharya & Hazem Daouk, *The World Price of Insider Trading*, Journal of Finance, Vol. 57:1, p. 75 – 108 (2002).

[4] 《中国证监会行政处罚决定书》(杨某)([2015]17 号)。

所有重大性事实的积极义务,也需要合理注意避免误导客户"。① 对于欺诈,美国正是从"特定事实"向"披露或戒绝交易"转变的,而信义义务在其中承上启下,信义义务正是内部人披露的义务基础,因为特定身份而获得内幕消息的人,如果未将相关信息公开就进行买卖,就有可能影响小股东的行为,进而构成欺诈。② 如莱希法官在 Speed v. Transamrica Corp. 案中所述的那样,"披露义务源自防止公司的内部人借助职务的便利不公平地对待不知情的小股东的必要性,其目的就在于就交易地位而言,提供某种程度的平等,使得小股东尽可能地作出知情判断,有的法院将其称为信义义务,有的称之为特定事实"。③ 但从前述美国的规则演化来看,其出现了内幕交易处罚对象扩大化的趋势,无论是前述信息传递理论、私取理论,还是在公开收购中 SEC 通过的规则 14e-3 等,都在逐渐地扩展着传统内部人的范围,疲惫地应对着现代证券市场发展所带来的信息传播问题。早在 1963 年 SEC v. Capital Gains Research Bureau, Inc. 案中,美国联邦最高法院四位提出异议意见的法官就已经意识到普通法下的欺诈原则是在特殊的情况下产生的,并不适于证券领域,呼吁给予更广泛的制定法的救济。④ 更为重要的是,**平等获得理论实际上与任何固有的法制传统和特定的执法司法环境都有更好的兼容性**,法官不必像普通法下的法官那样对信义义务、欺诈等概念进行论证,也不会留下水土不服的隐患,傅穹教授和曾洋教授的研究也支持了平等获得理论。⑤ 与此同时,平等获得理论更有利于解决很多信义义务路径下存在挑战的问题,如计算机黑客、盗

---

① See Louis Loss, Joel Seligman & Troy Paredes, *Securities Regulation VII*, 4th ed., Wolters Kluwer, 2012, p. 433.
② 参见赖英照:《股市游戏规则》(第 3 版),2014 年自版发行,第 449 页。
③ Speed v. Transamrica Corp., 71 F. Supp. 457 (D. Del. 1947).
④ See SEC v. Capital Gains Research Bureau, Inc., 375 U.S. 180 (1963).
⑤ 有关研究可参见傅穹、曹理:《内幕交易规制的立法体系进路:域外比较与中国选择》,载《环球法律评论》2011 年第 5 期;曾洋:《证券内幕交易主体识别的理论基础及逻辑展开》,载《中国法学》2014 年第 2 期。

窃而来的内幕信息(盗贼潜入公司盗窃文件)、远距离的受密人(remote tippee)、①私取情况下信息传递及泄露的复合案情(application of dirks to misappropriation cases)等,防止沉陷在信义义务下内幕交易监管的窠臼之中。

第三,平等获得理论在世界主要国家和地区的新近立法实践中得到了广泛的重视。随着目前金融科技的迅猛发展,我们今天所面临的是一个互联网背景下信息爆炸式传播的证券市场,信息正在以前所未有的方式利用计算机网络和各种通信设备传播,这与美国对内幕交易监管之初的市场环境大有不同。同时,由于多数国家和地区内幕交易立法规制起步较晚,信义义务理论亦尚未如美国那样造成路径依赖的负担,因而平等获得理论易被广泛地接纳和适用。目前,国内学者就主要国家内幕交易监管的理论基础、民事责任和因果关系等已经有所论述,②国外学者理查德·亚历山大(Richard Alexander)与亚历山大·洛克(Alexander Loke)对欧洲大陆国家和普通法系国家的监管理论进行了详细的阐释,其大多反映了平等获得理论被逐渐接受的趋势。

从欧洲来看,其内幕交易相对发展缓慢,在一定程度上也是美国法影响的产物。③ 20 世纪 80 年代以前,德国等欧洲多数国家不主张控制内幕交易,④英国对内幕交易也一直持保守态度。1962 年,英国才提出禁止董事进行此类交易的建议,而直到 1978 年,其禁止内幕交易的立法努力都未能成功,1980 年英国《公司法》才将其归为犯罪。虽然该法没有采取信义义务的概念而采取了信息联系(information connectedness)的原则,但也仍旧摆脱不了信义义务的思维,问题颇多。

---

① See Kathleen Coles, *The Dilemma of the Remote Tippee*, Gonzaga Law Review, Vol. 41: 2, p. 181 – 236 (2005).

② 参见耿利航:《证券内幕交易民事责任功能质疑》,载《法学研究》2010 年第 6 期;傅穹、曹理:《内幕交易规制的立法体系进路:域外比较与中国选择》,载《环球法律评论》2011 年第 5 期。

③ See Louis Loss, Joel Seligman & Troy Paredes, *Securities Regulation V*, 4th ed., Wolters Kluwer, 2010, p. 228.

④ 参见耿利航:《证券内幕交易民事责任功能质疑》,载《法学研究》2010 年第 6 期。

此后，为解决欧洲市场一体化所带来的挑战，欧共体理事会 1989 年通过 89/592/EEC 号指令，这给欧洲国家带来了修改内幕交易法律的重要契机。[1] 2003 年，欧盟 2003/6/EC 号指令将内幕交易与市场操纵行为都定性为金融市场滥用行为，[2]该指令第 2 条和第 3 条将内幕交易责任主体扩展到"任何知晓或理应知晓是内幕信息"的人。2011 年，欧盟正式公布了《反市场滥用指令草案》及《内幕交易和市场操纵刑事处罚指令草案》。2014 年，《反市场滥用条例》（Market Abuse Regulation）与《市场滥用刑事处罚指令》（Directive 2014/57/EU on Criminal Sanctions for Market Abuse）获得欧洲议会通过，[3]其中，前者第 8 条第 4 款规定本条款适用于任何拥有内幕消息的人。[4]

从澳大利亚的情况来看，澳大利亚深受英国法影响，但其 1958 年就部分改变了英国法中 Percival v. Wright 案的思路，认为董事等由于其特殊职位而不得进行内幕交易。随着澳大利亚证券市场的迅速发展，各种市场投机行为频现，澳大利亚也不得不扩展信义义务的范围。例如，囿于《维多利亚州 1961 年公司法》的规定，[5]解释论上的努力依旧无法满足对内幕交易监管的需要，1971 年维多利亚州的公司法律进一步丰富了该条规定。其后，随着澳大利亚联邦与州公司法的协作，内幕交易的监管得到了扩展（类似英国信息联系的原则），但其证券市场依旧猖獗的内幕交易使澳大利亚投资者意见很大，澳大利亚参议院不得不进行全面的调研并最终得出"任何拥有内幕信息或者知晓其所拥

---

[1] See Alexander Loke, *From the Fiduciary Theory to Information Abuse*: *The Changing Fabric of Insider Trading Law in the U. K.*, *Australia and Singapore*, The American Journal of Comparative Law, Vol. 54：1, p. 123 – 172（2006）.

[2] See Directive 2003/6/EC of the European Parliament and of the Council of 28 January 2003 on Insider Dealing and Market Manipulation, Art. 2 – 3.

[3] See Regulation No. 596/2014 on Market Abuse；Directive 2014/57/EU on Criminal Sanctions for Market Abuse.

[4] "（a）发行人或排放交易市场参与者的成员、管理人员或监督人员；（b）持有一定的发行人或排放交易市场参与者资本权益的人；（c）借由履行工作、职业或职务获得内幕信息的人；或（d）参与犯罪活动获得内幕信息的人。本款还适用于上述明确罗列的人以外的、任何知晓或理应知晓是内幕信息的人。"Regulation No. 596/2014 on Market Abuse, Art. 8.

[5] See Companies Act 1961（Vic）s 124（2）.

有信息性质的人,都不得交易"的结论,并且基本被采纳,①由此走向了信息平等原则。

从亚洲来看,新加坡的情况与澳大利亚的情况类似。② 日本对内幕交易的监管立法也扩展了内幕交易的范围,日本法上内幕交易规制的目的也正是"维护证券市场的公平性,保护一般投资者对证券市场的信心,禁止信息传递等也是为实现该目的"。③ 可见,主要发达国家和地区在着手对内幕交易进行规制之时,已经对信义义务理论与平等获得理论有了充分的认识,其理念、立法与司法的桎梏更是相对较少。

二、重构内幕交易违法行为类型

(一) 内幕交易违法类型的精简

内幕交易规制要立足于我国内幕交易的实际类型,既可避免执法资源的浪费,又有利于提高规则的科学性、适用性和权威性,为此,《证券法》应当以规则重构的方式重新厘清内幕交易行为类型,借此给予证监会更加有效的规则指引,具体包括两个重要方面:

一方面,《证券法》中**"建议他人买卖该证券"没有设置必要,建议予以删除**,原因有四:其一,"建议他人买卖该证券"并非完全独立的违规形态。有观点认为,"建议他人买卖该证券"这一类型从理论上与"泄露"内幕信息并不一致,"建议可能不涉及内幕消息的具体内容,二是建议人根据自己对信息的了解,对他人的投资决定发表意见,建议他人买入或卖出相关证券"。④ 但从实际生活场景来看,不泄露内幕信息而仅建议股票名称(代码),很难引致他人进行相关内幕交易,因为其

---

① See Alexander Loke, *From the Fiduciary Theory to Information Abuse: The Changing Fabric of Insider Trading Law in the U. K. , Australia and Singapore*, The American Journal of Comparative Law, Vol. 54:1, p. 147 – 155 (2006).

② See Alexander Loke, *From the Fiduciary Theory to Information Abuse: The Changing Fabric of Insider Trading Law in the U. K. , Australia and Singapore*, The American Journal of Comparative Law, Vol. 54:1, p. 148 (2006).

③ 段磊:《日本证券市场内幕交易规制的最新动态及借鉴——以 2013 年〈金融商品交易法〉修订为线索》,载《证券市场导报》2014 年第 6 期。

④ 肖伟:《论建议型内幕交易》,载《财经法学》2016 年第 2 期。

间并无任何信任基础,除非建议者与被建议者之前已有泄露内幕信息而成功获利的先例或沟通协商过,否则即便是专业投资顾问单纯提供了一个股票名称,也不见得其会购买相关股票。但是,如行为人之间有协商或泄露内幕信息的先例,此后建议恐怕已不是单纯的"建议"了。

其二,"泄露"和"建议"在真实场景中有极高重合率,典型的案例情形往往是既有"泄露"又有"建议"。泄露主要是为了建议买卖相关证券,而建议也往往离不开泄露内幕信息,两者区别的实际意义更加有限。基于同一违法行为,在同一类责任承担形式的范围内,法律只能予以一次评价,不适合分别处罚其"泄露"和"建议"行为。

其三,从实际执法工作来看,建议型内幕交易的举证比起"泄密—受密型"更加困难,语言表达的声调、速度、音量、节奏等都是信息传播的组成部分,[1]因而,客观的泄露较为容易把握,牵扯主观要件的建议却难以把握证据。除非有书证或违法行为人自认,否则证监会举证难度较大,[2]对实践中同时具有"泄露"及"建议"情形的案件,[3]证监会也往往选择处罚其泄露行为。

其四,从比较法来看,"建议他人买卖该证券"具体有建议(advising)、推荐(making recommendation)、鼓励(encouraging)、劝诱(inducing)和唆使(inciting)等多种形式,该类型在德国、澳大利亚和日本的成文立法中有体现,但美国仅将依据内幕信息买卖相关证券和传递内幕信息两种行为作为所禁止内幕交易的违法形态,[4]可见,主要资

---

[1] 参见郭庆光:《传播学教程》(第2版),中国人民大学出版社2011年版,第74~75页。

[2] 《中国证监会行政处罚决定书》(苏某华、孔某永)([2019]31号)认定了孔某永的"建议"行为,但主要是基于微信记录,提到"10月11日15点52分,苏某华向孔某永发送微信征求买入建议","12月14日13点31分08秒,孔某永给苏某华发送短信:'买点吧'"。

[3] 在《中国证监会行政处罚决定书》(上海金力方股权投资合伙企业、朱某洪、李某雷)([2016]33号)所涉案件中,"朱某洪在确信城市之光业绩重大变化的情况后将相关信息告知上海金力方的李某雷,建议上海金力方卖出'宏达新材'",但证监会只处罚了其泄露内幕信息的行为。

[4] 参见曹理:《证券内幕交易构成要件比较研究》,法律出版社2016年版,第254~265页。

本市场对建议型内幕交易行为的规制也未达成共识。因此,本书认为《证券法》应当删除该情形,以减少对实际执法的困扰。

另一方面,《内幕交易认定指引》(已失效)下"为他人买卖证券"和"以暗示的方式向他人泄露内幕信息"两种类型实益有限,若证监会内部或执法实践中仍然存在此种认识分类,也应当予以重新审视,原因有二:其一,实践中几乎未见"为他人买卖证券"行为被处罚的案例,代他人操作账户也未被单独评价,如在 2014 年第 25 号处罚案中,魏某飚账户买入"永生投资"为胡某波操作,但胡某波的行为并未被单独处罚;在 2016 年第 95 号处罚案中,孙某明同时接受四人委托买卖股票,也未被专门处罚;2013 年第 35 号处罚案中的朱某喜、2016 年第 78 号处罚案中的助理肖某等也是如此。我们可以从 2019 年第 13 号处罚中窥测证监会对此类行为的执法逻辑:"本案中,余某会经常过问余某账户组的股票交易情况并下达交易指令,胡某辰会按照余某的指令对余某账户组进行操作,胡某辰操作余某账户领取的是固定薪酬。"[①]证监会对余某进行了处罚,而对领取固定薪酬的胡某辰未作处罚。从行为危害性来看,"为他人买卖证券"乃单纯执行他人正常的交易指令,如果操作者从外观上无法发现其所受之托有违法特征,行为人承担责任的基础就相当有限,这也解释了证监会几乎从未处罚"为他人买卖证券"的原因。其二,执法实践中不需要考虑"以暗示的方式向他人泄露内幕信息"的类型,如前文所述,证监会在目前执法中能够认定"泄露"已实属不易,往往只能借助间接证据推定,而要在此基础上再去证明"暗示"并且充分进行法律论理,不具有太多现实性。申言之,如果"明示"和"暗示"泄露内幕信息没有设置有所区别的责任后果,区别的意义就更为有限了。

(二)厘清"泄密—受密型"构成要件

内幕交易规制的规则制定要重点关注"泄密—受密型"内幕交易,尤其要着眼于对泄密人的监管,这是"源头规制"的核心着力点。

---

① 《中国证监会行政处罚决定书》(余某)([2019]13 号)。

我们之所以规制"泄密—受密型"内幕交易，正是为惩治泄密人为个人利益而泄露内幕信息、受密人基于泄密人违法提供的内幕信息进行交易，从而导致对公平交易秩序的损害。鉴于此，**我们应当着力加强对内幕信息知情人的稽查执法，这是防范信息泄露最重要的一道防线**，而以制定规则的方式明确其违法构成要件则是科学规制的前提：

一方面，"泄密—受密型"内幕交易应具有主观故意自无异议，至于"过失"是否可引致内幕交易的理论上尚有一定争议，但鉴于过失情况下确有泄露内幕消息之可能，甚至还可能引发严重后果，不予追责不利于维护市场秩序，故应当涵括过失情形；另一方面，从客观要件来看，除泄露内幕信息的事实外，平等获得理论下泄密人是否需要有"金钱或个人利益"（monetary or personal benefits）的客观要件？结合美国及我国实践情况来看，该客观要件的论证十分复杂，毕竟泄密人传递内幕信息的目的是多元的，除直接现实的金钱利益外，还有亲属关系、长期利益交换、炫耀和单纯的无心之举等，如对此予以细分会极大增加内幕交易的举证负担。因此，参考美国"泄密—受密型"繁复要件解释所带来的挑战并结合我国内幕交易的监管形势，笔者认为，**我国可以明确规定过失泄露内幕信息的情形**，不必设置"金钱或个人利益"的客观要件，只要行为人泄露了内幕信息而引致交易便需承担法律责任，受密人只要利用了他人提供的、非自己分析得来的信息而从事内幕交易就应当承担责任。

特别值得注意的是，对于配偶间内幕信息的泄露及交易的责任认定应制定并遵循统一的规则。从已有案例来看，执法有时秉持非常严格的立场，认为夫妻之间也应当严守内幕信息，否则应当承担泄密之责。如在证监会2012年第24号行政处罚决定书（肖某守、朱某丽、周某丹、肖某健）所涉案件中，"肖某守不存在故意泄露内幕信息或者与朱某丽合谋进行内幕交易的经济动机，调查中也未发现其故意让妻子实施内幕交易的证据"，"但他未尽到保密义务，在重组过程中不谨慎以致泄露相关内幕信息给配偶朱某丽,属于重大过失行为"。① 由此来看,内幕信息知情人即便没有故意泄露,也要严防死守其配偶,但同时,执法机构又在某些一般案件中没有追究泄露人的责任。② 两相比较发现,对夫妻之间保密责任的规定过于严格,因为作为共同生活在一起的普通夫妻,其几乎不可能对彼此工作上的日常安排、困扰及抱怨等绝口不谈。事实上,即便仅对夫妻一方进行追责,往往也是以夫妻共同财产承担责任,这对其家庭经济惩罚的效果是一样的。因此,证监会对配偶参与的"泄密—受密型"内幕交易只要处罚账户实际交易一方即可,如此一来,既可不必沉陷于配偶间信息泄露的举证与论理之进退维谷境地,也符合人之常情,还能够达到同样的威慑效果。

三、内幕交易的区别法律责任

平等获得理论下的内幕交易责任不是漫无边际、毫无差别的,毕竟行为人的行为性质和危害性各有不同,接下来自然而然的逻辑就是有所区别的法律责任,以更有效地促进行政执法资源和司法资源的合理配置。从比较法上看,欧洲除了丹麦与西班牙,很多国家将内幕人分为直接内幕人和间接内幕人,③欧盟前述指令也采取了首要内部人与次级内部人的分类方式。④ 曾洋教授提出在"行为识别主义"下将知情人分为"直接知情人"和"间接知情人",其主要是基于信息发生与传递的立场,即以"直接接触或知悉内幕信息"作为区分直接知情人与间接知情人的重要标准。⑤

在此,本书建议将内幕信息处罚对象分为"核心内幕人"和"一般

---

① 《中国证监会行政处罚决定书》(肖某守、朱某丽、周某丹、肖某健)([2012]24号)。
② 参见周天舒:《证监会对内幕信息传递人的选择性执法研究——以2011年至2015年内幕交易案件为样本》,载《北方法学》2017年第5期。
③ 参见[英]理查德·亚历山大:《内幕交易与洗钱:欧盟的法律与实践》,范明志等译,法律出版社2011年版,第37页。
④ 参见傅穹、曹理:《内幕交易规制的立法体系进路:域外比较与中国选择》,载《环球法律评论》2011年第5期。
⑤ 参见曾洋:《证券内幕交易主体识别的理论基础及逻辑展开》,载《中国法学》2014年第2期。

内幕人",这是一种基于身份、相对位置和行为危害的综合性立场,即综合考虑内幕人在整个证券交易过程中的角色与作用,再科以不同类别的法律责任。从经济分析的角度看,内幕交易规则最重要的就是实现外部成本的内部化,由违法者承担其行为引起的社会危害,[1]因而,设置责任阶梯下的区别法律责任将促进平衡司法成本与社会收益之间的关系。目前,内幕交易的区别责任在奥地利、我国台湾地区的规定中得到了一定的呼应。其中,奥地利《证券监管法》对不同的内幕交易情形设置了不同的法律责任,[2]我国台湾地区"证券交易法"对消息传递人、受领人有不同的责任规定,如传递人在仅泄露内幕信息而没有交易的情况下,只承担民事责任而不承担刑事责任。[3] 此前,缪因知教授所提出的"反欺诈型内幕交易合法化"亦是对内幕交易责任区别化的一种努力。[4] 因此,面对形形色色的内幕交易行为,我们应该根据其性质的恶劣程度及外部影响而予以区别。

这里的核心内幕人应包括基于工作、身份或行为联系,并借此获得内幕消息的机构和个人,具体包括:其一,公司股东(包括法人股东)、实际控制人、公司董事会成员、监事会成员、高级管理人员、证券服务机构及其项目参与人员(证券公司及其人员,会计师、律师、投资咨询人员等)和该项目的政府参与人员等传统及推定内部人。其二,上述人员的配偶、子女、父母和直接的朋友等。因为从身份上来说,他们或是公司及项目运营最为核心的人员,或属于这些人员最为核心的交际圈范围,其行为将直接影响公司和公司中小股东的利益,一旦他们进行内幕交易,其拥有的信息优势是他人无法获得的。从美国近年来内幕交易规制的最新实践观察,包括 Rocklage、Newman、Cuban 和 Salman 案都集中体现了内幕信息在核心的家庭、家族和个

---

[1] See *A Framework for the Allocation of Prevention Resources with a Specific Application to Insider Trading*, Michigan Law Review, Vol. 74:5, p. 976 (1976).

[2] 参见[英]理查德·亚历山大:《内幕交易与洗钱:欧盟的法律与实践》,范明志等译,法律出版社2011年版,第48页。

[3] 参见赖英照:《股市游戏规则》(第3版),2014年自版发行,第491页。

[4] 参见缪因知:《反欺诈型内幕交易之合法化》,载《中外法学》2011年第5期。

人关系中传播的情形。鉴于这些人员的配偶、子女实质上拥有与内部人一致的信息地位，理应将其同样作为核心内幕人对待。实际上，结合笔者前述实证部分统计可以发现，配偶、亲属和子女日渐成为内幕信息的"中转站"，造成了内幕信息的进一步传播和利用，其危害性值得警惕。其三，以骗取、套取、偷听、监听或者私下交易等非法手段获取内幕信息的人，他们具有主观故意，行为危害性甚巨。因此，对于核心内幕人，法律应加重其行政处罚并设置更高的处罚金额，刑事责任追究更不能含糊，督促其兢兢业业地为公司股东利益服务并严于律己、律家。

一般内幕人是指除却核心内幕人之外的利用内幕信息进行交易的机构和个人，包括内幕信息多次传递后的知悉者（如第三层级内幕信息使用人）、通过线索推断者等。这一类群体是并不直接参与公司及项目运营的机构和个人，他们往往是偶然得知、冒险推断出一些内幕信息及线索而进行交易，也承担着推测失败的投资风险，且同等买卖金额下其社会危害性相对较小。结合前述实证考察来看，我国第三层级内幕信息利用人被查处的情况已经屡见不鲜。可以想见，或许有更多的第四、第五层级内幕信息的传递、利用人进入监管视野，他们彼此之间或许并不认识，更谈不上如何信任。就此而言，他们的行为性质和危害程度是相对有限的。同时，由于一般内幕人获得的信息优势并不是基于对工作职位、身份的滥用，也不是基于违法犯罪手段，理应区别对待。笔者认为，法律对于一般内幕人的惩罚应以证监会的行政处罚手段为主，只有在涉及与核心内幕人的共谋责任时，才考虑刑事责任。如此一来，不仅有利于给予其公平的结果和责任承担，也有利于缓解公安机关论证此类链条相对复杂漫长内幕交易案件的压力，让好钢用在刀刃上。

四、法定抗辩理由的细化

在我国目前已有的行政处罚决定书中，可以看到当事人提出了各式各样的抗辩理由。譬如，在颇具代表性的证监会对岳某斌的处罚书中，岳某斌提出"根据自己对'三爱富'基本面的长期跟踪关注与走势图及技术指标的分析，已经预订了买入'三爱富'的交易计划并告诉其妻子……在当时'三爱富'的基本面、技术面均支持买入，而其持仓股票持续亏损的情况下，在该时段买入'三爱富'，既是执行预定的交易计划，也是别无选择"。无论是在平等获得理论下，还是在其他理论之下，法律皆应有抗辩条款，以免打击正常的股票交易。

从我国目前的情况来看，《证券法》及先前《内幕交易认定指引》规定得较为宽泛，①2012 年，最高人民法院、最高人民检察院颁布的《关于办理内幕交易、泄露内幕信息刑事案件具体应用法律若干问题的解释》(法释〔2012〕6 号)为防止造成对正常交易过重的刑事打击，也制定了相应的抗辩条款，其第 4 条规定："具有下列情形之一的，不属于刑法第一百八十条第一款规定的从事与内幕信息有关的证券、期货交易：(一)持有或者通过协议、其他安排与他人共同持有上市公司百分之五以上股份的自然人、法人或者其他组织收购该上市公司股份的；(二)按照事先订立的书面合同、指令、计划从事相关证券、期货交易的；(三)依据已被他人披露的信息而交易的；(四)交易具有其他正当理由或者正当信息来源的。"不难发现，该四项抗辩事由的模糊性仍然会给执法实践带来不少困惑。既然我国采取的是法律保留与严格授权立法原则下的行政执法模式，理应对上述抗辩事由的规定进一步细化，否则不利于精准执法。②

---

① 《内幕交易认定指引》(已失效)第 19 条规定："上市公司、上市公司控股股东或其他市场参与人，依据法律、行政法规和规章的规定，进行下列市场操作的，不构成内幕交易行为：(一)上市公司回购股份；(二)上市公司控股股东及相关股东行为履行法定或约定的义务而交易上市公司股份；(三)经中国证监会许可的其他市场操作。"第 20 条规定："有下列情形之一的，行为人的证券交易活动不构成内幕交易行为：(一)证券买卖行为与内幕信息无关；(二)行为人有正当理由相信内幕信息已公开；(三)为收购公司股份而依法进行的正当交易行为；(四)事先不知道泄漏内幕信息的人是内幕人或泄露的信息为内幕系信息；(五)中国证监会认定的其他正当交易行为。"

② 陈洁教授的新近研究显示，《内幕交易认定指引》及《最高人民法院、最高人民检察院关于办理内幕交易、泄露内幕信息刑事案件具体应用法律若干问题的解释》中的抗辩事由，具体又可以分为内幕交易违法责任的豁免和不构成内幕交易两种情形，非概而论之。参见陈洁："利用自身信息交易"作为内幕交易抗辩规则的建构——兼论我国内幕交易安全港规则的基本框架"，载《现代法学》2021 年第 5 期。

从域外的情况来看,[①]美国 2000 年制定的 SEC 规则 10b5 – 1(c)细致规定了抗辩情形,并且借由普通法的演绎不断明确其具体含义。概言之,上述抗辩事由包括该交易者在知悉非公开实质性信息之前:(1)已订立了一项购买或出售该证券的已生效合同;(2)已对他人下达指令,要求其购买或出售该证券;(3)已经制定了一项书面的证券交易计划。[②] 但真正值得注意的是,该规则对抗辩理由所涉及的认定要件进行了更为详细的界定,尽力保证该款不成为逃脱法律责任的漏洞。在此,以实践中出现频率较高的"按照事先订立的书面合同、指令、计划从事相关证券、期货交易的"情形来看,我们目前的抗辩规则有不少需要进一步细化之处,主要包括下述四个方面内容:

第一,对于本条所描述的依据事先订立的"合同、指令、计划"的情形,这些书面的文件要指明购买或出售证券的价格、数量与时间,或者包括一个书面的公式、算法或计算机程序,用来决定购买或出售证券的数量、价格和时间。更为重要的是,这些计划不允许任何人行使任何事后的影响,包括是否、何时、如何购买或销售等。[③]

第二,对"从事相关证券、期货交易"这个概念,在检验的时候,要分析其是否根据上述"合同、指令、计划"。如果当事人实际的合同、指令或计划改变或偏离原来的"合同、指令、计划"而购买或出售证券,无论是通过改变数量、价格或时间,还是改变相应的或对冲交易的一些安排,都不能再被认为是依据上述"合同、指令、计划"。同时,这里的规

[①] 除美国外,平等获得理论下的欧盟也制定了较为细致的抗辩事由规则,本书在此仅作列举,暂不展开。譬如,欧盟 2014 年的《反市场滥用条例》第 9 条对第 8 条有关内幕交易的抗辩情形进行了规范,涵盖法人与自然人两种情形。对于法人来说,只要是法人建立了充分的内控程序使得做出或影响决议的人,不拥有内幕信息,或者没有鼓励、引诱自然人从事内幕交易,法人就不因为仅仅知悉内幕信息就承担责任。对于自然人而言,第 9 条同样规定了几种情况,包括:第一,如果是作为正常的做市商、对手方或代表第三人买卖,为履行职能采取了通常的买卖做法进行交易,不能因为仅仅知道内幕信息就直接认定违法;第二,在基于善意履行某种义务的情形下,也不能仅仅因为知晓内幕信息就当然违法,这些义务来自合同、命令、法律或监管要求,但这些有关的证券买卖安排应该早于当事人知悉内幕信息之前;第三,基于自身知识进行的买卖,不能仅仅因为其知晓内幕信息,就直接认定违法。

[②] See 17 CFR § 240.10b5 – 1.

[③] 参见曹理:《证券内幕交易构成要件比较研究》,法律出版社 2016 年版,第 296 ~ 297 页。

定仅适用于依据"合同、指令、计划"购买或出售证券,或是在善意情形下的购买或出售,而不是提出是部分计划以逃避本条的规定。

第三,规则制定中对于抗辩理由中的数额、价格和日期要有细致的规定,参考 SEC 规则和郑晖教授的研究,譬如:"数额"是指特定书面的股票或其他证券,或特定证券的人民币价值;"价格"为某一特定日期的市价,或某一限价,或一项特定的以人民币计价的价格;"日期"在市价单的情况下,指一年中执行该订单的具体日期(或根据最佳执行的一般原则在可行的情况下尽快执行),而在限价指令的情况下,则是指限价指令生效一年中的某一天。①

第四,自然人以外的法人也可以证明证券的购买或出售不是"基于"重大非公开信息,②只要其能够证明:代表该法人作出购买或出售证券投资决定的个人不知道该信息;该法人已实施合理的政策和程序,考虑到该法人的业务性质,确保作出投资决定的个人并未基于重大非公开信息进行交易。③

---

① 郑晖对 SEC 规则 10b5-1(c) 进行了详细的比较研究,对本处论述带来很大启发。参见郑晖:《内幕交易司法解释中预定交易计划条款探讨——以美国证监会 10b5-1(C) 规则为视角展开》,载《证券市场导报》2014 年第 4 期。

② 如果进行购买或出售的人知道该人进行购买或出售时的重大非公开信息,则该购买或出售发行人证券是"基于"有关该证券或发行人的重大非公开信息。

③ 参见曹理:《证券内幕交易构成要件比较研究》,法律出版社 2016 年版,第 300 页。

第七章　内幕交易调查权的优化配置

从现实情况来看,长期影响我国证券市场监管的一个重要因素是调查能力的不足。早期有实务专家观察发现,鉴于繁琐的取证、调查程序和调查难度,为便于及时查处某些案件并给市场以"交代",监管机构对个别性质上应归属内幕交易的案件,会以"信息披露违规"或其他较易查处的违法类型进行定性,[1]这不仅不利于消除违法行为的外部性,更会严重制约证券市场的监管效果。因此,调查能力是影响证券市场治理的关键变量。

2014年,《中共中央关于全面推进依法治国若干重大问题的决定》[2]指出:"**法律的生命力在于实施,法律的权威也在于实施。各级政府必须坚持在党的领导下、在法治轨道上开展工作,创新执法体制,完善执法程序,推进综合执法,严格执法责任,建立权责统一、权威高效的依法行政体制。**"在这样的背景下,证监会行政调查的合法性和规范性显得尤为关键,其在市场行为与行政处罚之间起着承上启下的重要作用。程序是行为从起始到终结长短不等的过程,[3]如果行政调查出现瑕疵,则可能会面临市场对行政行为合法性的质疑。在前述光大证券公司"乌龙指"事件中,当事人声称证监会在行政调查中遗漏了重要证据等,一度引发了舆论关注。更为重要的是,稽查系统本身也

---

[1] 参见王婷:《中国证券稽查执法制度变迁与实证研究》,武汉大学2009年博士学位论文,第128页。
[2] 2014年10月23日中国共产党第十八届中央委员会第四次全体会议通过。
[3] 参见应松年:《论行政程序法》,载《中国法学》1990年第1期。

有强烈的制度需求,①即倘若证监会有明确的调查规范、内控程序与充分的信息公开,不仅有利于以最低行政成本最大限度地减少规制违反所带来的损害,而且这将使证监会在"对簿公堂"时更有底气。

第一节 行政调查的制度架构与规范

一、行政调查的主要步骤

从公开资料来看,证监会1999年颁布的《中国证券监督管理委员会调查处理证券期货违法违规案件基本准则》(已失效)确立了行政调查的基本轮廓,同年,《中国证券监督管理委员会调查处理证券期货违法违规案件证据准则》明确了初步的证据形式。2002年,《中国证券监督管理委员会关于进一步完善中国证券监督管理委员会行政处罚体制的通知》对市场违法违规案件调查的部门分工和基本程序进行了规范。2013年,《加强稽查执法意见》建立了调查案件分类管理制度,改进了案件调查组织方式和取证的基本要求,2021年《证券期货违法行为行政处罚办法》②进一步对规范调查取证行为进行了规定。如笔者在第三章的研究所示,内幕交易的侦测难题是困扰证券监管的重要问题,特别是在只有少数内幕信息知情人从事小规模交易的情况下,公司整体股价也许没有太大波动,③因而,如何进一步确认这些调查线索并着手展开调查就要仰赖前置性程序的开展。根据公开资料,证监会目前大致调查启动程序如下:

第一,证监会在发现了内幕交易等违法违规线索后,首先会以稽查提前介入的方式展开非正式的调查,在发现并初步查证存在证券期货

---

① 参见肖钢:《把监管重心转到加强稽查执法上》,载中国证券网2013年8月19日,http://www.cnstock.com/v_news/sns_yw/201308/2705230.htm。

② 中国证券监督管理委员会令第186号。

③ 参见彭冰:《建立补偿投资者的证券行政责任机制 针对内幕交易和操纵市场行为》,载《中外法学》2004年第5期。

违法违规事项而提出立案调查时,应当填写立案建议表,具体写明案件初查报告、主诉事项的相关证据、初步定性依据的法律规范以及稽查部门要求提交的其他资料。不过,根据笔者的观察,鉴于证监会专项执法的特征突出,证监会内幕交易的调查启动有时显示了阶段式和集中式特点,例如,在前述 2014 年《国务院关于进一步促进资本市场健康发展的若干意见》出台之后,证监会开始了对内幕交易的集中专项查处工作。又如,证监会在 2020 年发布了《关于开展上市公司治理专项行动的公告》①,要求上市公司对公司治理问题进行自查并在自查清单填报系统进行填报。可以看到,证监会目前仍热衷以专项治理方式展开执法活动。

  第二,在进行初步调查之后,调查部门会对内幕交易案件进行甄选,进而确定调查的优先层级。在过去很长一段时间里,在具体的启动、调查与移送中,证监会并没有程序化的案件甄选机制。近年来,证监会已在逐渐注意并纠正这个问题,譬如在《中国证监会集中部署坚决打击内幕交易》的报道中,就提及"稽查总队优先安排内幕交易案件的调查,内幕交易案件的整体结案率显著提高"。在此之后,"调查结束后,对涉嫌违反行政法规的内幕交易案件,行政处罚委员会优先安排审理"。② 在前述《加强稽查执法意见》之中,证监会亦提出建立案件分类管理制度,把待调查内幕交易案件分成了"大案要案类(A 类)"、"常规案件类(B 类)"和"简单案件类(C 类)"三种。③

  第三,证监会在内幕交易等违法违规行为的正式行政调查中,一般

---

  ① 中国证券监督管理委员会公告〔2020〕69 号。
  ② 参见《中国证监会集中部署 坚决打击内幕交易》,载证监会 2010 年 10 月 29 日,http://www.csrc.gov.cn/csrc/c100200/c1000456/content.shtml。
  ③ 具体来看,在《加强稽查执法意见》中,A 类案件主要包括"涉嫌证券期货犯罪、涉案主体特殊、涉嫌违法情节特别严重、市场持续高度关注、上级机关有具体明确查办要求以及涉及其他重大敏感新型案件";C 类案件包括"成交金额和违法所得较少或没有违法所得的内幕交易案件、案情简单的操纵市场案件、不涉及重大财务造假的信息披露案件等违法情节较轻的案件"。有趣的是,B 类案件为 A 类和 C 类案件以外的其他案件。稽查执法部门要对不同类别的案件进行分类管理,优先组织安排 A 类案件的调查、审理等工作,确保重大案件的查办质量和效率。

遵循以下四个步骤:(1)在正式立案之后,就是正式的调查程序了。证监会稽查人员首先要组成调查组,编制调查方案,且实行个人负责制。其间,调查方案中要包括的内容有:编制调查方案的依据、案件的基本情况、案件调查的内容、调查重点、调查方法、实施时间、调查组人员组成及分工以及编制方案的日期等信息。(2)在具体实施调查中,要有至少两位调查人员同时在场,且要出示有关证件、调查通知书等文件,①否则被调查人员有权拒绝。同时,调查人员实施调查的时候要记录调查工作的进行情况,编制证券期货案件调查工作底稿,有必要时需要音像记录,②同时要在工作底稿中写明案件名称、被调查对象姓名或名称、调查事项摘要、对违法违规行为的定性及法定依据、对违法违规行为的处理处罚及法定依据、调查人员签名及日期、附件等。(3)在调查过程完成后,调查人员向有关单位和个人调查取得的各种证据,应当有提供者的签名或者盖章,特别值得注意的是,2021年证监会颁布的《证券期货违法行为行政处罚办法》正式确立了非法证据排除规则。③(4)调查组组长应当对证券期货案件调查工作底稿进行检查、复核并签字,对调查组成员的工作质量和调查任务完成情况进行监督,提出调查报告。

二、行政调查的内在局限

(一)行政调查的组织分工问题

中央及地方派出机构的立案调查事项、相应权限需要进一步明确。

---

① 《证券法》(2019修订)第172条规定:"国务院证券监督管理机构依法履行职责,进行监督检查或者调查,其监督检查、调查的人员不得少于二人,并应当出示合法证件和监督检查、调查通知书或者其他执法文书。监督检查、调查的人员少于二人或者未出示合法证件和监督检查、调查通知书或者其他执法文书的,被检查、调查的单位和个人有权拒绝。"

② 《证券期货违法行为行政处罚办法》第7条规定:"中国证监会及其派出机构通过文字记录等形式对行政处罚进行全过程记录,归档保存。根据需要,可以对容易引发争议的行政处罚过程进行音像记录,被调查的单位和个人不配合的,执法人员对相关情况进行文字说明。"

③ 第11条规定:"中国证监会及其派出机构调查、收集的证据包括:(一)书证;(二)物证;(三)视听资料;(四)电子数据;(五)证人证言;(六)当事人的陈述;(七)鉴定意见;(八)勘验笔录、现场笔录。证据必须经查证属实,方可作为认定案件事实的根据。以非法手段取得的证据,不得作为认定案件事实的根据。"

如前所述，不仅地方派出机构与中央机构稽查部门的分工关系曾多有反复，而且中央与地方各稽查机构的设置亦多有变动。目前，我国证券稽查体系在规范层面包括了稽查局、稽查总队、证券监管专员办事处、上海及深圳稽查支队、各地证监局及大区稽查局，这体现了证监会全方位依法加强证券市场监管的努力，并且彰显了其对重点地区和重大案件的关注。但是，从实际稽查执法架构的运行情况观察来看，前述大区稽查局现今已经不再出现在证券执法的视野之中。不仅如此，各地监管局的执法强度并不一样，这意味着各地的调查人员、经验与能力有较大的差别。证监会内部人士的早先观察也显示，由于证监会各地派出机构所处辖区情况不同，使得**各地实际上的稽查工作量差别很大**，导致有的地方稽查压力过大，而部分地区则存在稽查资源浪费的不平衡状况。①

结合目前《中国证监会派出机构监管职责规定》（2022修正）来看，有关证监会中央机构与地方派出机构的事项分工规定仍然比较概括，②从外部视角难以一窥究竟。③ 但笔者认为，除重构地方派出机构的体系设置外，在经过了近三十年稽查工作的探索实践后，证监会应当对证券行政调查的组织分工予以更细致的规定，如此既有利于形成更为稳定、专业和高效的调查体系，也有利于节约行政调查成本，更有

---

① 参见王婷：《中国证券稽查执法制度变迁与实证研究》，武汉大学2009年博士学位论文，第76页。

② 《中国证监会派出机构监管职责规定》第26条规定："派出机构负责对辖区内证券期货违法违规案件以及中国证监会相关职能部门交办的案件或者事项进行调查。前款所称中国证监会相关职能部门交办的案件或者事项，包括中国证监会相关职能部门交办的境外机构请求协助调查的案件或事项。"第27条规定："派出机构负责办理中国证监会稽查总队、中国证监会证券监管专员办事处以及其他派出机构等请求协助调查的事项。"第28条规定："对达到刑事案件立案追诉标准的案件，派出机构应当按照规定自行或者报中国证监会向公安机关履行移送程序。"第29条规定："案件调查过程中，依法采取冻结、查封、限制被调查事件当事人证券买卖等强制措施的，派出机构按照规定负责实施。"

③ 2013年《加强稽查执法意见》第2条第6项规定："大区稽查局以外的派出机构以自立自办所在辖区案件为主，同时根据稽查局的指定，承办或参与承办跨辖区案件的调查。调查过程中遇到可能影响案件质量、查办效果等情形的，稽查局可根据需要或承办单位申请，另行指定案件承办单位。"但是，不仅大区稽查局在实践中恐已"名存实亡"，而且对于何谓"调查过程中遇到可能影响案件质量、查办效果等情形"也没有明确界定。

利于加强社会对证监会依法行政的有效监督。

(二)行政调查程序设置的问题

客观而言,证监会调查的程序相较于其他行政机关而言,已经相当公开和制度化了,但有两个方面的问题需要深入研讨:一方面,立案标准问题。《加强稽查执法意见》将案件分成"大案要案类(A类)"、"常规案件类(B类)"和"简单案件类(C类)"三种。这样的分级方式体现了原则式的灵活性,但B类案件与C类案件区分标准可以更为具体化。再有,在线索甄选中,从公开资料来看,证监会未对线索涉及的重要嫌疑点设置相对细化的指标,因而,在面对大量线索时实则不利于针对待调查案件予以精细化控制。不过,即便有了这些优先性的制度安排,其在真正执行时,似乎也会受到前述集中执法的挑战。举例来说,2015年,证监会组织开展"2015证监法网专项执法行动",重点对五类违法违规行为进行打击,这五类违法行为的执法就有了优先性,其中包括"与多种违法违规行为交织的及新三板市场发生的内幕交易行为",而这种集中的调查动员和密集执法,难免顾此失彼。

另一方面,正式调查中具体程序及被调查对象的权利保障问题。在立案之后,根据上述规范文件以及查询和冻结银行账户等的规定,证监会正式行政调查包括前述组成调查组和编制调查方案、实施调查行为、证据取得、复核、提出调查报告等步骤,但该过程仍有一定细化空间,特别是在被调查对象的权利保障方面,其中的主要问题包括:在进行违法行为调查的时候,证监会可否不提前通知被调查者就进行?证监会何种情况下需要事先通知调查事项,何种情况下可以秘密调查?[1] 再有,在行政调查时,证监会调查人员如果发现了某些新的线索,是否有充足的法律依据进行超出调查通知书范围的附带调查?[2] 行政程序或诉讼中补充调查是否有更为明确、具体的限制?

---

[1] 参见王舜燮:《中美证券市场监管的稽查执法比较研究》,华东政法学院2004年硕士学位论文,第29页。

[2] 参见洪家殷:《论行政调查中之行政强制行为》,载《行政法学研究》2015年第3期。

从被调查对象权利保障的角度来说,其可否向调查人员索取正式调查文件的复印件?可否索取相关调查谈话记录的签字复印件?

(三)证监会行政调查的工作保障

早先时候,我国《证券法》对行政调查权的保障相对粗疏。《证券法》(2005 修订)并没有对内幕交易调查中被调查者不配合的情况作出细致规定,仅规定了治安管理处罚的法律后果,[①]如果我们按图索骥地去看《治安管理处罚法》,也只能找到第 50 条的基本规定,即"阻碍国家机关工作人员依法执行职务的","处警告或者二百元以下罚款;情节严重的,处五日以上十日以下拘留,可以并处五百元以下罚款"。有实务界人士在描述证监会行政调查困难时,曾指出"在证据调查阶段,很多嫌疑人都拒不承认",[②]这在一定程度上反映了证监会调查时的捉襟见肘,更遑论与调查人员产生肢体冲突的情形。例如,证监会调查人员 2019 年在深圳大通实业股份有限公司送达调查通知时,出现了"阻挠,推搡、抓挠、言语辱骂调查人员,并多次抢夺摔砸执法记录仪"的情况,最终在公安机关的协助下,方才完成调查通知书的送达工作。[③] 如果我们再回溯前述行政调查的委托问题,不难想见,证监会将部分案件调查权力委托给上海证券交易所和深圳证券交易所,恐怕难以真正实施。因此,如果没有细致的程序与职权保障,再多的调查权力恐怕也只能是纸面上的。

值得庆幸的是,《证券法》(2019 修订)第 218 条对拒不配合调查的情况进行了新的规定,"拒绝、阻碍证券监督管理机构及其工作人员依法行使监督检查、调查职权,由证券监督管理机构责令改正,处以十万元以上一百万元以下的罚款,并由公安机关依法给予治安管理处罚"。此后,2021 年行政处罚决定书(朱某锭)显示,朱某锭"多次拒绝接听调

---

① 第 230 条规定:"拒绝、阻碍证券监督管理机构及其工作人员依法行使监督检查、调查职权未使用暴力、威胁方法的,依法给予治安管理处罚。"
② 李响玲、施建辉:《防控证券内幕交易的难点及对策》,载《中国金融》2011 年第 3 期。
③ 参见《证监会调查人员被殴打!深大通暴力抗法胆大妄为》,载百度网 2019 年 5 月 24 日,https://baijiahao.baidu.com/s?id=1634373799328619657&wfr=spider&for=pc。

查人员电话,或者接听后称拒绝与调查人员见面,多次未回复调查人员发送的短信",并且"称调查人员向其发送的短信是对其的威胁,仍不配合调查",最终证监会责令其改正并处20万元罚款,这与此前证监会仅依照《治安管理处罚法》寻求500元以下的罚款已有实质不同。① 需要说明的是,尽管有观点认为深圳大通实业股份有限公司的行政处罚为不配合调查而被处罚的代表性案件,②不过,彼时的处罚依据为《证券法》(2014修正)第225条,即上市公司"隐匿、伪造、篡改或者毁损有关文件和资料"的予以30万元以上60万元以下罚款。但是,笔者认为这里存在牵强之处,因为该第225条并非对《证券法》(2014修正)第183条不配合调查违法后果的规定,而是仅针对上市公司对有关文件和资料的隐匿、伪造、篡改或者毁损行为,引用该条恐怕彼时亦属无奈之举。

公允而言,尽管《证券法》(2019修订)第218条大幅提升了罚款幅度,并且《证券期货违法行为行政处罚办法》第38条对拒绝、阻碍执法的情形进行了列举,③但仍然存在两方面的问题:一方面,"拒绝、阻碍执法"中的"谩骂执法人员""躲避推脱、拒不接受、无故离开"的程度仍然不易把握,证监会执法人员在调查过程中面临此等情景时,不见得能有明确、充分的证据对被调查对象作出行政处罚行为,并且可能面临复议与诉讼风险,或者调查执法人员个人可能面临"投诉"风险,这可能会限制该条款的实际作用发挥;另一方面,是此等处罚的实际执行问题,在被处罚对象不配合调查的情况下,即便对其处以数十万元的行政

---

① 《中国证监会行政处罚决定书》(朱某锭)(〔2021〕10号)。
② 参见《证监会通报首例因不配合检查被立案查处的案件》,载百度网2019年7月26日, https://baijiahao.baidu.com/s? id = 1640123024590842679&wfr = spider&for = pc。
③ 第38条规定:"有下列拒绝、阻碍执法情形之一的,按照《证券法》第二百一十八条的规定追究责任:(一)殴打、围攻、推搡、抓挠、威胁、侮辱、谩骂执法人员的;(二)限制执法人员人身自由的;(三)抢夺、毁损执法装备及执法人员个人物品的;(四)抢夺、毁损、伪造、隐藏证据材料的;(五)不按要求报送文件资料,且无正当理由的;(六)转移、变卖、毁损、隐藏被依法冻结、查封、扣押、封存的资金或涉案财产的;(七)躲避推脱、拒不接受、无故离开等不配合执法人员询问,或在询问时故意提供虚假陈述、谎报案情的;(八)其他不履行配合义务的情形。"

罚款,但若其不配合执行,恐怕仍然无法达到应有的威慑效果。同前所述,《行政强制法》第 13 条规定,"行政强制执行由法律设定。法律没有规定行政机关强制执行的,作出行政决定的行政机关应当申请人民法院强制执行"。结合《证券法》(2019 修订)的规定来看,除第 170 条对行政调查中的强制手段有规定外,法律对行政处罚的强制执行没有明确规定,再加之查询、冻结需要银行等机构配合等各种现实因素,申请法院强制执行成为证监会执法落实的有力支撑,但经由法院的强制执行又使执法可能面临更长的实施周期和不确定性。

第二节 行政调查程序的机制优化

一、立案线索的多元化及其保障

从技术角度来看,美国 SEC 强大线索能力的背后有着多种多样的信息来源,既包括公众向 SEC 的在线投诉、直接联系 SEC 员工以及吹哨人计划,也包括美国司法部、联邦调查局、各州证券监管局、议会成员等转送的信息,以及 FINRA、纽约证券交易所、纳斯达克等市场自律机构所提供的线索,[①]还有《美国银行保密法》(Bank Secrecy Act)下与证券市场相关的线索移交等。由此,SEC 借助全方位的调查手段,甚至可以比社会媒体更早地获得有关信息,[②]并会根据不同的线索来源和具体内容相应地采取不同的处理方式。但真正值得注意的是,较为完善的制度规范保证了上述机制的功能实现,提高了调查启动机制的质量和精度。如前所述,《多德-弗兰克法》建立了"吹哨人计划",为使这些信息更具有针对性和谨慎性,SEC 对线索提供人的身份、信息性质、支持程度等提出了诸多具体要求,并建立了细致的内部评估程序来

[①] See Stephen J. Crimmins, *Insider Trading: Where Is the Line?*, Columbia Business Law Review, Vol. 2013:2, p. 349-353 (2013).

[②] See Richard Phillips, *The Securities Enforcement Manual: Tactics and Strategies*, 2nd ed., American Bar Association, 2007, p. 15.

判断应该给予多少奖励。① 同时,《多德-弗兰克法》第21F(h)(1)项规定了对吹哨人保护和禁止打击报复的具体内容。由此,不仅SEC可以采取行动制裁报复行为,个人也有权在联邦法庭提起诉讼,从而帮助SEC收到了大量有效的举报信息。②

我国证监会可以在以下两方面更进一步:一方面,在违法案件线索机制上,证监会应扩展违法案件线索获取途径的广泛性,将违法行为举报、市场信息监察技术、新闻媒体报道、政府其他机构与司法机构移送、自律组织的自律监管、外国政府机构及组织提供的信息等都纳入,③并往制度化方向发展。在此过程中,证监会要进一步加强与各类外部机构的跨部门协作,深化全方位的、相互性的、制度化的、常态化的线索移送机制,提高与外部机构间的信任与合作程度。在立案线索多元化的情形下,多处线索或将有同样的指向,这有利于通过线索相互验证提高立案质量。面向未来,证监会可在总结已有经验的基础上对各类线索建立更为细致的评价体系,使其在大量的信息与线索中有的放矢。另一方面,证监会应积极推动与行政调查相关其他制度的完善,以间接提高立案线索获取能力和促进调查启动质量、精度,包括第九章第一节将要讨论的内幕交易举报制度。

二、非正式调查的界定与方式选择

(一)SEC非正式调查的实施经验

SEC有着细致的非正式调查程序规定和丰富的经验。根据SEC

---

① 在奖励授予中,SEC在匿名化基础上对奖励的考量因素予以了说明,例如,可以参考SEC在2014年9月22日的一份文件,Order Determining Award Claim, Exchange Act Rel. No. 73174, File No. 2014-10。

② See 2017 *Annual Report to Congress on the Dodd-Frank Whistleblower Program*, SEC (Nov. 15, 2017), https://www.sec.gov/files/sec-2017-annual-report-whistleblower-program.pdf.

③ 参见范健、王通平:《亚洲国家和地区证券监管趋同对中国的启示》,载《南京大学学报(哲学·人文科学·社会科学版)》2012年第2期。

执法部门《执法手册》(Enforcement Manual)的指引,[1]在 SEC 对线索进行收集的基础上,若线索指向证券违法行为且将有利于发挥执法体系的最佳效用,执法人员一般会考虑进行非正式调查程序(Matters Under Inquiry,MUI)。具体来说,其首先会在内部线索、投诉与转送系统(Tip,Complaint and Referral,TCR)、中枢平台(Hub)等系统内筛查是否已经有相关信息和调查,若有,则首先应向相关执法人员咨询。之后,则视情形(违法内容、严重性、潜在损害、被侵害对象、紧迫性和调查难度等)考虑是否启动,并将基于违法行为、违法者、受害者所在地、执法资源等考虑是否由其所在机构进行,同时在内控系统 Hub 中进行相应记录。一般而言,MUI 需要在 60 日内转换成正式调查程序或者终止程序。在这个过程中,执法部门的调查能否顺利进行主要在于被调查人自愿性的配合情况,[2]其可自愿性地提供文件、数据和其他信息。

在经过初步论证认为有可能违反联邦法律时,执法人员则会考虑将该 MUI 转换为正式调查程序。需要说明的是,在转换成正式调查时,SEC 执法人员会更为谨慎地综合分析该行为的违法可能性、性质、受害者规模、潜在损害、违法所得、是否正在进行等因素,还会考虑行动的紧迫性、对市场公平的影响、是否再犯及影响的广泛性等情形。此后,若转换为调查程序,同样需要在 Hub 系统内进行批准及转换,若终止,则需要说明具体原因。

(二)证监会非正式调查的机制完善

面向未来,一方面,证监会及立法机关要从部门规章乃至以上层面对非正式调查进行明确的概念界定。例如,根据此前《关于上市公司立案稽查及信息披露有关事项的通知》[3]的规定,"在非正式调查阶段,

---

[1] See Securities and Exchange Commission Division of Enforcement, *Enforcement Manual*, SEC(October 28,2017), https://www.sec.gov/divisions/enforce/enforcementmanual.pdf.

[2] 参见洪艳蓉:《美国证券交易委员会行政执法机制研究:"独立"、"高效"与"负责"》,载《比较法研究》2009 年第 1 期。

[3] 证监发〔2007〕111 号,已失效。

执法人员核实情况,收集材料,固化证据,正常行使调查权力,但不使用强制措施"。但结合《证券法》的规定来看,其未明确区分非正式调查和正式调查,而是都对被调查者不配合的行为进行了治安管理处罚的后果设置。进而言之,这里的"正常行使调查权力"和"不得使用强制性措施"在实践中如何具体落实、如何区别于正式调查程序,仍需明确规定。鉴于此,证监会应该进一步明确非正式调查的概念和启动条件,如此既能规范证监会的调查行为,也便于社会与被调查者加强对证监会权力行使的监督。

另一方面,证监会应该对非正式调查进行合理的定性和定位,并配套具体的调查程序与责任分配规则。实际上,由于违法行为线索在正式立案之前存在非常大的不确定性,被调查对象是否涉嫌违法尚待调查,而且很多线索其实都是无的放矢。这种情况下,对于不配合的被调查者,监管机构原则上也不能施以行政强制制裁。[①] 非正式调查应该以寻求当事人的主动配合为主,通过问询、研究交易数据等来不断深入了解线索信息,在存有不确定性的情况下,不宜采取行政强制措施。同时,**在非正式调查阶段,相关规范需进一步明确,证监会及被调查者应暂不向社会披露**,毕竟是否涉及违法尚属未知,贸然披露将影响所涉公司的股票价格,影响公司股东的正常利益。此前,如在四川长虹被指财务造假时,当时媒体报道称"四川省证监局已从中国证监会接手相关举报材料","该案已经进入非正式调查阶段"。[②] 笔者认为,在投资者对非正式调查没有充分认识的情况下,这样的披露恐怕是存在风险的。

三、正式调查程序的机制完善

(一)SEC 正式调查的流程经验

在启动正式调查之后,SEC 执法部门有着完备的程序控制与法律保障,具体包括三个主要方面:第一,根据《1933 年证券法》第 19(c)

---

① 参见洪家殷:《论行政调查中之行政强制行为》,载《行政法学研究》2015 年第 3 期。
② 《长虹涉假案新进展 证监会开始非正式调查》,载经济观察网,http://www.eeo.com.cn/industry/weekly_firms/2010/03/01/163758.shtml。

条、《1934 年证券交易法》第 21(b)条、《1940 年投资顾问法》第 209(b)条和《1940 年投资公司法》第 42(b)条对 SEC 的授权及《执法手册》的指引,[1]SEC 及其指定官员有权签发传票(subpoena)要求文件提供与作证。SEC 会出具一份正式调查令(formal order of investigation),载明该调查为合法授权下的调查,且这份调查令在被书面请求的情况下,经过批准后可以给被调查人提供复印件。在正式调查中,SEC 不仅可以要求被调查者自愿提供相关资料信息、自愿接受询问和作证,也可以传票的形式进行传唤(对电话或银行信息,只能以传票形式获得资料),并且无需事先通知第三方被调查方。[2]

SEC 的调查工作有着严格的形式要求。比如,在要求提供文件时,传票的签发必须由正式调查令载明的负责官员签发,调查时要随附表格(Form 1662)并表明具体需要提供的文件种类或目录。传票送达后,被调查对象要按照传票的要求提供全部相应文件,并按照要求对文件的齐备程度进行说明。若有基于特权的保密文件丢失或毁坏的情况,同样要做出详细原因说明。在此过程中,SEC 积极鼓励调查人员获取电子形式的文件以更有效地存储、传递和查找,被调查对象也可以提供适格的复印件(原件仍需安全保存以备后用)。在紧急的情况下,调查人员也可以要求其立刻提供有关文件。这里值得注意的是,任何强迫作证之人可以请求律师建议、出席和代表,即便在获取自愿性证词作为案卷排他的记录时,也需要有法院的记录员在场、逐字记录并有权要求律师在场。此后,被调查对象原则上有权要求提供正式调查过程中形成的相应证词副本,这有利于保障被调查对象的信息对称和促进对调查的监督。

第二,SEC 正式指控之前可以进行"威尔斯程序"(the Wells

---

[1] See Securities and Exchange Commission Division of Enforcement, *Enforcement Manual*, SEC(October 28, 2017), https://www.sec.gov/divisions/enforce/enforcementmanual.pdf.

[2] 参见马江河、马志刚:《美国 SEC 行政执法机制研究》,载《证券市场导报》2005 年第 10 期。

Process)这一非正式程序。[①]该程序旨在优化执法资源以"将好钢用在刀刃上"。因而,若非急迫、可能提醒潜在被告转移财产或者对刑事调查造成严重影响,在经过批准的情况下,执法人员可以向被调查者告知初步调查结论、依据和指控,告知其可自愿向执法部门提交书面或视频陈述以说明与被调查事项相关的立场,告知该说明的内容与形式要求及之后可能被使用的情况,告知其获得有关规则的途径等。[②]执法人员收到该提交后,可以自行决定是否向被调查人提供部分调查文件、与之沟通或进行和解的讨论。当然,执法部门对于字数、时间及内容不适格的提交,也可拒绝接受。

第三,也是最为重要的,SEC调查权有充分的法律保障。有关人员如果拒绝SEC的上述证券案件调查活动,则要面临诸多法律后果。比如,《1934年证券交易法》第21(c)条所规定的法律责任——任何人藐视或者不遵守传票,SEC可以通过有关地区法院,要求证人出庭作证、提供有关的账簿、证件、备忘录、通信和有关记录。若其不遵守法院的上述命令,《1934年证券交易法》明确可以给予刑事处罚。换言之,被调查者如果不遵守该命令,就会被认为是藐视法庭,构成轻微犯罪,如果定罪成立,则要面临罚金和不超过一年的徒刑。[③]

(二)证监会正式调查程序的制度完善

证监会正式调查程序早已存在,但需要进一步细致化和公开化,进行全面、动态的"过程性规制",[④]**尤其是我国证券法律对被调查对象的权利保护仍有可为空间**,包括进一步明确被调查对象的权利及其被侵权后的救济手段,继续完善对物、场所和人身调查取证措施的操作性规

[①] See Securities and Exchange Commission Division of Enforcement, *Enforcement Manual*, SEC(October 28, 2017), https://www.sec.gov/divisions/enforce/enforcementmanual.pdf.

[②] See SEC, Securities Act Release No. 5310, Procedures Relating to the Commencement of Enforcement Proceedings and Termination of Staff Investigations.

[③] See 15 U.S. Code § 78u (c).

[④] 参见江利红:《行政过程的阶段性法律构造分析——从行政过程论的视角出发》,载《政治与法律》2013年第1期。

范等。比如,在采取强制性调查措施的时候,当事人陈述、申辩的权利理应得到充分保障,因为按照《行政强制法》第 8 条第 1 款的规定,"公民、法人或者其他组织对行政机关实施行政强制,享有陈述权、申辩权"。尽管调查程序过于细致或将内部规定公开可能会带来使用上的僵化,但程序细致化、保障被调查对象的权利及将内部规则公开,不仅有助于被调查对象明确自身的合法权利,而且可以对调查机构进行有效约束。更为重要的是,具体规则的明确及公开将有效促进双方对调查细节的证据固化和互相监督,有利于在日后行政处罚、复议与诉讼中减少证据争议。

值得注意的是,我们对行政主体义务的规定相对有限,对被调查人合法权利的关注亦有待提高。[1] 以公正程序的角度观察,行政调查与后续行政行为形成了一个过程,当行政调查有重大瑕疵的时候,经由此作出的相应行政行为也会被解释为存在瑕疵的行为。[2] 鉴于行政调查中存在大量的裁量空间,因而也"使行政调查权成为格外危险的权力"。因此,法律应赋予利害关系人依法提起行政复议或者行政诉讼的程序权利,以及事中要求停止调查行为的权利。同时,对行政机关事实行为所造成的损害等要按照国家赔偿来处理。[3] 除此之外,证监会应以基本原则的形式明确与相对人权利有关的制度,如继续完善和落实案卷排他制度(on the record)、保证相对人参与和听取被调查人的意见、不得自证己罪、非法证据排除和调查相关信息(个人隐私及商业秘密)保密等。

四、调查机关内控制度的实施要点

(一)SEC 调查中的内控制度经验

SEC 行政调查中的内控程序值得关注,《执法手册》为执法部门工

---

[1] 参见金自宁:《论行政调查的法律控制》,载《行政法学研究》2007 年第 2 期。
[2] 参见[日]盐野宏:《行政法》,杨建顺译,法律出版社 1999 年版,第 187~188 页。
[3] 参见余凌云主编:《行政调查的理论与实践》,中国人民公安大学出版社 2014 年版,第 39~40 页。

作人员提供了明确的指引,①主要包括四个方面:其一,SEC 以明确的程序规范各种调查步骤、文件、执法建议的签发批准程序、批准部门、权限范围、部门的负责人级别等内容,同时,也规范了证人豁免、强制执行传票、停止调查及与被调查对象"合作"(合作协议、延缓起诉协议、不起诉协议与和解建议等)中的各类批准权限,这有利于明确执法人员的职权与责任。此外,执法部门有定期会商制度,通过召开季度审议会议跟踪已有案件的调查动态,修正调查方案、进度与资源分配等,促进内部调查资源的优化配置。

其二,SEC 执法部门对调查过程中信息的收集、保密及保存有着充分的依据,包括《隐私法》(Privacy Act)、《金融隐私权法》(The Right to Financial Privacy Act)和《电子通信隐私法》(The Electronic Communications Privacy Act)等。特别是对与证人证言有关的信息、吹哨人信息和银行资金信息等,SEC 要谨慎遵循上述规定。即便在接受自愿电话询问之前,执法人员也要向其表明所获信息的使用目的、使用主体、证人权利等。

其三,SEC 对各类调查相关文件提供的方式、载体、程序有详细的规定。比如,对于"文件"这一个概念,《执法手册》进行了几十项详细的列举。不仅如此,对于调查文件的复制品、各类文件的格式(电子文本)、编码方式(bates stamping)、存储(电子文本、录音、录像、网页及相应的物理载体等)方式、归档和使用方法等,皆予以细致的说明和统一的标准管理,这保证了证据的完整性和准确性。执法部门还使用了电子文件系统,诸如"Electronic Production Project"和"National Imaging Project"系统来提升文件呈现的专业性及数据备份、恢复能力。此外,SEC 还对证据管理进行了专门规定,使其能够在诉讼中有效利用调查证据。

其四,SEC 对高级官员与外部涉及调查者的通信设有要求,强调

---

① See Securities and Exchange Commission Division of Enforcement, *Enforcement Manual*, SEC(October 28, 2017), https://www.sec.gov/divisions/enforce/enforcementmanual.pdf.

在与外部涉及调查者通信的过程中最好是多人同时参与,而且参与者要有足够的专业知识以了解通信内容。如果无法同时参与,高级官员也应该考量相关因素再做决定,包括对案件的熟悉程度、调查团队是否知晓、是否与团队其他人已经有交流、通话所涉事项的内容等,且高级官员应通知被调查者可能会将调查结果告知其他调查人员,并在时间允许的情况下将这些通信的重要内容归档并及时告知指定执法人员。当然,若 SEC 执法人员泄密,同样要承担法律责任。[1]

(二)证监会行政调查内控程序完善

证监会在行使调查权的时候要有充分的内部控制程序,以规范权力行使并掌控调查进程。司法审查无法涵括绝大多数的行政行为,其中很大一部分是由特殊行政行为性质本身决定的,[2]特别是内幕交易、市场操纵等诸多证券专业问题,使得法院即便可以审查,也可能会偏向证券监管机构的意见。

证监会应该制定更为详细的调查执法手册,从内部实现裁量基准控制、程序控制、监督控制和分权控制,[3]主要包括三个方面:第一,证监会要建立完善的内控程序,证监会要对调查的每一个步骤进行详细记录,记录每个调查人员的执法行为,防止调查过程中的徇私舞弊,也防止行政调查过程中侵害公民、机构合法权利的行为,这也更有利于事后追究有关责任人的内部行政责任。第二,证监会要建立健全调查过程中的信息、隐私保护与公开制度,对于信息收集渠道与程序,何种信息,何时公布,如何在各行政机构、外部机构组织之间共享信息或讨论等,都需要有更为详细的论证,特别要注意不得随意透露案件进程及对举报人信息严格保密。第三,证监会要继续促进调查过程中各类案件文档及通信的专业化管理,充分利用现代化的信息技术手段,在全系统

---

[1] See Ziven Scott Birdwell, *The Key Elements for Developing a Securities Market to Drive Economic Growth: A Roadmap for Emerging Markets*, Georgia Journal of International and Comparative Law, Vol. 39:3, p. 535 – 586 (2011).

[2] 参见张千帆:《行政自由裁量权的法律控制——以美国行政法为视角》,载《法律科学(西北政法学院学报)》2007 年第 3 期。

[3] 参见陈文清:《论行政自由裁量权的内部控制》,载《政治学研究》2011 年第 5 期。

范围内完善稽查信息系统建设,提高各类文件及证据管理、利用、分享和协作的电子化程度,这不仅有利于节约经济成本,也有利于提高办案效率。①

第三节 内幕交易调查的"分身有术"

一、SEC 央地分工的经验和不足

(一)地方派出模式的正当性

金融存在的目的是为商事主体解决跨时间、跨空间的价值交换难题,促进价值在不同时间与空间下进行配置,②这也使地方性金融监管难度激增,因而,证券监管往往为中央事权。但监管规则的统一不意味着执法机构的单一,尤其对幅员辽阔的国家而言,中央机关单一执法模式往往效果欠佳,原因有三:其一,中央机关执法会令执法人员经常处于相对陌生的工作环境中,在与当地政府部门和企业协调时,恐怕面临更多的信任与协作困难;其二,单一中央执法模式引致执法成本剧增,不仅差旅、办公等经费大幅增长,而且执法人员的精力将被消耗在执法途中,加之稽查工作需多次调查与反复验证,容易造成监管资源浪费;其三,本地化处罚能够在一定程度上彰显自然正义观念,同一社区、同一社会共同体的审判有利于更准确地把握行为、危害后果和责任之间的相适应性。

从比较经验来看,地方执法模式被部分发达国家采用。鉴于美国领土面积较大且证券监管能力相对突出,我们不妨对其进行一定观察。美国区域主义(regionalism)已有一定实践传统,美国联邦政府有大量

---

① See Securities and Exchange Commission Division of Enforcement, *Enforcement Manual*, SEC(October 28, 2017), https://www.sec.gov/divisions/enforce/enforcementmanual.pdf.
② 参见陈志武:《金融的逻辑 1:金融何以富民强国》,西北大学出版社 2014 年版,第 3 页。

部门、机构、办公室目前以区域办公室(regional office)方式运转。尽管区域主义与联邦制的政治体制有着深厚联系,但其功能实现机制和方式亦与派出模式有共通之处。美国联邦机构区域办公室的管辖范围往往涵括数个州,在此区域内执行中央机关授予之职责,因而,他们被视为中央机构的执行者。有美国学者指出,区域办公室的功能恐怕还是被低估了,理由有二:一方面,区域办公室可以成为联邦与州之间的缓冲带与中介人,鉴于其对本地情况熟悉,不仅可将中央政策与本地实际进行统合考虑,而且可基于本身的专业性减少华盛顿的政治影响;另一方面,区域办公室可以成为联邦各机构、州各机构在该区域的行动协调人。[1] 基于此,他们主张联邦应当扩大区域办公室发挥中介、协调功能的制度基础和政策空间,不仅能借此克服地方政府的干扰,又能够更加贴近区域实际,促进不同州之间的沟通协调。从上述多个维度来看,区域办公室设立的正当性并无障碍。

(二)美国派出模式的经验与局限

SEC 除华盛顿总部外,在全国设有 11 个区域办公室。回溯历史,早在 1934 年 SEC 成立之初,区域办公室就已建立。1935 年时,SEC 共有员工 692 人,其中,573 人在华盛顿总部,119 人在区域办公室。[2] 此后两年间,SEC 重整了内部职能部门并授予区域办公室采取执法行动的权力,总部的交易与市场部门则主要负责监督和促进各地协同。[3] 之后近 40 年里,SEC 区域办公室不负众望,主导了几乎所有的证券违法调查与执法活动。20 世纪 70 年代之后,SEC 总部各部门的执法能力都取得了显著提升,随着 1972 年 SEC 执法部门的正式建立,SEC 开

---

[1] See Yishai Blank & Issi Rosen-Zvi, *Reviving Federal Regions*, Stanford Law Review, Vol. 70:6, p. 1899 – 1902 (2018).

[2] See Arthur Dean, *Twenty-Five Years of Federal Securities Regulation by the Securities and Exchange Commission*, Columbia Law Review, Vol. 59:5, p. 707 (1959).

[3] See Paul Atkins & Bradley Bondi, *Evaluating the Mission: A Critical Review of the History and Evolution of the SEC Enforcement Program*, Fordham Journal of Corporate & Financial Law, Vol. 13:3, p. 372 (2008).

始了更大规模的全国性执法,执法中央化的呼声越来越高。①自 2007 年起,SEC 更多地仰赖总部决策,新调查往往需要总部两名副总监的审批,不过,具体工作仍由区域办公室进行。②

从经验方面来看,有三个方面值得关注:其一,SEC 派出机构数量少,分布设置以资本市场发达程度为依据。SEC 区域办公室的设置与大都会区的分布有一定关系,如旧金山的区域办公室分管了加利福尼亚州北部、华盛顿州、阿拉斯加州、俄勒冈州、爱达荷州和蒙大拿州,丹佛的区域办公室几乎涵括大半个美国中部,这些地区的共同之处在于资本市场并不发达,设立个别区域办公室即能得心应手。如果观察美国东部的情况,尽管波士顿、纽约、费城的监管机构在地理位置上非常接近且各自辖区面积较小,但由于其皆为证券市场发达地区,故仍有设置多家办公室之必要。其二,SEC 律师主导的文化氛围非常浓厚,尽管为此招致不少批评,③却也显示出 SEC 把提高法律适用能力作为其稽查工作发展的重心。其三,SEC 重视执法资源投入,促进了执法精细度和专业性提升,如 SEC 在 2019 年度雇佣的 4606 名员工中,执法部门拥有员工 1329 名。④

从局限方面来看,SEC 区域办公室的执法存在四个方面不足:其一,鉴于证券执法的不菲成本,监管密度往往受到预算制约,⑤SEC 执法资源的内部分配体现了不同的优先性,不仅存在对案件类型厚此薄

---

① See Daniel M. Hawke, *A Brief History of the SEC's Enforcement Program* 1934 – 1981, SEC Historical Society Oral Histories Committee(Sept. 25,2002) , http://docecity. com/a-brief-history-of-the-secs-enforcement-program-rackdncom. html.

② See Paul Calluzzo, Wei Wang & Serena Wu, *SEC Scrutiny Shopping*, Journal of Corporate Finance, Vol. 67, p. 1 – 24 (2021).

③ See Jonathan G. Katz, *Reviewing the SEC, Reinvigorating the SEC*, University of Pittsburgh Law Review, Vol. 71:3, p. 500 (2010).

④ See *Fiscal Year* 2021 *Congressional Budget Justification and Annual Performance Plan*; *Fiscal Year* 2019 *Annual Performance Report*, SEC (Feb. 10, 2020), https://www. sec. gov/reports-and-publications/budget-reports/secfy21congbudgjust.

⑤ See James Cox & Randall Thomas, *SEC Enforcement Heuristics: An Empirical Inquiry*, Duke Law Journal, Vol. 53:2, p. 757 (2003).

彼的选择性执法,而且有以量取胜的倾向;①其二,地理位置影响了SEC 的执法动力,越是靠近 SEC 机构所在地的公司,越容易成为 SEC 的执法目标,反之,离 SEC 总部及区域办公室越远,则不被调查的可能性越大;②其三,美国总统竞选期间,SEC 对身处有重要政治影响力的州中的大型雇主企业会采取相对少的执法行动,在议员竞选期间,SEC 亦会减少对身处高失业率州大型企业的执法;③其四,各区域办公室之间的协作程度乃至各办公室的内部文化,都会对证券执法的效率与重点产生影响,麦道夫案正是波士顿与纽约办公室的执法间隙所致。④

二、证监会地方执法的体系重构

(一)重置证监会地方派出机构体系

证监会可以考虑重新设置地方派出机构的地理分布,统一中央至地方的稽查管理体系,这样既有利于有限执法资源的优化利用,也有助于各地着力执法重点和风格统一。⑤ 理论上,上市公司数量越多、投资者数量越多,证券市场就越活跃,各类证券违法行为的执法数量可能也相应较多。结合前文实证统计来看,证监会可考虑从两个方面推进机构改革:

一方面,根据经济区划和资本市场发展程度,重新规划证监会派出机构体系,减少监管机构的重复建设及促进执法力量较为分散问题的解决。例如,在我国西部地区,不管是证券市场规模,还是证券违法案件数量,体量都相对较小,又鉴于资本市场并不体现地域特殊性和敏感性,部分派出机构有重复建设之嫌,可考虑将其与邻近省、自治区、直辖

---

① See Jonathan Macey, *The Distorting Incentives Facing the U. S. Securities and Exchange Commission*, Harvard Journal of Law & Public Policy, Vol. 33:2, p. 646 – 647 (2010).

② See Simi Kedia & Shiva Rajgopal, *Do the SEC's Enforcement Preferences Affect Corporate Misconduct?*, Journal of Accounting and Economics, Vol. 51:3, p. 259 – 278 (2011).

③ See Jonas Heese, *The Political Influence of Voters' Interests on SEC Enforcement*, Contemporary Accounting Research, Vol. 36:2, p. 869 – 903(2019).

④ See Robert Wagner, *Too Close for Comfort*: *The Problem with Stationary SEC Officers*, Nexus-Chapman's Journal of Law & Policy, Vol. 15:1, p. 103 – 104 (2010).

⑤ 鉴于目前证监会地方派出机构除调查职能外,也已经获得行政处罚权力,为避免对央地分工的论述变得零碎,此处对调查与处罚的央地分工问题一并讨论。

市的派出机构合并。当然,为克服地方语言和习惯带来的差异,派出机构在人员招募上可有所考虑。再如,在五个计划单列市中,除深圳辖区稽查执法较为活跃外,青岛、厦门、大连和宁波监管局所管辖市场规模并不具有显著重大性,执法案件数量有限,监管资源配置也有较大优化空间,证监会可考虑将其与所在省或大区的派出机构合并。

另一方面,如果不宜实现派出机构重新整合,证监会可以考虑单独整合各派出机构中的稽查部门。证监会可将执法部门在全国范围内重新设置并且优化执法人员配给,这是一种渐进主义路径,既有利于统一管理、调动和稽查,也有利于降低改革阻力。实际上,证监会在 2000 年推行的大区稽查局制度仍有探索与启发价值。在此,我们还可以比较的一个经验是,中国人民银行也曾进行大区制监管的实践探索。尽管随着 2003 年银行监管职能从人民银行剥离且货币政策为中央事权,使得大区行的职能价值引发一定质疑。[1] 但是,证监会派出机构的职能发挥与人民银行并不一样,各地监管局承担着大量证券市场日常监管、稽查执法等核心工作,再加之资本市场与信息科技的结合早已使证券交易突破了行政区划的界限,因此,跨省市的大区稽查体系有充分的必要性和优越性。

(二)优化执法部门的监管资源配置

证监会要增加稽查执法部门的监管资源供给,不断提高证券执法的专业度和精细度。尽管我国各地监管局执法人员的具体数量无法从公开途径得知,但鉴于证券市场关系复杂、信息传导快、违法行为高智商化等特征日渐明显,[2]且由证监会此前委托上海证券交易所、深圳证券交易所实施案件调查的试点工作,我们不难推断出证监会稽查执法人力资源配置的困难。[3] 因此,证监会应在优化地方派出机构设置的基础上,对执法部门的财政和人力资源倾斜分配,这是提高证监会及其

---

[1] 参见吕素香、张谊然:《最优中央银行设计理论及其对中国的启示》,载《中央财经大学学报》2010 年第 6 期。

[2] 参见何艳春、张朝辉:《委托实施证券期货案件调查的法律分析》,载黄红元、徐明主编:《证券法苑》第 13 卷,法律出版社 2014 年版。

[3] 参见吕成龙、范良聪:《"触不可及"还是"近在咫尺"?——证监会内幕交易执法的风格与逻辑》,载蒋锋、卢文道主编:《证券法苑》第 26 卷,法律出版社 2019 年版。

派出机构对违法行为性质认定能力的重要保障。

需要说明的是,在金融科技迅速发展的背景下,尽管证监会及其派出机构应努力提高科技监管的意识和理解能力,但其工作人员并非技术专家,构建各类信息监察系统非其所长,这里既存在经费预算和人员的限制,也存有技术开发的局限,因为政府机构部门难以成为证券信息技术创新的前沿阵地。从多元治理的角度看,证监会及其派出机构应当将市场监察工作委托给更具有技术优势的市场自律机构,如证券交易所和未来更为强大的行业协会等。证监会自身则应着眼于法律规范、重要监管原则与规则的制定和适用工作。[1] 为此,证监会应大幅提高拥有法律背景的执法人员比例。同时,为避免证券执法变成滞后、机械的法律适用过程,证监会内部领导与监督机构亦应注意其组成人员的代表性,以此为证券执法提供更多参考和全面视野。

(三)规范各地执法风格和裁量标准

证监会要制定行政处罚认定及裁量标准指引,促进地方派出机构执法裁量统一化。从宏观上来看,证监会要制定科学的执法策略。相较而言,**美国 SEC 执法强度受到监管资源的限制、地理位置的影响、政治因素的制约和机构间协调的困扰,这是我国证监会应竭力避免的。**从监管资源的角度来看,执法资源的限制长期存在,对不同类型案件设置不同的优先级在所难免,但派出机构执法案件的选择要遵循统一标准,不能为了业绩创新或单纯增加处罚数量而偏颇执法。尽管地理位置的影响不同程度地存在,且一旦证监会将派出机构的稽查部门统合成上述涵括多省区市的区域性执法机构,该矛盾短期内也许更加突出,但是,执法标准与力度相对统一化的价值,远优于短期内差旅、办公成本的经费消耗。因此,整合后的稽查机构应有意识地注意地理因素带来的执法差异,努力对监管对象予以同一程度的稽查关注。

在具体证券违法处罚机制构建中,证券监管机关可从四个方面推

---

[1] 参见吕成龙:《科创板时代中国证监会治理角色与模式的转变》,载《财经法学》2019年第4期。

进:其一,证监会应当尽力避免集中执法,要根据证券市场的最新发展形势,统筹制订具体工作计划和方案,在交办派出机构执法工作过程中,努力做到既能充分调动系统内的稽查力量、节约执法资源,又能有意识地锻炼和塑造地方派出机构的查处能力。其二,证监会派出机构应及时总结经验,在对证券市场违法行为查处的过程中,制定并公布统一的行政处罚规则与自由裁量标准,防范因派出机构处罚偏好、力度差异引起的监管套利,这一点在下一章中笔者将结合中央机关的处罚裁量予以详述。其三,证监会应积极促进稽查执法人员的专业培训和异地交流挂职,这不仅能够增强其对各类证券违法行为的全面认识,而且有助于减少机构协调和合作中的间隙,促进行政处罚裁量差异的消弭。其四,加强证监会各地派出机构之间的协调机制,除完善现有线索移送机制和调查启动程序外,还应当设置相应的责任机制。

三、自律组织在调查中的支持作用

尽管证监会在内幕交易的调查能力上,拥有其他机构和个人难以比拟的优势,但是其同样不能放弃与证券自律组织的合作与多元治理。如上所述,在证券交易活动的理解和操作上,自律组织有更多的治理优势,借助其处在市场中心的地位和自律监管的权能,自律组织更能够及时发现违法违规行为。

目前,我国的证券自律组织(特别是证券业协会)在自律管理方面没有充分发挥出自律监管应有的优势,因而,其协助证监会的内幕交易调查尚有较大的提升空间。在美国 FINRA 等机构的自律管理中,在日常工作中就注意对相关公司及其人员的检查和资料收集,使得其协助 SEC 调查时能够提供更迅速、有力的帮助。同时,FINRA 在自律监管范畴也有一定的调查权限。当然,其调查活动要依据 FINRA 章程和程序规定,设置有听证官与相应的听证程序并且受到 SEC 的监督。[1]

---

[1] See Louis Loss, Joel Seligman & Troy Paredes, *Securities Regulation VI*, 4th ed., Wolters Kluwer, 2011, p. 197 – 208.

2020年，FINRA 的全面检查监督计划涵盖了 3394 个证券公司和149,887 个分公司，涉及 612,457 名登记的从业人员。① 当 SEC 遇到涉嫌内幕交易的案件，SEC 执法人员在进行询问或行政调查的过程中可能要求自律组织协助调查，尤其是对于那些自律组织本身就有监管权的问题，SEC 执法人员会认真考虑是否要求其协助调查。

我国的市场自律组织应该加强基本数据、信息收集与整理功能，②在必要的时候，为证监会内幕交易的调查提供真实、准确与完整的数据与技术支持。证监会应该鼓励证券自律机构加强日常信息的收集与整理工作，重视对上市公司的日常检查，借此建立完整的上市公司相关人员数据库，对内幕交易监管所需要的信息进行全方位的收集。这样的合作机制至少有两项好处：其一，由于自律机构收集信息仍然处于自律监管的范畴，这大大减轻了证监会用公权力搜集信息的成本与压力。譬如，尽管我国建立了有关内幕信息知情人的登记制度，但其涵盖的范围毕竟相对有限，再加上该种登记与证监会其他重要的任务相比显得并不是那么关键，因而，该制度实际作用究竟如何都是未知的。反过来，如果由证券自律机构来担纲，则更有人力资源上的优势。其二，避免了公权力本身的诸多限制，公权力的行使本身就受到法律保留等约束，但如果由证券交易所进行信息收集活动，则属于民事合同范围，不仅更加灵活，无疑也会扩大有关信息数据的覆盖面。当然，对于自律组织的信息监察涉及的管理规则，证监会应该要有详细要求和审查机制，譬如，要求自律组织在进行自律性质的调查时遵循一定的正当程序，如

---

① See Key FINRA Statistics for 2021, FINRA, https://www.finra.org/media-center/statistics.

② 自律组织在信息监察、信息技术能力与证券专业能力方面的优势，有助于其调查能力的提升，这一点将在第九章详述，此处仅作简要说明。SEC 有强大的主动发现违法违规行为的能力，其重要原因正在于证券交易所、FINRA 等自律机构的协作。在得到有效线索时，SEC 可以将各上市公司高管和主要股东的个人资料、各自的亲属、主要的人际圈子、朋友，甚至他们所在高尔夫俱乐部的会员等资料，全部从数据系统里调取出来并迅速启动相关调查程序。参见罗培新：《神勇 SEC：张志熔"缴械"背后》，载《董事会》2012 年第 12 期。

通知、内部听证程序等。①

  同时,证监会本身要逐渐确立这样的理念,即在具体的内幕交易调查中,囿于自身的技术能力,在调查时应该更多地寻求与自律组织的合作,减少数据与技术调查层面的亲力亲为。自律组织特别是证券交易所,由于其专业性而更能够专业地鉴定新型、复杂的内幕交易行为,因而,在进行内幕交易调查和认定的时候,自律组织可以参与其中并发挥其辅助功能。但如前所述,笔者对于证监会委托上海证券交易所和深圳证券交易所进行内幕交易调查的规定,仍然持有一些疑问。更何况,证券交易所公司化已经成为全球交易所的潮流,自1993年斯德哥尔摩证券交易所进行公司化改革起,证券交易所公司化的序幕就拉开了。目前,包括纽约证券交易所在内的大量交易所都是公司制的,我国的交易所同样面临公司化、全球化的趋势。因此,假设未来我国证券交易所继续推进并深化公司制改革,那么,证监会的委托调查就可能会失去合法性依据。因此,**证券自律组织在内幕交易的调查中,在自律监管的范畴理应发挥协助调查与专业支持的作用,但不应该成为公权力的直接授权委托对象。**

---

  ① See Louis Loss, Joel Seligman & Troy Paredes, *Securities Regulation VI*, 4th ed., Wolters Kluwer, 2011, p.101.

第八章　内幕交易处罚权的优化配置

证监会的行政处罚是内幕交易监管的首要防线，实质上关切此后民事责任追究与刑事处罚协作。目前，我国证券法律对于利用内幕信息买卖证券、泄露内幕信息、建议他人买卖该证券的行为，共有三类法律后果：一是行政处罚，《证券法》(2019 修订)第 191 条规定的数额及倍数罚款、针对直接负责主管人员和其他直接责任人员的警告，以及第 221 条严重情形下有关责任人员的市场禁入处罚。[①] 二是民事责任承担，即《证券法》第 53 条第 3 款规定的内幕交易行为给投资者造成损失的，行为人应当依法承担赔偿责任。三是最严厉的，就是刑事法律责任，但目前公安机关在侦办内幕交易案件的时候，往往也需要借助证监会的调查报告、认定书或专家意见等。因此，证监会的行政处罚实质上恐怕是各种法律责任的重要基础，值得细细解构。

第一节　内幕交易处罚及裁量的经验观察

一、SEC 内幕交易的惩罚历程与裁量空间

鉴于内幕交易惩罚裁量空间的利用情况与裁量逻辑具有较高的相通性，我们不妨继续对美国 SEC 的经验和教训进行观察，这有益于为我们证监会行政处罚机制的完善提供一定借鉴，特别是避免 SEC 走过的

[①]《证券法》(2019 修订)第 221 条第 1 款规定："违反法律、行政法规或者国务院证券监督管理机构的有关规定，情节严重的，国务院证券监督管理机构可以对有关责任人员采取证券市场禁入的措施。"

制度弯路。

20世纪80年代,面对日益猖獗的内幕交易和相对不确定的经济环境给美国议会造成的压力,规制内幕交易的立法呼之欲出。[1] 彼时,吐出违法所得已不足以威慑内幕交易者,因为这仅仅使违法者回到了其内幕交易之前的财产状态,[2]并未招致不利后果,违法成本过低。作为回应,美国立法机构通过了《1984年内幕交易处罚法》(Insider Trading Sanctions Act of 1984, ITSA),[3]允许SEC通过联邦法院对参与内幕交易者寻求最多相当于获利或减少损失金额3倍的民事罚款(civil penalty)。然而,内幕交易丑闻还是占据着彼时的财经新闻版面,使其立法机构仍然聚焦于内幕交易,[4]此后立法机构又通过了《1988年内幕交易及证券欺诈制裁法》(Insider Trading and Securities Fraud Enforcement Act of 1988, ITSFEA),[5]该法不仅授权SEC对因故意或过失进行内幕交易者的背后控制人进行处罚,而且对经纪商、交易商、投资顾问所负有的防范内幕交易的内控责任也予以要求。

两年之后,SEC执法权力进一步被《1990年证券执法救济和小额股票改革法》(Securities Enforcement Remedies and Penny Stock Reform Act of 1990)扩展,该法赋予了SEC对其注册监管对象(如经纪商、交易商、投资顾问)通过内部行政审裁(administrative proceeding)程序进行民事罚款的权力,[6]这极大地改变了SEC的传统做法。不过,SEC对

---

[1] See Thomas Joo, *Legislation and Legitimation: Congress and Insider Trading in the 1980s*, Indiana Law Journal, Vol. 82:3, p. 575-622 (2007).

[2] See Paul Atkins & Bradley Bondi, *Evaluating the Mission: A Critical Review of the History and Evolution of the SEC Enforcement Program*, Fordham Journal of Corporate & Financial Law, Vol. 13:3, p. 386 (2008).

[3] See Insider Trading Sanctions Act of 1984, Pub. L. No. 98-376, 98 Stat. 1264, 1984.

[4] See Paul Atkins & Bradley Bondi, *Evaluating the Mission: A Critical Review of the History and Evolution of the SEC Enforcement Program*, Fordham Journal of Corporate & Financial Law, Vol. 13:3, p. 387 (2008).

[5] See Insider Trading and Securities Fraud Enforcement Act of 1988, Pub. L. No. 100-704, 102 Stat. 4677, 1988.

[6] See Securities Enforcement Remedies and Penny Stock Reform Act of 1990, Pub. L. No. 101-429, 104 Stat. 931, 1990.

非注册对象的监管仍需通过联邦法院的民事诉讼程序来实现。2002年之前,SEC 并未积极通过法院提起对非注册对象的诉讼。但在安然事件之后,《萨班斯-奥克斯利法》下的公平基金制度,①间接激励了SEC 积极适用其行政审裁程序来实现民事罚款。② 之后,鉴于 2008~2009 年金融危机暴露出来的新问题,前述《多德-弗兰克法》出台,③其第 929P(a)部分赋予了 SEC 针对"任何人"都可以进行该条项下的民事罚款权力,在此之前,SEC 仅能通过行政审裁程序对未注册的主体施加制止令。④ 此次改革给予了 SEC 极大的诉讼便利,使 SEC 在管辖范围内享有了更自由的选择,对于诸多惩罚事项,其既可以选择联邦法院的诉讼程序,也可以选择适用内部行政审裁程序,这进一步导致SEC 行政法官制度备受争议。需要补充说明的是,行政法官制度正式确立于 1978 年《联邦行政程序法》,根据该法之授权,SEC 行政法官可以对所管辖案件进行类似联邦法院中无陪审团的公开听证并可作出初步裁定(initial decision)和建议性裁定(recommended decision)。⑤ 目前,SEC 拥有 5 名行政法官,⑥他们根据前述法律之授权而对内幕交易相关人员行使听证及裁决的权力。

二、美国内幕交易罚款的裁量实践及特征

自《多德-弗兰克法》出台之后,SEC 对行政审裁程序的利用率显著提高:2005 年,SEC 寻求联邦法院诉讼救济的案件多于其行政审裁

---

① See Sarbanes-Oxley Act of 2002, Pub. L. No. 107-204, 116 Stat. 745, 2002.

② See Lisa Newman, *Are SEC Administrative Proceedings the New [Unconstitutional] Normal?*, Review of Litigation, Vol. 36:1, p. 196-200 (2017).

③ See Dodd-Frank Wall Street Reform and Consumer Protection Act, Pub. L. No. 111-203, 124 Stat. 1376, 2010.

④ See Drew Thornley & Justin Blount, *SEC In-House Tribunals: A Call for Reform*, Villanova Law Review, Vol. 62:1, p. 275-276 (2017); Stephen J. Choi & Adam C. Pritchard, *The SEC's Shift to Administrative Proceedings: An Empirical Assessment*, Yale Journal on Regulation, Vol. 34:1, p. 9 (2017).

⑤ 参见郭雳:《美国证券执法中的行政法官制度》,载《行政法学研究》2008 年第 4 期。

⑥ See ALJs by Agency, OPM, https://www.opm.gov/services-for-agencies/administrative-law-judges/#url=ALJs-by-Agency.

程序;2012年,行政审裁程序的利用率已经大约是法院诉讼的2倍;到了2014年,81%的案件进入了行政审裁程序,只有19%的案件被诉至法院。就内幕交易而言,2011年SEC借助行政审裁程序提起的执法行动占全部内幕交易案件的16%,2012年为10%,2013年仅为2%,2014年又上升至23%。① 不少观点认为,SEC更加偏爱行政审裁程序,甚至担心其会遭到基于美国《宪法》平等保护条款的质疑。② 对此,SEC高级官员认为这应当是SEC执法机制的新常态,而且主要原因是行政审裁程序富有效率性与专业性。③ 2014年,《华尔街日报》的报道将这个问题推向了又一个高潮,④其指出SEC不仅积极利用了行政审裁程序,而且将胜诉率较低的案件安排由行政法官审理,这一系列报道甚至引起了立法关注。

但同时有研究显示,在进行一定数据筛选与实证研究后,《华尔街日报》的报道并不能展示SEC执法的真实全貌,SEC之所以给人留下有失公允的印象,原因有三:其一,行政审裁数量增长是因为SEC加大了对某些违规行为案件的执法力度,这些案件即便没有《多德-弗兰克法》的授权,亦可以通过行政审裁程序予以处理;其二,SEC对内幕交易等欺诈行为的执法,不管是通过法院诉讼还是行政审裁都是比较难取得胜诉的,亦有其他研究显示SEC行政审裁下内幕交易案件的胜诉率与联邦法院并无显著差别;⑤其三,两种机制下胜诉率的对比在数据样本上存有缺陷,在进行一定的样本纠正之后,两者的胜诉率并无显

---

① See Law 360, *SEC Focus on Administrative Proceedings: Midyear Checkup*, Cornerstone (May 27, 2015), https://www.cornerstone.com/GetAttach ment/4b651996 - 6074 - 4aa0-b293-e689eb44d178/2015-Midyear-Checkup-on-SEC-Administrative-Proceedings. pdf.

② See David Zaring, *Enforcement Discretion at the SEC*, Texas Law Review, Vol. 94:6, p. 1195 - 1197 (2016).

③ See Lisa Newman, *Are SEC Administrative Proceedings the New [Unconstitutional] Normal?*, Review of Litigation, Vol. 36:1, p. 201 - 203 (2017).

④ See Jean Eaglesham, *SEC Is Steering More Trials to Judges It Appoints*, Wall Street Journal(Oct. 21, 2014).

⑤ See Joseph Grundfest, *Fair or Foul? SEC Administrative Proceedings and Prospects for Reform Through Removal Legislation*, Fordham Law Review, Vol. 85:3, p. 1178 - 1179 (2016).

著不同。①

在对美国内幕交易案件处罚数据进一步观察后,②笔者发现,尽管1倍民事罚款常见于和解协议、行政审裁和裁判结果中,但同时也出现了不少0.5倍等非整数倍民事罚款、不追究民事罚款的情况。由此看来,联邦法院和SEC较为灵活地运用了ITSA与ITSFEA所赋予的对内幕交易处罚的裁量空间,同时,SEC会在处理结果中对裁量缘由进行一定阐述。例如,在SEC v. John A. Foley et al.案中,其与被告约翰·福利达成和解,要求被告吐出违法所得而未追究任何民事罚款,理由为被告欠缺足够的支付能力,③这在SEC的规则中亦有依据。④ 在同年的SEC v. Michael Jobe and Richard Vlasich案中,被告迈克尔·乔布违法所得107,220美元,弗拉西奇为466,295.9美元,在其达成的"既不承认也不否认"的和解协议中,鉴于乔布的经济状况,SEC要求其吐出违法所得并缴纳民事罚款100,000美元,弗拉西奇则仅吐出违法所得而不缴纳罚款,理由是其同意配合SEC的调查与相关执法活动。⑤ 又如,SEC在In the Matter of Abdallah Fadel案行政审裁程序下的和解协议中,同样鉴于法德尔没有支付能力而免除了其1倍的民事罚款。⑥

在SEC与联邦法院的长期实践中,借由SEC规则、判例与既有经验,美国对内幕交易民事罚款裁量因素的把握愈加纯熟。在诸多重要案件中,我们可以看到其内幕交易处罚的主要考量因素。例如,

---

① See Urska Velikonja, *Are SEC's Administrative Law Judges Biased? An Empirical Investigation*, Washington Law Review, Vol.92:1, p.320-349 (2017).

② 笔者试图进一步对SEC 2010年至2020年定期公布的《SEC与市场数据精粹》(Select SEC and Market Data)中的内幕交易案件进行统计,但鉴于有时同一案件涉及多个相对人,有时同一个相对人出现在不同案件中,SEC民事诉讼周期漫长,当事人上诉情况的复杂性及案件诉讼信息公开的分散性等原因,难以进行全样本的实证,故仅对SEC对内幕交易案件的执法效果进行初步观察。更为重要的是,不管是民事诉讼程序,还是行政审裁程序,上述绝大多数案件以和解结案。

③ See SEC, Litigation Release No. 21425/February 25,2010.

④ See 17 CFR § 201.630.

⑤ See SEC, Litigation Release No. 21665/September 24,2010.

⑥ See In the Matter of Abdallah Fadel, Release No. 77109/February 10,2016.

在 SEC v. Sargent 案裁判文书中,法官认为下列六个因素需要被考量:(1)违法行为的严重程度;(2)违法行为是否为再犯情况;(3)被告的财务状况;(4)被告是否隐瞒其交易;(5)被告人的行为所导致的其他处罚情况;(6)被告是否受雇于证券业。[1] 又如,在 SEC v. Payton 案裁判文书中,法官引证了 SEC v. Haligiannis 案对民事罚款的考量标准并逐一对被告进行处罚,这些因素包括:(1)被告行为的恶劣程度;(2)被告人的故意程度;(3)被告的行为是否造成了重大损失或带来了相应风险;(4)被告的行为是否为再犯;(5)根据被告的财务情况是否存在减免情形。[2] 从自由裁量标准的维度上看,SEC 与联邦法院较为丰富的裁量实践,对证监会内幕交易行政处罚的裁量之治有一定参考价值。除法律授权外,SEC 行政法官较为灵活的处罚裁量实施与其行政审裁机制的设计密不可分,即行政法官制度的独立性、专业性与稳定性在一定程度上保证了自由裁量权的充分利用。

三、SEC 审裁机制的有益经验

第一,SEC 行政法官具有一定独立性和稳定性。在普通法系的传统中,尽管自然正义原则有深厚的基石,但在 Withrow v. Larkin 案后,[3]法院认为行政机关同时具有调查权、追诉权与审裁权本身并不违反正当程序,除非有高度不公正的危险性存在。当然,SEC 行政法官的独立性与其产生机制密切相关。行政法官作为独立裁判官,在选拔机制上定有最低标准,申请人应为各州的执业律师,至少有 7 年正式参与听证或诉讼的相关经验,[4]并由联邦政府人事管理办公室(The U. S. Office of Personnel Management,OPM)负责考试、认证、选拔和推荐初

---

[1] See SEC v. Sargent,329 F. 3d 34 (1st Cir. 2003).
[2] See SEC v. Haligiannis,470 F. Supp. 2d 373 (S. D. N. Y. 2007).
[3] See Withrow v. Larkin,421 U. S. 35 (1975).
[4] See *Qualification Standard for Administrative Law Judge Positions*,OPM,https://www. opm. gov/policy-data-oversight/classification-qualifications/general-schedule-qualification-standards/specialty-areas/administrative-law-judge-positions.

步名单,经过多轮筛选之后,最终由 SEC 行政法官办公室确定人选,而非由其总统、联邦行政部门首长等任命,①这同时促进了行政审裁的专业性。

在此之后,行政法官不需要参加 SEC 的绩效考核,其级别认定、薪资水平等皆由联邦政府人事管理办公室依照规定评判,在相当程度上保证了 SEC 行政法官的独立性。由此,行政法官享有法定的、SEC 不得剥夺的权力,除非被其功绩制保护委员会(Merit Systems Protection Board)正式审裁程序认定解除行政法官职务具有"正当理由"。不过,鉴于功绩制保护委员会成员有独立判断的保障机制(除非其总统认为有低效、失职或其他不正当行为的情形,否则不得解除职务),SEC 行政法官受到双重保障并进一步促进了其作出独立性判断,②行政法官独立化的倾向越来越浓。③ 鉴于行政法官在 SEC 大楼内办公且其差旅费、办公室空间及助理人员配置由 SEC 提供,恐怕会使行政法官受一定的影响,④但若有法定预算标准,仍可保障其审裁的独立性。

SEC 行政法官的审裁程序和其之前的行政调查程序完全隔离且有较为完善的行政调查规范,⑤有效保障了 SEC 法官与调查人员的独立性和行政审裁的中立性。其中,《联邦行政程序法》第554 节专门规定:"为机关履行调查或追诉的职员或其代理人,不得参与该案或与该案有实际的联系的案件的决定;对这类案件的裁决不得提出咨询性意见,或提出建议性的决定;也不得参加机关根据本编第557 节规定的复议,除非

---

① See Kaela Dahan, *The Constitutionality of SEC Administrative Proceedings*: *The SEC Should Cure Its ALJ Appointment Scheme*, Cardozo Law Review, Vol. 38:3, p. 1217 – 1219 (2017).

② See Linda Jellum & Moses Tincher, *The Shadow of Free Enterprise*: *The Unconstitutionality of the Securities & Exchange Commission's Administrative Law Judges*, SMU Law Review, Vol. 70:1, p. 15 – 16 (2017).

③ 参见高秦伟:《行政救济中的机构独立与专业判断——美国行政法官的经验与问题》,载《法学论坛》2014 年第2 期。

④ See Lucille Gauthier, *Insider Trading*: *The Problem with the SEC's In-House ALJs*, Emory Law Journal, Vol. 67:1, p. 143 – 144 (2017).

⑤ 参见吕成龙:《证监会行政调查制度的解构与重述》,载《证券市场导报》2018 年第5 期。

他们作为证人或律师参加公开的程序不在此限。"[1]在此基础上,根据《联邦行政程序法》规范和 SEC 规则,行政法官进行的听证和审裁活动逐渐塑造出其所在行政机关的公共政策,重要性相当突出。[2] 目前,SEC 行政法官享有广泛的审裁权力,包括签发传票、举行听证前会议、制定证据规则、组织管理听证等各类事项,[3]与联邦法官各项权力大致相似。

第二,SEC 审裁程序中辩论与质证程序相对完备,"案卷排他原则"促进了行政审裁中意见的交换,有利于使其获得正确利用裁量空间的事实基础。根据 2016 年 SEC 修订的规则,[4]行政审裁程序始于追诉令(Order Instituting Proceedings, OIP)的签发,追诉令中会阐明 SEC 的主张、行政审裁程序的时限和相对人的权利,并对案件性质、复杂性、紧急性、所涉公共利益及投资者保护因素等综合考虑,在听证结束或认定一方缺席且没有必要听证等情况之后的 30 日、75 日、120 日内提交初步裁定判断被告是否有证券违法行为,如果要进行听证,三种时间情形分别要求行政法官需在 OIP 签发后 120 日、180 日、300 日内进行听证。[5] 该初步裁定涵括事实部分、法律结论及相关的命令、制裁或驳回决定等。相较之前的规则,这给予了内幕交易拟处罚对象更多的准备时间。但是,在对行政法官制度的批评中,SEC 的证据开示规则被广泛关注,即便依据 2016 年最新规则,涉及多个当事人的案件在行政审裁之前至多也只能获得 7 份证词,不利于实现双方的信息对称,再加上 SEC 对传闻证据等证据形式的认可,使得行政审裁程序中被告的证据开示权利与联邦法院适用的规则相差不少。[6]

---

[1] 王名扬:《王名扬全集 3:美国行政法(下)》,北京大学出版社 2016 年版,第 839 页。
[2] Charles Koch Jr., *Administrative Judges' Role in Developing Social Policy*, Louisiana Law Review, Vol. 68:4, p. 1095 – 1104 (2008).
[3] See 17 CFR § 201.111.
[4] See SEC Adopts Amendments to Rules of Practice for Administrative Proceedings, Release No. 2016 – 142, July 13, 2016.
[5] See 17 CFR § 201.360.
[6] See Philip Griffin, *Developments in SEC Administrative Proceedings: An Evaluation of Recent Appointment Clause Challenges, the Rapidly Evolving Judicial Landscape, and the SEC's Response to Critics*, University of Pennsylvania Journal of Business Law, Vol. 19:1, p. 215 – 216 (2016).

不过,总体而言,辩论与相互质证的权利在行政审裁程序中非常重要,双方意见交换与质证得到正当程序的保护,包括反驳对方证据、传唤证人和盘问对方证人等。① 在内幕交易案件的审裁中,根据美国《联邦行政程序法》第 556 节(d)规定,SEC 允许案件当事人通过口头或者书面的证据方式,提出其诉求或者对此进行辩护,也有权利提出相关的反证以及为了弄清全部事实真相而进行质证,②并对整个行政审裁的过程进行记录。③《联邦行政程序法》这样规定的原因在于在 SEC 的正式裁决中,证言的记录、证物连同裁决程序中提出的全部文书和申请书是唯一依据,这正是"案卷排他原则"的要求。④ 因此,行政法官听证就需要格外审慎,如果辩论与质证不够充分,由此而来的决定也无法令人信服。⑤

第三,法院在审理 SEC 行政执法相关的诉讼时,强调适用"穷尽所有救济原则",⑥这不仅降低了司法的社会成本,也间接促进了行政法官的独立性。自 Myers v. Bethlehem Shipbuilding Corp. 案后,法院强调"任何人在没有穷尽行政救济之前,对潜在的或者是可能的损害,不得寻求司法救济"。⑦ 目前,《联邦行政程序法》第 704 节对穷尽内部救济以制定法的方式进行了规范,要求除法律与判例所规定的若干例外情况外,当事人在提起行政诉讼之前,应当首先寻求内部救济。⑧ 更为重要的是,在 SEC 内幕交易案件行政审裁中,如果没有任何一方提出异议,行政法官作出的处理结果具有终局性,即被视为 SEC 作出的处

---

① 参见王名扬:《王名扬全集 3:美国行政法》(上),北京大学出版社 2016 年版,第 358 页。
② See 5 U.S. Code § 556 (d)。
③ See 17 CFR § 201.302。
④ 参见 Mazza v. Cavicchia,15 N. J. 498 (1954);金承东:《案卷排他与看得见的程序作用》,载《行政法学研究》2007 年第 3 期。
⑤ See 17 CFR § 201.460。
⑥ 参见郭雳:《美国证券执法中的行政法官制度》,载《行政法学研究》2008 年第 4 期。
⑦ Myers v. Bethlehem Shipbuilding Corp. ,303 U. S. 41 (1938);郑烁:《论美国的"穷尽行政救济原则"》,载《行政法学研究》2012 年第 3 期。
⑧ 参见王名扬:《王名扬全集 3:美国行政法》(下),北京大学出版社 2016 年版,第 845 页。

理结果。但是，如果当事人对此不服，可以向 SEC 申请重新审议（*de novo* review），SEC 自身也可以主动进行审议，①重新审议内容仅限于提出异议的部分，SEC 委员最终可以维持、变更、撤销行政法官的初步裁定，②但较少出现变更或撤销的情况，③这体现了 SEC 对行政审裁机制专业性和独立性的尊重。此后，若审议结果不利于当事人，其有权在 60 天内诉至联邦法院。④ 换言之，当事人只有在穷尽 SEC 内部救济之后，才能申请法院予以进一步的司法审查。只要有实质性的证据支持，联邦法院对于 SEC 的事实查明结果皆予以尊重，⑤即便发现有在听证程序中未提交的、足以影响判决结果的新证据，法院也可以将案件发回 SEC 继续审理。⑥

第二节 内幕交易行政处罚的内部机制优化

除刑事追诉程序外，证监会中央机关内幕交易案件皆由行政处罚委员会审理并以证监会的名义作出处罚，并无美国联邦法院程序下的民事罚款模式，这是由我国与美国不同的司法及行政体制所决定的，也注定了我国应走出一条具有中国特色且行之有效的证券监管之路。客观而言，在目前证券法治语境下，由于证监会是内幕交易违法调查与行政处罚的唯一主体，这对其执法的独立性、公正性和有效性确实提出了更高的要求。基于此并有选择性地参考 SEC 前述经验教训，笔者认

---

① See Office of Administrative Law Judges, SEC, http://www.sec.gov/alj.
② See 17 CFR § 202.411(a).
③ See David Zaring, *Enforcement Discretion at the SEC*, Texas Law Review, Vol. 94:6, p. 1168 (2016).
④ See Drew Thornley & Justin Blount, *SEC In-House Tribunals: A Call for Reform*, Villanova Law Review, Vol. 62:1, p. 274 (2017).
⑤ See Lisa Newman, *Are SEC Administrative Proceedings the New [Unconstitutional] Normal?*, Review of Litigation, Vol. 36:1, p. 209 – 210 (2017).
⑥ See Madeline Ilibassi, *The Choice is (Not) Yours: Why the SEC Must Further Amend Its Rules of Practice to Increase Fairness in Administrative Proceedings*, Brooklyn Journal of Corporate, Financial & Commercial Law, Vol. 11:1, p. 217 – 218 (2016).

为,证监会可从下述三个方面着手不断优化处罚及裁量之治。

一、改善行政处罚委员会的组织机制

SEC 行政法官深受合宪性的困扰,[①]但其选拔任命机制与履职保障制度使得他们能够更独立、专业、稳定地履行法定权力,这是我们可以参考的方面。但是,公正并不一定就意味着设立一个"机构独立"的行政法官。[②] 考虑到制度"嫁接"的可行性问题,**SEC 民事诉讼及行政法官制度在我国不具有现实可行性,否则将会对我国行政体制的整体协调造成极大冲击**。基于我国行政体制与现有框架,证监会可从下述两个维度进行推进:

一方面,**行政处罚委员会可参考此前发行审核委员会的经验来提高内幕交易处罚的独立性与专业性**。例如,在第十八届发行审核委员会共计 21 名委员中,来自证券交易所、律师事务所、会计师事务所的委员有 11 名,外部专家的参与有效提高了发行审核的透明度、独立性和专业性。他们由于本身在各自领域拥有较高声望,行为动机更多体现为一种声誉与职业考虑,不仅更易作出独立判断,也有助于提高处罚的

[①] 2011 年,拉吉特·吉普塔(Rajat Gupta)内幕交易案将 SEC 推到了风口浪尖。该案是 SEC 得到《多德-弗兰克法》扩权后首次引发行政裁合宪性广泛争议的案例。在该起涉及 28 人的法律行动中,只有 Gupta 被送交 SEC 的行政审裁程序,其余 27 人则都被诉至联邦法院,因此,Gupta 认为其得到了不公平的对待。继而,在这场对 SEC 内幕交易执法新"武器"的争论中,各界意见主要集中于:(1)较法院而言,SEC 的行政审裁缺乏充足的正当程序,包括被告搜集证据的时间相对有限、行政法官对证据规则具有较大裁量空间等。尽管行政法官并非法院法官,但有观点认为其仍应受《宪法第五修正案》的制约。(2)SEC 是否更偏爱审裁程序及行政法官是否存有偏见。(3)行政法官任命与免职和美国《宪法》第 2 条的关系,即 SEC 行政法官本身的合宪性问题。(4)SEC 行政审裁程序是否有违《宪法第七修正案》要求陪审团的权利。Gupta v. SEC, 796 F. Supp. 2d 503 (S.D.N.Y., 2011);Urska Velikonja, *Are SEC's Administrative Law Judges Biased? An Empirical Investigation*, Washington Law Review, Vol.92:1, p.328 (2017);Drew Thornley & Justin Blount, *SEC In-House Tribunals: A Call for Reform*, Villanova Law Review, Vol.62:1, p.276-288 (2017);Kenneth Oshita, *Home Court Advantage? The SEC and Administrative Fairness*, Southern California Law Review, Vol.90:4, p.899-900 (2017).

[②] 参见高秦伟:《行政救济中的机构独立与专业判断——美国行政法官的经验与问题》,载《法学论坛》2014 年第 2 期。

专业性和丰富系统外视角,这在前述 SEC 经验中已有一定体现,其所选拔的行政法官至少有 7 年正式参与听证或诉讼的经验,严格的选拔标准与考核程序促进了审裁效能的提升。因而,我国《行政处罚委员会组织规则》可以进一步确定和重视外部专家引入的工作机制,同时,行政处罚委员会遴选机理和发行审核委员会有所不同,其无需判断证券产品的市场价值,委员可主要来自法律相关行业,如律师事务所和教研机构等。此外,证监会行政处罚委员会的工作规则应该制定并公开更为详细的利益回避机制。

另一方面,**证监会行政处罚委员会组成人员应有足够的内在稳定性,尽量减少随机性因素**。比较观察,SEC 5 名行政法官每年审理案件的数量众多(如在 2014 年,约有 612 例各类证券违法案件经由行政法官审理),[1]促进了裁量逻辑和处罚力度的相对连贯稳定。因而,《行政处罚委员会组织规则》可进一步规定、细化并公布委员的组成方式、任职条件、工作要求、组织架构、监督管理和法律责任等内容,为行政处罚委员会工作效能的提升给予更充分具体的制度支持。证监会应当为行政处罚委员会组成委员提供稳定的职位保障,不能轻易解除委员职务,即便解除职务,也应具体细化解聘条款并在适用时作严格解释。[2] 诸如"不适合担任行政处罚委员会委员职务的其他情形"规定,实际上给予了证监会极大的人事裁量权,不利于保障处罚委员会委员的独立判断。当然,为进一步提高处罚决定的审慎性,行政处罚委员会委员可在行政处罚决定书上署名,或借鉴证监会公布发行审核委员会工作会议参会委员名单的方法,一来增强处罚的公开性,二来让委员有更强的动力提高内幕交易处罚质量,通过声誉机制督促处罚委员会委员认真行使权力。

---

[1] See Law 360, *SEC Focus on Administrative Proceedings: Midyear Checkup*, Cornerstone (May 27, 2015), https://www.cornerstone.com/GetAttachment/4b651996-6074-4aa0-b293-e689eb44d178/2015-Midyear-Checkup-on-SEC-Administrative-Proceedings.pdf.

[2] 参见吕成龙:《投保机构在证券民事诉讼中的角色定位》,载《北方法学》2017 年第 6 期。

二、优化内幕交易的行政处罚程序

一方面,证监会在内幕交易案件的审理过程中,要不断强调处罚听证中的质证程序和辩论程序,因为**只有在长期、充分的意见交换后,方能促进证监会提炼出稳定而统一的裁量逻辑和做法,并且发挥对初步处罚意见的矫正功能**。就目前证监会听证制度而言,尽管听证程序正在显著改善且《行政处罚听证规则》第 16 条有了较为原则性的规定,但仍可进一步细化双方就法律适用进行辩论的权利以充分促进意见交换,并为其他行政部门的听证制度完善提供先行先试的经验,否则诸如前述周某奋案那样的基本程序瑕疵仍会出现。

事实上,在内幕交易行政处罚中,最为关键的就是认定"内幕信息知情人"、"非法获取内幕信息的人"、"内幕信息"及"违法所得"等几个关键性问题,这是非常复杂的法律解释与适用问题,特别是《证券法》(2019 修订) 第 51 条第 9 项兜底条款的适用更应该慎之又慎。① 在此基础上,证监会的听证应当允许各方对此展开充分辩论并进行完整记录,更好地推动听证笔录作为行政处罚的依据,提高行政处罚的规范程度和透明度,②落实《行政处罚法》(2021 修订) 第 65 条的要求。客观而论,尽管对充分辩论的制度规定在实践中不容易产生实际效果,但这是实现听证目的之重要保障,也是行政机关值得努力的目标,否则会使听证丧失真正的制度功能。长远来看,这有利于促进证监会更为自信地行使处罚裁量权,应当持之以恒地予以推动。唯有在行政处罚委员会能够独立、专业和稳定地进行裁量之时,"穷尽所有救济"原则的确立才更有其正当性与合理性,否则只会徒增当事人的成本。

另一方面,证监会应当进一步精简行政处罚作出的内部环节,尊重行政处罚委员会相关委员的处理意见。从前述 SEC 的执法实践来看,若其寻求联邦法院之司法救济,民事罚款数额的确定则直接由法官依

---

① 参见吕成龙:《谁在偷偷地看牌?——中国证监会内幕交易执法的窘境与规范检讨》,载《清华法学》2017 年第 4 期。

② 参见章剑生:《行政听证制度研究》,浙江大学出版社 2010 年版,第 131 页。

法作出裁判,当然,更大的可能是双方以和解的形式实现。若 SEC 以内部行政审裁程序审理,其彻底的"查审分离"机制、内部相对扁平化的审裁机制使行政法官能够更为独立地进行判断,再加之 SEC 往往尊重行政法官的审裁结果,皆有效增强了行政法官审裁的重要性和权威性,这是证监会内部执法机制需要始终加以重视的重要方面。证监会可考虑进一步修订《关于发布〈中国证券监督管理委员会行政处罚委员会工作规则〉的通知》,尽量减少不必要的内部审批程序,推进内部程序环节的扁平化管理,使拟处罚案件尽快彻底地进入行政处罚委员会的审理程序并完全实现"查审分离"机制,彻底减少调查与审理人员的相互掣肘。[①] 最终,在行政处罚委员会作出审理结果后,证监会应充分尊重其独立判断与处罚结果,借此消弭内控程序对处罚裁量的潜在诱导、间接影响和偏好塑造。

三、合理使用行政罚款的裁量空间

在证监会 2018 年发布的《稽查执法科技化建设工作规划》中,其强调要明确处罚的裁量原则尺度、推进执法标准的规范化和一致性,早先时候,证监会原主席肖钢提出要明确量罚过程中自由裁量权的掌握原则,可见,证监会内幕交易的裁量标准确定依然任重道远且绝非易事。[②] 从美国研究来看,齐文·伯德韦尔建议根据内幕交易的查处比例计算处罚额度,譬如,内幕交易被发现的概率是 1/4,那么对于被实际查处的内幕交易者,罚没总计就应该是 4 倍,通过这样的违法成本转

[①] 《加强稽查执法意见》规定,"在调查取得主要证据、调查部门形成初步认定意见后可以按相关规程开展审理提前介入","经调查、审理部门沟通协调后仍存在重大分歧的案件,由会领导召集调查、审理、法律等相关部门研究决定"。但如此一来,案件调查阶段的取证方向、程度或许可能受到审理部门的影响,不利于在调查阶段客观、全面地收集证据和资料,也会制约后续正式审理工作的结果。

[②] 参见《证监会印发实施〈稽查执法科技化建设工作规划〉》,载证监会 2018 年 5 月 25 日, http://www.csrc.gov.cn/csrc/c100028/c1001278/content.shtml;《肖钢:将新增 600 名调查人员充实证监执法一线》,载人民网, http://finance.people.com.cn/n/2013/0820/c1004-22622552.html。

移进一步威慑潜在违法者。① 然而，不仅内幕交易被发现概率的测算不是易事，而且《证券法》（2019 修订）第 191 条赋予证监会目前更大的处罚幅度和更为灵活的裁量权，正是为了使其根据不同情况作出合理、有威慑力的行政处罚，倘若罚款标准变得过于僵化，那便丧失了其原有意义。在前述美国法院和 SEC 的民事诉讼、审裁与和解协议中，可以清晰地看到其民事罚款的裁量因素，包括行为恶劣程度、是否为再犯、被告的财务状况等，罚款倍数非常灵活，既有一倍、二倍和三倍情形，也有非整数倍的情况，还会基于被告的配合程度等情形而免除罚款。

我国证监会并不需要过多地纠结内幕交易高倍率罚款的审慎性或者谋求一种折中心理，其既可以更为充分地利用高倍数的罚款裁量权，对情形恶劣的内幕交易施加最高十倍的罚款，也完全可以根据相对人的配合程度、支付罚款的能力而适当降低罚款倍数。但是，无论如何，**证监会应当制定内幕交易行政处罚裁量标准规范指引**，总结已有案件的裁量经验，使自由裁量的逻辑尽量统一明确，尽量做到"同案同判"，避免自由裁量变成羁束裁量、恣意裁量的极端情况，这也是《行政处罚法》（2021 修订）第 34 条规定的要求。

进一步而言，证监会自由裁量标准应当将减免情形与《行政处罚法》（2021 修订）第 32 条、第 33 条和第 66 条进一步衔接，考虑增设证券法上的从轻或减轻以至免除处罚的情形。譬如，对于违法所得 50 万元以上的个人当事人，或许其已经将全部身家加杠杆投入内幕交易，尽管有可观的违法所得，但没收之后再处以倍数罚款，不仅无法实际收缴罚款金额，而且对于其本人及家庭打击也过于沉重。对此，有观点会认为这会鼓励当事人对自身支付能力作假甚至通过寻租的方式获得减免，导致内幕交易的威慑力大打折扣。但笔者认为，随着我国征信体系的不断建立、统一不动产登记查询的完善，加之银行等第三方提供的证明及刑事责任的威慑，应有能力对被处罚对象财务状况声明的真实性

---

① See Ziven Scott Birdwell, *The Key Elements for Developing a Securities Market to Drive Economic Growth: A Roadmap for Emerging Markets*, Georgia Journal of International and Comparative Law, Vol. 39:3, p. 571 (2011).

作出判断,至少也是可期的。更何况,内幕交易若符合刑事立案标准,更须承担相应的刑事责任,而不必将矫正违法行为的全部压力都集中到行政处罚上,这样反倒不利于构建层次分明的法律责任体系。总而言之,借由明确阐述处罚裁量背后的具体因素不仅有助于向证券市场传递积极信号,而且有利于增强内幕交易处罚的透明度,使市场对监管的公平性、合理性和有效性产生信赖。

当然,**合理利用处罚裁量空间的一个前提是科学计算行为人的违法所得**。从内幕交易的处罚工具与权限上来说,证监会已经初步建立相应的制度和机制,但在违法所得计算方面仍有待努力。大体而言,获利型内幕交易的处罚以违法所得为计算依据,计算其知晓内幕信息后买入价格与最终股票卖出价格之间的价差,是一种实际获利法的计算,而规避损失型内幕交易则按照名义所得法计算,[1]如此适用依据不明确、计算逻辑不统一既已引发了不少争议。[2] 实际上,对于前述处罚案件中"违法所得"不为负数的情况,违法所得的计算方法直接关系到罚款的数额,亦即罚款的计算基数。参考美国等的民事、刑事诉讼实践,违法所得的计算方法主要有实际获利法、市场吸收法、拟制所得法等方法,但各地区法院对于究竟采何种计算方法,仍然没有达成一致,[3]因为还存在很多具体因素的考量。比如,对上述两种情况下"违法所得"的认定,是否需要考虑市场波动因素、其他利好(利空)因素的影响?尽管将市场因素剔除后,处罚幅度会更为精准,但对于如何剔除市场因素、可否在各级司法机构中推广适用、法官是否能够轻易掌握等难题,现在都没有很好的解决办法。因而,暂时不考虑市场因素进行违法所得认定,短期内可能更具有操作性与实用性。

---

[1] 参见肖泽晟:《违法所得的构成要件与数额认定——以内幕交易为例》,载《行政法学研究》2013年第4期。

[2] 参见汤欣、高海涛:《我国内幕交易案件中违法所得的算定及判罚——兼论域外法律实践及其启示》,载郭锋主编:《证券法律评论》2015年卷,中国法制出版社2015年版。

[3] 参见赖英照:《股市游戏规则》(第3版),2014年自版发行,第492~508页。

从我国学界的研究来看,汤欣、高海涛、肖泽晟、万志尧等不少专家,①从行政处罚或者刑事处罚的角度给出了一些方案,还有的专门考虑了市场因素的处理方法。② 在此,笔者赞成肖泽晟教授将作为没收的"违法所得"与作为罚款幅度确定的"违法所得"分别计算和对待的方法:前者可以适用实际获利法,使违法所得者吐出其从违法行为中获得的所有实际收益,起到没收的效果;后者则由于本身就是惩罚性的,不管是几倍数的罚款,都旨在达到惩罚目的,《证券法》(2019 修订)及相关配套制度可以考虑以名义所得法作为罚款的基数,借此减少无法有效惩治内幕交易的无奈。③ 当然,内幕交易违法所得基数的计算公式和方式的确定并非易事,上述内容仅是违法所得计算中的一个方面,其整体性计算方案还有赖于证券交易所、会计专业人士以及金融学理论的进一步讨论和审慎研究,④因为这进一步关系到刑事责任之有无及刑罚程度。

第三节 "源头规制"下执法策略的重构

一、"源头规制"的关键要素

如前所述,"源头规制"的关键在于把握行为人的内在激励结构。尽管现行《上市公司监管指引第 5 号——上市公司内幕信息知情人登记管理制度》可通过登记对内幕信息知情人起到一定的威慑作用,但其规制思路仍有可继续完善之处。笔者认为,试图抓住内幕信息流转过程中的痕迹追踪管理,除前述技术层面的局限之外,关键还在于其没

---

① 参见万志尧:《内幕交易刑事案件"违法所得"的司法认定》,载《政治与法律》2014 年第 2 期。
② 参见陈莹、李心丹、周旭媛:《内幕交易违法所得计算中对市场因素的处理——基于国内案例的实证分析》,载《证券市场导报》2014 年第 4 期。
③ 参见肖泽晟:《违法所得的构成要件与数额认定——以内幕交易为例》,载《行政法学研究》2013 年第 4 期。
④ 参见汤欣、高海涛:《我国内幕交易案件中违法所得的算定及判罚——兼论域外法律实践及其启示》,载郭锋主编:《证券法律评论》2015 年卷,中国法制出版社 2015 年版。

有从源头上改变内幕信息知情人从事交易或泄露行为的内在激励结构。从法律经济学的角度来看，①面对内幕信息时，内幕信息知情人、受密人和其他途径获取内幕信息的人究竟会在何种情况下选择从事相关内幕交易违法行为，主要取决于下述关键变量：行为人首先会对现实违法成本进行估算，违法成本值为从事内幕交易被执法发现的概率（简称执法概率）与内幕交易法律责任后果（简称惩罚后果）的乘积，即**"违法成本＝执法概率×惩罚后果"**。如果该结果大于或等于预期利润，理性行为人应当不会选择进行内幕交易相关行为。反之，如果违法成本小于预期利润且差值较大，行为人从事内幕交易的可能性则会提升，这是内幕交易行为经济激励结构中最基本的计算公式。② 需要注意的是，这里"执法概率"和"惩罚后果"的赋值既具客观性，也受到主观性的影响。以此为出发点，我们可以继续反思前述证监会的执法绩效并尝试提供一个不同的规制方案。

就预期利润的估值而言，行为人对利润的计算既无法精确，也不具有完全确定性。究其原因，证券价格的背后因素十分复杂，既有宏观社会经济因素，也有微观的事件因素，突如其来的市场非正常事件亦时常出现，因而，内幕交易行为人在估测利润时至多是一个可能的、模糊的价格区间。在对前述内幕交易案件梳理的过程中，不难发现，有相当数量的内幕交易结果为亏损，甚至损失达百万元、千万元，③因而，计算内幕交易预期利润对行为人而言并非易事。除内幕信息知情人交易本身体现为单纯的经济目的外，"为他人买卖或建议他人买卖证券"和"以明示或暗示的方式向他人泄露内幕信息"背后动机复杂，不一定都是

---

① 目前，国内理论界对内幕交易民事责任、执法理论、构成要件及刑事责任已有深入系统的研究，对证监会内幕交易执法的合法性和合理性等亦有不少实证分析，但尚未系统性地解释证监会内幕交易执法症结的背后原因。
② 参见刘宪权：《内幕交易违法所得司法判断规则研究》，载《中国法学》2015年第6期。
③ 例如，《中国证监会行政处罚决定书》（江某华、熊某波）（〔2013〕39号）、《中国证监会行政处罚决定书》（王某华）（〔2014〕48号）、《中国证监会行政处罚决定书》（虞某云）（〔2016〕2号）等。

现实金钱性的,可能是出于其他利益交换目的,①也有可能是出于炫耀而获得"面子"目的,还有可能是出于情谊需要而获得"义气"。② 因此,在"源头规制"的思路下,防范内幕信息知情人从事买卖或泄露消息的关键要素在于改变其对违法成本的计算结果。

一方面,"执法概率"包括客观执法与主观认知两个维度的具体内容。客观上的执法概率与证监会的执法活动密不可分,尽管证监会近年来在内幕交易的执法数量和处罚金额上有显著提升,但相对我国证券市场的体量而言,仍有继续提高的空间。对此,相关的理论解释很多:证监会侧重事先审核而使其有限的监管资源无力关注事后执法、人力资源有限、内设部门监管资源配置不合理等。③ 同时值得注意的是,行为人对执法概率的主观认知具有重要意义,即证监会的调查能力、处罚效率、宣传效果等外在形式表现都会引导潜在行为人对被处罚概率的主观认知并影响其相应的行为选择。鉴于目前证监会对市场参与人的主观认知干预相对有限,④不同地域、行业、经验和知识背景的市场参与者对内幕交易执法的主观认识差距较大。

另一方面,"惩罚后果"的计算赋值同样包括主客观两个维度。客观上,此前《证券法》(2014修正)第202条将内幕交易设置为数额和倍数处罚:在数额罚款方面,此前立法对违法所得小于3万元的当事人至多予以60万元的罚款,交易金额上千万元或几万元都有可能面临一样的处罚,并不利于准确矫正负外部性;在倍数罚款方面,执法此前偏爱一倍、三倍罚款,对四倍、五倍的高倍数罚款相当慎重,同样不利于充分

---

① 参见《证监会严厉打击各种形式的内幕交易》,载证监会2017年9月29日,http://www.csrc.gov.cn/csrc/c100200/c1000387/content.shtml。
② "张某礼向朋友刘某亮泄露内幕信息,纯属出于朋友义气,为了帮朋友赚钱;汪某明向亲属泄露内幕信息,则主要是出于逞能、炫耀。"《稽查执法打击防控'靠消息炒股'内幕交易》案例——沈忱、刘洪亮等人内幕交易世纪鼎利案》,载证监会,http://www.csrc.gov.cn/csrc/c100201/c1000341/content.shtml,2022年2月20日访问。
③ 参见徐文鸣、朱良玉《中美证券法公共执行机制比较研究——基于监管机构投入产出的实证分析》,载《财经法学》2017年第3期。
④ 参见吕成龙、范良聪:《"触不可及"还是"近在咫尺"?——证监会内幕交易执法的风格与逻辑》,载蒋锋、卢文道主编:《证券法苑》第26卷,法律出版社2019年版。

发挥法律威慑力。尽管从理论上来看,对违法所得较低但交易金额较大、交易次数较多的情形,此前依《行政执法机关移送涉嫌犯罪案件的规定》和《最高人民检察院、公安部关于公安机关管辖的刑事案件立案追诉标准的规定(二)》等[①]可予以刑事立案,但当时证监会与公安机关行刑衔接机制尚有局限,[②]制约了惩罚后果的客观实施。目前,《证券法》(2019 修订)第 191 条将处罚力度大幅提升后的效果仍有待继续观察,期待证监会能够在执法客观力度上进一步加强。从主观认知上看,由于部分行为人法律意识淡薄和基本知识缺乏,其对上述惩罚后果不见得有明确认知,导致对惩罚后果的误判。譬如,在《中国证监会行政处罚决定书》(冷某伟)([2019]28 号)中,冷某伟称"我不知道自己是内幕信息知情人,也不懂证券法律法规"。还有一种情况是,尽管其已经认识到行为的违法性,但对后果的严重程度认识不足,对违法成本的预估自然也会出现严重偏差。

二、SEC 对执法概率的主动牵引

在内幕交易等证券违法行为的执法中,"执法概率"的作用需要重点强调。[③]"执法概率"的重要影响具有法律经济学的丰富背景,对此,托马斯·谢林(Thomas Schelling)曾举过一个例子:如果一个 6 岁的棕发小女孩需要几千美元来做手术,才能延续生命至圣诞节,人们会立马寄钱过去。但是,如果取消征收一项销售税,美国马萨诸塞州的医疗设备就会加剧折旧,而这可能会导致本不应该死亡的人数增多,此时却没有几个人会流下同情的眼泪或者捐款。[④] 理查德·塞勒(Richard

---

① 《行政执法机关移送涉嫌犯罪案件的规定》(中华人民共和国国务院令第 730 号);《最高人民检察院、公安部关于公安机关管辖的刑事案件立案追诉标准的规定(二)》(公通字〔2010〕23 号)(已失效)。

② 参见叶旺春:《证券领域行政执法与刑事司法的衔接问题研究》,载《证券市场导报》2012 年第 5 期。

③ 本部分得益于与浙江大学范良聪教授的讨论。

④ See Thomas Schelling, *The Life You Save May Be Your Own*, Reprinted in Choice and Consequence: Perspectives of an Errant Economist, Harvard University Press, 1984, p. 113 – 146.

Thaler)将之称为"可识别的生命"(identified life),认为这会比统计意义上的生命(statistical life)更有说服价值,他由此进一步探讨了金钱与死亡风险之间的权衡关系。① 笔者认为,这个案例对于内幕交易的执法逻辑同样富有启发,亦即当事件更易被识别时,其对人们行为的改变或更具说服力。

与此同时,心理学上的易得性(availability)影响也会对人们的行为产生引导,即如果某个事件容易被想起来或者是易得的,便会影响人们的认知。换句话说,在对风险进行判断时,由于个体缺少可以信赖的或第一手的认知,他们会借助易得性启发对概率进行估算。② 譬如,重大社会经济事件一旦发生,便可能刺激立法机关尽快出台相关规则以回应公众需求,如《萨班斯-奥克斯利法》的制定便是如此。③ 但反过来,我们也可以利用易得性偏见来促进更有效的规制,即若与上述"可识别的生命"的洞见(insights)结合起来,监管机构便可以利用易得的、可识别的执法事件来提高公众对于内幕交易被查处的概率认知,使得被监管对象感到执法威慑"近在咫尺"而产生执法"无死角"的认知,进而改变其对内幕交易成本与收益的原有预期。

根据笔者的观察,SEC 的执法在一定程度上是对上述逻辑的实践,其通过两方面对"执法概率"持续推动,塑造了强大的执法形象:一方面,SEC 执法总量较大,这给公众塑造了 SEC 对内幕交易"伸手必打"的印象,尽管大量案件为简单案件且多以和解结案,但在没有监管丑闻的时间段内,这并不妨碍公众对 SEC 执法能力的认知;另一方面,SEC 自 1934 年起的诸多典型案件(observable objectives)的执法行动有力塑造了 SEC 的形象。根据丹尼尔·霍克(Daniel Hawke)的记述,在长达 80 年的执法中,SEC 不断积累着卓著的声誉:1936 年,Jones v.

---

① 参见[美]理查德·塞勒:《"错误"的行为:行为经济学的形成》(第 2 版),王晋译,中信出版集团 2018 年版,第 13~14 页。

② See Timur Kuran & Cass R. Sunstein, *Availability Cascades and Risk Regulation*, Stanford Law Review, Vol. 51:4, p. 761 (1999).

③ See Stephen Choi & Adam Pritchard, *Behavioral Economics and the SEC*, Stanford Law Review, Vol. 56:1, p. 22-26 (2003).

SEC案首先引起了对SEC监管权限的争论;1937年,Michael J. Meehan案中,SEC剥夺了Meehan在交易所的会员资格;1938年,SEC对上华尔街风云人物理查德·惠特尼的丑闻不仅使其名声大振,更改变了SEC与华尔街的力量对比;[1]1940年,McKesson & Robbins, Inc.案成为审计史上不得不提的案件;二战结束后,SEC v. Re, Re & Sagarese案中知名分析师操纵市场的查处成为战后SEC的重要转折点;1961年In re Cady, Roberts & Co.案与1971年Texas Gulf Sulphur案,使得SEC拓展了对内幕交易的处罚能力和法律武器,[2]不仅获得了衡平法上吐出违法所得的救济,[3]也确立了内幕交易的平等信息理论。此后,前述Dirks v. SEC、SEC v. Cuban等案无不令人印象深刻,不断勾勒出SEC对内幕交易细致的执法规则。

长期以来,SEC对重大案件具有足够的敏锐性和果敢的执行力。鉴于重大的、具有高度识别性的案件对于投资者行为的威慑效应具有显著性,但遇良机,SEC便不会轻易错过。譬如,2018年8月,特斯拉董事长埃隆·马斯克(Elon Musk)在社交网站上发文称其要将特斯拉私有化而使股价上涨,SEC发现其为"虚假和具有误导性"内容并提起指控,时隔不到两个月,马斯克便与SEC以支付2000万美元的重大代价和解。[4]当然,SEC也善于将普通的案件变得更具可识别性,譬如,SEC运用高分辨率的卫星影像发现墨西哥最大的住宅建造商之一Desarrolladora Homex, S. A. B. de C. V.公司虚假陈述,涉及金额达33亿美元,[5]一时间,资本市场对SEC的调查手段和能力赞叹不已。在诸

---

[1] 参见[美]约翰·S.戈登:《伟大的博弈:华尔街金融帝国的崛起(1653—2019年)》(第3版),祁斌编译,中信出版集团2019年版,第430~440页。

[2] See Daniel M. Hawke, *A Brief History of the SEC's Enforcement Program* 1934-1981, SEC Historical Society Oral Histories Committee(Sept. 25,2002).

[3] See Urska Velikonja, *Are SEC's Administrative Law Judges Biased? An Empirical Investigation*, Washington Law Review, Vol. 92:1, p. 340 (2017).

[4] See *Elon Musk Settles SEC Fraud Charges*; *Tesla Charged with and Resolves Securities Law Charge*, SEC(Sept. 29,2018), https://www. sec. gov/news/press-release/2018-226.

[5] See *SEC Charges Mexico-Based Homebuilder in $3.3 Billion Accounting Fraud*, SEC(March 3,2017), https://www. sec. gov/news/pressrelease/2017-60. html.

如此类案件中,雷厉风行的 SEC 对知名公司及人物作出的迅速反应,塑造着市场对 SEC 强大执法能力的认知。因而,两方面相互作用,确有利于营造一种 SEC 强大执法"无所不在""无往不利"的印象。

三、"源头规制"的策略重构

面向未来,本书建议可结合四个具体维度制定细致的内部执法策略指南:第一,执法概率的客观方面有赖于证监会稽查执法力量的增强、行政调查和行政处罚效能的提高。根据徐文鸣等学者的研究,2011年至2015年,在对市场规模差异和上市公司数量等因素处理后,发现我国证券执法产出仍可进一步提高。[①] 当然,这里进一步涉及证监会预算分配、内部人力资源配置的问题。

第二,从惩罚后果的主观层面来看,执法指引要重在增强和引导证券市场参与人的主观认知,这有赖于上市公司、证券市场服务机构、行政管理机构不断优化内幕信息知情人的管理制度,而且上述单位要加强商业机密和内幕信息的保密工作,尤其要定期强化关于内幕交易等证券违法责任的各类培训,这并不是口号性措施,因为从实际执行效果来看,**借助行为法律经济学的易得性理论能够有效阐释培训和"千叮咛万嘱咐"所能带来的积极收益**。

第三,提高内幕交易惩罚后果的客观成本,《证券法》(2019 修订)第 191 条已对此进行大幅修订,但执法要注意实际法律责任与文本法律责任之间的差距,结合本书统计期间的实证数据看,中、高倍率行政罚款的适用较为有限,不利于充分发挥行政处罚的威慑力,因而,证监会要更加积极地利用如今的行政处罚空间。

第四,鉴于"执法概率"在证监会"源头规制"中的特别作用,下述三类案件因更具可识别性和能够引导易得性偏见,应当被更多关注:其一,具有较高社会知名度的当事人涉及证券违法的案件。譬如,前述浙

[①] 参见徐文鸣、朱良玉:《中美证券法公共执行机制比较研究——基于监管机构投入产出的实证分析》,载《财经法学》2017 年第 3 期。

江祥源文化公司虚假陈述案,因涉及知名人物而获得广泛关注,民事诉讼索赔金额就达数千万元,①产生了广泛的社会影响。在内幕交易执法领域,诸如黄某裕内幕交易案、②李某红内幕交易案皆是内幕交易的典型案件,这些案件的查处令为一般投资者所熟知,起到了警示市场的作用。如前所述,SEC 在执法中对财经新闻报道提供的线索特别重视,尽管这使其备受顾此失彼执法的批评,但这不失为 SEC 对公众意见的积极回应,③更有助于塑造 SEC 的执法威慑力。可以说,对于知名公司与个人而言,其若负有更重的信义义务或公众信赖,也理应承担更重的法律责任。因此,对于这类主体身份特殊的案件,证监会应当重点关注。

其二,涉及重大交易金额的案件。交易金额巨大的案件同样可以有效塑造投资者的交易行为。譬如,前述光大证券公司"乌龙指"事件,当日上海证券交易所综合股价指数瞬间上涨 5.96%,收跌 0.65%,振幅为 6.59%,可谓"惊魂时刻",④再加上证监会处罚决定出台之快与惩罚之重,无疑令人记忆犹新。此后,一系列的内幕交易民事赔偿又不断巩固了社会对该事件的认知。⑤ 但总的来看,证监会对此类金额巨大案件的重视程度仍然有待提高。再举一例,在江某华与熊某波内幕交易天业通联股票案中,⑥每人亏损金额高达 1600 余万元,但在网络上检索发现相关信息少之又少,该案对江某华仅处以 400,000 元罚款,熊某波因有其他从重情节而被罚款 600,000 元,且处罚周期长达 805

---

① 参见杨越欣等:《"别让赵薇跑了!"》,载凤凰网,https://finance.ifeng.com/a/20180809/16438518_0.shtml。

② 被告单位国美电器有限公司、北京鹏润房地产开发有限责任公司单位行贿,被告人黄某裕非法经营、内幕交易案,(2010)京二中刑初字第 689 号。

③ See Jonathan Macey, *The Distorting Incentives Facing the U. S. Securities and Exchange Commission*, Harvard Journal of Law & Public Policy, Vol. 33:2, p. 658 (2010).

④ 参见吴黎华:《光大证券"乌龙指"事件回顾》,载经济参考网,http://jjckb.xinhuanet.com/2013-08/17/content_462245.htm。

⑤ 不可否认的是,证监会将光大证券公司"乌龙指"这一"极端个别事件"认定为内幕交易,引起了不少争议和质疑,恐怕在一定程度上会消解此案的教育意义。

⑥ 《中国证监会行政处罚决定书》(江某华、熊某波)(〔2013〕39 号)。

天。可以看到，本案对资本市场的教育意义恐怕没有被充分彰显。这里需要注意的是，易得性偏见既容易产生积极的引导效益，也可能在特定情况下成为证监会执法威慑力的"稀释液"。例如，之前被广泛报道的苏某鸿涉内幕交易案件，北京市高级人民法院以事实不清、程序违法为由，判决撤销被诉行政处罚决定和行政复议决定，该案被新闻媒体广泛报道之后，投资者发现该涉及处罚金额上亿元的案件存在程序违法情形，不利于证监会开展执法工作。

其三，复杂的内幕交易案件。这些案件往往案情复杂、涉案人员众多、交易手法隐蔽或交易周期较长，即便是证券监管系统的稽查人员也并不容易调查与作出判断，不过，这正是证监会避免像 SEC 那样被质疑"只挑软柿子捏"的重要方面。在未来，证监会对复杂内幕交易案件应当迎难而上，由此会带来两个层面的效益：一是有利于不断锤炼稽查系统的查处能力，包括对复杂案件的调查能力和对法律法规的理解、适用能力；二是有利于向投资者宣示：即便是如此复杂的结构，亦无法逃出监管执法的"利剑"。

此外，对于较为"疑难"与"新型"的案件，证监会应该从两个方面综合考虑：一方面，疑难及新型案件最难把握的是其是否构成内幕交易，一旦处理不当，很可能会对证监会的声誉造成损害。法律上，从此前证监会适用《证券法》（2005 修订）第 74 条规定的诸多案例中，可以发现很多涉案主体并非第 74 条的适用对象，这也是证监会在 2007 年制定《内幕交易认定指引》的原因所在，由于其仅为内部行政指引而没有法律效力，证监会在疑难案件的处罚中，仍然只能以《证券法》（2005 修订）第 73 条项下"证券交易内幕信息的知情人"和"非法获取内幕信息的人"作为论理依据，可谓进退维谷。但是，证券监管正是在不断探索中发展的，立法也会随着社会的发展而不断修改，对于疑难与新型案件，证监会应当特别重视且要审慎地适用调查与处罚程序。若有行政复议与诉讼也应当认真对待，这正是丰富内幕交易执法理论的有益契机，要以经得起检验的标准审慎执法。另一方面，对于疑难与新型案件中可能涉及新型手法、容易产生对"灰色地带"联想的案件，若其法律的适用也面临比较大的争议,不审慎地执法与宣教会产生稀释效应甚至示范效应,此时应在仔细权衡之后再作安排。

总而言之,单纯执法数量的增长不见得会对市场参与人产生直接的、可感的威慑力,若其对执法威慑感知有限,过度自信会使他们仍抱有侥幸心理。与之相反,知名、重大与复杂案例却能令市场参与人有更为感性的认识,这正是塑造证监会执法形象的重要契机。如果证监会保持对上述典型案件的关注、执法和宣教,自然会对行为人违法成本与收益的计算产生重大影响,有利于降低其从事内幕交易的内在动力和可能性。面向未来,证监会可以考虑充分利用认知启发式来放大可识别的惩罚认知,长此以往,随着内幕交易监管效率的提升,所节约的执法资源可向更多普通案件倾斜,最终实现量与质的螺旋式上升。

第四节 内幕交易处罚的外部责任衔接

一、内幕交易民事诉讼的法政策选择

(一)我国内幕交易民事诉讼的实践情况

目前,《证券法》(2019修订)第53条第3款规定,"内幕交易行为给投资者造成损失的,应当依法承担赔偿责任"。尽管2001年最高人民法院的文件——《最高人民法院关于涉证券民事赔偿案件暂不予受理的通知》[1]一度要求法院暂不受理内幕交易民事赔偿相关案件,但随着2002年证券市场虚假陈述案件民事赔偿的放开,内幕交易民事赔偿的受理、审判也由此有了一定的参照和铺垫。2007年5月,有法官在全国民事审判工作会议的讲话中指出,地方法院对内幕交易、操纵市场民事案件可以参照虚假陈述司法解释前置程序的规定来确定案件的受理,并根据关于管辖的规定来确定案件管辖,为以行政处罚为前提的内

---

[1] 法明传〔2001〕406号,已失效。

幕交易民事诉讼提供了契机。

整体来看,我国证券内幕交易、虚假陈述、市场操纵等违法案件的民事诉讼相对有限。2008 年,我国第一例证券内幕交易民事赔偿案件——广州某股民诉陈某良证券内幕交易纠纷案在南京市中级人民法院受理,标志着内幕交易民事赔偿审判的新阶段开始,尽管此案以"没通知代理人的情况下申请撤诉"而戏剧化地结束了。① 截至笔者实证统计的时间节点,包括该案在内,笔者仅仅找到 4 起内幕交易民事诉讼相关的案例(同一被告作为 1 起案件统计),另外 3 起中代表性的案件是:陈某灵诉潘某深证券内幕交易赔偿纠纷案、②吴某峰证券内幕交易责任纠纷案③和严某菊诉光大证券股份有限公司证券内幕交易责任纠纷案。④ 其中,后面两个涉及著名的黄某裕案和光大证券公司"乌龙指"案。

(二)内幕交易民事诉讼的核心难点

在现有内幕交易民事诉讼案例中,陈某灵诉潘某深案是最为"单纯"的一个民事赔偿案件,或许也是国内第一个真正意义上的证券内幕交易引致的民事诉讼,但法院裁判却也暴露出一些问题,我们如果连同其他案件一并观察,可以发现,困扰内幕交易民事诉讼最关键的法律问题就是"因果关系"的认定。

从美国的情况来看,其亦未解决内幕交易因果关系的理论难题。⑤ 尽管在虚假陈述案件中,司法裁判对 1988 年美国联邦最高法院在 Basic Inc. v. Levinson 案中确立的欺诈市场理论(fraud on the market

---

① 据报道,北京、上海、广东、安徽、江苏的 5 家律师事务所 7 名律师倡议并联合组成"陈某良内幕交易民事赔偿案维权律师团",向证券市场中曾经购买天山股份股票并遭受内幕交易损害的投资者征集诉讼委托代理。参见申屠青南:《首例内幕交易民事赔偿案戏剧收场》,载《中国证券报》2008 年 10 月 8 日,A06 版。
② 陈某灵诉潘某深证券内幕交易赔偿纠纷案,(2009)京一中民初字第 8217 号。
③ 吴某峰证券内幕交易责任纠纷申诉、申请民事裁定书,(2014)高民申字第 02751 号。
④ 严某菊诉光大证券股份有限公司证券内幕交易责任纠纷民事裁定书,(2015)豫法民管字第 00067 号。
⑤ 参见耿利航:《证券内幕交易民事责任功能质疑》,载《法学研究》2010 年第 6 期。

theory)颇为重视,①认为该理论可以解决因果关系的认定问题,②但内幕交易民事赔偿中的因果关系与之并不相同,具言之:一方面,内幕交易行为人并没有试图欺骗、引诱或者误导投资者错误判断并进行受损交易,而且内幕交易是秘密且匿名的,借助交易系统的自动撮合,投资者无法得知交易对手是否为内幕信息持有人或者普通投资者,更遑论市场里本身存在的各种风险。③ 另一方面,由于虚假陈述使公司股票价格偏离其原有价值,欺诈因素实际上早已被内置于当时股价之中,投资者一旦基于这个价格交易证券就已经是被欺诈了。但内幕交易与此不同,内幕交易参与人在进行内幕交易之时,公司的股价并未偏离其应有的价值,不仅没有被"灌水",反而可能促使股票价格接近其应有的真实水准。简言之,内幕交易参与人只是提前进行了交易,股价中并未内置欺诈成分,因而很难直接用欺诈市场理论来解释。

为解决这个难题,前述 ITSFEA 对《1934 年证券交易法》的规则进行了增补,即"任何人在拥有重大非公开信息时因买入或卖出证券而违反本法和其项下规则的,在任何有管辖权法院提起的诉讼中,应当对在作为上述违法对象的证券买卖时买入(违法的原因是卖出证券)或者卖出(违法的原因是买入证券)同类证券的任何人承担责任"。④ 如此一来,就免除了投资者就其买卖证券与内幕交易之间存在因果关系的举证压力,只要投资者能够证明其为内幕交易人的同时交易者,法律就直接推定因果关系成立。但如朱锦清教授所论,将内幕交易时间段

---

① 在该案中,法院引证了 1986 年美国第二巡回法庭的表述,即"欺诈市场理论乃基于一个这样的假设,在一个开放且成熟的证券市场,证券市场里公司股票的价格是可得的重大信息和商业经营情况所决定的,即便投资者在具体交易时没有直接地依赖这些虚假陈述的信息,但之前虚假陈述的情况还是会欺骗股票的投资者,因而,这种偶然关系下的投资关联和直接依赖虚假陈述投资的情况一样重要"。Basic Inc. v. Levinson,485 U. S. 224 (1988).

② See Peil v. Speiser,806 F. 2d 1154 (3d Cir. 1986).

③ See Howard M. Friedman,*The Insider Trading and Securities Fraud Enforcement Act of 1988*,North Carolina Law Review,Vol. 68:3,p. 465 – 494 (1990).

④ 15 U. S. Code § 78t-1. 有关中文翻译可参考中国证券监督管理委员会组织编译:《美国〈1934 年证券交易法〉及相关证券交易委员会规则与规章》(中英文对照本)(第 1 册),法律出版社 2015 年版,第 621 页。

内的反向交易人推定为交易对方,这样的方案属于不得已而为之,也并非理想的规则。① 高西庆教授观察发现,从美国的实践情况来看,早先时候美国涉及内幕交易的民事赔偿案件还是相对较少,通常集中于"面对面"式股票交易的内幕交易案件,而对于经由证券交易所进行的内幕交易,美国各联邦法院在因果关系推定问题上依旧没有达成共识,不同法院判决的态度也不尽相同。总体来看,法院通常不会支持内幕交易民事诉讼的原告。② 美国学者托马斯·哈森(Thomas L. Hazen)也证实了这样的说法。③ 实际上,内幕交易民事诉讼中因果关系认定的困难,正是笔者在探讨内幕交易多元治理时对私人执法少有讨论的原因。

从我国的现实选择来看,**内幕交易民事责任的因果关系论证很大程度上恐怕是一个法政策的选择问题**。类推而论,王泽鉴教授在论述侵权法上权利的时候,认为英美侵权法以是否违反注意义务(duty of care)为侵权救济的核心与关键所在,但注意义务本身的认定却系法政策问题。也就是说,法律政策决定了是否存在某种注意义务,继而决定了其是否受侵权法的保护。④ 对于内幕交易民事责任的因果关系论理而言,道理同样如此。不过,笔者认为,我们之所以对内幕交易进行监管,其中主要的原因是其对公平交易秩序的影响以及对证券市场长期发展的影响,个体间的证券买卖你情我愿,并不一定存在欺诈关系,耿利航教授也曾撰文质疑其民事责任承担的实益。⑤ 如果一定要运用因果关系和侵权法,恐怕解释论证的难度不小,更别说如何在内幕交易数额、体量较小的案件中甄别其对手方等实际的证据、证明难题了。如此一来,民事诉讼的激励或将更加不足,诉讼难度也将提高。但是,如果

---

① 参见朱锦清:《证券法学》(第4版),北京大学出版社2019年版,第261页。
② 参见高西庆、夏丹:《证监会在解释和发展证券法中的作用》,载《证券市场导报》2006年第4期。
③ See Thomas L. Hazen, *Treatise on the Law of Securities Regulation*, 6th ed., West Publishing Co., 2009, p.357.
④ 参见王泽鉴:《侵权行为》,北京大学出版社2009年版,第67页。
⑤ 参见耿利航:《证券内幕交易民事责任功能质疑》,载《法学研究》2010年第6期。

我国《证券法》未来继续坚持内幕交易民事责任的设置，那么，这对在短期内遏制内幕交易、提高内幕交易法律责任威慑力的目标实现而言，也是一个重要的选项和路径。①

二、司法审查下的内幕交易行政处罚

就内幕交易的实体问题而言，面对繁复的内幕交易案件，法院在审理时不仅面临案件定性的问题，而且在证据规则运用及施以责任的准确性上都面临不小的挑战。鉴于光大证券公司"乌龙指"事件后续的行政诉讼案件产生了广泛的影响，我们可窥见一二。在光大证券公司"乌龙指"案的审判中，最重要、最基础的争点就是"本案错单交易信息能否构成《证券法》及《期货交易管理条例》所规定的内幕信息"。遗憾的是，这个争点的论证逻辑仍有值得进一步讨论之处。②

一般来说，内幕信息是指尚未公开，且一旦公开就会对证券价格产

---

① 如果未来我国内幕交易行政责任和刑事责任的追究能够形成强大威慑力，那么，民事责任设计的必要性仍然有探讨的空间。

② "《证券法》第七十五条第一款规定，证券交易活动中，涉及公司的经营、财务或者对该公司证券的市场价格有重大影响的尚未公开的信息，为内幕信息。该条第二款在列举与发行人自身相关的信息为内幕信息后，明确规定内幕信息还包括国务院证券监督管理机构认定的对证券交易价格有显著影响的其他重要信息。由此可见，内幕信息的认定必须是对证券市场价格有重大影响且尚未公开的信息，法律上并未明确限定于与发行人自身相关的信息。就期货市场而言，《期货交易管理条例》第八十二条第（十一）项规定，内幕信息是指可能对期货交易价格产生重大影响的尚未公开的信息，包括：国务院期货监督管理机构以及其他相关部门制定的对期货交易价格可能发生重大影响的政策，期货交易所作出的可能对期货交易价格发生重大影响的决定，期货交易所会员、客户的资金和交易动向以及国务院期货监督管理机构认定的对期货交易价格有显著影响的其他重要信息。可见，不论在证券市场还是期货市场，重大性和非公开性都是认定内幕信息的重要标准。本案中，光大证券事发当日上午因程序错误以234亿元的巨量资金申购180ETF成份股，实际成交72.7亿元，可能影响投资者判断，对沪深300指数、180ETF、50ETF和股指期货合约价格产生重大影响，且该错单交易形成的错单交易信息直到当日下午14时22分才由光大证券发布公告予以公开。中国证监会根据《证券法》第七十五条第二款第（八）项和《期货交易管理条例》第八十二条第（十一）项的规定，认定对证券市场和期货市场交易价格有重大影响且未公开的错单交易信息为内幕信息，并不违反《证券法》《期货交易管理条例》关于内幕信息界定的范畴。"此处专门呈现部分判决书原文，目的在于清楚地展现其中的逻辑问题。参见杨某波与中国证券监督管理委员会其他二审行政判决书，(2015)高行终字第943号。

生显著影响的信息,要点是"尚未公开"和"显著影响价格"。[1] 但根据《证券法》(2014 修正)第 75 条的规定,"**涉及公司的经营、财务或者对该公司证券的市场价格有重大影响的尚未公开的信息**,为内幕信息"。不仅如此,《证券法》(2014 修正)第 76 条对内幕信息所指向的证券作了规定和限制,其规定"**在内幕信息公开前,不得买卖该公司的证券,或者泄露该信息,或者建议他人买卖该券**"。尤其要注意的是"不得买卖该公司的证券",而"该公司的证券"是指内幕信息所指向的公司的证券。为什么要这么限制? 传统上,内幕交易归根到底主要是为了防止公司传统的内幕信息知情人在知晓与公司有关的内幕信息且未公开之前,买卖自己公司或并购对方公司的股票,进而获得不公平信息优势。但假如是公司自己产生的信息,自己利用这个信息去交易并没有任何不公平之处,这是立法规制内幕交易的基础所在。

具体到光大证券公司"乌龙指"案来看,该案中涉及的证券是不是内幕信息所指向的公司的证券产品? 光大证券公司进行的是自营业务买卖,自己作为二级市场的投资者进行交易,根据证监会《光大证券异常交易事件的调查处理情况》的认定,"11 时 40 分至 12 时 40 分左右,徐某明、杨某忠、沈某光、杨某波等人紧急商定卖空股指期货合约、转换并卖出 ETF 对冲风险,责成杨某波负责实施。13 时至 14 时 22 分,光大证券卖空 IF1309、IF1312 股指期货合约共 6240 张,获利 7414 万元。同时,转换并卖出 180ETF 基金 2.63 亿份、50ETF 基金 6.89 亿份,规避损失 1307 万元"。即便我们认为光大证券公司之前的程序错误导致大量重复下单是一项内幕信息,可是,光大证券公司并非利用该项信息来买卖自身的证券(利用自身股价可能的大跌来牟利),而是购买了 ETF 产品和期货市场合约。换句话说,光大证券公司购买 ETF 产品和期货市场合约的行为,与上市公司购买某项资产并无二致,所涉及的最多就是光大证券公司自身,这显然与《证券法》(2005 修订)第 76 条第 1 款

---

[1] 参见朱锦清:《证券法学》(第 4 版),北京大学出版社 2019 年版,第 254 页。

的规定有所不同。① 对于这类问题，美国也有观点认为尽管有些信息会被认定为非公开信息，但如果公司利用自身的非公开信息买卖大额股票都得事先和公众说，公司恐怕就无法正常进行大额交易了。②

在法律解释的过程中，不存在脱离语境或者文化的文本可以被用作解释的唯一指导。该案中法院仅看到了《证券法》（2005 修订）第 75 条第 2 款第 8 项内幕信息包括"国务院证券监督管理机构认定的对证券交易价格有显著影响的其他重要信息"的规定，但《证券法》赋予证监会的解释权同样要受到当时《证券法》（2005 修订）第 76 条的限制，必须是与该公司证券价格有关的信息，可以进行有限制的类比解释，而不得随意扩大解释，否则专门列举这一条的意义就没有了。因此，在这个最重要的问题上，法院论证没有充分地考察内幕交易规制的背景、目的与《证券法》的规定。笔者相信，随着上海金融法院、北京金融法院等专门法院的建立，上述现象可以得到缓解。但不管是普通法庭还是金融法庭，更需要考虑的应该是如何加强其专业性与独立性，因为司法审查的难点之一正在于法官们需要对证券违法行为有足够的专业判断能力。③

三、内幕交易的行刑衔接机制优化

（一）我国内幕交易行刑衔接的现状

目前，证监会与公安、检察机关建立了案件移送制度，凡是涉嫌承担刑事责任的内幕交易案件，证监会将移送至公安机关侦办并且协助调查，此种行刑衔接机制不仅有利于分担证监会的工作压力，而且有助于有效地威慑犯罪，促进证监会"分身有术"目标的实现。但根据一项

---

① 参见缪因知：《光大证券事件行政处罚与民事索赔之合法性质疑》，载《法学》2014 年第 1 期。

② See William K. S. Wang & Marc I. Steinberg, *Insider Trading*, 3rd ed., Oxford University Press, 2010, p. 141－142.

③ 长远来看，法官证券法律专业能力的提高有待我国司法体制的不断深化改革，本书在此不展开讨论。参见黄韬：《专业性金融审判组织的理论剖析》，载《上海金融》2012 年第 1 期。

早先研究,对行政责任与刑事责任多是择一处理,且"以罚代刑"的现象较为普遍。① 为此,笔者在"中国裁判文书网"中对样本期间内公开可得的内幕交易刑事诉讼进行了梳理,发现整体上涉及内幕交易犯罪的案件数量并不多(见表8.1)。

表8.1 内幕交易刑事责任追究与行刑衔接

收案时间	内幕交易刑事案件	当事人	行刑衔接情况
2013	金某、吕某内幕交易、泄露内幕信息罪二审刑事判决书,(2013)浙刑二终字第135号	金某、吕某	证监会出具关于内幕信息敏感期的认定函等调查资料
2013	江苏省无锡市人民检察院诉李某生内幕交易一审刑事判决书,(2013)锡刑二初字第0010号	李某生	证监会移送公安部、出具关于李某某涉嫌"宝利沥青"股票内幕交易案有关问题的认定函
2014	宋某等内幕交易、泄露内幕信息罪一审刑事判决书,(2014)京二中刑初字第315号	李某俊、宋某、涂某	证监会出具关于李某俊等人涉嫌内幕交易犯罪案件有关问题的认定函
2014	黄某芳内幕交易、泄露内幕信息罪一审刑事判决书,(2014)浙台刑二初字第4号	黄某芳	证监会出具关于本案内幕信息和内幕信息敏感期的认定函
2014	高某内幕交易、泄露内幕信息罪一审刑事判决书,(2014)锡刑二初字第00008号	高某	证监会移送线索至公安部并出具关于高某等人涉嫌犯罪的认定函
2014	余某某内幕交易一审刑事判决书,(2014)江开法刑初字第546号	余某某	证监会出具移送函并对本案内幕信息和内幕信息敏感期进行认定
2015	钟某、李某甲等内幕交易、泄露内幕信息罪一审刑事判决书,(2015)浙台刑二初字第1号	钟某、李某甲等	浙江证监局出具有关本案内幕信息、内幕信息敏感期和内幕信息知情人的证明
2015	吴某某内幕交易、泄露内幕信息一审刑事判决书,(2015)榕刑初字第182号	吴某某	证监会移送线索至公安部

---

① 参见练育强:《证券行政处罚与刑事制裁衔接问题研究》,北京大学出版社2017年版,第263~264页。

续表

收案时间	内幕交易刑事案件	当事人	行刑衔接情况
2015	石某甲、蔡某甲内幕交易一审刑事判决书,(2015)粤中二法刑二初字第243号	石某甲、蔡某甲	未提及
2015	冯某林等人受贿案二审刑事判决书,(2015)湘高法刑二终字第6号	易某玲	证监会向公安部门移送并出具2份关于"赛迪传媒"内幕交易案有关问题的认定函
2016	段某内幕交易、泄露内幕信息罪一审刑事判决书,(2016)京02刑初82号	段某	证监会移送线索,出具关于段某等人涉嫌内幕交易案有关问题的认定函、出具段某等人涉嫌内幕交易"某电测"案调查终结报告
2016	刘某强挪用资金、内幕交易一审刑事判决书,(2016)冀08刑初12号	刘某强	证监会出具关于本案内幕信息、内幕信息敏感期、刘某强属于内幕信息知情人的认定函
2016	鹿某犯内幕交易、泄露内幕信息罪一审刑事判决书,(2016)鲁03刑初12号	鹿某	证监会出具认定意见
2016	黄某福犯受贿罪一审刑事判决书,(2016)川17刑初14号	黄某福	未提及
2016	张某业犯内幕交易罪一审刑事判决书,(2016)川01刑初00008号	张某业	证监会出具关于张某业等涉嫌内幕交易案有关问题的认定函
2016	山东置城集团有限公司(原济宁置城实业有限公司)、徐某某单位行贿、内幕交易、泄露内幕信息一审刑事判决书,(2016)鲁03刑初11号	徐某某	证监会移送线索,证监会济南稽查局出具关于徐某某涉嫌违法违规案的调查终结报告,证监会出具关于徐某某涉嫌内幕交易案有关问题认定的函
2016	胡某明、周某澄内幕交易、泄露内幕信息一审刑事判决书,(2016)沪02刑初115号	胡某明、周某澄	证监会移送线索并出具关于移送"延华智能"异常交易相关线索的函

续表

收案时间	内幕交易刑事案件	当事人	行刑衔接情况
2016	葛某云内幕交易、泄露内幕信息罪一审刑事判决书,(2016)渝01刑初131号	葛某云	证监会出具关于葛某云涉嫌内幕交易案有关问题的认定函
2016	谢某先犯非国家工作人员受贿等罪二审刑事判决书,(2016)川17刑终193号	谢某先	未提及
2017	陈某洪泄露内幕信息二审判决书,(2017)闽刑终43号	陈某洪、林某忠	证监会进行行政稽查并出具关于林某忠等人涉嫌内幕交易案有关问题的认定函
2017	周某军内幕交易、泄露内幕信息罪一审刑事判决书,(2017)晋01刑初21号	周某军	未提及
2017	张某勤内幕交易、泄露内幕信息一审刑事判决书,(2017)浙01刑初28号	张某勤	未提及
2017	邓某新内幕交易、泄露内幕信息罪一审刑事判决书,(2017)粤03刑初214号	邓某新	证监会移交函、调查终结报告
2017	宋某军内幕交易、泄露内幕信息一审刑事判决书,(2017)鲁05刑初3号	宋某军	证监会出具案件移送函、关于宋某军涉嫌吉艾科技股票内幕交易有关调查情况的说明
2017	侯某丽、兰某内幕交易、泄露内幕信息一审刑事判决书,(2017)冀01刑初102号	侯某丽、兰某	证监会出具关于侯某丽等人涉嫌内幕交易案有关问题的认定函
2017	上海市人民检察院第一分院诉陈某泉内幕交易、泄露内幕信息罪一案一审刑事判决书,(2017)沪01刑初121号	陈某泉、庄某莲	证监会出具相关文件
2017	上海市人民检察院第一分院诉朱某洪操纵证券、期货市场罪一案一审刑事判决书,(2017)沪01刑初86号	李某雷	《中国证监会行政处罚决定书》(上海金力方股权投资合伙企业、朱某洪、李某雷)(〔2016〕33号)

续表

收案时间	内幕交易刑事案件	当事人	行刑衔接情况
2017	芮某华、张某红内幕交易、泄露内幕信息一审刑事判决书,(2017)鄂10刑初14号	芮某华、张某红	证监会出具关于芮某华等人涉嫌"南通科技"股票内幕交易有关问题的认定函
2018	王某志、张某内幕交易、泄露内幕信息一审刑事判决书,(2018)沪02刑初22号	王某志、张某	证监会出具关于王某志等人涉嫌内幕交易犯罪的移送函、王某志等人涉嫌内幕交易"上海钢联"案调查终结报告
2018	北京嘉瀛德兴投资有限公司、李某忠等内幕交易、泄露内幕信息罪一审刑事判决书,(2018)渝01刑初31号	北京嘉瀛德兴投资有限公司、李某忠、程某罡	证监会出具关于请调查"乙"异常交易案的函、案件调查报告、调查通知书、案件调查终结报告,内蒙古监管局出具关于"乙"异常交易案立案调查报备的函
2018	戴某均内幕交易、泄露内幕信息一审刑事判决书,(2018)鲁02刑初107号	戴某均	证监会移送线索及其对内幕交易行为的调查情况,《中国证监会行政处罚决定书》(戴某均)(〔2017〕9号)
2019	茹某刚、张某娟内幕交易、泄露内幕信息二审刑事判决书,(2019)粤刑终1221号	茹某刚、张某娟	证监会出具关于茹某刚等人涉嫌内幕交易案有关问题的认定函
2019	王某君内幕交易罪一审刑事判决书,(2019)粤03刑初473号	王某君、黄某芬	证监会出具关于黄某芬、王某君涉嫌内幕交易犯罪线索的移送函、内幕信息、知情人和敏感期起始点的认定函,四川监管局出具调查终结报告,《行政处罚决定书》(川〔2017〕8号、9号)
2019	谷某清受贿、行贿、内幕交易、泄露内幕信息一审刑事判决书,(2019)湘01刑初13号	谷某清	证监会出具关于谭某球等人内幕交易、泄露内幕信息案有关问题的认定函
2019	蔡某福内幕交易、泄露内幕信息罪一审刑事判决书,(2019)闽0203刑初283号	蔡某福	《中国证券监督管理委员会厦门监管局行政处罚决定书》(蔡某福)(〔2017〕1号)

续表

收案时间	内幕交易刑事案件	当事人	行刑衔接情况
2019	郑某内幕交易一审刑事判决书,(2019)湘01刑初58号	郑某	证监会出具关于谭某等人内幕交易、泄露内幕信息案有关问题的认定函
2019	吴某斌内幕交易一审刑事判决书,(2019)京02刑初157号	吴某斌	证监会移送调查笔录等线索至公安部,出具关于吴某斌涉嫌内幕交易有关问题的认定函
2019	宁某、樊某内幕交易、泄露内幕信息一审刑事判决书,(2019)沪02刑初55号	宁某、樊某	部分涉及,证监会出具关于樊某涉嫌内幕交易犯罪线索的移送函,上海监管局作出《行政处罚决定书》(樊某)(沪〔2018〕3号)
2020	陈某等一审刑事判决书,(2020)京03刑初170号	高某	证监会出具关于高某内幕交易案有关问题的认定函
2020	王某龙等内幕交易、泄露内幕信息罪一审案件一审刑事判决书,(2020)沪01刑初8号	王某龙1、王某龙2	部分涉及,《中国证券监督管理委员会陕西监管局行政处罚决定书》(王某龙2)(〔2018〕1号)
2020	成某娴内幕交易、泄露内幕信息罪一审案件一审刑事判决书,(2020)沪01刑初23号	成某娴	《中国证监会行政处罚决定书》(成某娴、顾某佳、顾某)(〔2018〕67号)
2020	胡某清内幕交易、泄露内幕信息罪一审刑事判决书,(2020)川01刑初74号	胡某清	《重庆监管局行政处罚决定书》(胡某清)(〔2018〕2号)
2020	苏某受贿罪、内幕交易、泄露内幕信息罪一审刑事判决书,(2020)皖1822刑初196号	苏某	未提及
2020	刘某3内幕交易、泄露内幕信息一审刑事判决书,(2020)沪03刑初158号	刘某3	《中国证监会行政处罚决定书》(刘某3)(〔2019〕99号)
2020	陆某某内幕交易、泄露内幕信息一审刑事判决书,(2020)沪03刑初161号	陆某某	证监会出具调查报告、《中国证监会行政处罚决定书》(陆某某)(〔2019〕100号)

续表

收案时间	内幕交易刑事案件	当事人	行刑衔接情况
2021	郑某涉内幕交易、泄露内幕信息罪刑事一审案件刑事判决书,(2021)沪01刑初63号	郑某	《广东监管局行政处罚决定书》(郑某)(〔2019〕14号)
2021	陈某容等内幕交易、泄露内幕信息罪一审案件刑事判决书,(2021)沪01刑初7号	陈某容、刘某锋	部分涉及,《广东监管局行政处罚决定书》(陈某容)(〔2019〕15号)
2021	林某、苏某芝内幕交易、泄露内幕信息一审刑事判决书,(2021)湘0103刑初24号	林某、苏某芝	《中国证监会行政处罚决定书》(林某、苏某芝、王某梅)(〔2018〕109号)
2022	邢某涉内幕交易罪刑事一审案件刑事判决书,(2022)沪03刑初20号	邢某	未提及

从规范上看,根据我国《刑法》和此前《最高人民检察院、公安部关于公安机关管辖的刑事案件立案追诉标准的规定(二)》的规定,诸如违法所得达到15万元、成交金额在50万元以上等情形即已达到刑事追诉标准。但从证监会的行政处罚观察,尽管其中不少行政处罚案件都已经达到此等标准,但公开资料显示,仅有很少案件被纳入刑事范畴,主要是因为这类犯罪调查难、认定难和取证难,也和当时有关部门证券专业知识的欠缺有关。① 还有一个重要原因恐怕在于,不少行政处罚案件的证据和证明程度,难以满足《刑事诉讼法》所要求的"排除合理怀疑"的标准。②

---

① 参见中国证券投资者保护基金有限责任公司编:《证券违法典型案例报道选编(2010年编)》,经济管理出版社2010年版,第6页;叶旺春:《证券领域行政执法与刑事司法的衔接问题研究》,载《证券市场导报》2012年第5期。

② 参见杨宇冠、郭旭:《"排除合理怀疑"证明标准在中国适用问题探讨》,载《法律科学(西北政法大学学报)》2015年第1期。

(二)行刑衔接的机制优化重点

美国 SEC 与司法部对内幕交易采取了平行执法的双轨制模式,①不仅美国《1933 年证券法》第 20(b)条和《1934 年证券交易法》第 21(d)条对信息及证据分享予以规定,②而且美国法院也对此予以积极认可,追究刑事责任不影响 SEC 对当事人以同样事由施以罚款和吐出非法所得,③这一点值得我们参考和讨论。就我国前述情况而言,行刑责任衔接尚有不尽如人意之处。尽管在《证券法》(2019 修订)将数额罚款提高到 500 万元并将倍数罚款提高至 10 倍之后,行政罚款对行为人的威慑作用不容小觑,但仅靠行政处罚仍无法充分矫正内幕交易给资本市场带来的负外部性危害,尤其对交易金额大、成交次数多而违法所得少甚至亏损的行为人更是如此。因而,刑事责任介入十分重要,否则会产生反向激励内幕交易的作用。为此,我国行刑衔接的规范需要科学化和细致化,或可重点从下述两个方面把握:

一方面,《证券法》(2019 修订)实施之后,刑事配套规则已重新界定内幕交易罪的起诉标准,对《最高人民检察院、公安部关于公安机关管辖的刑事案件立案追诉标准的规定(二)》完成了修改。但从过往内幕交易罪的起诉与刑事追诉情况来看,由于内幕交易罪基础门槛较低,恐怕存在一定程度的刑事打击面过宽的问题,这可能也是此前刑事追诉较少考量的问题之一。从理论上来看,金融刑事立法应慎重打开金融违法行为刑事处罚的"口子",否则会产生"撕布效应"而使"口子"越来越大。④ 也许有观点会担心,提高起诉与量刑标准是否会降低刑

---

① Securities and Exchange Commission Division of Enforcement, Enforcement Manual (October 28, 2017).

② See Mark D. Hunter, *SEC/DOJ Parallel Proceedings*: *Contemplating the Propriety of Recent Judicial Trends*, Missouri Law Review, Vol. 68:1, p. 150 – 152 (2003); Anthony O'Rourke, *Parallel Enforcement and Agency Interdependence*, Maryland Law Review, Vol. 77:4, p. 985 – 1061 (2018).

③ 参见洪艳蓉:《美国证券交易委员会行政执法机制研究:"独立"、"高效"与"负责"》,载《比较法研究》2009 年第 1 期。

④ 参见杨兴培编著:《犯罪的二次性违法理论与实践——兼以刑民交叉类案例为实践对象》,北京大学出版社 2018 年版,第 177 页。

事手段的实际威慑力?笔者认为,**真正执行的法律比文本上的法律更具有威慑力**,内幕交易刑事责任的追究核心在于执行并且建立有所区别的内幕交易刑事责任体系。基于此,我们可考虑在提高入罪标准的基础上,如前文区别责任部分所述,对内幕信息知情人及其核心的生活圈人员、以盗窃等手段非法获取内幕信息的行为人,运用刑事手段追究其责任。对普通内幕交易的行为人则更多应强调行政处罚责任,则借助高额、高倍的行政处罚增强惩罚后果的客观威慑力,最终促进形成科学、有层次的责任体系。① 当然,就内幕交易罪具体起诉标准而言,我们应当在进一步测算目前内幕交易暗数、达到刑事起诉标准的行政稽查处罚案件数量比例的基础上,不断审慎地予以论证和动态修改。

另一方面,《证券法》《刑法》等法律要统一和明确考虑行政责任与刑事责任的相互关系和程序体系。笔者认为,我国可以进一步构建行政处罚与刑事处罚双轨惩罚模式,要明确证监会与公安机关在内幕交易合作调查中的具体协作机制,特别是信息共享机制,通过密切合作促进调查。证监会与公安机关在相互分享线索与协助调查的基础上,应当各自进行相应的调查程序,这样不仅可以促进互相配合与补充,而且能够发挥其各自的功能和威慑力。当然,对于如何设计规则并保障"一事不二罚",可专门予以探讨。

---

① 参见吕成龙:《谁在偷偷地看牌?——中国证监会内幕交易执法的窘境与规范检讨》,载《清华法学》2017年第4期。

第九章　多元治理下证监会的协同之治

第一节　信息监察能力的协同发挥

一、意图改变的信息监察分工

计算机与互联网的发展给金融制度与监管体制带来了各种新挑战,[①]证监会亟须借助多元治理力量以增强信息技术能力。从《证券法》(2005 修订)开始,证监会信息监察的职能主要体现在对上市公司等市场主体信息披露的监管,而对证券市场交易信息的实时监控并未过多强调。目前,《证券法》(2019 修订)第 87 条第 1 款[②]和第 169 条第 5 项规定证券监督管理机构要依法监督检查证券发行、上市和交易的信息披露。同时,根据《上市公司信息披露管理办法》的规定,证券监督管理机构依法对证券交易场所的证券业务活动进行监督管理。[③] 对于日常证券交易信息监控事项,《证券法》(2019 修订)第

[①] 参见冯果、袁康:《社会变迁与金融法的时代品格》,载《当代法学》2014 年第 2 期。
[②] "国务院证券监督管理机构对信息披露义务人的信息披露行为进行监督管理。"
[③] 第 11 条规定:"中国证监会依法对信息披露文件及公告的情况、信息披露事务管理活动进行监督检查,对信息披露义务人的信息披露行为进行监督管理。证券交易所应当对上市公司及其他信息披露义务人的信息披露行为进行监督,督促其依法及时、准确地披露信息,对证券及其衍生品种交易实行实时监控。证券交易所制定的上市规则和其他信息披露规则应当报中国证监会批准。"《上市公司信息披露管理办法》(2021 修订)(中国证券监督管理委员会令第 182 号)。

112条规定了证券交易所对交易的监控制度,①同时,第87条第2款要求证券交易所对上市公司的信息披露进行监督。基于此框架,证券交易所进一步对实时监控的重点工作进行了规定,例如,《深圳证券交易所交易规则》(2021修订)第6.1条第3项规定证券交易所对"可能影响证券交易价格或者证券交易量的异常交易行为"实施重点监控,第6.2条则具体列举了13项异常交易行为的情形,而《深圳证券交易所创业板股票异常交易实时监控细则(试行)》②则为其实时监控提供了更为明确的指引。从既有规范层面而言,证监会与证券交易所的分工已比较科学。

但从实践情况观察,笔者发现证监会正在逐渐改变这个分工,似乎想"亲力亲为"。2013年,证监会提出建立以"一个平台、四个系统"为中心的统一稽查执法综合管理平台任务,涵盖监测预警与线索发现、案件管理、调查分析、复核审理等四个信息子系统,开始筹划和分步实施以促进案件线索由被动接受向主动发现转变。③ 2015年《财新周刊》的一篇报道提到,证监会认为深圳、上海证券交易所的大数据监察技术仍然存在很多问题,两个证券交易所的监察系统尽管各具特色,却没有实现系统并轨与数据互通且存在重复建设问题。不仅如此,在数据的监测技术指标上,沪、深两家交易所信息采集的规范、统计时点、口径不一致,着实给统一的日常交易信息监察带来了不少挑战。因此,证监会计划建立一个新的超级大数据系统,把证券交易所、中国证券登记结算公司、投保基金的数据全部整合起来,再借助先进的云计算技术,将证

---

① 第112条规定:"证券交易所对证券交易实行实时监控,并按照国务院证券监督管理机构的要求,对异常的交易情况提出报告。证券交易所根据需要,可以按照业务规则对出现重大异常交易情况的证券账户的投资者限制交易,并及时报告国务院证券监督管理机构。"
② 深证上〔2020〕513号。
③ 证监会指出要"着眼于紧盯资本市场违法违规行为,实行精准严厉打击,规划建设监测预警与线索发现、案件管理、调查分析、复核审理等四个信息系统,努力实现案件线索由被动接受向主动发现转变,案件管理由单一封闭管理向多元开放管理转变,查案分析及复核审理由传统粗放的人工比对向现代精细的模型分析转变"。参见《证监会着力强化稽查执法监测预警机制建设》,载证监会2013年4月19日,http://www.csrc.gov.cn/csrc/c100200/c1000442/content.shtml。

监会中央机关、地方派出机构、各类证券行业协会、证监会所辖单位的日常监管数据也全部打通。① 到 2018 年,证监会颁布了《中国证监会监管科技总体建设方案》,再次提出建设一个运转高效的监管大数据平台,借由综合运用电子预警、数据挖掘和统计分析等技术,以有效地进行历史数据分析和实现全方位监控。②

抛开技术层面的弱势暂时不表,仅仅日常信息监察的巨大工作量,恐怕就不见得是一个监管部门能够承受的。《中国证券监督管理委员会年报.2020》显示,截至 2020 年年底,沪、深两市共有各类上市公司 4154 家(主板上市有 2053 家,中小板上市有 994 家,创业板上市有 892 家,科创板 215 家),沪深总市值达到了 79.72 万亿元人民币,规模位居全球第二位,③而且证监会还负担着期货市场的监管责任。在这样的情况下,证监会如果亲力亲为地去做系统、监测市场交易实时信息和数据,能否做到"稳、准、狠"? 公允而言,"稳"和"准"的问题不仅得增加巨大工作量,而且可能难以达到目标效果。虽然借助先进的计算机与软件系统或许可以实现高速监测,但交易信息本身不会说明一切,还需要进行大量的人工比对,再结合对象历史监管的规律和经验等进行多维度审查监察,不见得会"刀刀见血"。因此,**证监会的稳、准、狠最好是从调查阶段介入,特别是在"狠"上具有更强的优势**。

二、自律组织内在驱动下的信息挖掘

(一)我国自律组织信息监察优势的发挥

证券交易所等自律组织在日常交易信息采集与实时监察方面具有治理优势,我们完全可以将证券市场日常信息监察工作,尤其是异

---

① 参见岳跃:《证监稽查借力大数据》,载《财新周刊》2015 年第 45 期。
② 参见刘开雄、白涌泉:《"监管科技 3.0":大数据监管如此运作》,载中国政府网,http://www.gov.cn/xinwen/2018-10/17/content_5331749.htm。
③ 参见中国证券监督管理委员会编著:《中国证券监督管理委员会年报.2020》,中国财政经济出版社 2021 年版,第 21 页。

常交易的监测工作,授权证券自律组织完成。早在2012年,证监会提到其在该年度1月到11月所获得的363条各类证券违法违规线索中,来自证券交易所的就有185件,构成了最主要的案件线索来源;而证监会派出机构等其他来源的线索仅有76条,只占到21%,①这在一定程度上反映了自律组织的信息监察治理优势。进一步来说,在证券交易所能够竞争的情况下,其会逐渐适应为声誉而竞争的状态,即通过不断提高自律监管水平、减少内幕交易吸引投资者和发行人,具体来看:

一方面,就交易信息实时监察工作而言,自律组织具有人力及资金优势,更易发现潜藏其中的内幕交易。譬如,为了将内幕交易从巨大的证券交易信息流中发掘出来,深圳证券交易所的市场监察部专门成立了实时监控小组,监控人员在实际操作中不仅要根据监察系统的盘中实时报警平台对交易进行逐条分析,而且还得密切关注市场的最新动态,跟踪股票分析师的股评、研究报告、媒体的评论等各种各样的市场辅助信息,以便从中发现内幕交易等违法违规线索。②在我国证券市场规制体系中,证券业协会和证券交易所分别属于非营利性社会团体法人和事业单位,他们不仅员工数量众多,而且人员招募相对灵活,为有效完成对异常交易的监控工作提供了人力资源保障。例如,在2015年上半年,上海证券交易所曾一次性招聘150余人,这一举动有利于吸引专业人士更加便捷地进入证券交易所,进而更加快速地投入到对证券违法行为的自律管理"战斗"中去,这正是证券交易所发挥市场信息监察优势的基石之一。

另一方面,在建设多层次资本市场的背景下,如果沪、深证券交易所及新近成立的北京证券交易所能够展开充分的竞争,再加上与境外资本市场的联结(如沪港通、深港通、境外证券市场投资等),证券发行

---

① 有关我国目前证券违法案件线索能力的统计与评述,参见《证券违法案件线索发现能力有效提升》,载证监会2012年12月20日,http://www.csrc.gov.cn/csrc/c100200/c1000446/content.shtml。

② 参见岳跃:《证监稽查借力大数据》,载《财新周刊》2015年第45期。

人、投资者将有更多的投融资选择。在将来,如果上市公司及证券产品的发行人能够更加自主地选择上市地点,各个证券交易所一定会进一步加强自律管理,让本所上市的证券更加优质,减少内幕交易以增强投资与上市吸引力,借此从中赚取利润。换言之,只要能展开充分的市场竞争,证券交易所和投资者都会做出理性选择。当然,由于一定程度的信息不对称,投资者一次、两次上当也许难以完全避免,但不见得会一直被蒙在鼓里,再加之平台和政府的外部监管,证券市场总会越来越透明,产品质量也会不断提高。

目前,证监会稽查部门和证券交易所之间已经建立的异常交易线索直接报送机制,值得进一步挖掘和发展。证券交易所在日常监管及实时信息监控过程中,如果察觉有交易异常的账户、重大事项停牌前涉嫌内幕交易的账户、根据新闻媒体报道发觉可能有异常的账户或有关部门要求对异常交易进行核查的账户,证券交易所在进行初步分析之后都会直接报送稽查部门,这已是一种相对有效的治理方式。如果能进一步发展,就更有利于"市场的归市场,政府的归政府",实现两者治理优势的最大发挥。

(二)证监会对自律组织的上位监管

证监会不亲力亲为地参与日常交易信息监察,并不意味着证监会可以完全当"甩手掌柜",其应当积极对证券自律组织等进行上位监管。具言之,尽管证监会不必直接上场以实时监察市场交易信息,也不必追求所有证券交易所和机构数据监测系统的统一化,但仍要有观察的基础条件和便利途径。[①] 美国的经验同样显示,只有 SEC 威胁要行使权力对行业自律进行监督的时候,其监管才能收到实效,这是美国最重要的证券行业管理思想之一。美国《1975 年证券法修正案》曾大幅重塑《1934 年证券交易法》对交易所等自律组织进行纪律惩戒的标

---

① 这里需要说明的是,目前证监会与自律机构在信息技术方面已经取得了重大进展,前文已经有所阐述,鉴于证券监管具体技术的披露恐怕会影响监管手段的实效,同时,外包技术服务商对技术方案负有严格的保密责任,故目前可得的关于技术监管的信息相对是有限的。

准。① 在 SEC 要求波士顿咨询公司提供的咨询报告里,SEC 也被建议要加强对自律组织的监管。②

与此同时,自律组织监管也存在垄断风险,即自律组织会不会变成一个卡特尔(cartelization),造成监管权力的垄断及寻租? 各家证券交易所如果没有上位的监管,会不会造成去监管化的"朝底竞争"(race to the bottom),通过降低自身执法要求来吸引客户?③ 例如,美国 1963 年《证券市场特别调查报告》和 1968 年有关佣金问题听证会的文件,都显示纽约证券交易所不会心甘情愿地去制定一个以交易成本为基础的佣金率框架,④而且纽约证券交易所也存在很多反竞争的行为。但与此同时,我们还要警惕自律组织的官僚化现象。**官僚化将使自律组织丧失专业性**,相对过时的理论知识怎能奈何复杂的日常交易及内幕交易信息挖掘? 因而,我们考虑问题的关键在于证监会如何进行上位介入。

笔者认为,目前各个证券交易所进行实时监控的方式应该得到维持和巩固,不应该直接予以整合,因为并不是所有的监控体制都是重复建设,其中正隐藏着未来的竞争。为了对市场运行有及时准确的把握和防范内幕交易,证监会或可以进行抽样检查。譬如,对某一个证券发行人、某一个行业或者某一个时间段的数据进行纵向和横向的随机抽样并进行分析,这样一来便不必陷入信息的汪洋中,二来抽样的方式也有利于督促自律组织兢兢业业。当然,这需要进一步论证抽样人员的组织、方式等问题。

三、内幕交易举报制度的完善

目前,我国内幕交易违规举报制度不够健全,证监会收到的各类线

---

① See Securities Acts Amendments of 1975,89 Stat. 97.

② See Louis Loss,Joel Seligman & Troy Paredes, *Securities Regulation I*,5th ed. ,Wolters Kluwer,2014,p. 536 – 538.

③ See Louis Loss,Joel Seligman & Troy Paredes, *Securities Regulation V*,4th ed. ,Wolters Kluwer,2010,p. 484.

④ See Joel Seligman, *The Transformation of Wall Street*:*A History of the Securities and Exchange Commission and Modern Corporate Finance*,3rd ed. ,Wolters Kluwer Law & Business,2003,p. 440 – 441.

索质量可能参差不齐。实际上,内幕交易举报奖励制度在我国有着广泛的投资者基础,因为我们证券市场股票投资者数量众多且在迅速增加,尽管个人投资者占的市场市值远远低于机构投资者,但他们也在一定程度上增强了市场投资者的监督力量。[1] 虽然网络上有很多虚假消息,但也不乏有很多对发行人、投资者、市场机构内幕的真实爆料,**投资者的积极性和广泛性正是证券违法行为举报制度的潜在基础**。因而,证监会可以重构现有机制,包括:

第一,我们应该对内幕交易线索的举报者身份进行更为细致的规定,并进一步提高奖励金额上限。一方面,[2]在举报人提供内幕交易举报线索时,线索应为举报人利用自己独立的知识和分析得到的信息,而且举报人应当提供原始信息,举报人不能来自证券监管机关、司法部门、自律组织等,因为这些组织及其人员本来就可能有职责来调查内幕交易。目前,《证券违法违规行为举报规定》(2020 修订)对举报人身份的排除仅局限于"国家机关工作人员利用工作便利获取信息用于举报,或将信息告知他人用于举报的"情形。更为重要的是,举报人的线索应成功帮助公安、检察或行政机关完成执法活动。

另一方面,证监会要进一步提高目前《证券违法违规行为举报规定》(2020 修订)[3]的奖励力度,可以考虑提高奖励比例并由投资者保护基金支出。也许有观点认为,对举报人给予重奖可能会导致滥用举报途径或者形成某种不良风气,但笔者认为,若有充分的配套制度来防

---

[1] 2020 年,上海证券交易所自然人的持股市值占比约 22.93%,一般法人为 55.97%,专业机构占比约 17.77%,剩余 3.34% 为沪伦通。参见上海证券交易所编:《上海证券交易所统计年鉴》(2021 卷),中国金融出版社 2021 年版,第 693 页。

[2] See 15 U. S. Code § 78u – 6.

[3] 第 13 条规定:"举报事实清楚、线索明确,经调查属实,已依法作出行政处罚且罚没款金额在 10 万元以上的,按罚没金额的 1% 对举报人进行奖励;已依法移送司法机关后作出生效的有罪判决的,酌情给予奖励。奖励金额不超过 10 万元。对于举报在全国有重大影响,或涉案数额巨大的案件线索,经调查属实,奖励金额不受前款规定的限制,但最高不超过 30 万元。内部知情人员提供了重大违法案件线索,经调查属实,最高奖励额度不超过 60 万元。上述罚没款金额是指举报所揭发的违法案件罚没款合计数额。举报奖励涉税事项按照税务部门相关规定执行。"

止恶意中伤,完全有可能避免此类问题。更为重要的是,尽管对举报者予以重奖有鼓励"不劳而获"的嫌疑,但事实上,成功的举报可为证券市场避免更大的损失并可以节约不少行政与司法成本。当然,在确定具体奖励额度的时候,要考虑举报对诉讼的重要性程度、在证券执法中的协助程度以及是否有利或者有害于举报制度的立法目的,借由明确奖励的评估标准激励举报人全面协助证券执法活动,促进有奖举报制度的良性发展。[①]

第二,我们要充分调动公司内部员工的积极性,并以充分的制度保护这些举报人。公司内部人相比于普通投资者来说,更深入地掌握了公司的信息与内幕。但在目前机制下,如何保障他们的安全却是重大难题。举例而言,在2001年4月,一家公司的举报人向当时的国家工商总局举报该公司的虚假注资问题。仅仅4个月之后,该公司总经理就亲自把这份举报信返还给了举报人,令人不寒而栗。即便是高校学者的研究,如果触及个别大企业的利益同样如此,有学者曾在《金融内参》发文来揭露某公司的问题,结果不仅问题没有得到解决,反而她"被该公司起诉,接到恐吓要杀她的电话和邮件"。[②] 不难想见,举报人在举报的过程中往往面临很大的风险,包括失业风险和非法报复(特别是人身报复)的风险。

但是,从《证券违法违规行为举报规定》(2020修订)来看,其第20条的部分规定仍然显得比较笼统——"被举报人不得以解除、变更劳动合同或者其他方式打击报复单位内部举报人"。因而,我们应当对如何保护举报人进行详细规定,尤其需要做好举报人的信息保密工作,不得不合理地透露举报人的身份信息,如若必须向其他有权监管机关提供,则应当对具体的机关和适用情形进行明确列举,并且在提供后留痕记录。当举报人被非法报复时,我们应当允许其以诉讼的方式请求恢复到与被报复之前相当的职位、双倍支付被报复期间应得的薪酬及

---

① 参见孙宝玲:《美国证券吹哨人制度改革展望与镜鉴》,载《证券市场导报》2021年第11期。

② 缪因知:《反欺诈型内幕交易之合法化》,载《中外法学》2011年第5期。

赔偿相关诉讼费用等。① 当然,这有赖于与我国的劳动者保护法律进一步衔接联动。

第三,证监会要对内幕交易举报与线索加强回馈。目前,证监会对所收到的举报或者其他单位转交的材料予以审查的线索、进行初步调查但最终决定不立案调查的线索等,是否应当就此说明理由,尚无公开明确的规定。② 如果证监会不予说明理由,那么实际上不利于激励举报人认真检举,可能也不利于监督证监会稽查人员兢兢业业地进行内幕交易调查。因此,监管机构应该在实名制与保密制度完善的前提下,对受理的举报线索进行认真回馈,这也有利于增强稽查执法工作的说服力。

第二节　信息技术能力的协同发挥

一、信息技术与金融市场嵌合的挑战

随着信息技术与金融市场的深度融合,"金融科技"一词已经成为证券市场治理中信息技术的代名词。根据金融稳定理事会(Financial Stability Board)的定义,金融科技是指金融服务领域由技术驱动的创新,借由创造新型商业模式、应用、流程或产品,进而对金融服务的提供产生实质性影响。证券市场作为高度标准化的市场,始终与技术发展有着密不可分的联系,厘清金融科技与证券市场耦合的具体作用机制,是促进新兴监管需求与监管制度、组织、技术及人力匹配的基础前提。③ 笔者认为,金融科技对传统证券市场监管的冲击主要体现在四个方面:

---

① 参见孙宝玲:《美国证券吹哨人制度改革展望与镜鉴》,载《证券市场导报》2021年第11期。
② 参见柯湘:《浅议中国证监会调查机制》,载《长白学刊》2010年第2期。
③ 参见黄震、张夏明:《金融监管科技发展的比较:中英两国的辨异与趋同》,载《经济社会体制比较》2019年第6期。

第一,**金融科技在助力交易速度提升和流程优化的同时,大幅提高了对监管的迅捷性要求**。19世纪之后,电报、电话的发明使证券交易所可辐射整个国家,负外部性影响的显现令政府监管呼之欲出,今日由计算机、互联网、智能手机与通信技术织就的证券交易网络,正在以飞速发展和普遍应用深刻改变着交易速度,而此种高速、自动、现代的交易模式给证券监管提出了极高挑战。譬如,前述高频交易给美国证券执法就曾带来一定挑战,2001年,SEC对6名自然人提起诉讼,将幌骗交易认定为"欺诈"进而引至SEC规则10b-5下的市场操纵违法。[1] 在我国2015年查处的伊世顿贸易公司操纵期货市场案中,相关人员通过高频交易软件幌骗交易获利高达20亿元。[2] 但是,高频交易速率提升所带来的好处,远不及其给市场结构变化造成的弊端。尽管这是一场无意义的技术军备竞赛,[3]但监管机构是否有足够的能力来规制微秒级的高速竞争仍十分关键。

第二,金融科技迅速更迭并塑造新型交易模式,对行政监管模式与领域提出了拓展性要求。现代证券交易已经突破了证券交易所的主体限制,交易实现模式也日益多元。尤其在具体交易逻辑与订单执行方面,随着计算机、数学与金融知识的深度交融,市场主体借助算法对数据进行计算、分析和建模,日渐构建起资本市场交易策略的新基础。[4] 对此,SEC也深感其数据收集与监察市场工具的局限性。

第三,**金融科技不断为证券市场提供新的产品和服务,导致既有产品的监管规则变得不合时宜**:其一,金融衍生品种类日益增多且互相深层嵌套,自20世纪80年代开始,计算机技术的进步促进了复杂证券化

---

[1] 有关案例和研究参见谢贵春:《证券市场如何规制幌骗交易——以美国为例》,载黄红元、卢文道主编:《证券法苑》第21卷,法律出版社2017年版;SEC, In the Matter of Israel M. Shenker, SEC Litigation Release No. 17221, November 5, 2001。

[2] 参见董铮铮:《伊世顿暴利案背后的"幌骗交易"》,载《上海证券报》2015年11月24日,F01版。

[3] 参见邢会强:《证券期货市场高频交易的法律监管框架研究》,载《中国法学》2016年第5期。

[4] 参见黄少华:《人工智能与智能社会学》,载《甘肃社会科学》2019年第5期。

衍生品的发展，并使证券化衍生品成为主流金融的重要组成部分，①然而，由技术发展带来的不确定性同时显现，加剧了市场信息不对称的程度并稀释了原有的国家金融信用体系。其二，人工智能技术与投资顾问业务嵌合，以 Betterment 为代表的智能投资顾问产品不断成熟，此类产品可基于大数据和算法程序进行投资决策、计算和制定证券投资策略，②但由于人工智能神经网络的数据拟合，监管者难以解释影响算法行为的因素并借此予以归责，导致违法责任的承担主体不明。③ 其三，金融科技模糊了原有支付及结算边界，以 LendingClub 为代表的互联网金融点对点借贷产品和以 TurnKey Jet 所发行"可流通的数字权益证明"为代表的区块链通证，给美国金融监管机构造成了不少困惑，各界争议的焦点在于其是否属于"证券"，这是决定金融监管机构责任分工的基础，一旦该产品落入监管缝隙，则有可能导致系统性风险潜在积聚，这是分散化金融科技对证券监管的独特挑战。

第四，金融科技的技术本身对证券交易安全与市场秩序造成了一定威胁。其一，技术失误的风险被迅速放大，如前述光大证券公司"乌龙指"事件首次将证券公司自营部门所使用的量化投资及程序化交易系统暴露于公众视野，结果却是"我国资本市场建立以来首次发生的一起因交易软件缺陷引发的极端个别事件"。④ 其二，金融风险借助技术手段潜藏而难以察觉，譬如，2015 年，不少市场机构利用前述恒生电子 HOMS 系统等第三方交易终端软件，在负债端提供固定收益产品的同时，由客户端向投资者提供配资服务，最终在伞形信托及互联网借贷资金的推波助澜下，引致股市震荡并严重挑战市场交易监管规则。其

---

① See Chris Brummer & Yesha Yadav, *Fintech and the Innovation Trilemma*, Georgetown Law Journal, Vol. 107:2, p. 254 – 256（2019）.

② 参见郭雳、赵继尧：《智能投顾发展的法律挑战及其应对》，载《证券市场导报》2018 年第 6 期。

③ 参见高丝敏：《智能投资顾问模式中的主体识别和义务设定》，载《法学研究》2018 年第 5 期。

④ 参见《光大证券异常交易事件的调查处理情况》，载证监会 2013 年 8 月 30 日，http://www.csrc.gov.cn/csrc/c100028/c1002255/content.shtml。

三,现代科技所支撑的网络交易系统本身面临着网络安全挑战,不仅网络攻击和犯罪威胁着市场的交易安全,自然灾害、电源故障、磁干扰等物理因素亦会影响数据及金融安全。①

二、信息技术监管的难点所在

(一)SEC 规制金融科技的实践经验

如何平衡金融创新、市场诚信和规则简明之间的关系,对全球主要资本市场来说皆非易事,因为其中存在天然的三元悖论。② 尽管美国金融监管体制在 2008 年经济危机后备受质疑,且其自身亦面临内在监管挑战,但公允而言,SEC 在长期实践中仍积累了有益经验,尤其体现在常态化的风险交流机制、有效市场自律管理和灵活的规则制定及解释方法等方面:

第一,**SEC 对金融科技持开放立场,注重与业界机构的风险交流**,不断增进对新型交易模式、产品服务、交易迅捷度的理解和认识。早在 1996 年,美国《全国性证券市场促进法》(National Securities Markets Improvement Act)就对信息技术的发展予以关注,要求 SEC 对技术进步给证券市场带来的影响加以研究。尽管早期有学者认为,SEC 在制定监管政策时对技术发展持消极甚至是抵制态度,且一直都缺乏足够的技术专家,③但结合美国另类交易系统、程序化交易的发展水平看,其实际与 SEC 对金融科技的开放立场不无关系。特别是 2018 年后,SEC 进一步意识到由金融技术、资本形成方法引起的市场结构和投资者关系迅速变迁,宣布建立"创新和金融科技战略枢纽计划"(Strategic Hub for Innovation and Financial Technology,FinHub),为公众参与 SEC 金融

---

① 参见张永亮:《金融科技监管的原则立场、模式选择与法制革新》,载《法学评论》2020 年第 5 期。

② See Chris Brummer & Yesha Yadav, *Fintech and the Innovation Trilemma*, Georgetown Law Journal, Vol. 107:2, p. 244 – 249 (2019).

③ See Joseph A. Grundfest, *The Future of United States Securities Regulation: An Essay on Regulation in an Age of Technological Uncertainty*, St. John's Law Review, Vol. 75:1, p. 95 (2001).

科技相关议题和行动提供研讨资源,包括分布式账本技术、云计算、大数据及高级分析、智能投资顾问、数字市场融资等。在 FinHub 主页上,SEC 将与上述问题有关的代表性无异议函(no-action letter)、证券法律规定、重要演讲与观点进行分类整理,并通过积极举办论坛的方式与各界进行交流。值得说明的是,无异议函是 SEC 工作人员根据市场人士的申请、就特定情形下法律适用所表示的非正式意见(informal advice),但被法律界认为是一种含蓄的事前认可或批准,即如果当事人按照 SEC 信函的意见从事该拟议中的交易,SEC 工作人员将不建议执法部门对此项交易采取不利行动。这既有利于鼓励探索新的金融科技及市场应用,亦有利于为 SEC 制定具有法律强制约束力的正式规则提供前期资料。[1]

第二,美国重视发挥市场机构的自律管理效能,以此应对日常庞大的交易数据与防范迅捷交易速度背后所隐藏的风险。美国证券市场深深地扎根于自律传统,在很长一段时间里,证券交易所一直是股票市场的核心监管者,且并未处于政府专门监管之下,他们可以制定各种信息披露规则、决定上市要求和规则,也可以认定经纪人的资质等。正如 Gordon v. N. Y. Stock Exch. , Inc. 案中法官所说的,"证券交易所在本质上是自律管理的,直到《1934 年证券交易法》颁布之前,他们并没有被有效地监管"。尽管 1929 年大危机过后,美国政府要求证券交易所接受了《1933 年证券法》《1934 年证券交易法》并要求其改善治理模式,但美国仍然保留着浓厚的自律传统。在自律监管传统与新型科技的双重作用之下,自律组织充分运用现代技术加强治理,具体表现为三个方面:其一,市场自律机构采用了先进的交易数据监察系统,如纳斯达克市场监控(Nasdaq Market Surveillance)系统凭借屡获殊荣的交易监察和监控能力获得业界认可,其跨市场、跨资产、跨平台的可视化、实时化监测技术引领了信息监察行业标准;其二,自律组织要求其成员利

---

[1] 参见白一方:《美国证券监管中的"无异议函"制度》,载郭锋主编:《金融服务法评论》第 6 卷,法律出版社 2014 年版。

用创新的监管科技工具来提高内控质量,并且不断提升合规计划水平、交易监控及审查能力;其三,自律管理组织注重与市场机构进行风险交流,譬如,美国 FINRA 在 2019 年举办由监管机构、思想领袖和从业者共同参与的监管科技会议,更多地了解监管科技工具的使用及相关机遇挑战,FINRA 在《2019 年度风险监测和监察优先事项信函》中亦提及将与部分公司合作,以了解它们是如何使用此类工具并解决相关风险和监管问题的。

第三,SEC 通过制定规则、批准自律规则及法律解释的方法,将金融科技的最新产品涵括至既有监管体系。如前所述,美国行政立法的模式为程序性控制模式,SEC 拥有灵活而广泛的行政规定制定权,可有效回应市场的规则需求:其一,SEC 可以及时制定新的监管规则,如针对早期 ECN 的发展问题,SEC 于 1997 年向全社会公开征求意见,探讨到底是将 ECN 作为证券交易所还是经纪商而纳入监管框架,并于 1998 年颁布了相应的基础法规——《另类交易系统规则》(Regulation ATS);为了给电子交易发展继续铺平道路,SEC 在 2005 年通过了《全国市场系统规则》(Regulation NMS),要求经纪商在全国范围内寻找最优价格并鼓励设立更新更快的电子交易中心;①2014 年,SEC 通过《监管系统合规性与完整性规则》(Regulation Systems Compliance and Integrity)以加强对黑池平台的监管;结合彼时市场背景来看,这些法规都具有一定的酝酿周期,并非"急就章"式的规则制定。其二,SEC 批准自律组织制定的规则,譬如,SEC 在 2016 年批准了 NASD 规则 1032(f),要求任何负责股权、优先或可转换债务证券相关算法交易策略的设计者、开发者、重大修改的关联人、负责日常监管及指导的人,都必须依法注册为证券交易员,以此将其相关活动纳入证券监管范畴。其三,鉴于新型金融科技产品或服务往往先于立法,SEC 擅长通过法律扩张解释的方法将其纳入既有监管规则之中。譬如,FinHub 在 2019

---

① 参见缪若冰:《美国证券监管规则下的暗池交易》,载彭冰主编:《法律与新金融》2017 年第 2 辑,法律出版社 2018 年版。

年发布了分析数字资产（包括但不限于数字货币、货币、通证）是否为"证券"的框架报告——《数字资产"投资合同"属性分析框架》(Framework for "Investment Contract" Analysis of Digital Assets)，借助 howey 测试试图帮助市场参与者评估《1933 年证券法》是否适用于特定数字资产的报价、销售或转售。再如，针对证券投资咨询行业兴起的智能投顾产品，SEC 投资管理部发布《智能投顾监管指南》(Guidance Update：Robot-Advisers)，将智能投顾纳入传统投资顾问的监管规则框架中并要求其遵守《1940 年投资顾问法》。

（二）我国金融科技监管的现实挑战

尽管我国在金融科技发展和规制方面处于世界领先地位，但以人为镜，仍可明得失并能愈加精益求精。比较而言，我国金融科技监管目前存在三个可以继续提升之处。第一，尽管我国证监会对信息科技表现出了一定的积极态度，但缺乏与市场主体之间公开、书面的沟通方式。一方面，自我国证券市场建立之初，除深圳证券交易所短暂使用了人工报价方式外，即推行了无纸化电子交易方式，20 世纪 90 年代原全国证券交易自动报价系统、全国电子交易系统都是典型代表，领当时风气之先。但另一方面，从我国证券监管的逻辑来看，我们应对新型金融产品，仍缺乏成本更低的测试机制。以代币发行为例，中国人民银行、证监会等七部委 2017 年发布《关于防范代币发行融资风险的公告》规定，将代币发行定性为未经批准的非法公开融资行为。这有助于打击市场乱象和集资诈骗，但也有可能错失区块链金融的发展契机。[1] 如前所述，SEC 对具有不确定性的金融科技产品有一定试错机制，利用前述无异议函等方式与业界进行沟通。例如，SEC 在 2019 年针对通证是否为"证券"回复了 TurnKey Jet 的来信。TurnKey Jet 希望开展预付费按需包机服务计划和利用区块链技术进行结算，通过发行"TKJ 通证"减少结算时间并为消费者提供更有效率的飞行服务。SEC 工作人员发

---

[1] 参见朱娟：《我国区块链金融的法律规制——基于智慧监管的视角》，载《法学》2018 年第 11 期。

布无异议函,认为该通证不属于"证券"。尽管这并非 SEC 颁布的正式规则,也依旧令区块链行业为之一振。又如,对人工智能投资顾问产品,我国早已收紧《证券、期货投资咨询管理暂行办法》下经营证券投资咨询业务的审核,使金融科技公司开展智能投顾活动面临非法经营证券业务的风险。①

第二,证券市场技术自律监管的程度与能力有待继续提高。如前所述,证监会曾提出以"一个平台、四个系统"为核心的监测预警和执法综合管理平台,2018 年颁布了《中国证监会监管科技总体建设方案》。比较而言,SEC 亦试图采取措施加强内部的大数据分析与利用能力,但同样未取得显著效果。SEC 在 2010 年成立专门打击市场滥用行为的部门(MAU)并开发了 ARTEMIS 系统,希望借助技术和定量分析发现内幕交易并展开调查。然而,不仅有关其监察效果的讨论和案例较少,而且 SEC 仍需和硅谷知名大数据公司 Palantir Technologies 进行合作。MAU 原联席负责人罗伯特·科恩(Robert Cohen)认为,在内幕交易监测方面,SEC 依然仰赖 FINRA 的一线自律监管,②这在一定程度上弥补了 ARTEMIS 系统的局限,间接证明了自律监管的有效性,加之 SEC 重视通过执法行动应对信息技术带来的新问题,又进一步保障了 SEC 对金融科技外衣下证券违法的足够法律威慑力。即便 SEC 于 2017 年在执法部门下又设立了网络部门(Cyber Unit),对包括代币发行在内的 6 种违规行为进行重点监管,但其工作重心仍不在于日常信息监测,而在于采取事后稽查执法行动。据报道,该部门仅在 2018 年便完成了多起具有标志性意义的执法,包括因雅虎公司未及时披露其曾遭遇历史性黑客攻击而采取了执法行动,及时起诉并制止 Titanium Blockchain Infrastructure Services 公司发行代币的欺诈活动,指控投资

---

① 参见郭雳、赵继尧:《智能投顾发展的法律挑战及其应对》,载《证券市场导报》2018 年第 6 期。

② See Robert Cohen & Angela Guo, *The SEC and FINRA's Use of Big Data in Investigations and the Implications for Defense Counsel*, The Review of Securities & Commodities Regulation, Vol. 53:11, p. 128 – 129 (2020)。

顾问公司 Voya Financial Advisors 允许黑客访问社会保障账户、账户余额甚至客户投资账户详细信息。

第三,证监会有时会制定十分细致的技术性规范和标准。目前,证监会在金融科技规则制定上的工作体现在三个层面:其一,制定具体领域的监管规则,譬如,证监会针对 2015 年的场外配资乱象,制定了《关于清理整顿违法从事证券业务活动的意见》,整治信息技术服务机构等相关方违法参与证券业务;针对市场出现大量具备证券投资咨询服务功能的荐股软件,其颁布了《关于加强对利用"荐股软件"从事证券投资咨询业务监管的暂行规定》,但细而审之,证监会因金融科技制定的实体规则时常欠缺体系化和长期性考量。其二,制定信息化交易与安全管理规章及规范性文件,例如《证券期货业信息安全事件报告与调查处理办法》(已失效)和《证券期货业信息安全保障管理办法》(已失效),此类规则涉及事件分级、事件报告、核心机构基础设施、持续保障、产品服务采购要求等具体内容,但由于金融科技与证券市场皆为日新月异的发展领域,此类规则极易因技术变迁而过时,以至于无法满足金融科技快速发展之需。其三,制定信息化管理与安全的技术标准,包括《期货交易所、期货经营机构信息技术管理规范(试行)》、《中国证券监督管理委员会关于发布〈证券交易数据交换协议〉等八项行业标准的通知》、《证券期货经营机构信息系统备份能力标准》(JR/T 0059 – 2010)、《证券期货业网络安全等级保护测评要求》(JR/T 0067 – 2021)等。此类规则主要着眼于信息技术、信息安全技术细节和标准层面,甚至具体到经营机构物理条件,如"机房应有防火、防潮、防尘、防盗、防磁、防鼠等设施"。需要反思的是,此类具体技术性标准是否值得证监会为此付出宝贵的监管资源?[①]

[①] 2018 年,证监会公布的《证券基金经营机构信息技术管理办法》,建立了信息技术管理的规范化监管框架,要求经营机构内部信息技术合规管理、行业自律管理与证监会监督管理相结合,体现了金融科技监管方式的新转变。

三、证券市场信息技术监管的改革路径

(一)建立常态化技术风险交流与监督机制

金融创新往往是制度规避的产物,而制度规避意味着风险的隐藏、传染与金融异化,甚至可能为系统性金融危机埋下伏笔。证监会对以大数据、人工智能、区块链和算法交易为代表的新科技持有一定程度的积极立场,但在具体监管实践中应当给予其具体的规范支持。随着我国证券市场日渐国际化及与国外资本市场的进一步接轨,我们终究要面对域外各类复杂金融科技的作用影响。

堵不如疏,证监会可建立制度化金融科技风险交流机制,这不仅有利于其加深对金融创新的理解,而且有助于新型金融交易模式、产品与服务在我国平稳落地发展。在具体机制建设上,证监会可考虑借鉴无异议函制度并建立诸如 FinHub 等创新沟通平台,以此促进与市场主体间正式、书面沟通机制的形成,这样既能帮助市场机构更好地理解证监会各类监管规则,也可以使证监会对最新金融科技有及时而深度的掌握,更有利于为以后制定正式监管规则提供先期经验依据。需要说明的是,尽管我国在金融科技监管领域推进各类试点工作并重视参与者反馈,但并未形成规范化、体系化和程序化的商谈机制,不利于降低制度试验的长期经济成本。

类似日常信息监察维度,建议证监会在采取开放立场的同时,始终保持对证券市场的有效技术风险评估与执法监督。为此,证监会要加强自身关键技术监督机制建设,以有能力对证券市场中具有关键或系统性重要影响的算法或代码应用程序进行实质风险抽查。客观而言,证监会机关的信息技术研发能力、反应速度及人员数量,无法同市场化的证券公司和自律组织相比较。因此,其亲身参与信息技术开发与信息监察,绝非对有限监管资源的有效利用。但与此同时,金融科技时代下的证监会不能对迅速发展的证券信息技术缺乏关注,否则其不仅会在风险交流过程中丧失正确判断力,而且可能被个别市场机构有意或无意误导。为此,证监会可以设置由顶尖金融信息技术、法律专家组成

的委员会,并由该委员会进行不定期抽查和监督问询,从而形成对市场机构、自律管理组织的有效法律威慑。① 在委员的任职资质上,相关信息技术专家应对证券市场的最新技术及场景应用有深刻理解,具备足够的交流与监督能力。该委员会可由专职与兼职委员共同组成。如此一来,在为证券市场监管决策提供技术咨询建议的同时,也可促进市场与证监会展开更有效的开放式沟通。需要注意的是,信息交流与风险评估过程因涉及大量商业机密、技术机密,证监会应履行相应的保密内控措施,严格限制接触这些信息的技术人员、管理人员的范围,对相关人员开放特定权限并在人事变动中随时追踪并修改权限。

(二)挖掘市场技术自律管理潜能

在多元治理的框架下,市场自律监管有助于更好地应对由产品创新、交易速度和技术安全提出的挑战。从金融监管体制的特征来看,监管机构内部日益精细的专业分工、正式规则架构和昂贵有限的信息搜集,无疑会增加决策难度并导致工作灵活性下降。不过,证券交易所等自律组织却对金融科技及技术创新拥有足够兴趣和行动力,其自身信息资源优势不仅有助于弥补政府监管资源的有限性,而且可以在监管竞争过程中提高监管水平。② 一般而言,为吸引投资者,证券交易所具有强烈的动机采取有利于投资者的规则,因此,证券交易所必须提供针对违约、伪造、欺诈、操纵和其他可避免风险的基本保护。③ 为此,我国可从下述三个方面来激发自律管理的潜能:

第一,**证券自律组织理应成为证券市场信息技术(包括交易技术、实时监控技术、数据分析技术及各类监管科技)的创新者和最佳理解者**,并以此促进正式自律规则的科学制定。这要求证券、期货交易所在

---

① 参见张永亮:《金融科技监管的原则立场、模式选择与法制革新》,载《法学评论》2020年第5期。

② 参见贺荣兰:《政府市场监管权的法律配置及其优化》,载《甘肃社会科学》2019年第6期。

③ See Paul G. Mahoney, *The Exchange as Regulator*, Virginia Law Review, Vol. 83:7, p. 1459 – 1462 (1997).

现有基础上继续完善各类市场监控指标和相关违法风险的测算方法，开发、升级及更新足以应对金融科技挑战的相应监管科技产品，定期或不定期地对证券市场股票交易等情况进行全面的扫描和风险排查，实现对市场的最佳监测。① 同时，证券自律组织应鼓励证券公司借助先进的监管科技工具进行自我监督与内部控制，运用技术智慧全方位地满足各类政府监管要求，由单一纵向的行政监管转向多元治理下的合作监管与自我监管。

第二，证券自律组织对证券公司等市场主体的信息技术自主创新产品，应当展开深层次的自律监管实践。就目前《证券服务机构从事证券服务业务备案管理规定》及信息技术系统服务机构备案表而言，证监会和国务院有关主管部门对信息技术系统服务机构的重要信息系统进行备案管理，②备案内容涵括系统开发、测试、集成、测评、运维及日常安全管理等具体方面，这不仅增加了行政监管负担，且事无巨细的技术监管容易导致形式主义。笔者认为，证券交易所等自律组织应发挥其技术监管、专业能力与人力资源灵活配置的治理优势，建立更为有效的信息技术事先报备及自律监管框架。具体而言，证券公司等市场主体的重要信息系统及与证券交易相关的新软件、新技术，在投入使用之前应首先向相应的证券交易所进行技术备案，并由证券交易所信息技术部门与交易、法律部门共同进行实质性风险评估，而非直接向证监会机关备案。在此过程中，对于存在技术安全隐患与证券违法风险的

---

① 参见《证券违法案件线索发现能力有效提升》，载证监会 2012 年 12 月 20 日，http://www.csrc.gov.cn/csrc/c100200/c1000446/content.shtml。

② 譬如，证券公司、证券投资咨询机构的重要信息系统包括"集中交易系统、投资交易系统、金融产品销售系统、估值核算系统、投资监督系统、份额登记系统、第三方存管系统、融资融券业务系统、网上交易系统、电话委托系统、移动终端交易系统、法人清算系统、具备开户交易或者客户资料修改功能的门户网站、承载投资咨询业务的系统、存放承销保荐业务工作底稿相关数据的系统、专业即时通信软件以及与上述信息系统具备类似功能的信息系统"。参见《〈证券服务机构从事证券服务业务备案管理规定〉第九条的适用意见——证券期货法律适用意见第 16 号》(中国证券监督管理委员会公告〔2020〕64 号)；《证券服务机构从事证券服务业务备案管理规定》(中国证券监督管理委员会、中华人民共和国工业和信息化部、中华人民共和国司法部、中华人民共和国财政部公告〔2020〕52 号)。

产品，自律组织要及时与证券公司等进行沟通并协商解决方案。

第三，证监会宜加强对证券信息技术自律监管违法行为的执法工作。尽管我们无法预言新的技术是否会挑战自律管理的传统监管方式，但证监会要制定信息技术自律管理的责任追究机制，督促证券自律组织以审慎认真的态度去审核及引导证券公司的最新技术产品，充分发挥证券自律组织市场物理中心与组织中心的作用。反之，对自律组织默认、容忍甚至协助证券公司证券违法的情况，证监会要予以及时有力的行政处罚。美国SEC早先也曾根据《1934年证券交易法》第19条H项对美国全国证券交易商协会提出行政处分令，指出美国全国证券交易商协会的技术手段落后、未对会员的违法行为进行有效的调查与防范。[①] 当然，证券监管机关对违法市场主体的直接执法更具威慑力，针对近年来金融科技引致的违法活动，SEC指控两名机器人顾问虚假披露，亦针对公司未能正确审查并实施复杂投资模型而采取执法行动。

（三）优化技术监管规则制定的权限和方式

程序性控制立法有助于增强金融科技监管的灵活度，从而以开放的立场来拥抱金融创新。制定法在很多情况下容易失灵，原因包括错误的问题针对、不足的政策分析和规范内容的时过境迁等。从我们前述规则的制定实践来看，其有时因缺乏长期目标而制定了应急规则，有时过于关注技术细节而出台了具体标准，这皆不利于发挥其规则制定的治理优势。证监会在风险交流的基础上，要集中精力抓主要矛盾和突出问题。目前，证监会难以充分地在规则制定上发挥更大作用，与第六章所述行政立法的模式有关，即各层级规则都需要在其合法授权范围内设计条款和解释，下位法规则不能超越上位法的授权范围。

在证券市场的多元治理之下，我国可以考虑从两个方面促进证监会更好地运用规则制定权：一方面，从立法授权的角度来看，尽管《证券法》（2019修订）第169条规定了国务院证券监督管理机构在对证券市场实施监督管理中需要履行的职责，包括依法制定有关证券市场监

---

① 参见何杰：《证券价格形成机制研究》，载《证券市场导报》2000年第2期。

督管理的规章、规则并依法行使审批或者核准权等,但从实践情况来看,证监会的授权范围与灵活性仍可进一步提高,进而可对证券市场的最新变化作出快速反映。譬如,《证券法》可授权证监会有权认定新的证券产品,这有助于及时将金融科技下日益丰富多元的新产品、新服务纳入《证券法》的管辖范围。不过,鉴于我国立法体制的整体性和统一性,如果无法赋予证监会更灵活的规则制定权,立法机关应提高修订《证券法》的频率,日本等不少域外国家证券法修订的间隔都比较短,这正是由证券立法的特殊性决定的。另一方面,在具体行使规则制定权时,证监会要尽量减少制定技术层面的细节规范以免造成监管资源浪费,同时,其应着力激发自律组织的积极性和专业性,强调证券、期货经营机构的内部合规与责任自负,不断完善以市场自律为主、以行政监督为保障的多层次市场治理规则供给体系。

第三节 证券专业能力的协同发挥

一、作为智囊的自律组织与市场机构

(一) 自律组织与市场机构的专业能力优势

自律组织是证券市场交易的一线,也应该成为内幕交易监管的一线,正所谓"春江水暖鸭先知"。**"自律组织"**这个词本身就包含**"专业人士"**的意思,他们能够专业地规范、调整自己的行为,[1]也多是经验丰富的专业人士。[2] 在内幕交易的法律认定与行政处罚方面,证监会同样可以借助市场自律组织、市场机构的力量。

举例而言,在杭萧钢构案中,当时公安机关及证监会对于信息泄露型的内幕交易尚无足够的经验,给调查与追诉带来了很多挑战,但是如

---

[1] See Andrew F. Tuch, *The Self-Regulation of Investment Bankers*, The George Washington Law Review, Vol. 83:1, p. 110 – 111 (2014).

[2] See Adam C. Pritchard, *Markets as Monitors: A Proposal to Replace Class Actions with Exchanges as Securities Fraud Enforcers*, Virginia Law Review, Vol. 85:6, p. 965 – 966 (1999).

果能够更广泛地借助自律组织、市场中介、服务组织的力量,很多问题在解决时或许没有那么困难。① 在当时,针对这类信息泄露型的内幕交易,域外的司法经验已经比较丰富。而在杭萧钢构案调查的前一年,根据司法部的公告,有61家外资律师事务所在北京设有办事处并获准在我国境内执业、提供境外法律服务,②更何况有大量的优秀内资律师事务所在北京设有总部,境内高校也有在境外从事过证券法律研究及实务的法律人才,相信其中熟悉境外证券法的专家更是不少,何不借助他们的专业和经验? 从公开的资料中,笔者并没有找到证监会在处罚各种内幕交易时的"心路历程"。不过,据刘燕教授、楼建波教授观察,衍生品市场精巧的交易结构和复杂的交易关系已经使非专业人士望而却步了。③ 因此,对于证券市场自律组织与市场机构的专业判断,应当予以深入挖掘和重视。

随着目前证券监管力度的增强,内幕交易也是"道高一尺、魔高一丈"地在变花样。譬如,此前出现了一种"抬轿子"的新型内幕交易,内幕信息知情人或者非法获取内幕信息的人基于内幕信息买进特定股票之后,便有组织、有计划地利用熟人、新闻媒体、证券公司的营业部门等媒介,泄露、传播部分内幕信息或者虚假消息,诱使社会投资者也买入该股票,借此,内幕信息知情人等内部人的交易就得以掩藏在大量的交易之中。④ 在这样的情况下,内幕交易者随波逐流,网络信息监控系统能否有效地监控及发现是个问题,这需要自律组织、市场机构进行信息监控和技术革新,成为证监会认定具体内幕交易行为的"智囊团"。

(二) 自律组织与市场机构专业能力发挥机制

一方面,类似信息技术要素的定期交流,证监会与自律组织可以建

---

① 参见中国证券投资者保护基金有限责任公司编:《证券违法典型案例报道选编》(2010年编),经济管理出版社2010年版,第5~15页。

② 参见《关于149家外国律师事务所驻华代表处获准在中国境内执业的公告》(司法部公告第57号)。

③ 参见刘燕、楼建波:《金融衍生交易的法律解释——以合同为中心》,载《法学研究》2012年第1期。

④ 参见《内幕交易花样繁多 股市监管难点是取证》,载《证券日报》2014年9月26日,A02版。

立专门的内幕交易鉴定与意见交流机制。证券自律组织、市场专业机构对证券市场的规律有丰富的认识和体验,对市场内幕交易违法行为、类型、方式有更强的针对性和专业性研究,在棘手问题出现的初期或能识别和理解该问题的复杂性并迅速作出反应。[1] 证券自律组织、市场机构要定期向证监会报告最新的内幕交易形态和方式,证监会也要定期进行专门研讨,认真听取证券公司、基金公司等市场机构一线交易员、分析师等专业人士的意见。也许有观点会认为,个别证券公司人员也可能参与内幕交易,因而如果证券公司参与或者协助了内幕交易,其不会自曝其丑。但在这样的情况下,经营规范的竞争对手就有动力戳穿有违法行为的证券公司的一些内幕交易新伎俩。当然,这需要建立一套真正规范化的内部实施机制,而不仅仅是一个政策和集中式执法。

另一方面,证监会要特别注意建立与职业证券律师的人员交流机制。比较而言,SEC 在长期的发展中始终注意法律职业人才的引进,[2] 值得适当关注。在 SEC 建立早期,兰蒂斯(James M. Landis)在担任主席期间便特别强调 SEC 要有卓越的才能,这促进了 SEC 集体精神的形成并使其长期保持高素质的标准,进而对有才能的律师产生吸引力,兰蒂斯本人被 SEC 第三任主席威廉姆·道格拉斯评价为"天生的法学院院长"。[3]

未来,证监会在人员选聘上,在我国公务员及事业单位工作人员统一选拔之外,可以考虑尝试进行招聘制度改革,以更加灵活的方式招募

---

[1] 参见陈斌彬:《我国证券市场法律监管的多维透析:后金融危机时代的思考与重构》,合肥工业大学出版社 2012 年版,第 190~196 页。

[2] 以 SEC 委员会成员为例,SEC 现任主席为加利·詹斯勒(Gary Gensler),此前他供职于高盛公司、美国商品期货交易委员(the U. S. Commodity Futures Trading Commission)和麻省理工大学。委员会中的海斯特·皮尔斯(Hester M. Peirce)委员毕业于耶鲁大学法学院;卡洛琳·克伦肖(Caroline A. Crenshaw)委员毕业于明尼苏达大学法学院并曾从事律师工作;马克·乌耶达(Mark T. Uyeda)毕业于杜克大学法学院,并曾担任 K & L Gates 律师事务所律师;海梅·利扎拉加(Jaime Lizárraga)长期从事立法工作。

[3] See Joel Seligman, *The Transformation of Wall Street*: *A History of the Securities and Exchange Commission and Modern Corporate Finance*, 3rd ed., Wolters Kluwer Law & Business, 2003, p. 126 – 127.

市场专业人士进入证监会工作。笔者建议,证监会依然可以考虑参考深圳市前海深港现代服务业合作区管理局之法定机构模式,即"实行企业化管理但不以营利为目的履行相应行政管理和公共服务职责的法定机构"。① 退一步而言,如果短期内证监会单独进行人事改革不具有现实性,则可以考虑增加由证券交易所引进或者直接选聘的方式。同时,证券交易所或者证券业协会可以通过灵活的市场机制招募出色的律师参与自律监管工作,并在薪酬与职业前景上灵活处理,由此不仅可以为证券监管机关提供人才储备库,而且可以在证监会需要时提供专业支持。由此一来,在证监会进行内幕交易调查、认定和处罚的过程中,证券交易所的专业律师团队就可以提供有力的协助,而且在后续的行政复议与诉讼中也可以听取他们的意见。

二、投资者保护机构参与代表人诉讼

(一)合作模式下投服中心的治理嵌入

如前所述,内幕交易民事责任更多在于一种法律政策的选择,法理建构尚面临障碍。鉴于在《证券法》(2019修订)之下,内幕交易的民事责任在规范上具有请求权基础,我们仍可对民事赔偿加以探究。由于证券市场存在集体行动的难题且维权成本较高,证券内幕交易民事诉讼活动一直难以开展。从现实角度来看,如果我们立法和监管坚持选择采纳证券内幕交易民事责任政策,那么如何借助多元治理架构实现最佳治理效果就值得认真探讨了。

为解决证券市场投资者民事权益保护等一系列投资者保护问题,证监会早在2013年就专门批准成立了中证中小投资者服务中心有限责任公司(以下简称投服中心),其"持有上市公司股票,建立投资者权利代理机制,以股东身份参与上市公司治理",并"通过调解、和解、仲裁、补偿、诉讼等方式对上市公司违法违规等损害投资者利益行为进行

---

① 深圳市前海深港现代服务业合作区管理局:《法定机构模式》,载深圳市前海管理局2022年7月26日,http://qh.sz.gov.cn/ljqh/fzqh/xdjh/content/post_9980226.html。

约束,行使股东权利"。① 投服中心的建立离不开政府对其专业维权能力和功能作用的期许,②但结合其已有实践及参考境外类似实践,倘若鼓励投服中心作为诉讼代表人参与维护内幕交易反向交易者的民事权益,则投服中心在其工作中可能存在的内在激励、独立性与专业诉讼能力三大隐忧,值得予以关注。③

在此,就如何解决投服中心本身的定位与组织机制难题,④我们可以在一定程度上借鉴由班杰明·吉德伦(Benjamin Gidron)、拉尔夫·克雷默(Ralph Kramer)和莱斯特·M.萨拉蒙(Lester M. Salamon)提出的"政府—非营利组织关系"的基本模式理论,尝试解决投服中心的自身机制难题。"政府—非营利组织关系"理论根据服务的融资、授权(financing and authorizing of services)和服务的实际履行(actual delivery),将政府与非营利组织的合作关系分为四个典型类别,即政府主导模式、双重模式、合作模式和第三部门主导模式(如表9.1所示)。具体而言,无论是政府主导模式还是第三部门主导模式,都是由其中一方负责所有的资金与服务履行的实施机制,因而,这分别与传统的政府失灵和志愿失灵密切相连。双重模式是指政府和第三部门各自有独立的领域,非营利组织的主要功能在于弥补政府的不足,但两者仍然是单独运作的模式。这里最值得关注的是合作模式,该模式是指政府通过

---

① 参见《证监会投资者保护局对投资者关注问题的答复》,载证监会2013年3月8日,http://www.csrc.gov.cn/csrc/c100028/c1002326/content.shtml。

② 自2014年投服中心正式注册成立以来,其已经陆续开展了多项投资者保护工作,发挥了证券专业维权的重要功能。目前,投服中心五个股东分别为上海证券交易所、上海期货交易所、中国证券登记结算有限责任公司、深圳证券交易所和中国金融期货交易所股份有限公司。根据公开信息,投服中心的经营范围包括"面向投资者开展公益性宣传和教育;公益性持有证券等品种,以股东身份或证券持有人身份行权;受投资者委托,提供调解等纠纷解决服务;为投资者提供公益性诉讼支持及相关工作;中国投资者网站的建设、管理和运行维护;调查、监测投资者意愿和诉求,开展战略研究与规划;代表投资者向政府机构、监管部门反映诉求;中国证监会委托的其他业务"。投服中心的统一社会信用代码为91310109324690714C,作者通过全国企业信用信息公示系统(上海)查询所得信息。

③ 参见吕成龙:《投保机构在证券民事诉讼中的角色定位》,载《北方法学》2017年第6期。

④ 根据2023年的国务院机构改革方案,投资者保护职责已划入国家金融监督管理总局。

资金支持非营利组织来实现服务提供的合作机制,借此更好地实现优势互补。仅就美国的实践经验来看,合作模式在政府与非营利组织关系中已经最为普遍。①

表 9.1　政府—非营利组织关系模式分类

功能	模式类别			
	政府主导模式	双重模式	合作模式	第三部门主导模式
资金提供	政府	政府/第三部门	政府	第三部门
服务提供	政府	政府/第三部门	第三部门	第三部门

正如萨拉蒙等人的研究显示,"第三部门成长的最有决定性的因素是它所能锻造的同国家的关系。第三部门组织的任务是找到一种同政府的妥协办法,在得到政府足够的法律和财政支持的同时又保持相当程度的独立性和自主权"。② 在这样的理论基础上,政府和非营利组织可以发挥出各自的优势,即由政府负责公共产品的资金支持和提供可靠的资源,而非营利组织则负责提供相应专业的个性化服务。③ 当然,或许有观点会认为,政府抑或第三部门具备独立解决问题的能力,没有必要合作,但实际上,不管对两者任何一方而言,其总有相对擅长的领域和优势方面。按照多元治理理论,当每个主体都能够专门地从事自己最擅长的事情时,生产就会变得更加有效率,从而整个社会可创造的物质财富总量与其整体经济福利便会有所增加。

同样需要注意的是,非政府组织还可能存在滥权与志愿失灵的问题,这就要求政府和公众投资者拥有足够的监督能力,而这进一步仰赖

---

① See Benjamin Gidron, Ralph Kramer & Lester Salamon, *Government and the Third Sector in Comparative Perspective: Allies or Adversaries*, in Benjamin Gidron, Ralph Kramer & Lester Salamon eds., Government and the Third Sector: Emerging Relationships in Welfare States, Jossey-Bass Publishers,1992,p. 16 – 19.
② [美]莱斯特·M.萨拉蒙:《非营利部门的崛起》,谭静编译,载《马克思主义与现实》2002 年第 3 期。
③ 参见[美]莱斯特·M.萨拉蒙:《公共服务中的伙伴:现代福利国家中政府与非营利组织的关系》,田凯译,商务印书馆 2008 年版,第 51 页。

非营利组织的充分信息披露,这是解决非营利组织自身弊病的重要工具,可防止部分主体利用信息优势侵害其他主体的合法权益。①"阳光是最好的消毒剂,灯光是最有效的警察",因此,合作模式实现的一个重要前提就是投服中心应定期披露财务、运行情况并公布其起诉和和解的细节等,以此减少监管机构的监督成本。②尽管这样的合作模式仍旧可能存在一定的问题,但相对而言,该模式既可以保持较小的政府规模和限制行政直接干预,又能够较好地完成福利和公共利益带来的责任,有利于彼此监督和功能互补。③

(二)投服中心内部机制建构的要点

在设置内幕交易民事责任的前提下,为进一步细化投服中心的内部机制以促进合作模式的实现,结合证券投资者保护机构诉讼的制度隐忧,笔者认为,《证券法》未来可以继续考虑实施下述三个主要策略以优化投服中心作为诉讼代表人参与诉讼的机制。第一,对于资金来源问题,可以考虑由监管机构全部出资。从我国台湾地区的经验来看,证券投保机构团体诉讼机制本身就有利于克服投资者集体行动的难题,解决部分激励不足的问题。但是,我国台湾地区的模式和出资方式却使投保中心进退维谷——既需要顾及公权力不得滥用,又要防止不作为问题。因此,投服中心首先应有适当的定位,审慎地平衡资金来源背后的利益分歧。当股东与政府的目标一致时,政府支持企业是有效的工具,否则就不够有效,因为所有者是管理者最优先考虑的。④

就此来看,尽管监管机构有介入的可能,但比之个人利益更加错杂的市场主体而言,**良好的证券市场秩序与投资者保护对其更有优先性和吸引力**,以使其超然于市场团体的控制,解决部分独立性问题。因而,投服中心未来仍然应该慎重地考虑是否接受市场机构的资金注入,

---

① 参见李维安主编:《非营利组织管理学》,高等教育出版社2013年版,第114页。
② 参见汤欣:《私人诉讼与证券执法》,载《清华法学》2007年第3期。
③ 参见虞维华:《从"志愿失灵"到危机:萨拉蒙非营利组织研究疏议》,载《行政论坛》2006年第2期。
④ 参见[美]莱斯特·M.萨拉蒙主编:《政府工具:新治理指南》,肖娜等译,北京大学出版社2016年版,第95页。

建议仍然由监管机构来提供资金。当然,为防止监管机构凭借出资直接影响机构运行和案件审理,应以明确的条款来保障投服中心的资金来源,特别是要明确规定固定的投资规模或者财政支持增幅。与此同时,鉴于投资者保护的范围本身就局限于有证券投资的个人和机构,可以考虑将证券转让、盈利的相关税收收入作为投保机构的资金来源,这样既避免了全国人民为投资者买单,也有利于使税收取之于民、用之于民。

第二,针对高级人员的任命和组成问题,投服中心可以考虑分阶段的策略安排。在目前的起步阶段,监管机构应牵头组织并支持其公信力。首先由监管机构任命市场信任的资深人士担任召集人,其次由其组建投服中心的相关部门、组织章程制定与人员招募。待投服中心进一步运作成熟之后,人员的任命方式宜采取投保机构推选加监管确认的模式,这既使投保机构有充分的自主性,又可以使监管有监督权和威慑力,这可在一定程度上缓解监管机构的直接干预,王文宇教授的研究也支持了这个观点。同时,投服中心的高级人员配置也可以参考证监会发审委外聘委员的办法,加强对市场力量的利用,不断提高证券专业能力。

第三,针对诉讼能力与激励性不足的问题,可以考虑利用市场化机制来支付维权费用。据了解,我国台湾地区投保中心出现的诉讼能力不足的问题,在很大程度上是由于律师的薪酬并非市场化薪酬,而且其律师雇员也相对年轻且经验有限,这使其经验、人手都出现了很大的问题。如前所述,证券投资者代表诉讼案件由于涉诉人员多、耗时长和专业性强,本身对律师的挑战就很大。因而,投服中心诉讼代理人若由投资者保护机构的人员担任,薪酬的计算方式将直接影响投保机构人员的积极性与对其的激励程度,特别是如果参照公务员或事业单位工资,考虑到上述诉讼所涉及的繁重细琐工作,年轻人员尚或有短期职业平台发展需求,但由于市场薪酬要高出很多,愿意为投服中心专职工作的资深人士恐怕数量有限。长此以往,还是会导致"志愿失灵"中的业余性难题。因此,在我们未来的证券民事诉讼的进一步实践中,投服中心无论是由自己的雇员起诉,还是分包给外部商业律师事务所代为起诉,都要认真考虑薪酬构成与激励问题。对于目前投服中心公益律师的尝试,从规范上来看,公益律师的激励只有声誉激励,但此等声誉激励是否足够有效、是否具有可持续性等问题都值得观察。①

---

① 《中证中小投资者服务中心证券公益律师管理工作细则(试行)》第11条规定:"公益律师应对其指定的辅助人员在办理案件过程中因故意或重大过失导致的严重后果承担责任。"同时,第16条第1款规定,"中心应对公益律师进行年度考核,结合办案质量、办案数量、提供咨询服务、参加会议、配合中心其他业务等情况,对表现优异的公益律师给予表彰及奖励"。

结论　期待一个更加收放自如的证监会

回首往昔,在过去的三十多年间,我国证券市场有了巨大的发展,有效促进了社会财富的增加与市场经济的崛起。但是,其内在问题也逐渐显现。自2001年我国加入WTO以后,我国经济与世界经济的联系更加紧密,2007年的美国次贷危机更对我国造成了一定的外部冲击;而沪港通、深港通及沪伦通的开始,再加上人民币纳入特别提款权(Special Drawing Right)的"入篮效应",皆使我国内地证券市场更进一步融入了全球资本市场的大潮。如前所述,美国在自身监管制度建设上也进行了一次深刻反思,SEC在金融危机之后即委托波士顿咨询公司来评估SEC的机构设置、人力与资源、技术与资源、SEC与自律机构间的关系四大议题,希望通过SEC机构调整来最大化自身优势、优化资源配置以提高监管效率。[1]

作为世界重要经济体,**我国应该有与之相匹配的强大的资本市场和更加完善的法治**。目前,《证券法》(2019修订)已经生效实施,但证券市场与社会经济密切相连,面对日新月异的资本市场,我们需要审慎思考我国证券法律改革的步骤与节奏,既不能急功冒进,也不能太过保守,还需要经常根据市场情况持续对证券法律进行修订。那么,面对我国如此庞大而复杂的资本市场,我们应当如何取舍证券法的监管重点、策略和规则?如何实现更好的事中、事后监管?更长远地来看,如何让我国的证券市场法治水平引领全球证券法法治潮流?法律是一门实践

---

[1] See Louis Loss, Joel Seligman & Troy Paredes, *Securities Regulation I*, 5th ed., Wolters Kluwer, 2014, p.536–538.

的学科，要了解我国证券市场的治理难题，特别是笔者所讨论的内幕交易监管难题，首先就要了解"行动中的法"到底如何运行，实践中的内幕交易监管究竟有什么问题。

从笔者实证研究所关注的证监会对自然人与单位内幕交易处罚案例来看，证监会近年来不断取得监管的新成就，不仅内幕交易处罚的数量在2010年之后大幅增长，而且其在处罚的专业程度上也在寻求新的努力方向。尽管这些案件或许只是我国内幕交易的部分，在没有人发现的暗处，或许还隐藏着其他内幕交易，他们或有着高明的"隐身衣"，或由于偶然因素而没有被发现，不一而足。因而，笔者对证监会内幕交易案件的实证分析，颇有管中窥豹的味道。但是，法律的研究必须以事实为依据，即便有观点觉得证监会的处罚案件不能代表我国内幕交易问题的全部样貌，但这恐怕也已经不是法学研究能够解决的问题了。

当然，在证监会不断取得监管进步的同时，本书实证分析的内幕交易处罚案件也暴露了我国内幕交易监管的诸多现实挑战：第一，我国内幕交易的处罚呈现一定集中式的特征，在不同时期，证监会有着不同的治理重点，使内幕交易的处罚数量与政策紧密相连。第二，内幕交易的处罚往往较为复杂，内幕交易线索需要结合诸多交易特征、证据进行综合判断，此后还要经历非正式调查程序、正式调查程序、行政处罚程序、行政复议与行政诉讼程序，这对主管证券期货市场方方面面的证监会来讲，的确有不小的执法压力，证监会也只能尽力而为。第三，作为曾经的事业单位和我国证券监督管理机构之一，证监会面对我国这样一个庞大且复杂的证券市场，尽管有种种行政权力乃至准司法权力，但恐怕偶尔也会有力不从心之时。第四，现代信息的传播方式日渐复杂、来去无踪，内幕信息可以在内幕信息知情人、非法获取内幕信息的人和其他任何人之间进行传播，"孤军奋战"的证监会在侦测时也会压力重重。第五，信息的传递日益复杂、信息技术与证券市场的密切联系均使内幕交易花样层出不穷，内幕交易借助新型交易软件或者交易技术更加难以被发现，这对证监会有限的信息技术能力而言无疑是重大的挑战。第六，面对迅速变化的市场和新型内幕交易手段，证监会内幕交易处罚的理论依据、法律授权与实际操作出现了个别难以衔接之处，导致内幕交易处罚的基础理论需要被重新审视。这些因素的综合作用，使证监会的内幕交易处罚呈现目前的整体样貌。

证监会不是全知全能的市场裁判，它只是市场秩序的诸多维护者之一，与政府其他部门、市场自律机构、司法机构、各类市场主体和投资者共同开展多元治理。证监会先前以核准制为代表的各种行政许可，使不少监管资源被集中在事先审查阶段，从而导致事中与事后监管显得略有不足。即便现在开始认真考虑监管的转型，转型也不能粗枝大叶式地大步迈进，同样需要理论分析与研究。在迅速发展的世界证券与资本市场中，主要发达市场都在积极努力地谋取制度的完善，希望通过提高证券市场的流动性、透明度与规范化来吸引全球投资者、发行人。

当然，随着我国法学学术界中国问题意识的增强，**单纯的比较法范式恐怕已经不适合中国问题的解决，我们也正在经历中国问题与世界经验融合的新阶段**。目前，我国证券立法仿佛精耕的麦田，播下多少种子，施加多少肥料，我们都想有所规划。从更加中观的角度讲，我国证券监管机关是法律保留原则限制下立法权限被实体性控制的行政机关，法官亦不能造法，这使两者在一定程度上都面临一定的能动性挑战。此外，我们的社会自律组织也像政府部门的市场延伸。在美国制度设计中，SEC 是一个独立规制委员会，拥有强大的行政权力，但在大多数情况下，SEC 的内幕交易处罚仍然得通过司法机关来实现，普通法下的法院借此居中裁判，能够更好地制约行政机关权力以防止 SEC 成为不羁的"野马"。更为重要的是，美国证券自律组织一开始就是自律监管的产物，声誉机制与会员管理在很大程度上分担了行政监管的压力，其借助私人集团诉讼而给各类证券欺诈行为套上了一道沉重枷锁。这些因素使我们的证券内幕交易监管与美国的证券内幕交易监管呈现不同的特征，这也是我们不能盲目参考美国内幕交易规制模式的原因。

但在很多方面，我国的证券监管制度与美国的证券监管制度又有相似之处。如果《证券法》能够赋予证监会更大的权力，即证监会可以享有更多的规则制定与解释权力，证监会就可以免于陷入《证券法》授权个别情况下难以及时应对市场变化的境地，进而可以灵活积极地监管。另外，虽我们的证券自律组织是证监会某种意义上的"延伸"，但这种情形并不是不可改变的，随着证券交易所的激烈竞争、注册制改革或者公司化改革，声誉机制与利益机制将激励证券自律组织不再仅是证监会的实质性下属单位。此外，尽管我们法院的证券专业能力还有待提高，我们的法官不能造法，证监会也并不以原告的身份将内幕交易人诉诸法院，但行政复议及诉讼机制的完善将给各类规范性文件的审查和证监会行政处罚行为的审查提供更大可能。经过我们的努力，我们可以拥有一个强大而又受到充分监督的证监会。

这些中美之间的异同，使制度的完善不能用"拿来主义"，我们应该更加深入地去思考：到底是什么塑造了我国的证券市场？到底哪些因素是证券市场治理的关键变量？从美国与我国学者的诸多研究来看，笔者认为，六个关键治理变量影响了我们的证券市场治理——规则制定能力、调查能力、惩罚能力、信息监察能力、信息技术能力和证券专业能力。更为重要的是，这六个关键治理变量能够通过法律规则的完善起到最直接的效用。既然证券市场中有此等关键治理变量，接下来的问题就是由谁来治理？这个问题正回答了上面所提出的问题，那就是证监会监管转型的理论基础是什么。

尺有所短，寸有所长，每个主体的天生禀赋与后天资源不一样，这才衍生出了多姿多彩的大千世界。在证券市场内幕交易的治理中，不同的参与主体同样有着不同的治理优势，有的擅长调查和处罚，有的则擅长信息技术研发。因此，针对不同的关键治理变量，**如果在某个关键治理变量上拥有治理优势的主体能够专司该变量的治理，那么证券市场内幕交易治理的效果将得到极大提升**。让合适的人做合适的事，让市场的归市场，让政府的归政府。

通过经验观察与研究，笔者发现证券市场同样有三重治理主体，包括公权力主体、市场自律与中介服务主体、市场投融资主体。首先，公权力主体具有国家公权力这个不可比拟的依托,在规则制定、调查能力与惩罚能力方面具有天然优势,而且其他社会组织一般无法拥有这些优势。其次,市场自律与中介服务主体是市场的中心,证券交易所是证券交易的信息中心,其在自律管理的信息监察方面亦具有其他主体无可比拟的优势。市场机构与中介服务主体,特别是证券公司与交易平台意义上的证券交易所不断创新,谋求更便捷、安全、高效的交易方式,他们对信息技术的敏感度,对证券专业能力的掌握,比证券监管机构或更胜一筹。最后,市场投融资主体及其有关机构,不仅有着强大的"用脚投票"的能力,而且其庞大的数量规模在日常信息监察与证券专业能力方面也有着强大优势。多元治理下的证券市场,不同主体应扬其所长,避其所短,发挥不同的作用。这样一种治理优势与关键治理变量的优化组合,正是证监会监管转型的一个思考方向。当然,笔者也意识到证券市场内幕交易的治理绝不可能这么简单,这些关键治理变量与优势只有在进一步细细分解的情况下,才能真正发挥应有的作用,唯愿笔者的研究能对此尽绵薄之力。从较为中观的层面来看,证监会应该在规则制定能力、调查能力与惩罚能力上继续精进。

首先,在规则制定与解释能力上,证监会此前的个别规则缺乏《证券法》更为明确的授权。究其原因,恐怕在于《证券法》对证监会的授权尚不充分,面对极具变化的市场内幕交易,证监会制定这些规范性文件恐怕也是无奈之举。因此,在未来的法律修订中,笔者**呼唤一个强大的证监会**,而规则制定与解释权力则是其强大的力量来源,否则不利于实现依法行政。现代行政法的改革要求行政权力不仅要得到控制,其中也暗含灵活性和服务性,因而,证监会规则制定的能力应得到强化。但是,这种强化需要有效的监督,需要遵循正当程序。唯有这样,使公众与相关利益主体才有表达诉求的机会。同时,规则的制定与解释不是一成不变的,而是需要不断进行经济分析与政策评估的,这是上述灵活法律授权的主旨所在。具体到内幕交易监管的实施规则与解释层面,笔者主张平等获得理论下的内幕交易处罚理论,这在短期内有利于我们继续加强内幕交易的治理。在获得更多立法空间的情况下,证监会应该考虑建立内幕交易的区别责任,区分核心内幕人和一般内幕人,不断细化内幕交易认定的要件构成与证据规则。若非如此,此等规则制度与立法授权的空间恐怕会沦为滥权滋生的土壤。

其次,在证券违法的惩罚能力上,证监会作为国家机关可以充分发挥这项能力优势。从本书的实证中可以看出,目前的行政处罚还是有个别问题。譬如,此前当事人买卖金额亏损几千万元与违法所得三万元以下并无行政处罚上的显著差别,光大证券公司"乌龙指"事件虽被认定是内幕交易,但未见刑事责任追究。尽管证监会目前行政处罚的规则设计在行政机关中已经相对先进,有着相对完善的查审分离、行政处罚委员会和行政复议委员会的设置,但在具体运行时还是有个别不尽如人意的地方,包括查审分离不够彻底、行政复议机制没有充分利用、行政诉讼的司法监督效果相对有限等。这一系列问题都有待于继续认真考虑。笔者认为,证监会的内幕交易处罚是民事、刑事责任追究的重要支撑,理应更为审慎,应该更加彻底地贯彻查审分离,借助行政处罚听证中的有效辩论,从而促进行政处罚中的意见交换,最终形成妥当的行政处罚。为了保障行政处罚委员会、行政复议委员会的专业性和独立性,证监会可以考虑加大外聘专家比例、公开处罚和复议委员会委员信息、进一步为行政处罚文书制定统一标准等,借此加强权力的自我约束与社会监督。

最后,证监会事实上处于市场监管的二线,证券市场主体的自我管理及自律监管非常重要。**上市公司理应不断加强公司治理,以此减少内幕信息的泄露和防范违法风险**,否则仍可能会出现类似光大证券公司"乌龙指"事件的问题。证券交易所作为证券市场的核心,为了吸引发行人和投资者,本身就有强大的动力进行自律管理,特别是在证券交易所可得竞争的情况下更是如此。自律机构往往有着更强的专业技术能力,他们对新型内幕交易的了解可能比证监会要迅捷不少。同时,为更快、更安全地实现交易,证券公司、证券交易所对于信息技术的重视正是其治理优势的来源,只有处在市场核心,才能更好地了解市场。借助这两项治理优势,证券自律机构与各类投资者在日常交易信息的监察中更游刃有余,特别是来自上市公司的内部人员,更可能寻觅到内幕交易的蛛丝马迹。这些治理优势是时而分身乏术的证监会无法获得的。因而,如果能借助这些市场主体的治理优势,何乐而不为?

我国证券市场在短短几十年间取得了举世瞩目的成就,其间的各种喜悦与彷徨,相信证券监管部门更有体会。尽管笔者在本书中对证监会的建议很多,甚至有时候是吹毛求疵,但笔者能够想象,这样一个年轻的行政机构,作为证券监督管理机构的其中之一,面对风起云涌、日新月异、规模巨大的证券市场,恐怕也时常感到挑战重重。正是因为这样,本书才竭力呼唤证券市场的多元治理,呼唤一个强大且受约束的证监会。**证监会有限的监管资源注定了其不是一个全知全能的监管者,只有好钢用在刀刃上,才能起到更好的治理效果。**证券市场的运行自有其规律和逻辑,如果能够放开市场竞争,声誉机制下的证券交易所与各类看门人完全可以成为证监会的左膀右臂。更何况,一个真诚、勤勉的证监会背后还站着支持它的大量的机构与个人投资者。如果各类市场主体的治理优势能够得到充分发挥,那么,证监会将不再是一个孤军奋战的斗士,而是一支强大军团的统帅,两者之别,高下立见。

期待一个更加收放自如的强大的证监会,也期待我国的资本市场与证券法治不断繁荣昌盛,屹立于世界资本市场之巅。

主要案例索引

一、行政处罚及复议决定书[①]

1.《关于高某山违反证券法规行为的处罚决定》(证监罚字〔2000〕12号) / 41

2.《中国证监会行政处罚决定书》(北京中天华正会计师事务所有限公司、何某文、周某珊)(证监罚字〔2007〕18号) / 34

3.《中国证监会行政处罚决定书》(中天华正事务所及何某文等人)(证监罚字〔2007〕18号) / 34

4.《中国证监会行政处罚决定书》(四环药业金某、余某)(〔2009〕4号) / 47,52

5.《中国证监会行政处罚决定书》(ST黄海赵某广)(〔2009〕17号) / 52,75

6.《中国证监会行政处罚决定书》(党某军、马某文等4名责任人员)(〔2010〕18号) / 45

7.《中国证监会行政处罚决定书》(况某、张某渝、徐某)(〔2010〕32号) / 52

8.《中国证监会行政处罚决定书》(岳某斌)(〔2011〕57号) / 46,178,212,213

9.《中国证监会行政处罚决定书》(沈某玲)(〔2012〕23号) / 44

[①] 证监会地方监管局所作出的行政处罚决定书在名称上表述略有不同,为方便读者检索和呈现各地处罚文书名称的实际样貌,本书在能够识别具体处罚决定的基础上保留了其原初表述并予以匿名处理。

10.《中国证监会行政处罚决定书》(肖某守、朱某丽、周某丹、肖某健)(〔2012〕24号)/209,210

11.《中国证监会行政处罚决定书》(庄某毅、王某辉、高某花等6名责任人员)(〔2012〕37号)/45

12.《中国证监会行政处罚决定书》(李某刚、白某慧、周某华、姚某喜)(〔2013〕2号)/42,49

13.《中国证监会行政处罚决定书》(齐某、张某才)(〔2013〕13号)/43

14.《中国证监会行政处罚决定书》(包某春、冯某民、吴某永)(〔2013〕14号)/44

15.《中国证监会行政处罚决定书》(上海金瑞达资产管理股份有限公司、王某文、刘某霖)(〔2013〕16号)/44,52

16.《中国证监会行政处罚决定书》(朱某峰)(〔2013〕35号)/208

17.《中国证监会行政处罚决定书》(江某华、熊某波)(〔2013〕39号)/42,58,259,265

18.《中国证监会行政处罚决定书》(光大证券股份有限公司、徐某明、杨某忠等5名责任人)(〔2013〕59号)/64

19.《中国证监会行政处罚决定书》(吴某、谢某琴)(〔2013〕72号)/48,52,64

20.《中国证券监督管理委员会江西监管局行政处罚决定书》(朱某雄)(〔2014〕1号)/71

21.《中国证监会行政处罚决定书》(许某1、刘某、许某2)(〔2014〕6号)/47

22.《中国证监会行政处罚决定书》(徐某华、王某荣)(〔2014〕7号)/47

23.《中国证监会行政处罚决定书》(方某生、方某花)(〔2014〕8号)/47

24.《中国证监会行政处罚决定书》(邓某文)(〔2014〕9号)/34,47

25.《中国证监会行政处罚决定书》(牛某瓶、王某、王某海等5名责任人)(〔2014〕10号)/47

26.《中国证监会行政处罚决定书》(成某)(〔2014〕11号) / 47

27.《中国证监会行政处罚决定书》(胡某波、曹某琏)(〔2014〕25号) / 208

28.《中国证监会行政处罚决定书》(陈某芳)(〔2014〕37号) / 48

29.《中国证监会行政处罚决定书》(陆某良、金某)(〔2014〕39号) / 48,84

30.《中国证监会行政处罚决定书》(王某华)(〔2014〕48号) / 259

31.《中国证监会行政处罚决定书》(向某、赵某)(〔2014〕74号) / 54

32.《中国证监会行政处罚决定书》(张某)(〔2014〕97号) / 57

33.《行政处罚决定书》(陈某华、吴某江)(青海监管局〔2015〕1号) / 71

34.《中国证监会行政处罚决定书》(杨某)(〔2015〕17号) / 202

35.《中国证监会行政处罚决定书》(张某芳)(〔2015〕23号) / 48

36.《中国证监会行政处罚决定书》(虞某云)(〔2016〕2号) / 259

37.《中国证监会行政处罚决定书》(贾某林)(〔2016〕13号) / 48

38.《中国证监会行政处罚决定书》(周某鹏)(〔2016〕14号) / 48

39.《中国证监会行政处罚决定书》(王某元)(〔2016〕18号) / 52

40.《中国证券监督管理委员会行政复议决定书》(张某军)(〔2016〕28号) / 34

41.《中国证监会行政处罚决定书》(上海金力方股权投资合伙企业、朱某洪、李某雷)(〔2016〕33号) / 207,276

42.《中国证监会行政处罚决定书》(吴某钢、蒋某、杨某凭)(〔2016〕78号) / 208

43.《中国证监会行政处罚决定书》(满某平、孙某明、宋某燕等5名责任人员)(〔2016〕95号) / 42

44.《中国证券监督管理委员会厦门监管局行政处罚决定书》(〔2017〕1号) / 277

45.《中国证券监督管理委员会四川监管局行政处罚决定书》(川〔2017〕8号) / 277

46.《中国证监会行政处罚决定书》(戴某均)(〔2017〕9 号)／277

47.《中国证券监督管理委员会四川监管局行政处罚决定书》(川〔2017〕9 号)／277

48.《中国证监会行政处罚决定书》(叶某敏)(〔2017〕26 号)／45

49.《中国证监会行政处罚决定书》(苏某朝)(〔2017〕65 号)／42

50.《中国证监会行政处罚决定书》(李某明)(〔2017〕83 号)／58

51.《中国证监会行政处罚决定书》(张某林)(〔2017〕106 号)／58

52.《中国证券监督管理委员会四川监管局行政处罚决定书》(胡某刚)(四川监管局〔2018〕1 号)／62

53.《行政处罚决定书》(涂某、谢某)(青海监管局〔2018〕1 号)／71

54.《中国证券监督管理委员会陕西监管局行政处罚决定书》(王某龙 2)(〔2018〕1 号)／278

55.《中国证券监督管理委员会重庆监管局行政处罚决定书》(〔2018〕2 号)／278

56.《中国证券监督管理委员会上海监管局行政处罚决定书》(沪〔2018〕3 号)／278

57.《中国证监会行政处罚决定书》(成某娴、顾某佳、顾某)(〔2018〕67 号)／278

58.《中国证监会行政处罚决定书》(林某、苏某芝、王某梅)(〔2018〕109 号)／42,279

59.《行政处罚决定书》(王某)(青海监管局〔2019〕1 号)／62

60.《中国证券监督管理委员会新疆监管局行政处罚决定书》(丁某芳)(〔2019〕6 号)／71

61.《中国证券监督管理委员会新疆监管局行政处罚决定书》(严某歌)(〔2019〕7 号)／71

62.《中国证券监督管理委员会新疆监管局行政处罚决定书》(陈某)(〔2019〕8 号)／71

63.《中国证监会行政处罚决定书》(余某)(〔2019〕13 号)／44,208

64.《广东监管局行政处罚决定书》(郑某)(〔2019〕14 号)／279

65.《中国证券监督管理委员会广东监管局行政处罚决定书》(陈某容)(〔2019〕15 号)／279

66.《中国证监会行政处罚决定书》(冷某伟)(〔2019〕28 号)／261

67.《中国证监会行政处罚决定书》(苏某华、孔某永)(〔2019〕31 号)／207

68.《中国证监会行政处罚决定书》(李某、刘某)(〔2019〕89 号)／72

69.《中国证监会行政处罚决定书》(首善财富管理集团有限公司、吴某新)(〔2019〕98 号)／58

70.《中国证监会行政处罚决定书》(刘某 3)(〔2019〕99 号)／278

71.《中国证监会行政处罚决定书》(陆某某)(〔2019〕100 号)／278

72.《中国证监会行政处罚决定书》(吴某快)(〔2019〕115 号)／48

73.《中国证监会行政处罚决定书》(郭某能、李某)(〔2020〕47 号)／58

74.《中国证监会行政处罚决定书》(周某奋)(〔2020〕76 号)／58

75.《青海监管局行政处罚决定书》(朱某楷、虞某贤、虞某雄、王某文)(〔2021〕1 号)／63

76.《中国证券监督管理委员会天津监管局行政处罚决定书》(陈某、吴某光)(〔2021〕1 号)／63

77.《中国证监会行政处罚决定书》(朱某锭)(〔2021〕10 号)／223

78.《中国证监会行政处罚决定书》(张某)(〔2021〕95 号)／33

79.《中国证监会行政处罚决定书》(潘某)(〔2021〕103 号)／58

二、法院司法判决及裁定书[①]

1. 陈某灵诉潘某深证券内幕交易赔偿纠纷案，(2009)京一中民初字第 8217 号／268

2. 被告单位国美电器有限公司、北京鹏润房地产开发有限责任公司单位行贿，被告人黄某裕非法经营、内幕交易案，(2010)京二中刑初字第 689 号／265

3. 金某、吕某内幕交易、泄露内幕信息罪二审刑事判决书，(2013)浙刑二终字第 135 号／274

4. 江苏省无锡市人民检察院诉李某生内幕交易一审刑事判决书，(2013)锡刑二初字第 0010 号／274

5. 吴某峰证券内幕交易责任纠纷申诉、申请民事裁定书，(2014)高民申字第 02751 号／268

6. 宋某等内幕交易、泄露内幕信息罪一审刑事判决书，(2014)京二中刑初字第 315 号／274

7. 黄某芳内幕交易、泄露内幕信息罪一审刑事判决书，(2014)浙台刑二初字第 4 号／274

8. 高某内幕交易、泄露内幕信息罪一审刑事判决书，(2014)锡刑二初字第 00008 号／274

9. 余某某内幕交易一审刑事判决书，(2014)江开法刑初字第 546 号／274

10. 冯某林等人受贿案二审刑事判决，(2015)湘高法刑二终字第 6 号／275

11. 严某菊诉光大证券股份有限公司证券内幕交易责任纠纷民事裁定书，(2015)豫法民管字第 00067 号／268

12. 杨某波与中国证券监督管理委员会其他二审行政判决书，

[①] 鉴于我国各地法院在"中国裁判文书网"所公开的判决书、裁定书名称表述上习惯略有不同，为方便读者准确检索，本书基本保留了有关判决书、裁定书的原始名称并进行了匿名处理。

(2015)高行终字第 942 号／90

13. 杨某波与中国证券监督管理委员会其他二审行政判决书,(2015)高行终字第 943 号／90,271

14. 张某武等与中国证券监督管理委员会其他一审行政判决书,(2015)京一中行初字第 236 号／34,90

15. 吴某某内幕交易、泄露内幕信息一审刑事判决书,(2015)榕刑初字第 182 号／274

16. 石某甲、蔡某甲内幕交易一审刑事判决书,(2015)粤中二法刑二初字第 243 号／275

17. 钟某、李某甲等内幕交易、泄露内幕信息罪一审刑事判决书,(2015)浙台刑二初字第 1 号／274

18. 倪某琴、胡某和内幕交易、泄露内幕信息二审刑事裁定书,(2015)粤高法刑二终字第 151 号／77

19. 张某武等与中国证券监督管理委员会其他一审行政判决书,(2016)京 01 行初 521 号／90

20. 黄某颢与中国证券监督管理委员会二审行政判决书,(2016)京行终 5714 号／91

21. 段某内幕交易、泄露内幕信息罪一审刑事判决书,(2016)京 02 刑初 82 号／275

22. 刘某强挪用资金、内幕交易一审刑事判决书,(2016)冀 08 刑初 12 号／275

23. 鹿某犯内幕交易、泄露内幕信息罪一审刑事判决书,(2016)鲁 03 刑初 12 号／275

24. 张某业犯内幕交易罪一审刑事判决书,(2016)川 01 刑初 00008 号／275

25. 黄某福犯受贿罪一审刑事判决书,(2016)川 17 刑初 14 号／275

26. 山东置城集团有限公司(原济宁置城实业有限公司)、徐某某单位行贿、内幕交易、泄露内幕信息一审刑事判决书,(2016)鲁 03 刑初 11 号／275

27. 胡某明、周某澄内幕交易、泄露内幕信息一审刑事判决书，(2016)沪 02 刑初 115 号／275

28. 葛某云内幕交易、泄露内幕信息罪一审刑事判决书，(2016)渝 01 刑初 131 号／276

29. 谢某先犯非国家工作人员受贿等罪二审刑事判决书，(2016)川 17 刑终 193 号／276

30. 颜某明与中国证券监督管理委员会二审行政判决书，(2017)京行终 4554 号／90

31. 蔡某民与中国证券监督管理委员会一审行政判决书，(2017)京 01 行初 737 号／91

32. 马某峰与证监会二审行政判决书，(2017)京行终 4023 号／90

33. 马某峰与证监会二审行政判决书，(2017)京行终 4109 号／90

34. 张某光与中国证券监督管理委员会二审行政判决书，(2017)京行终 2185 号／34,91

35. 周某和与中华人民共和国证券监督委员会二审行政判决书，(2017)京行终 2804 号／91

36. 申某永与中国证券监督管理委员会二审行政判决书，(2017)京行终 2366 号／91

37. 陈某洪泄露内幕信息二审判决书，(2017)闽刑终 43 号／276

38. 周某军内幕交易、泄露内幕信息罪一审刑事判决书，(2017)晋 01 刑初 21 号／276

39. 张某勤内幕交易、泄露内幕信息一审刑事判决书，(2017)浙 01 刑初 28 号／276

40. 邓某新内幕交易、泄露内幕信息罪一审刑事判决书，(2017)粤 03 刑初 214 号／276

41. 宋某军内幕交易、泄露内幕信息一审刑事判决书，(2017)鲁 05 刑初 3 号／276

42. 侯某丽、兰某内幕交易、泄露内幕信息一审刑事判决书，(2017)冀 01 刑初 102 号／276

43. 上海市人民检察院第一分院诉陈某泉内幕交易、泄露内幕信息罪一案一审刑事判决书,(2017)沪 01 刑初 121 号／276

44. 上海市人民检察院第一分院诉朱某洪操纵证券、期货市场罪一案一审刑事判决书,(2017)沪 01 刑初 86 号／276

45. 芮某华、张某红内幕交易、泄露内幕信息一审刑事判决书,(2017)鄂 10 刑初 14 号／277

46. 刘某森、江苏保千里视像科技集团股份有限公司证券虚假陈述责任纠纷二审民事判决书,(2018)粤民终 2419 号／129

47. 苏某鸿与中国证券监督管理委员会金融行政处罚、行政复议纠纷二审行政判决书,(2018)京行终 445 号／34,63,91,266

48. 中国证券监督管理委员会与顾某军信息公开二审行政判决书,(2018)京行终 1233 号／197

49. 苏某朝与中国证券监督管理委员会二审行政判决书,(2018)京行终 4658 号／91

50. 李某与中国证券监督管理委员会等二审行政判决书,(2018)京 02 行终 1266 号／91

51. 万某与中国证券监督管理委员会二审行政判决书,(2018)京行终 6667 号／92

52. 戴某均内幕交易、泄露内幕信息一审刑事判决书,(2018)鲁 02 刑初 107 号／277

53. 北京嘉瀛德兴投资有限公司、李某忠等内幕交易、泄露内幕信息罪一审刑事判决书,(2018)渝 01 刑初 31 号／277

54. 王某志、张某内幕交易、泄露内幕信息一审刑事判决书,(2018)沪 02 刑初 22 号／277

55. 周某奋与证监会其他一审行政判决书,(2019)京 01 行初 1120 号／34,88,93,254

56. 潘某根与中国证券监督管理委员会二审行政判决书,(2019)京行终 7590 号／91

57. 潘某与中国证券监督管理委员会二审行政判决书,(2019)京

行终 6382 号 / 91

58. 余某林与中国证券监督管理委员会二审行政判决书,(2019)京行终 10183 号 / 92

59. 王某友与中国证券监督管理委员会二审行政判决书,(2019)京行终 5212 号 / 92

60. 韩某林与中国证券监督管理委员会二审行政判决书,(2019)京行终 9250 号 / 92

61. 韩某林与中国证券监督管理委员会二审行政判决书,(2019)京行终 9255 号 / 92

62. 吴某晖与中国证券监督管理委员会等二审行政判决书,(2019)京 02 行终 1923 号 / 92

63. 林某与中国证券监督管理委员会等二审行政判决书,(2019)京 02 行终 858 号 / 93

64. 刘某均与中国证券监督管理委员会二审行政判决书,(2019)京行终 7614 号 / 93

65. 蔡某福内幕交易、泄露内幕信息罪一审刑事判决书,(2019)闽 0203 刑初 283 号 / 277

66. 郑某内幕交易一审刑事判决书,(2019)湘 01 刑初 58 号 / 278

67. 吴某斌内幕交易一审刑事判决书,(2019)京 02 刑初 157 号 / 278

68. 茹某刚、张某娟内幕交易、泄露内幕信息二审刑事判决书,(2019)粤刑终 1221 号 / 277

69. 王某君内幕交易罪一审刑事判决书,(2019)粤 03 刑初 473 号 / 277

70. 谷某清受贿、行贿、内幕交易、泄露内幕信息一审刑事判决书,(2019)湘 01 刑初 13 号 / 277

71. 宁某、樊某内幕交易、泄露内幕信息一审刑事判决书,(2019)沪 02 刑初 55 号 / 278

72. 张某、方正证券股份有限公司证券虚假陈述责任纠纷二审民事

判决书,(2020)湘民终 582 号 / 129

73. 苏某华与证监会二审行政判决书,(2020)京行终 5283 号 / 91

74. 李某铭与中国证券监督管理委员会二审行政判决书,(2020)京行终 7895 号 / 93

75. 张某国与中国证券监督管理委员会二审行政判决书,(2020)京行终 7902 号 / 93

76. 余某与中国证券监督管理委员会处罚类二审行政判决书,(2020)京行终 7910 号 / 93

77. 卞某元与中国证券监督管理委员会二审行政判决书,(2020)京行终 7577 号 / 93

78. 龙某文与中国证券监督管理委员会其他二审行政判决书,(2020)京行终 198 号 / 92

79. 郭某二审行政判决书,(2020)京行终 1402 号 / 92

80. 张某二审行政判决书,(2020)京行终 667 号 / 92

81. 蔡某强等与中国证券监督管理委员会其他二审行政判决书,(2020)京行终 666 号 / 92

82. 俞某与中国证券监督管理委员会等二审行政判决书,(2020)京 02 行终 519 号 / 92

83. 阳某初与中国证券监督管理委员会二审行政判决书,(2020)京行终 6806 号 / 93

84. 王某龙等内幕交易、泄露内幕信息罪一审案件一审刑事判决书,(2020)沪 01 刑初 8 号 / 278

85. 成某娴内幕交易、泄露内幕信息罪一审案件一审刑事判决书,(2020)沪 01 刑初 23 号 / 278

86. 胡某清内幕交易、泄露内幕信息罪一审刑事判决书,(2020)川 01 刑初 74 号 / 278

87. 苏某受贿罪、内幕交易、泄露内幕信息罪一审刑事判决书,(2020)皖 1822 刑初 196 号 / 278

88. 刘某 3 内幕交易、泄露内幕信息一审刑事判决书,(2020)沪 03

刑初 158 号／278

89.陆某某内幕交易、泄露内幕信息一审刑事判决书,(2020)沪 03 刑初 161 号／278

90.陈某等一审刑事判决书,(2020)京 03 刑初 170 号／278

91.陈某容等内幕交易、泄露内幕信息罪一审案件刑事判决书,(2021)沪 01 刑初 7 号／279

92.浙江祥源文化股份有限公司、赵某证券虚假陈述责任纠纷二审民事判决书,(2021)浙民终 24 号／129,265

93.林某、苏某芝内幕交易、泄露内幕信息一审刑事判决书,(2021)湘 0103 刑初 24 号／279

94.郑某涉内幕交易、泄露内幕信息罪刑事一审案件刑事判决书,(2021)沪 01 刑初 63 号／279

95.郑某銮等与中国证券监督管理委员会其他二审行政判决书,(2021)京行终 265 号／93

96.方某良与中国证券监督管理委员会其他二审行政判决书,(2021)京行终 1885 号／93

97.邢某涉内幕交易罪刑事一审案件刑事判决书,(2022)沪 03 刑初 20 号／279

三、域外案例及审裁案件

1. Belton v. Hatc, 17 N. E. 225（N. Y. 1888）/ 114

2. Hooker v. Midland Steel Co., 215 Ill. 444（1905）/ 78

3. Strong v. Repide, 213 U. S. 419（1909）/ 78

4. Hampton & Co. v. United States, 276 U. S. 394（1928）/ 171

5. Goodwin v. Agassiz, 283 Mass. 358, 186 N. E. 659（1933）/ 78

6. Westwood v. Continental Can Co., 80 F. 2d 494（5th Cir. 1935）/ 78

7. Myers v. Bethlehem S. Corp., 303 U. S. 41（1938）/ 250

8. Kardon v. National Gypsum Co., 83 F. Supp. 613（E. D. Pa. 1947）/ 105

9. Speed v. Transamrica Corp., 71 F. Supp. 457（D. Del. 1947）/ 203

10. Mazza v. Cavicchia, 15 N. J. 498（1954）/ 250

11. In re Cady, Roberts & Co., 40 S. E. C. 907（1961）/ 79

12. SEC v. Capital Gains Research Bureau, Inc., 375 U. S. 180（1963）/ 203

13. SEC v. Texas Gulf Sulphur Co., 401 F. 2d 833（2d Cir. 1968）/ 79

14. Blue Chip Stamps v. Manor Drug Stores, 421 U. S. 723（1975）/ 3,188

15. Withrow v. Larkin, 421 U. S. 35（1975）/ 247

16. Chiarella v. United States, 445 U. S. 222（1980）/ 80

17. Dirks v. SEC, 463 U. S. 646（1983）/ 80

18. Peil v. Speiser, 806 F. 2d 1154（3d Cir. 1986）/ 269

19. Basic Inc. v. Levinson, 485 U. S. 224（1988）/ 269

20. United States v. O'Hagan, 521 U. S. 642（1997）/ 81

21. SEC v. Sargent, 329 F. 3d 34（1st Cir. 2003）/ 247

22. SEC v. Rocklage, 470 F. 3d 1（1st Cir. 2006）/ 81

23. SEC v. Haligiannis, 470 F. Supp. 2d 373 (S. D. N. Y. 2007) / 247

24. SEC v. Dorozhko, 574 F. 3d 42 (2d Cir. 2009) / 82

25. SEC v. Cuban, 620 F. 3d 551 (5th Cir. 2010) / 81

26. Gupta v. SEC, 796 F. Supp. 2d 503 (S. D. N. Y. 2011) / 252

27. United States v. Newman, 773 F. 3d 438 (2d Cir. 2014) / 80

28. Salman v. United States, 137 S. Ct. 420 (2016) / 80

29. In the Matter of Abdallah Fadel, Release No. 77109/February 10, 2016 / 246